불복종의 정치학

일러두기

· 현지 단체명은 우리말 표기 후 괄호 안에 영어 약자를 넣어 각 장 본문 시작할 때 표기했으며, 이후 같은 단체명의 경우 우리말 표기로 통일했다. 다만 널리 알려진 단체의 경우 영어 약자를 사용하기도 했다.
· 본문 중 강조 및 구별해야 할 것은 홑따옴표(' ')를, 인용과 예문은 겹따옴표(" ")를 사용했다.
· 작품 제목 및 강조해야 할 매체는 홑꺾쇠(〈 〉)를, 도서 · 정기간행물은 겹꺾쇠(《 》)로 나누어 구분했다.
· 인명 · 지명 등은 외래어표기법을 따랐으며, 필요에 따라 국내에서 널리 쓰이는 관례에 따르거나 현지 발음을 그대로 사용하기도 했다.

박은홍 지음

불복종의 정치학

미얀마와 타이 청년들의 세 손가락 혁명

불복종의 정치학

1쇄 발행 2024년 2월 28일

지은이 박은홍
펴낸이 조일동
펴낸곳 드레북스

출판등록 제312-2013-000012호
주소 경기도 파주시 탄현면 헤이리마을길 93-144, 2층
전화 031-944-0554
팩스 031-944-0552
이메일 drebooks@naver.com

인쇄 프린탑
배본 최강물류

ISBN 979-11-986122-4-3 93340

변곡점에 서 있는 미얀마와 타이의 '권력 지도'

──────────── 이 책은 불복종운동, 불복종투쟁을 포괄하는 불복종 정치에 대한 연구서다. 그러면 왜 미얀마와 타이인가? 이 두 나라는 21세기에 들어온 이후에도 여전히 군부 쿠데타가 반복되고 있고, 이에 저항하는 불복종의 정치가 주목받고 있는 데서 알 수 있듯이 두 나라의 국내 민주주의 시간이 비슷하다. 그리고 이들 두 나라의 불복종 정치의 중심에는 저항의 상징으로 세 손가락 경례를 하는 청년들이 있다. 이들이 전개하고 있는 세 손가락 혁명은 인민의 권리를 체계적이면서 지속적으로 침해하는 국가 폭정에 대해 인민들은 필요하다면 폭력을 통해서라도 저항할 수 있음을 설파한 영국의 정치사상가 존 로크의 저항권 옹호론을 연상하게 한다. 미얀마와 타이의 사례는 자유주의가 서구와 비서구의 경계를 넘어 폭력만 남은 국가를 향한 불복종운동의 기폭제가 되고 있음을 보여주고 있다.

──────────── 물론 이들 청년의 저항정신은 갑자기 분출된 것이 아니다. 멀게는 제국주의 시대에 포위되었던 시기의 청년 주도 반왕정 공화주의 혹은 반식민 민족주의 운동까지 올라갈 수 있고, 좀더 가깝게는 미얀마의 '88세대'와 타이의 '10월세대'가 보여주었던 결연한 반군부 불복종운동에서 그 기원을 찾을 수 있다. 그러나 식민주의의 직접적인 지배를 받았던 미얀마나 식민주의 세력에게 둘러싸여 있었던 타이에서 당시 청년들을 매료시킨 민족주의는 개인보다는 집단의 가치를 우선시하는 비자유주의적 성향이 강했다. 이런 경향은 독립 이후 식민주의 청산 과정에서 국가 민족주의에 기반한 국가 순응적 사회 만들기로 이어졌다. 이것이 형

머리말

태를 달리해서 국가별로 등장했던 '우리식 민주주의', 구체적으로 보면 인도네시아식 민주주의, 타이식 민주주의의 역사적 기원이다. 이때 국가 민족주의의 공통분모는 국가를 견제하는 자율적 시민사회에 대한 불관용이다. '아시아적 가치'로 포장한 문화상대주의는 이런 국가 민족주의를 변호한다. 2014년 이후의 타이, 2021년 이후의 미얀마에서의 청년 주도 불복종운동은 문화 상대주의에 대한 문화 보편주의의 도전이자 비자유주의에 대한 자유주의의 도전이었다.

─────────────── 자유주의는 어떠한 숭배문화도 부정한다. 왜냐하면 개인숭배는 치열한 토론과 반대 의견을 배척하기 때문이다. 반면 비자유주의는 차이와 반대를 무질서와 불안정으로 간주한다. 또 절대권력에 대한 숭배문화를 생산해낸다. 미얀마에서 네윈, 탄쉐, 민아웅 흘라잉 등 역대 군 지도자들은 불교를 수호하는 왕처럼 행동했고, 타이 군 지도자들은 1957년 쿠데타 이후로 왕실을 성역화하면서 살아 있는 부처로 일컬어지기도 한 푸미폰 아둔야뎃 국왕과의 동맹을 정통성의 근간으로 삼았고 자유주의의 또 다른 표현인 공화주의를 불온한 이념으로 치부했다. 이들에게 국민은 시민이 아닌 신민이고, 다소 완곡한 표현을 쓰자면 자식이고 학생이다. 반면 자유주의는 국가에 반하는 불온한 이념이다.

─────────────── '88세대'를 대표하는 민꼬 나잉은 청·장년기를 그들만의 국가를 구축한 군부 집단에 대한 불복종운동에 청년 시기를 바쳤다. 그는 1989년에 군부에 의해 체포되어 15년형을 살고 2004년 출옥했을 때, "나는 감옥에 있는 동안 나의 여행이 어둡고 힘하지만 결코 나 혼자가 아닌 나의 동지들과 함께하고 있다는 것을 확신할 수 있었고, 그랬기에 이 여행을 마칠 수 있었다"라고 말했다. 그는

2008년 9월 말에 일어난 샤프론 혁명의 배후자로 지목되어 다시 65년형을 받고 투옥되었다.

민꼬 나잉의 저항정신은 2021년 2·1쿠데타 이후 미얀마 MZ세대의 시민불복종운동(CDM)으로 이어졌다. 각 부처 공무원들과 학생들은 군부에 저항하는 의미로 붉은 리본 캠페인을 벌였고, 시민들은 쿠데타에 반대해서 매일 오후 8시마다 냄비와 프라이팬을 두드렸다.

———————————— 지난 2015년 타이의 한 대안 언론은 2014년 군사쿠데타로 프랑스에 피신해 있는 이른바 '10월세대'를 대표하는 짜란 딧타피차이 전 국가인권위원회 상임위원의 인터뷰 기사를 실었다. 당시 쿠데타 이후 해외로 피신한 인사들의 수가 백 명가량이나 되었는데, 짜란도 그중 한 사람이었다. 이들 대부분은 쿠데타 직후 군부의 소환 명령에 불응하고 망명을 택했다. 이들은 국왕모독죄 피의자 신분이었다.

당시 군법정은 국왕모독죄에 대해 보석이나 항소를 허용하지 않았다. 이들은 일상생활, 직업, 재산, 사랑하는 가족들을 포기하고 타이를 떠났다. 그러나 짜란을 더욱 힘겹게 했던 것은 이런 망명이라는 물리적 고통이 아니라 군사정부의 폭압에 맞서기 위해 타이공산당(CPT)의 근거지였던 밀림으로 들어갔던 그의 동지들 대부분이 쿠데타를 지지하는 노란셔츠의 지도부 혹은 동조자가 된 현실이었다. 지식인들과 대학생들 대부분도 쿠데타에 침묵했다.

———————————— 탁신 친나왓의 타이락타이 창당은 1970년대에 반군부 투쟁에 헌신했던 이른바 '10월세대'가 정당 정치에 접근할 수 있는 가장 용이한 기

회 중 하나였다. 타이락타이의 2001년 선거 압승과 성공적인 포퓰리즘 정책은 탁신 친나왓과 타이락타이에게 타이 정치에서 전례를 찾아볼 수 없을 정도의 입법 권력과 행정 권력을 부여했다. 체제 변혁에서 체제 개혁으로 노선을 바꾼 '10월세대'는 풍부한 정치적 자원과 거대한 정당 정책 플랫폼을 만드는 과정에서 중심적 역할을 해냈다. 이 과정에서 그들은 부패한 구 정치인들의 견제 세력이 되었다. 그러나 탁신은 2005년 총선에서 개헌선을 넘는 역대급 승리를 거두자마자 부패 스캔들에 휘말렸고, '노란셔츠'로 일컬어지는 탁신 퇴진 요구 운동이 거세지면서 정국은 극단으로 치달았다. 그리고 급기야 병영을 이탈한 군이 정국 안정을 명분으로 탁신 정권을 전복했다. 이후 쿠데타 반대와 함께 탁신을 지지하는 운동이 '붉은셔츠'로 일컫는 정치세력으로 진화하면서 '탁신 없는 탁신 체제'가 지속되었다. '노란셔츠'와 '붉은셔츠', 이 두 진영 간의 대립은 정치 폭력 상황으로까지 악화되었다. 이런 '색깔 전쟁' 국면 속에서 타이 민주주의의 아이콘이었던 '10월세대'마저 친탁신과 반탁신으로 분열했다. 타이 민주주의의 미래는 어둡고 험난해 보였다.

─────── 그러나 역설적이게도 21세기에 들어와 두 번째로 쿠데타가 일어난 2014년 5월 22일 이후 타이 민주주의의 미래에 실낱같은 희망이 보이기 시작했다. 변화의 조짐은 2014년 11월 19일 타이 동북부 지역에 소재한 콘캔대 법과대학생 차투팟 분팟타라락사와 그의 동료 4명이 그해 5월에 쿠데타를 주도한 프라윳 찬오차 장군이 연설하는 현장에서 기습시위를 했다는 이유로 그 즉시 체포되면서부터 보였다. 차투팟은 이듬해 2015년 7월 26일 포고령 위반 혐의로 다시 체포되었다. 이에 앞서 2015년 쿠데타 발생 1년을 맞아 14명의 학생들과 활동가들이 불법

시위를 했다는 이유로 체포되었다. 이들의 담대한 행동은 2020년 타이 수도 방콕에서의 청년들이 중심이 된 대규모의 불복종운동으로 발전했다.

─────────── 결정적인 계기는 타이 청년들의 전폭적인 지지를 받았던 타나톤 쭝룽르앙낏의 아나콧마이당의 해산이었다. 청년들은 거리로 뛰쳐나갔다. 이들은 저항의 의미를 상징하는 세 손가락 경례 퍼포먼스를 보이며 2014년 쿠데타로 집권한 프라윳 찬오차 총리의 즉각적인 사임, 군부가 만든 헌법을 대신하는 신헌법 제정, 군주제 개혁 세 가지를 주장했다. 특히 이 자리에서 청년들은 최고형 15년까지 벌할 수 있는 국왕모독죄를 두려워하지 않으면서, 국왕 역시 국민의 한 사람으로서 헌법의 통제를 받아야 하고 누구나 왕실에 대해 자유롭게 이야기할 수 있는 표현의 자유가 있음을 주장했다. 명실상부한 입헌군주제로의 개혁을 요구한 것이다.

─────────── 마침내 2023년 5월 총선에서 청년들의 절대적인 지지를 받으며 국왕모독죄 개정과 군 개혁을 전면에 내세운 아나콧마이를 전신으로 하는 까오끌라이가 제1당이 되었다. 비록 군부의 특권을 보장해 놓은 2017년 헌법에 가로막혀 까오끌라이당 대표 피타 림짜른랏이 총리가 되지 못했지만, 타이 청년들이 주도한 불복종운동의 승리였다. 물론 절대군주제 같은 현 입헌군주제를 개혁하고 군에 대한 문민통제를 완성하기까지는 가야 할 길이 멀기 때문에 절반의 승리라고 볼 수 있다.

─────────── 이 절반의 승리에 일생을 불복종운동에 헌신해온 짜란딧타피차이와 같이 나이가 들어서도 청년의 투혼을 간직하고 있는 '10월세대'의 저항정신이 각인되어 있으며, 또한 2014년 5월 쿠데타 이후 해외로 망명한 적지 않은

지식인들이 여전히 고국으로 돌아오지 못하는 현실을 차투팟과 같은 타이 청년들은 잊지 않고 있을 것이다. 그러나 이제 새로운 시대의 주역은 '10월세대'가 아니라 탁신 혐오도 거부하지만 탁신 포퓰리즘도 거부하는 청년세대다. 포퓰리즘은 다수의 횡포라는 민주주의의 결함을 드러낸다. 탁신 체제는 민주주의가 포퓰리즘과 결합될 때 비자유주의적 선거권위주의로 퇴행할 수 있음을 보여주었다.

─────────── 미얀마에서도 대통령 위에 군림하겠다고 선언한 아웅산 수지의 포퓰리즘은 소수민족들과 청년들에게 큰 지지를 받지 못했다. 특히 로힝야 무슬림 인권 문제에 대한 아웅산 수지의 태도는 국제사회는 물론이고 국내 시민사회로부터도 비판을 받았다. 아웅산 수지는 국가고문으로 있는 동안 로힝야를 로힝야라고 불러준 적이 없었다. 이런 수지 포퓰리즘의 한계를 대부분의 '88세대'는 지적하지 못했다. 오히려 로힝야 문제를 거론하는 국제사회의 불순한 의도를 들먹였다. 예컨대 '88세대'를 대표하는 민꼬 나잉은 NLD 정부 시기에도 어느 일인의 카리스마에 의존하지 않는 집단지도체제를 강조했지만, 그 역시 로힝야 인권 문제에 대해 소극적인 태도를 취한 과거의 책임으로부터 자유롭지 못하다. 그는 몬족 출신이지만 그의 사고는 버마족보다 더 버마족답다는 오해를 살 만한 빌미를 주었다. 2021년 2월 쿠데타 이후 벌어진 군에 의한 무자비한 민간인 폭력을 목도하게 되면서 비로소 이들은 로힝야를 로힝야라고 호명했다. 이와 동시에 로힝야 인권 문제를 간과했던 과거를 반성했다. 나아가 수지 포퓰리즘이 더 이상 대안이 아님을 깨달았다.

─────────── 쿠데타 직후부터 전개되고 있는 '봄의 혁명'의 주역은 10년간의 정치적 개방의 시기를 경험한 청년들이다. 이들은 포퓰리즘과 친화력이

높은 위계적 · 권위주의적 문화를 거부한다. 쿠데타 이후 평화적 시위를 유혈진압한 군부에 맞서기 위해 적지 않은 청년들이 총을 들고 시민방위군(PDF)이 되었다. 이들 청년과 함께했던 민꼬 나잉의 동지 코 지미는 2022년 7월 다른 동료 3명과 함께 반테러법 위반 혐의로 처형되었다. 민꼬 나잉은 국제사회를 향해 우크라이나만큼은 아니더라도 자국 인민을 학살하고 있는 미얀마 군사정부에 대한 비난과 민주 혁명 세력에 대한 지지와 지원을 호소하고 있다. 그와 그의 동료들은 우크라이나로 지원되는 규모의 1퍼센트 정도만이라도 미얀마 민주 진영에 지원된다면 '봄의 혁명'이 승산이 있다고 주장한다.

─────────── 2006년 9월 쿠데타, 2014년 5월 쿠데타를 거치면서 타이 군부 지도자는 미얀마 군부 지도자와 돈독한 관계를 구축했다. 2 · 1 미얀마 쿠데타를 이끈 민아웅 흘라잉은 타이 육군사령관, 총리를 거쳐 왕실의 최고기구인 추밀원 의장을 맡았고 2006년 9월 쿠데타의 배후 인물로 지목된 바 있는 프렘 탄술라논의 양자(養子)로 알려져 있다. 그는 타이 군사정부로부터 친교의 의미로 휘장 선물을 받았고, 2 · 1쿠데타 직후 타이 쿠데타의 주역 프라윳 찬오차 총리에게 쿠데타의 이유를 설명하고 지지를 요청하는 개인 서신을 보냈고, 이에 대한 화답으로 프라윳 정부는 쿠데타를 일으킨 미얀마 군사정부를 외교적으로 승인했다. 민아웅 흘라잉은 타이 쿠데타 군부의 정치적 행보로부터 적지 않게 영향을 받고 학습했음이 틀림없다.

─────────── 2 · 1쿠데타 이후로 타이 정치 군부는 미얀마 쿠데타 군부를 지지함으로써 자국민을 공포로 몰아넣은 미얀마 정치 군부와 공범 관계가 되

었다. 미얀마와 타이는 국면에 따라 정도의 차이가 있으나 정치 군부의 긴 그림자로부터 벗어나지 못하고 있다. 이들 두 나라의 헌법은 공히 군부의 특권과 정치 개입을 보장하고 있다. 민주주의의 기본 원리인 군에 대한 문민통제의 미래도 불확실하다. 오히려 이들 나라의 군 최고지도자는 스스로 왕을 자처하거나 왕과의 동맹을 정치적 기반으로 삼고 있다.

──────────── 그러나 이제 세 손가락 혁명으로 미얀마 청년들과 타이 청년들이 자국 정치 군부의 그림자를 청산하기 위한 불복종운동에 나섰다. 2023년 5월 총선에서 2020년 불복종운동을 이끌었던 타이 청년들의 개혁 의지를 대변한 까오끌라이가 놀랍게도 제1당이 되자 미얀마 청년들도 뜨거운 지지를 보내면서 그동안 미얀마 군사정부를 지지해온 타이 정부의 외교 변화를 기대했다. 그러나 타이 쿠데타지지 세력의 방해로 까오끌라이당 대표 피타 람짜른랏이 총리가 되지는 못함으로써 대 미얀마 외교의 변화가 일단은 무망하다. 그럼에도 불구하고 미얀마와 타이 두 나라의 군부 간 카르텔 동맹을 견제하는 초국적 시민사회 연대와 세 손가락 혁명은 현재진행형이다.

──────────── 끝으로 원고를 오랫동안 기다려주신 드레북스에 감사드린다. 또 책을 편집하는 과정에 도움을 준 김한얼, 김채린, 송채영, 그리고 행동하는 지식인이 되도록 늘 자극을 주는 성공회대 〈국경 없는 민주주의 학교〉의 조진영 대표를 비롯해 소속 학생 활동가들에게도 고마움을 전한다.

– 항동 연구실에서

차례

> 머리말

1부 미얀마, '봄의 혁명'에 이르는 길

┌─ 개관 ──────┐

1장	038	서론
미얀마 2021	042	'공세기' 군부의 응전: 쿠데타의 배경
2·1쿠데타	053	'혁신기'의 개막: 내전 발생, 군부와 NUG의 경쟁
직후의	065	정치투쟁에 대한 국제사회의 반응
정치경제	071	결론
	074	(보록) 린테 아웅 전 미얀마군 대위와의 인터뷰
	084	주석

2장	088	서론
'봄의 혁명'	092	군부독재의 수호자주의와 반군부 포퓰리즘
땃마도 수호자주의의	096	수호자주의의 탄생·진화·위기와 포퓰리즘 부상과 도전
파국적 선택	115	결론
	119	주석

3장 | 122 | 서론

미얀마 2018 | 125 | 헌법개정, 그리고 중국과의 '위험한 거래'

로힝야와 아웅산 수지 | 130 | 소수민족과의 화해 로드맵과 '로힝야 위기'

정부의 위기 | 138 | 규제개혁과 엇갈린 경제 전망

| 145 | 또 하나의 북한 '학습 모델'

| 149 | 결론

| 152 | (보록 1) 8888 학생운동 지도자 민꼬 나잉과의 인터뷰

| 160 | (보록 2) 시민운동가 네윈과의 인터뷰

| 170 | (보록 3) 사회민주연합전선(SDUF) 활동가 쪼꼬꼬와의 인터뷰

| 179 | 주석

4장 | 182 | 서론

미얀마의 | 187 | 분석을 위한 이론적 논의

질서 있는 | 189 | 권위주의적 발전국가로의 이행 준비

이행 모델 | 197 | 권위주의적 발전국가의 자유화와 민주화

| 207 | 결론

| 211 | 주석

타이, 군부–왕실 동맹 깨기의 역사

┌─ 개관 ─────────────┐

5장   232 서론
'사릿 모델'의 부활과   236 스트롱맨 정치와 '훈정동맹'
타이식 민주주의   247 2017년 신헌법과 비상대권 임시 헌법 제44조
            252 존왕주의와 국왕모독죄 형법 제112조
            258 결론
            261 주석

6장   264 서론
포스트–탁신 시대의   267 타이 사회 맥락 속의 대항 헤게모니
붉은셔츠   273 붉은셔츠의 이념: 정치적 자유주의
            278 붉은셔츠의 조직: 다중심적 수평구조
            281 붉은셔츠의 행동: 시민혁명 혹은 정치혁명
            289 결론
            293 (보록) 타이 전 부총리 짜투론 차이생과의 인터뷰
            300 주석

7장	304	서론
근대적 절대군주제와	309	타이 정치체제로서의 관료적 정체
국왕모독죄	313	타이식 민주주의의 귀환과 근대적 절대군주제
	321	국왕모독죄와 군주제
	330	결론
	333	주석

8장	336	서론
지역 연구를 위한	339	제1차 민주화: 1973~1976년
민주화 분석모형	349	제2차 민주화: 1992~현재
타이의 1973년 10월과	365	결론
1992년 5월의 비교	368	(보록) 민주화 연구를 위한 분석모형
	377	주석

> 맺는말

> 참고자료

> 주요 인명 찾아보기

> 수록 출처

1부

미얀마,
'봄의 혁명'에 이르는 길

미얀마에서의 불복종운동

시민불복종운동과 '봄의 혁명'

2021년 2월 1일, 군부 쿠데타로 미얀마[1]는 실패국가로 추락하는 양상을 보이고 있다. 공무원이 주도한 전국적인 시민불복종운동(CDM)으로 인해 국가행정이 제 기능을 하지 못하고 있고, 자본 이탈과 교역 악화, 금융 시스템의 교란으로 경제 여건도 최악으로 치닫기 시작했다. 특히 CDM으로부터 분화된 반군부 저항 세력인 시민방위군(PDF)과 기존 소수민족 무장단체들이 연대하는 방향으로 발전하면서 임시정부 격인 민족통합정부(NUG)[2]가 방어 전쟁을 선언하면서 '봄의 혁명'이 절정을 향해 치달았다.

반면 쿠데타 직후인 2020년 11월 총선 당선자 중심으로 조직된 연방의회대표자회의(CRPH)와, 뒤이어 출범한 민족통합정부는 군부의 특권을 보장한 규율 민주주의를 상징하는 2008년 헌법의 폐기와 소수민족들의 대등한 권리와 참여를 보장하는 연방 민주주의 국가 건설에 나섰다. 연방 헌법 제정의 중심에는 모든 반군부 진영을 포괄하는 민족통합자문위원회(NUCC)가 있다. 이 위원회에는 시민불복종운동, 시민방위군, 정당들, 소수민족무장 조직들, 연방의회대표자회의(NUCC) 등이 포괄되었다.

2·1쿠데타는 아웅산 수지가 이끄는 민족민주동맹(이하 NLD)이 그간의 수세기에서 2011~2015년 테인세인 정부 시기와 2016년부터 2020년까지 제1기 민족민주동맹의 문민정부 시기를 거치면서 '국가 안의 국가'로서의 군부에 대한 강도 높은 공세를 펼쳤던 것에 대한 응전의 성격을 지녔다. 그러나 이에 대해 범 반군부 민주 진영은 기존의 NLD 중심주의, 버마족 중심주의에서 벗어나 70년에 이르는 내전을 종식시키는 연방 민주주의 체제로의 로드맵 구상과 그 실행에 들어갔다. 이런 혁신기는 많은 비용

미얀마와 타이 청년들의 세 손가락 혁명

을 치러야 하는 '끝을 알 수 없는 치열한 정치투쟁'으로의 진입을 의미하기도 한다.

아웅산 수지의 NLD 정부가 절차적 정당성을 기반으로 2016년에 출범했을 당시 이들이 내건 3대 개혁 과제는 헌법 개정, 소수민족과의 화해, 경제부흥이었다. 이 세 가지가 아웅산 수지 정부의 성과 정당성을 평가하는 판단 기준이 되었다.

이와 같은 성과 정당성은 신생 민주주의의 공고화를 위해 해결해야 할 세 가지 과제인 이행기 문제, 맥락 문제, 시스템 문제 측면에서 보면 헌법 개정은 이행기 문제에, 종족 간 화해는 맥락의 문제에. 경제부흥은 시스템 문제에 각각 해당했다. 이때 신생 민주주의가 이 세 장애물을 넘지 못할 경우 민주주의 공고화로의 진전이 아닌 민주주의의 해체에 이를 수 있다.

'사람 중심의 포용적 지속 가능한 발전'을 공표한 아웅산 수지의 NLD 정부는 '질서 있는 이행 모델'로 평가되었다. 미얀마의 민주화 이행은 보장을 통한 이행, 특히 헌법적 보장 안에서 군부의 부분적 퇴각이라는 독특한 타협적 협약에 의한 민주화로 시작했다. 그러나 타협적 협약에 의한 민주화의 산물인 수지 정부가 이룬 성과를 평가해보면, 오랜 군사정부 시기의 잔재인 2008년 헌법의 지속, 버마화에 따른 소수민족 간의 갈등, 특히 로힝야 위기, 경제부흥을 위한 개혁을 답보 상태로 놓이게 하는 중요한 요인인 군부와 NLD의 이중권력 상태 등 애초에 계획한 세 가지 과제를 제대로 진전시키지 못했다. 특히 민주주의 공고화의 지표인 미얀마 군부 땃마도에 대한 문민 통제는 군부의 특권을 보장해 놓은 2008년 헌법 안에서는 결코 가능할 수 없었다. 이런 점에서 2016년 출범한 아웅산 수지의 NLD 정부는 실제로는 군부의 영향력 안에 있는 군부 후견 체제였다고도 볼 수 있다. 군 통수권은 물론이고 내무부장관 인사권까지 군부의 최고지도자가 좌지우지했다.

민아웅 흘라잉 군 총사령관이 주도한 군부 쿠데타는 정치 혼돈은 물론 경제 파국까지 감수하면서 테인세인 정부 이전의 고립 상태이던 미얀마로의 회귀를 불사하겠다는 땃마도의 무모한 시도였다. 그들이 내세운 '수호자주의(guardianship)'가 도덕적·정치적 자산을 모두 상실함에 따라 마지막 남은 2008년 헌법과 군사력을 동원해 '국가 안의 국가'로서의 특권을 수호하려는 전략을 선택한 것이다.

왜 쿠데타를 일으켰을까

쿠데타가 일어난 2021년 2월 1일은 아웅산 수지가 이끄는 NLD의 두 번째 집권에 들어가기 위한 연방의회 소집일이었다. 쿠데타는 군이 윈민 대통령에게 사직을 독촉하며 시작되었다. 2020년 11월 8일의 총선거에 부정이 있었음에도 대통령이 군의 조사 요구를 따르지 않았다는 것이 이유였다. 윈민 대통령은 당연하게 사직 요구를 거절했다. 그러자 군은 그를 구속하고 군 출신의 민 쉐 제1부통령이 비상사태를 선포했다. 이어 민아웅 흘라잉 군 총사령관이 권력을 장악했다. 뒤이어 윈민 대통령과 아웅산 수지 국가고문을 여러 불법행위를 저질렀다는 이유를 들어 기소했다. NLD 의원 대부분, 그리고 NLD를 지지하는 문화예술인들도 차례로 구속되었다. 민아웅 흘라잉 군 총사령관은 이 과정을 "헌법에 기반한 권력 이양"이라고 강변했다.

미얀마와 타이 청년들의 세 손가락 혁명

2008년 헌법에는 영국 국적의 자녀를 두고 있는 아웅산 수지를 겨냥해 외국 국적의 가족을 가진 사람이 대통령으로 취임할 수 없다는 자격 조항을 두었다. 그런데 NLD는 2015년 11월 총선거에서 압승하자 정부 출범 직후인 4월에 아웅산 수지를 위한 대통령 위의 직책으로서의 국가고문직을 설치했다. 군의 입장에서 보면 헌법의 장벽을 우회해 새로운 고위공직을 만든 꼴이었다. NLD가 과반수를 차지한 의회에서는 군의 정치적 권한을 축소하는 헌법 개정이 시도되고, 퇴직한 군 장교가 갈 수 있는 국영기업의 민영화가 계획되었다. 무슬림 소수민족 로힝야 난민 문제에서는 국제사회의 '인종청소' 주장에 대해 아웅산 수지 국가고문은 이를 전면 부정했으나 군부대의 지나친 행위가 있었음은 인정했다.

쿠데타를 왜 일으켰는가에 대해서는 다양한 분석이 가능하겠지만, 2020년 11월 총선에서 재차 NLD의 압승을 지켜본 미얀마 군부 땃마도가 문민

2021년 2월 쿠데타 직후 의회로 가는 도로를 봉쇄한 군인들

정부 1기인 2016~2021년에 이어 문민정부 2기에서 계속될 군부의 특권에 대한 도전을 인내하기 어렵다고 판단해 쿠데타를 단행했을 것으로 추론해 볼 수 있다. 물론 여기에 2016년에 퇴임해야 했지만 임기를 연장해 2021년 7월에 전역 예정인 민아웅 흘라잉 군 총사령관의 개인적인 야망이 더해졌을 것이다.

2·1쿠데타로 NLD와 군부 간의 불안정한 동거, 즉 이중 권력 체제를 기반으로 한 질서 있는 이행, 즉 타협적 협약에 의한 민주화는 종언을 고했다. 군은 쿠데타를 통해 NLD가 압승을 거둔 2020년 11월 총선을 부정선거로 규정하고 그 결과를 무효화했다. 이미 미얀마 군부 땃마도는 승리를 자신했던 1990년 5월 총선에서 예상하지 못했던 NLD의 압승을 인정하기를 거부한 전력이 있다. 30년 만에 '거부 쿠데타(veto coup)'가 재현된 것이다.

쿠데타 일어나고 다음 달인 3월 27일 민아웅 흘라잉의 군부가 관장한 국군의 날 기념식에 중국, 러시아와 같은 강대국들과 타이, 베트남, 라오스 등과 같은 아세안 국가들이 외교사절단을 보냈다. 기념행사가 열리고 있던 같은 시간에 군과 경찰은 시민불복종운동을 벌이고 있던 무고한 시민들을 학살했다. 이들 국가의 냉담한 외교 행위는 미얀마 국민들의 공분을 샀다. 특히 내정불간섭 원칙 뒤로 숨으면서 땃마도의 반인륜적 행위를 눈감으며 그들과 교감을 나눈 중국의 태도는 실망스럽기 그지없었다.

냉전 시기 중국은 땃마도 통치하의 미얀마를 있게 한 장본인인 1962년 군부 쿠데타의 주역 네윈 장군이 친미나 친소가 아닌 비동맹 고립 노선 '버마식 사회주의의 길(Burmese way to socialism)'을 걷는 이상 적대시할 필요는 없었다. 네윈 휘하의 군부가 전격적으로 국유화 조치를 실행하면서 화인(華人)들의 재산을 강탈했을 때도 중국 정부는 이들을 자극하지 않으려 인내했다. 네윈이 이끄는 일단의 군부 엘리트들이 실행한 국유화 정책은 자력갱생 모델의 전형이었다. 이들의 목표는 뚜렷했다. 하나는 독립 이후에도 광공업, 상업 분야에서 경제 기반을 구축하고 있던 외국인의 경제 지배를 종식하고 경제의 버마화를 성취하는 것이었다. 다른 하나는 '신식민주의의 침투'를 막아내어 다시는 외국의 지배를 받지 않는 온전한 자주·자립 경제를 창출하는 것이었다. 버마식 사회주의를 내건 '군사혁명 엘리트들'은 불교와 사회주의의 결합을 선언하는 등 유물론과 거리를 두는 일종의 비공산주의적 좌파(non-communist left)였지만 이들의 혁명 노선은 공산전체주의 모델과 매우 흡사했다.

2011년 수지-테인세인 협약의 파기

아웅산 수지와 군부 간 타협의 결정적인 계기는 2011년 8월 19일, 당시 대통령이었던 테인세인과 NLD 지도자 아웅산 수지의 네피도(미얀마의 수도) 회동이었다. 협약의 핵심은 NLD가 군부의 지속적 정치 개입을 보장한 2008년 헌법을 수용하는 대신 군부는 자유롭고 공정한 선거에 따른 정치적 결과를 수용하는 것이었다.

2008년에 통과된 헌법은 1990년 총선 때와 같이 선거 참패로 군이 모든 것을 잃을 가능성을 예방하기 위한 차원에서 2003년 8월에 공표된 '7단계 민주화 이행 로드맵'[3]에 따라 제정되었다. 이를테면 2008년 헌법에 따르면 행정부에서는 국방부 산하 국군과 내무부 산하 경찰, 그리고 국경부

산하 국경경찰에 대한 통제 권한이 모두 군 총사령관 아래에 있으며, 입법부에서는 상하 양원 각 의석의 25%가 군인들에게 할당되어 있다. 여기에 NLD 정부 전복의 정당화에 악용된 '합법 쿠데타' 조항(11장 417조)에서는 대통령이 비상사태를 선언하면 권력을 군 총사령관에게 이양하도록 되어 있다. 이런 맥락에서 민아웅 흘라잉 휘하의 강경파 군부 세력은 이 조항을 근거로 '합법적 조치'임을 주장했다. 하지만 대통령을 구금한 상태에서 군 출신 부통령이 비상사태를 선포했기 때문에 사실상 2008년 헌법도 위반한 셈이다. "합법"이라는 군부의 주장은 억지일 뿐이다.

결국 민아웅 흘라잉은 쿠데타를 통해 2020년 11월 총선 결과를 부정함으로써 2011년 수지-테인세인 협약을 뒤엎었다. 이는 그동안 밟아 온 '7단계 민주화 이행 로드맵'의 성과를 일거에 파기한 것이다. 지난 총선에서 당선된 의원들이 쿠데타 직후 긴급하게 구성한 연방의회대표자회의는 쿠데타 군부 세력을 테러리스트 집단으로 규정하고 국제사회를 향해 이들을 인정하지 말 것을 요청했다. 뒤이어 이번 쿠데타에 악용된 2008년 헌법에 대한 전면 부정을 선언했다.

미얀마는 사회주의 체제를 경험했고 군부와 민주화 세력 간에 '길고 끝없는 정치투쟁'을 거쳐 민주화 이행기에 들어섰다. 이때 이행의 첫 단계는 정치 개방으로 지칭되는 자유화의 문턱을 넘어서는 것으로부터 시작해 절차적 정당성을 갖는 민주 정부의 수립이라는 또 다른 문턱을 넘는 것으로 종료된다. 자유화 단계에서는 정치범이 석방되고, 공론의 장이 허용되며, 검열이 완화되고, 비중이 작은 공직자 선거와 시민사회의 부활이 허용된다. 물론 최고 권력자들을 선출하는 공정한 선거 경쟁은 허용되지 않는다. 2012년 4월 1일 미얀마에서의 보궐선거는 자유화 단계의 정점을 찍은

미얀마와 타이 청년들의 세 손가락 혁명

것이라 볼 수 있다. 이 선거에서 아웅산 수지가 국회의원에 당선되고 민족민주동맹이 45석 중 43석을 차지하는 이변이 벌어졌다. 이어 2015년 총선에서 민족민주동맹이 압승을 거두고 집권 세력이 되었다. 2015년 11월 총선은 규율 민주주의에서 '규율'이라는 수식어를 뺀 민주주의로 전진할 수 있는 중대 선거였다.

선거는 정치적 갈등을 평화적으로 완화시키고 정치적 타협을 가능하게 하는 제도다. 다시 말해 선거야말로 '전쟁의 정치'를 넘어 '탈무장 민주주의'를 구축할 수 있는 필수불가결한 조건이다. 선거가 자유롭고 공정하게 치러졌다면 선거의 패자는 그 결과에 승복하고 그 다음 선거에서의 승리를 다짐한다.

준무장 민주주의 VS 탈무장 민주주의

정치학자 새뮤얼 헌팅턴은 선거민주주의 정착을 포함한 민주화 이행 과정에서 지도자들이 시대정신으로서의 민주주의를 내면화, 신념화하는 것의 중요성을 지적했다. 하지만 땃마도는 '규율 민주주의', 즉 "군부에 의한 규율 없이 민주주의 없다"라는 선군(先軍)정치 논리를 포기하지 않았다. 그것은 군부 후견주의를 합법화하고 군부의 특권을 제도화한 2008년 헌법에 대한 강한 수호 의지로 표현된다.

그러나 2015년과 2020년 총선에서 NLD의 압승과 친군부 정당인 연방단결발전당(USDP)의 참패는 군부가 관리하는 규율 민주주의의 벽을 허물고 군에 대한 문민 통치 원리가 작동하는 민주주의 수립을 기대하게 했다. 그러나 땃마도는 민주주의의 확장이라는 시대정신을 쿠데타로 전면 거부했다.

헌팅턴은 1970년대와 1980년대에 걸쳐 있었던 이른바 '세 번째 민주화 물결'의 일반적 요인들을 언급하면서, 어떤 특정 국가에서의 민주화는 몇 가지 일반적인 요인과 그 나라 고유의 요인들이 결합된 결과라고 보았다. 이때 주목해야 할 것은 일반적인 요인은 민주화에 유리한 조건을 창출할 뿐 민주화를 필연적으로 만드는 것은 아니라는 점이다. 다시 말해 민주주의는 요인이 아닌 정치지도자, 대중 등과 같은 '요인을 만드는 행위자들'에 의해 만들어진다는 것이다. 특히 군부 권위주의 세력 내 지도자들이 시대정신으로서의 민주주의를 수용하는 것은 민주화의 필수 요건이다. 2011년부터 시작된 개혁·개방을 주도한 테인세인 대통령은 시대정신을 읽어낸 군부 내 개혁파로 간주되었다. 그러나 민아웅 흘라잉이 이끄는 미얀마 군부가 시대정신을 거부하자 시민들이 불복종운동에 나섰다.

2018년 8월 8일 8888항쟁 30주년 기념식에서 연설 중인 민꼬 나잉

미얀마와 타이 청년들의 세 손가락 혁명

2 · 1쿠데타는 수지 행정부가 출범한 이후에도 입법부의 4분의 1을, 내무부 · 국방부 · 국경부와 같은 행정 기구를 장악한 군부 수뇌부와 2008년 헌법 개정을 통해 군에 대한 문민 우위라는 민주주의의 기본 요건을 제도화하려 했던 선출된 문민권력 간 갈등의 결과였다. 반면 또 다른 맥락에서 보면 수지 국가고문과 NLD 정부가 민주주의를 시대정신으로 받아들이는, 그래서 병영으로의 복귀를 바람직하게 생각하는 군부 개혁파를 만들어내는 데 실패한 결과였다. 그러기에 2 · 1쿠데타 이후 민주 진영은 하나의 바위 덩어리와 같이 동일체(同一體)의 모습을 보이는 군부에 파열구를 내야 하는 절박한 과제를 안고 있다.

화해와 연대, 연방 민주주의를 향하여

쿠데타 직후부터 전개된 시민불복종운동은 '봄의 혁명'을 상징하는 용어가 되었다. 시민불복종이란 개념은 자유주의를 보편적 가치로 삼은 서구에서 탄생했다. 그러나 대부분의 서구 열강은 자유주의를 자국의 국경 안에서만 허용하고 식민지인의 자유권은 무시하는 이중적 태도를 보임으로써 식민주의를 반대하면서 자유주의에 비판적인 민족주의 운동을 태동시켰다. 미얀마 독립투쟁의 주역인 미얀마 군부 땃마도의 극단적 민족주의 노선도 분할지배 정책을 일삼았던 영국 식민주의와의 투쟁 과정에서 형성되었다.

땃마도는 반식민주의 운동의 주역이었지만 이제는 반세기가 넘도록 자국민 위에 군림하고 있는 또 다른 식민주의 세력이다. 2011년 3월 개혁 성향의 테인세인 정부가 들어서기 전까지 미얀마 국민은 자유권을 철저히 유린한 '군부 수호자주의'에 갇혀 있었다. 다행히도 테인세인 정부와 수지의 민족민주동맹 시기에 이루어진 자유화 국면 속에서 미얀마 내에서는 자율적인 시민사회의 성장이 빠르게 진행되었다.

2021년 2·1쿠데타 이후 미얀마 국민들은 개혁과 개방 국면 이전으로 미얀마를 되돌리려는 군부와 전면전을 벌이고 있다. 자유주의 사상이 연원인 시민불복종운동이 지지하는 임시정부 민족통합정부(NUG)는 소수민족들의 자치권을 대폭 보장하는 연방민주주의 건설을 선언했다. 또한 연방의회대표자회의는 연방민주주의 건설을 향한 연방민주주의헌장(Federal Democracy Charter)을 공표했다. 연방민주주의는 버마족 중심주의(Burman centralism)로부터, 그리고 아웅산 수지 1인 카리스마에 갇혀 있던 기존 통치구조와는 뚜렷한 차이를 보여야 한다. 이런 변화는 민족통합정부는 물론 정당, 시민사회단체, 총파업위원회(GSC), 소수민족무장단체 등으로 구성되는 민족통합자문위원회(NUCC)가 추동해나가야 한다. '봄의 혁명'을 이끄는 다양한 주체로 구성된 NUCC는 혁명평의회이자 제헌의회다. 영국 식민지로부터의 독립을 위한 단결 투쟁과 독립 후 연방국가 건설에 합의했던 핀롱회담의 재현을 책임져야 할 중추조직이다.

반군부 민주 진영은 전국휴전협정(NCA)에 조인한 무장반군들과의 연대를 추진한 바 있다. 또 대안 정부로서 출범한 민족통합정부는 다양한 정치, 사회 세력과 함께 2008년 헌법을 대신할 연방헌법과 연방 민주주의 형태를 구상하고 있다. 특히 주목할 점은 민족통합정부 초기 각료 26명 중 절반인 13명이 소수민족 출신이고, 8명은 여성이었다는 점이다. 쿠데타 직후 양곤에서 처음으로 시위를 조직한 27세의 에이 틴자 마웅은 여성·

청년 · 아동부 차관으로 임명되어 최연소 각료가 되었다. 민족통합정부의 각료 구성은 종족별, 세대별, 성별 안배가 잘 되었다는 평을 받았다.

그러나 미얀마의 최대 경제협력국인 중국은 내정불간섭을 주장하면서 사실상 쿠데타 군부 세력이 출범시킨 국가행정평의회(SAC)를 승인하는 모습을 보여왔다. 이들은 땃마도가 선거 결과를 무효화하고 강압적인 평화를 통해 개방경제와 외자 도입을 추진한 30년 전 1990년의 상황을 재현할 것이라고 생각하는 듯하다. 한때 중국은 미얀마가 실패국가로 전락하고 그 결과 미얀마에 경제적 이해관계를 가진 본인들도 엄청난 경제적 손실을 볼 것이라는 최악의 시나리오를 염두에 두고 2021년 4월 24일 민아웅 흘라잉 군 총사령관을 초청한 아세안 특별정상회의에 대해 기대를 표명하기도 했지만 군부에 우호적인 기조는 변함이 없다. 반면 미국과 EU 등은 쿠데타 주도 세력에 대한 제재에 들어갔지만 별반 효과가 없다. 미얀마를 회원국으로 두고 있는 동남아국가연합(이하 아세안)은 미얀마가 경제성장, 정치 거버넌스, 인권 존중, 부패와 투명성, 마약 거래 등 거의 모든 국제 지표에서 최하를 기록하는 등 큰 부담이었으나 회원국으로 받아들인 바 있다.

아세안은 2003년 디페인 사건으로 불리는 아웅산 수지와 그녀의 지지 세력에 대한 군사정부의 노골적인 테러 공격이 있은 직후 서방과 함께 미얀마 군사정부를 공개적으로 비판했다. 이에 대해 미얀마 군부 내 개혁파는 아세안의 압박을 차단하는 차원에서 신헌법과 다당제 도입을 기반으로 한 민간정부 출범을 목표로 하는 '7단계 민주화 이행 로드맵'을 내놓았고, 이는 2011년 정치 개방과 경제 개방의 기반이 되었다. 내정불간섭이라는 불문율을 넘은 아세안의 압박이 미얀마 군부 내 개혁파의 목소리를 높였고 '질서 있는 이행'의 기반이 되었다. 그러기에 아세안이 다시 한 번 압박할 때 민아웅 흘라잉 군 총사령관의 강경노선에 변화를 가져오게 하거나 민족통합정부와 대화에 나설 수 있는 군부 내 개혁파를 다시 한번 만들어내는 가능성을 기대하지만 현재 아세안의 행보는 기대 이하다.

하지만 미얀마의 위기는 버마 종족과 소수민족 간의 화해와 연대 가능성을 훨씬 높여주었다. 대표적인 예로 '세형제연합'(Three Brotherhood Alliance)으로 통칭되는 미얀마민족민주동맹군(MNDAA), 아라칸군 (AA), 따앙민족해방군(TNLA)이 2023년 10월 27일부터 미얀마 군부가 장악하고 있는 북부 샨주 코캉 지역에 대한 통제권 확보를 겨냥해 개시한 이른바 '1027작전'을 들 수 있다. 이 작전에 민족통합정부는 세 무장단체 의 조율자 역할을 한 것으로 알려졌다. 본래 미얀마민족민주동맹군은 버 마공산당을 전신으로 하는 한 무장조직으로서 생존을 위해 마약 사업에 관여하면서 국제적으로도 마약 밀매 조직이라는 불명예를 얻었으나 민족 통합정부와의 긴밀한 연대하에 이번 작전에 가담하면서 새로운 평판을 얻 을 수 있었고 미래 연방군으로서의 모습을 보여주었다. 이 작전은 일단 성 공적으로 끝났고 땃마도는 큰 손실을 입었다.[4]

바야흐로 연방 민주주의 가능성이 한층 커졌다. 샨족의 정치지도자로서 2005년에 반역죄 등으로 93년형을 선고받고 수감되었다가 2011년 1월에 대통령 특별사면으로 풀려난 쿤 툰 우는 미얀마 민주주의의 미래를 다음 과 같이 표현한다.

"민족 간 화해는 정치 회담을 포함한 대화 없이는 불가능하다. 대화 없 이는 화해도 없다. 영향력이 큰 어느 특정 세력만으로는 정치적 미래를 낙 관할 수 없다. 다양한 의견이 존중되어야 한다. 소수자는 다수 의견을 존

미얀마와 타이 청년들의 세 손가락 혁명

중해야 한다. 반대로 다수 의견은 소수자의 권리를 보호해야 한다. 선거를 치르는 것만으로 민주주의를 이루어낼 수 있을까? 영구적인 평화를 실현하는 데 군사적 수단이 그 답이 아니듯 지속적인 민주주의를 실현하는 데 선거만이 그 답이 될 수는 없다. 그 해결 방안으로 어떤 제도를 선택하더라도 공정한 대우와 균등한 기회가 보장되는 환경에서 대중의 의견이 반영되어야 한다. 호전적인 구호에 싫증을 느끼는 소수민족 반군 내 청년들에게 그들이 하고 싶은 대로 그들의 민족의 언어로 연가를 부르도록 해야 한다."[5]

영국 식민지로부터 독립한 후 70여 년 동안 미얀마는 민족 간 분쟁 상황으로부터 자유로운 민족국가를 경험해본 적이 없다. 독립 영웅 아웅산 장군의 연방 국가를 향한 거대한 기획이 꽃을 피우지 못했기 때문이다. 현재 미얀마 민주 진영은 '쿠데타'를 '혁명'으로 맞서면서 여러 종족이 차별 없이 공존하는 연방 민주주의 실현을 위해 힘겨운 투쟁을 벌이고 있다.

주석

1. 땃마도는 8888민주혁명 이듬해인 1989년에 국명을 버마에서 미얀마로 바꾸었다. 2012년 4월 1일 보궐선거 참여를 민족민주동맹(NLD)이 결정하기까지 민주 진영은 땃마도를 인정하지 않는 차원에서 버마라는 국명을 고수했다. 이 책에서는 버마와 미얀마를 혼용한다.

2. 민족통합정부는 30년 전 조직되었던 버마연립정부(NCGUB)와 같은 해외 망명정부가 아니라 미얀마 영토 안에 지하정부로 존재하는 임시정부다.

3. '7단계 민주화 이행 로드맵'은 다음과 같다. 1단계로 1996년 이래 중단된 국민회의 재소집, 2단계로 재소집된 국민회의에서 민주주의 수립을 위한 필요조치 강구, 3단계로 국민회의가 마련한 기본원칙에 따라 헌법초안 마련, 4단계로 헌법초안 승인을 위한 국민투표 실시, 5단계로 새로운 헌법에 따라 국회의원 선거 실시, 6단계로 국회 구성, 7단계로 현대적 민주국가 건설.

4. Xian, Yaolong.. 2024. "Good Rebels or Good Timing?: Myanmar's MNDAA and Operation 1027". January 05.

5. HKun Htun Oo.. 2012. "Union or All of Us", Journal of Democracy, vol.23, no.4(October), pp.133-134.

1장

미얀마 2021
2·1쿠데타 직후의 정치경제

서론

미얀마에서는 2021년 2월 1일 군부 쿠데타로 인해 아웅산 수지가 이끄는 민족민주동맹(NLD) 정권이 전복됨으로써 '질서 있는 이행'이 파국을 맞았다. 2011년 민정 이양 이후 진행된 정치적 자유화와 경제발전의 흐름이 멈추었고 국가 전체가 혼란에 빠졌다. 무엇보다 쿠데타에 항의하는 비폭력운동이 전국적으로 퍼졌다. 군의 탄압으로 많은 사망자와 구속자가 나오는 가운데 무기를 손에 든 사람들이 등장했고, 미얀마 중부 사가잉 지역처럼 비교적 평화로웠던 지역에서도 물리적 충돌이 일어났다. 이 과정에서 군의 직접 통치 부활이 기정사실화 되기도 했지만, 이른바 '봄의 혁명'을 이끈 민주 세력의 지지를 받는, 임시정부에 해당하는 민족통합정부(NUG)가 수립되면서 이중정부 시대가 열렸다.

우선 쿠데타 주역 민아웅 흘라잉[1]을 수장으로 하는 새로운 군사정부 국가행정평의회(SAC)[2]는 2008년 헌법의 준수를 주장하며 2023년 8월까지 총선거 시행을 공언했다. 반면 온라인에서 주로 활동하는 민족통합정부는 헌법 폐지를 선언하고 연방 민주주의 국가상을 제시했다. 지난 10년간 진행된 평화 프로세스가 수포가 되면서 변방 지역에 할거하던 소수민족 무장단체들(EAOs)의 정치·군사적 중요성도 높아졌다.

내전이 본격화되면서 각지에서 전투 격화로 인한 피난민이 급증했다. 경제는 전년부터 발생한 코로나와 쿠데타로 인한 혼란까지 더해져 극심한 타격을 입었다. 경제 규모는 축소되고 실업, 수입 감소, 현금 부족에 미얀마 현지 화폐 짯의 하락과 물가 상승까지 겹쳐 빈곤이 극심해졌다. 2020년 여름 즈음에 신종 코로나바이러스 감염증 제3차 유행의 파고가 있었는데, 의료체계가 정비되어 있지 않아 많은 사망자가 나왔다. 쿠데타를 반대하는 파업이 확산하면서 군정에 의한 인터넷 규제 강화, 장기간에 걸친 휴교 등이 잇달았다.

미얀마 정세에 국제사회의 반응도 엇갈렸다. 미국과 유럽이 군을 비판하고 제재를 가한 것에 반해 중국과 러시아는 미얀마군과 우호적 관계를 유지했기 때문에 유엔 안전보장이사회는 구속력 있는 결의안을 내지 못했다. 군과 협상 창구 역할을 기대했던 아세안(ASEAN)은 분열상을 보이면서 무력한 모습에서 벗어나지 못했다.

2021년 '아시아의 심장' 미얀마는 장기적으로는 실패국가[3]가 될 것이라는 경고를 받았다. 실패국가로 추락하는 양상은 권력을 찬탈한 군부가 정부를 구성했으나 쿠데타 직후부터 공무원까지 가세한 전국적 시민불복종운동(CDM)으로 인해 국가 행정이 제 기능을 다 하지 못한 것을 들 수 있다. 여기에 자본 이탈과 교역 악화, 금융 시스템의 교란으로 경제 여건도 최악으로 치달았다. 특히 전국적 시민불복종운동으로부터 분화된 반군부 저항 세력인 시민방위군(PDF)과 기존 소수민족 무장단체들이 연대하는

미얀마에서의 세 손가락 경례 시위(오른쪽)와 미얀마 청년들에게 영향을 준 타이에서의 세 손가락 경례 시위

상황으로 바뀌면서 군사정부가 유일 합법정부라고 주장하기가 어려워졌다. 이런 상황을 타개하려는 군의 무차별적인 탄압으로 인해 피난민 발생, 자산 압류가 폭증했다. 정상 국가에서 보기 힘든 상황이 벌어지기 시작한 것이다.

반면 군부가 관리하는 민주주의, 즉 규율 민주주의를 향한 전국적인 강렬한 저항과 함께 쿠데타 직후 2020년 11월 총선 당선자 중심으로 조직된 연방의회대표자회의(CRPH), 이어서 출범한 민족통합정부가 천명한 연방민주주의 국가, 즉 '새로운 미얀마'의 청사진이 주목받았다. 아웅산 수지와 민족민주동맹 문민정부의 국제 신인도를 떨어뜨린 로힝야 문제도 민족통합정부의 공개적인 사과로 새로운 국면으로 들어갔다. 연방의회대표자회의, 민족통합정부, 전국적 시민불복종운동, 나아가 소수민족 무장단체들까지 포괄하는 민족통합자문위원회(NUCC)가 '봄의 혁명'의 플랫폼을

미얀마와 타이 청년들의 세 손가락 혁명

기대했다.

2021년 2월 1일 쿠데타에 이르는 하나의 가정은 아웅산 수지가 이끈 NLD가 테인세인 정부 시기(2011~2015)의 군부를 상대로 한 수세기에 이어 1기 민족민주동맹 문민정부 시기(2016~2020)를 거치면서 '국가 안의 국가'인 군부의 특권에 도전을 시도하는 공세기를 조직해냈으나 이에 대한 군부의 응전이 쿠데타로 표출되었다는 것이다.

이 와중에 2·1쿠데타 이후 NLD를 포함한 민주 진영은 기존 NLD 중심주의, 버마족 중심주의를 벗어나 70년에 이르는 내전을 종식하는 명실상부한 연방 민주주의 체제 건설을 선언하는 혁신기에 들어섰다. 하지만 이 시기는 큰 비용을 치러야 하는 '끝을 알 수 없는 치열한 정치투쟁'[4]으로 진입하는 것이자 과거와 같은 강력하면서 지속성 있는 군사정부 시기로 회귀하거나 전례없이 안정된 연방 민주주의의 안착이라는 미래지향적 길로 나아가느냐라는 양 갈래 앞에 섰다.[5] 주목할 것은 청년층 주도로 무장 항쟁을 선언한 시민방위군(PDF)이 결성되자 이를 기반으로 2021년 9월 7일 민족통합정부가 군사정부를 상대로 전쟁을 선포했다는 점이다. 이후 지방에서 군과 무력충돌이 치열해졌다.

'공세기' 군부의 응전: 쿠데타의 배경

▼

구조적 배경

쿠데타 다음날인 2021년 2월 2일, 군은 국가 통치기관으로서 상급 장교 9인, 소수민족, 정당 소속 민간인 8인 등으로 구성된 국가행정평의회(SAC)를 설치하고 각 부처의 각료까지 임명했다. 8일 밤, 민아웅 흘라잉 군총사령관은 국영방송 연설을 통해 국민들에게 "각료는 능력에 따라 임명했다. 1962년과 1988년 쿠데타를 통해 출범한 군사정부와는 다르다"며, "군의 이번 행동은 쿠데타가 아니다"라고 강조했다.

쿠데타에 해당하지 않는다는 근거로는 비상사태선언의 요건 인정과 발령 절차를 헌법에 따라 이행했기 때문이라는 것이다. 윈민 대통령과 측근들이 총선거에서 부정으로 권력을 얻으려 했기 때문에 헌법 중 "대통령은 국방안보회의(NDSC)와 협의한 후 국가의 비상사태를 선언할 수 있다"(417조), "대통령이 비상사태를 선언할 때는 입법, 행정, 사법의 각 권력을 군총사령관에게 이양한다는 것을 선언하고 의회는 입법 기능을 정지하여 자동적으로 해산한다"(418조), "대통령직에 공석이 생긴 경우 2명의 부통령 중 대통령선거에서 두 번째로 많은 표를 얻은 자가 대통령 대행으로서 임무를 거행한다"(73조)라는 규정에 따라 선언했으므로 합법이라는 것이다.

비상사태가 선언됨에 따라 군총사령관은 "입법, 행정, 사법의 각 권력을 행사할 권한을 가진다"(419조), "필요에 따라 국민의 기본적 권리에 관한 법률을 제한 또는 정지할 수 있다"(420조) 등 절대적인 권한이 부여되었다. 한편 국민은 기본적인 권리를 제약받으며, 법률에 근거해 민원을 신청할 권리도 거부된다(381조).

그러나 윈민 대통령 측은 쿠데타 세력이 군 수뇌급 인물이 윈민 대통령에게 건강상 이유를 구실로 스스로 사직을 표명하도록 압박했다고 주장했다. 헌법에서 대통령은 "임기 종료 전 자신의 의사에 의해 사직을 희망하는 경우 사직할 권리"(72조)가 있기 때문에 군은 이 조항에 근거해 대통령이 스스로 사의를 표했다는 명분을 만들려 했던 것이다. 부통령이 대통령을 대행할 수 있는 경우는 73조에서 '대통령이 임기 종료 전 사직한 경우, 사망한 경우, 또는 직무를 연속적으로 거행할 수 없는 경우, 모종의 이유에 의해 대통령직에 공석이 생긴 경우'로 정의하고 있다. 군이 대통령의 신병을 구속한 경우도 '모종의 이유로 인한 공석'에 해당하므로 부통령에 의한 비상사태선언 발령이 '합헌'이라는 군의 주장이다.

2021년 2월 쿠데타는 11년 전에도 경고된 바 있다. 2010년 3월 27일 국군의 날에, 그해 11월 총선을 앞두고 최고 권력자인 탄쉐 국가평화발전위원회(SPDC) 의장이 남긴 메시지에 주목할 필요가 있다. 수도 네피도 교외에 건설된 군 행사 전용 광장에서 탄쉐 의장은 민주화 세력을 위협하는 연설을 서슴없이 행했다. 핵심은 미얀마의 민주화에 대한 군의 정의가 제시된 것이다. 연설의 요점은 "우리 군은 국가나 사람의 목숨을 지키는 것뿐만 아니라 필요하다면 언제든지 국정에 관여한다", "잘못된 방식의 민주화는 무질서를 초래한다", "한 시스템에서 또 다른 시스템으로 점차 바뀌어 갈 때의 실패는 국가와 국민을 위험에 빠뜨린다", "선거에 참여한 정당은 민주주의가 성숙해질 때까지 자제와 절도를 보여야 한다", "외국의 영향력에 의지하는 것은 꼭 피해야 한다"였다.

이런 발언에서 미얀마의 통치체제가 군정에서 민정으로 이관된다고 해도 '민주화의 속도와 진행의 깊이는 어디까지나 군이 결정한다' 는 것과, 민주화의 속도와 내용이 군의 허용 범위를 넘을 경우 군 주도의 정치체제로 되돌리겠다는 강력한 경고였다. 그동안 군은 2003년에 공표한 '7단계 민주화 이행 로드맵' 에서 강조한 '규율 민주주의' 라는 표현을 자주 사용했다. 이때 '규율' 은 군이 결정한 민주화의 속도와 깊이를 준수하는 것을 의미한다.

여기서 주목할 것은 민족민주동맹 1기 정부가 출범하기 사흘 전인 2016년 3월 27일, 민아웅 흘라잉 군총사령관이 국군의 날 연설에서 수지 국가고문이 이끄는 민주 세력에 적대감을 드러냈다는 점이다. 2016년 미얀마에서 공정한 선거로 정당이 정권을 장악한 것은 56년 만의 일로, 군부 계열 연방단결발전당(USDP)은 권력을 내놓아야 했다.

하지만 민아웅 흘라잉 군총사령관은 2015년 11월 총선거를 치르기 위해 군은 정부, 국민과 협력했지만 아직 정계를 떠나지 말았어야 했다고 말했다. 게다가 군은 국정의 주도적 역할로서 존재해야 한다며, 군이 국가의

미얀마와 타이 청년들의 세 손가락 혁명

2015년 선거운동 중인 아웅산 수지

중심적 역할을 계속 맡을 수 있다는 생각을 강조하고 수지와 민족민주동
맹을 강력하게 견제했다. 이는 2010년 국군의 날에 민족민주동맹의 선거
승리가 우려되었던 그해 11월 총선을 앞두고 탄쉐 군사평의회 의장이 연
설에서 남긴 "필요하다면 군은 언제든 국정으로 돌아간다"라는 경고를 수
지 정부 출발에 앞서 민아웅 흘라잉 군총사령관이 다시 반복한 것이다.

군이 정의하는 '규율 민주주의'를 수지 정권이 무시한다면 군은 쿠데타
를 주저하지 않을 것이라는 경고로, 이것은 5년 후인 2021년 현실화되었
다. 여기서 국제사회는 민족민주동맹 정부가 로힝야 학살 문제가 뜨거운
쟁점이 되면서 군부의 정치 개입을 보장한 2008년 헌법 개정 노력 외에도
다양한 방면에서 규율 민주주의에 도전했던 사실을 주목할 필요가 있다.

그중 하나는 군정이 국민을 감시하기 위해 전국 구석구석까지 치밀하게
배치한 행정사무소(GAD)를 군이 지배하는 내무부 소관에서 대통령부 소

관으로 전격 이전한 것이다. 또 다른 하나는 보석을 둘러싼 군 이권의 투명화를 취한 것이며, 세 번째는 군의 정치 지배력을 헌법 개정을 통해 단계적으로 무력화하고 완전한 문민 통치 국가를 구축하고자 한 것이다. 결국 군이 쿠데타를 통해 수지 정부를 추방한 것은 더 이상 군의 특권적 지위와 정치적 영향력의 약화를 수수방관할 수 없다는 판단에서였다.

우선 행정사무소와 관련해서 보면, 1988년 쿠데타로 시작한 군사정부는 같은 해에 새로운 행정조직인 행정사무소를 내무부에 설치하고 모든 지역구에 사무소를 개설했다. 행정사무소는 군정이 국내를 통치하기 위해 불가결한 행정 인프라로, 모세혈관과 같이 촘촘히 뻗어 있는 네트워크를 통해 국민을 감시했다. 국내 구석구석에서 내무부로 주민 정보가 보고되었기 때문에 민주 진영이나 인권 단체 등은 행정사무소가 골칫거리였다. 권력이 테인세인 정부로 이양된 이후에도 행정사무소에는 직원 3만6천여 명이 종사하며 지역구의 토지 관리나 징세, 주민등록 절차, 기타 민원 대응 등의 행정 업무를 담당했다. 그런데 수지 정부가 이 조직을 군 휘하에 있는 내무부로부터 빼앗아 2018년 말 대통령 직할 연방정부청으로 이관한 것이다.

2008년 헌법은 내무부, 국방부, 국경부 세 부처의 각료들을 군부 측 인물로 하도록 하고 있어서, 실질적으로 이 세 부처는 군이 직접 지배했다. 내무부 산하에는 경찰 조직도 있어 사실상 미얀마 경찰은 군이 지휘했다. 행정사무소의 소관을 내무부에서 옮기는 문제에 군부계 정당인 연방단결발전당(USDP)은 많은 일상 업무를 책임지고 있는 행정사무소를 내무부에서 옮긴다면 오히려 행정 효율이 저하된다며 반대했다. 하지만 수지 정부는 오히려 행정조직의 효율화를 명분으로 행정사무소를 대통령 직속으로 이관해 문민 통치 안에 두었다. 군이 전국 통치 네트워크를 수지 정부에 빼앗긴 것이다.

또 다른 도전의 예로 보석법 제정을 꼽을 수 있다. 미얀마는 루비 생산지로 유명하다. 보석은 군 사업의 중요한 이권이자 수입원이었다. 그런데 민족민주동맹이 일명 보석법이라 불리는 법률을 개정해 군의 보석 거래 투명화를 도모하고자 했다. 세계 천연자원의 부정 거래를 감시하는 국제단체 〈글로벌 위트니스〉의 추정에 따르면 2014년 미얀마의 비취 생산액은 310억 달러로 GDP의 약 절반에 이른다. 개발도상국의 석유, 가스, 광물자원 등을 채취한 이후 자금 흐름의 투명화를 목적으로 운영되는 〈채취산업투명성기구〉의 2016년 조사에 따르면 미얀마에서 생산되는 보석의 60~80%는 국가에 신고되지 않은 채 정규 판매 루트를 우회하고 있었다. 〈글로벌 위트니스〉는 미얀마에서 산출되는 보석들이 중국이나 세계 시장에서 팔리면서 거액의 가치를 만들어내고 있으나 사회에 이익이 환원되지 않는다고 지적했다.

이런 불투명한 상황을 바로잡기 위해 수지 정부가 2019년에 보석의 생산, 거래, 수출 등을 규정한 보석법을 개정해 거래의 투명화를 도모했다. 개정 자체만으로는 대규모 채굴업자들이 빠져나갈 루트를 여전히 차단할 수 없는 등 여러 문제가 남아 있지만, 의회에서 압도적인 과반수를 장악한 민족민주동맹 정부가 법 개정에서 보석산업 시정에 착수한 것은 군부에 위협적이었다.

그럼에도 불구하고 미얀마 경제는 군과 연결된 새로운 기업군 '크로니'가 거의 독점한다. 대표적인 예로 군은 미얀마경제공사(MEC)와 미얀마경제지주회사(UMEH)라는 두 거대 기업의 지주회사를 소유하고 있으면서 두 기업을 통제하고 있다. 2·1쿠데타 이후 미국, 영국, 유럽연합 등이 이 두 회사와 산하 기업에 경제제재를 발동한 이유도 여기에 있다.

직접적 명분

민족민주동맹 문민정부가 군부 기득권의 근간을 흔드는 가운데 민아웅 흘라잉이 이끄는 군이 정치 전면에 다시 나서겠다고 결심한 직접적인 계기는 2020년 11월 총선거에서 민족민주동맹의 대승과 군이 후원하는 연방단결발전당[6]의 대패였다. 이에 군은 이런 선거 결과가 민족민주동맹에 우호적인 연방선거관리위원회(UEC)가 부정투표를 주도했기 때문이라고 주장했다.

연방선거관리위원회의 권한과 업무, 그리고 위원의 임명 방법 등은 군부가 2008년에 제정한 헌법에 명시되어 있었다. 업무 내용은 의회 선거의 실행과 감독, 선거구 지정과 수정, 투표자명부 작성, 치안 상황 등에 따라 선거 시행이 곤란한 선거구에서의 선거 변경 등이다. 위원은 판사나 변호사 경험이 있는 자격 대상자로, 대통령이 위원장을 포함한 5인 이상을 임명할 수 있다. 과거 연방선거관리위원회 위원은 2010년 총선거에서는 군사정부가, 2015년 총선거에서는 군부가 후원하는 연방단결발전당 정부가 선임했다. 하지만 2020년 11월 총선거에서는 민족민주동맹 정부가 지명한 위원이 선거 관리 업무를 맡았다.

그런데 총선거 이전 연방선거관리위원회의 부적절한 조치가 도마 위에 올랐다. 대표적으로 연방선거관리위원회가 각 정당에 시사 방송용 원고를 사전에 제출하도록 요구한 것을 들 수 있다. 연방선거관리위원회는 민족민주동맹 정부의 정책, 군 등을 비판한 4개 정당에 원고를 수정하라고 명령했다. 사전 원고 검열에서 중앙은행의 금리 정책을 비판한 것을 이유로 '88세대' 학생 그룹의 지도자 꼬꼬지가 이끄는 인민당이 연방선거관리위원회로부터 지적을 받았다. 인민당과 또 다른 한 정당은 연방선거관리위원회에 항의하는 차원에서 방송 보이콧을 했다. 각 정당에서 "연방선거관리위원회가 금도를 넘었다"는 반발의 목소리가 커졌다.

한편 신종 코로나바이러스 감염이 확대되자 연방선거관리위원회는 각 정당의 선거운동 기간을 9월 8일부터 투표 전날인 11월 6일까지로 정하고, 운집을 막기 위해 길거리 연설 제한과 최대 50인 집회 등 사회적 거리두기 등을 시행하면서 감염병 대책을 취했다. 결국 유권자들에게 익숙하지 않은 소규모 정당들이나 창당한 지 얼마 안 된 정당들에게는 불리할 수밖에 없었다.[7]

친군부 연방단결발전당은 코로나 상황을 감안해 총선을 연기해야 한다고 주장했지만 연방선거관리위원회는 이에 응하지 않았다. 또 연방선거관리위원회는 소수민족 무장세력 아라칸군과 군부의 긴장이 계속되던 미얀마 서부 아라칸주와, 샨족 무장세력과 군의 전투가 계속되던 동부 샨주 등 일부 소수민족 지역에서의 투표 중지를 급하게 결정했다. 이 조치로 140만 명이 투표를 하지 못했다. 연방선거관리위원회는 카렌주, 바고 지역, 몬주 일부 지역에서도 불안정한 치안 상황을 이유로 투표를 중지시켰다.

각지의 소수민족 정당들은 선거를 치르지 못할 만큼의 치안 상황은 아니라면서 투표 중지 결정을 비난했다. 하지만 세계 각국에서 선거 감시 활동을 했으며 미얀마 총선거에도 감시 단체로 참가한 미국의 민간단체 〈카터

센터〉는 "총선거에서 부정은 확인되지 않았다"고 결론지었다. 하지만 이 단체는 140만 명 이상이 돌연 투표를 하지 못한 것 등 연방선거관리위원회 의사결정 과정에 투명성이 부족했음을 지적했다.

이런 연방선거관리위원회의 선거관리 능력을 두고 군은 투표 전까지 수지 정부에 강하게 불만을 표현했다. 투표 직전인 11월 2일, 군 최고 권력자인 민아웅 흘라잉 측은 "정부는 연방선거관리위원회의 모든 잘못에 완전한 책임을 져라", "윈민 대통령은 탄핵될 가능성이 있다"며 매우 강한 어조로 비난했다. 또한 민아웅 흘라잉 군총사령관은 군부 계열 방송국과의 인터뷰에서 "연방선거관리위원회는 용인될 수 없는 잘못을 저지르고 있다", "군은 국가의 수호자로서 사태를 주의 깊게 지켜보고 있다"고 발언했다. 그러자 민아웅 흘라잉이 쿠데타를 암시하는 것 아니냐는 우려의 목소리가 나왔다.

보다 구체적으로 유권자 수와 관련된 논란이었다. 군은 연방선거관리위원회의 유권자 명부가 엉터리였다고 비난하고 나섰다. 연방선거관리위원회는 국영방송을 통해 11월 8일의 유권자 수는 3,850만 명이라고 발표했지만, 그 직후 3,850만 명은 착오였으며 정확하게는 3,970만 명이라고 수정했다. 이는 7월에 발표한 것에 비해 220만 명 증가한 숫자다. 연방선거관리위원회는 11월 8일의 유권자 수가 7월보다 증가한 이유를 19세 이상의 인구가 늘었기 때문이라고 설명했고, 군 측은 미얀마의 인구증가율 연 0.8%로 계산해보면 절대 있을 수 없다고 강하게 반박하고 나섰다. 군 측에서는 총선거를 치른 국내 315개의 타운십(면 규모)의 유권자 명부를 독자적으로 모아 분석해보니 명부에서 1,040만 명 이상의 오류나 탈락이 발견되었다고 주장했다. 최종 유권자 수의 25%에 상당한 숫자라는 것이다.

이와 관련해 군부는 의회 의장과 연방선거관리위원회에 30회 이상 항의를 하는가 하면 진상규명을 요구했지만 연방선거관리위원회는 응하지 않았다는 것이 군 측의 입장이다. 군은 2월 1일 새로운 의회가 출범하기 이전인 1월 중으로 특별의회를 열어 부정선거 문제를 토의하자고 요구했다. 하지만 수지 정부는 이를 거부했다.

특히 민아웅 흘라잉 군총사령관이 1월 28일 수지 국가고문과 윈민 대통령에게 세 가지 사안의 이행을 요구하는 서한을 보냈다. 1,040만 명을 넘는 유권자 부정이 확인되었으므로 재조사하자, 연방선거관리위원회는 의심스러운 유권자 명단을 명확히 하자, 군을 포함한 제삼자가 참여한 새로운 연방선거관리위원회를 조직해 유권자 명부를 검증하자는 것 등이 바로 그것이었다. 덧붙여 새롭게 구성된 연방선거관리위원회가 명부의 불일치 문제를 조사하는 동안 2월 1일에 예정되어 있는 의회 소집은 연기하자고 요구했다.[8]

그러나 아무런 답변이 오지 않자, 민아웅 흘라잉은 40개 타운십 투표자 명부의 부정 문제를 국방안보회의에서 처리하기 위해 대통령에게 국방안보회의 개최를 요구했다. 하지만 수지 정부는 이 시점에서 국방안보회의를 소집하면 그 즉시 비상사태 선언 발령이 의결되어 군이 권력을 장악하는 위험을 충분히 인식하고 있었다. 국방안보회의는 대통령이 인솔하는 최고 의결기구로서, 위원으로는 대통령, 2인의 부통령, 상하 양원 의장, 군총사령관, 부군총사령관, 국방장관, 외교장관, 내무장관, 국경장관 등 총 11명이다. 이 중 부대통령 1인과 군총사령관, 부군총사령관, 국방장관, 내무장관, 국경부장관은 군부 측 인물로, 과반이 넘는 6인이 군 관계자다. 수지 정부 하에서는 이 회의기구가 한 번도 열린 적 없었다. 결국 1월 28

일부터 31일까지가 중차대한 국면이었다. 이 기간에 수지 정부는 선거 부정을 부인하면서 군부에 한 발도 양보하지 않았다. 페이스북이나 트위터에는 2021년 65세의 정년을 맞이하는 민아웅 흘라잉 군총사령관이 본인의 정년 연장과 대통령 취임을 수지 측에 요구했다는 글이 범람했다.[9]

미얀마와 타이 청년들의 세 손가락 혁명

'혁신기'의 개막:
내전 발생, 군부와 NUG의 경쟁

▼

미얀마에는 25개에 달하는 소수민족 무장단체가 존재하는 것으로 추정되고 있다. 이들은 오랫동안 미얀마 정치의 '제3지대'를 형성해왔다. 그런데 쿠데타를 계기로 나라 전체의 정세가 흔들림에 따라 주변 지역에 할거하는 소수민족 무장 조직들의 정치·군사적 중요성이 높아졌다. 반면 과거 10년간의 휴전 평화 프로세스는 수포로 돌아가 분쟁 상황이 새로운 국면을 맞았다.

  임시정부 민족통합정부는 윤리적·정치적 측면에서 우위에 서기 위해 소수민족뿐만 아니라 청년, 성소수자 등을 고려해 각료를 구성했다. 이를테면 수시로 임명된 차관급의 경우 7월 말 시점에서 16명이었는데, 여성과 청년세대 활동가가 다수 포함되었다. 총리는 물론 절반에 가까운 장관들이 민족민주동맹 당원이지만 차관 중 민족민주동맹 당원은 2명뿐으로, 민족통합정부는 다양한 정치, 사회 세력이 중심이 되어 출범했다. 그중에서도 소수민족의 존재가 눈에 띄며, 대통령 대행과 총리뿐만 아니라 차관

32명 중 19명이 소수민족 출신이었다. 또한 성소수자로 알려져 있는 아웅 묘민이 인권부 장관이 되었다. 이렇듯 민족통합정부가 참신한 연방민주주의 국가상을 제시한 반면 2008년 헌법을 고집하는 군부의 정치 이념은 규율 민주주의로부터 한 발도 벗어나지 않았다.

쿠데타 이후 군은 일부 소수민족 무장 조직과 격전을 벌이면서 이와 동시에 2015년 전국휴전협정(NCA)이 여전히 유효하다는 태도를 취하면서 협상을 시도했다. 그리고 변방 지역 산지에서 전선을 축소하고, 주요 도시를 포함한 저지대의 저항운동 탄압에 주력하기 위해 일정 정도 유화책을 시도했다.

보다 구체적으로 쿠데타 당일, 군은 시정 방침의 한 축으로 휴전·평화를 내세워 2020년 총선거 후 설치된, 야페 중장이 이끄는 군내 평화협의위원회를 5인에서 7인으로 확충했다. 게다가 2월 중순 민족민주동맹 정부가 설치한 국민화해평화센터(NRPC)를 폐지하고, 군이 주도하는 국민통합평화실현 중앙위원회(위원장 민아웅 흘라잉 군총사령관 등 17인), 국민통합실현추진위원회(위원장 소원 부사령관 등 33인), 국민통합평화실현조정위원회(위원장 야페 중장 등 14인) 등을 설치하는 등 새로운 체제를 정비했다. 이후 '조정위원회'가 교섭 실무를 담당했다. 2020년 5월부터 군에 의한 일방적인 휴전선언이 있었고 이것이 2021년에도 지속되었지만 실제로는 다방면으로 군사적 행동이 취해졌다.

주요 소수민족 무장단체들의 2·1쿠데타에 대한 반응은 달랐다. 그중 명시적으로 민족통합정부 측에 가담한 조직은 카렌민족동맹(KNU), 카친독립기구(KIO), 카렌민족진보당(KNPP), 친민족전선(CNF) 등 이른바 K3C다. 동부의 카렌민족동맹과 북부의 카친독립기구는 국내 최대 규모

친민족군(CNA)의 훈련 모습

의 무장세력으로, 군의 탄압을 피해 온 사람들을 자신들이 장악하고 있는 지역에 숨겨주고 군사훈련을 시행하면서 군의 거점을 선제공격해 세력권을 확대했다. 카렌주와 카친주에 여러 거점을 둔 카렌민족진보당과 친민족전선은 다소 약하지만 새로운 주민 무장 조직과 연대해 군과 싸웠다. 친민족전선은 5월 29일 소수민족 무장 조직들 중 유일하게 민족통합정부와 공식 협정을 맺어 평등한 파트너로서 공동 투쟁에 합의했다.

결국 전국휴전협정 서명 조직인 카렌민족동맹과 친민족전선이 본격적으로 미얀마 군부와의 대결을 선택함으로써 전국휴전협정은 유명무실화되었다. 또 카렌민족동맹 지도층에는 군과의 협상을 중시하는 이들이 10년 가량 지도부를 장악하고 있었지만, 쿠데타 후 전투가 확대되면서 무력투쟁 전선을 지지하는 세력이 대두했다. 하지만 5월 10일에 카렌민족동맹

의장이 협상에 의한 해결을 피력하자 내부에서 비판을 받는 등 조직 내 분란이 드러나기도 했다.

이들 네 조직 외의 소수민족 무장단체들은 온건한 노선을 취하면서 군의 허술한 틈을 타 세력을 확장했다. 여러 세력이 얽혀 있는 샨주에서는 무장세력 중 최대 병력을 보유하고 있으면서 샨주 동부 지역에 견고한 자치 지역을 확보한 와주연합군(UWSA)[10]이 그들과 가까이 있는 몽라의 민족민주동맹군(NDAA), 주 북동부 코카잉의 미얀마민족민주동맹(MNDAA), 주 북서부의 타앙민족해방군(TNLA)과 샨주진보당(SSPP) 등 여타 휴전협정 미서명 무장조직과 관계를 강화했다. 특히 타앙민족해방군과 샨주진보당은 와주연합군의 중개로 탄력을 받아 공동투쟁을 하고 2015년 휴전협정 서명 이후 주 남부에서 북부로 진출한 샨주부흥평의회(RCSS)를 제압했다. 와주연합군, 미얀마 민족민주동맹군, 샨주진보당이 쿠데타를 비난하지 않고 군과 일정 정도 관계를 유지한 반면 타앙민족해방군은 임시정부에 공감을 표하며 군을 공격했다. 와주연합군으로부터 무기를 제공받는 미얀마민족민주동맹도 실지 회복을 목표로 군과 전투를 벌였다.

아라칸주 북부와 친주 남부에서는 2019년에서부터 2년에 걸친 군과 아라칸군 간의 격전이 2020년 총선거 후 돌연 끝났으며, 쿠데타 이후 2021년 말까지 사실상 휴전 상태가 계속되었다. 그동안 아라칸군은 점진적으로 해방 공간을 확립해나가면서 독자적인 행정 및 사법 체계를 구축했다.

이 지역에서 군은 다양한 방법으로 아라칸군과 아라칸 주민을 회유했다. 이를테면 쿠데타 다음날 분쟁지대에서 2019년 6월부터 오랜 기간 차단된 인터넷통신을 부활시켰고, 지역 내에서 신뢰가 두터운 아라칸민족당의 대표자를 국가행정평의회에 포함시켰다. 3월에는 아라칸군을 테러 조직 지정에서 제외시키고, 6월에는 체포된 아라칸군 사령관의 친척이 석방되었다. 하지만 11월 9일, 약 1년 만에 군과 아라칸군의 무력충돌이 발생함에 따라 양자가 여전히 긴장 관계에 있음이 드러났다.

12월 15일, 중국의 중재로 군사평의회의 '조정위원회'와 와주연합군, 민족민주동맹, 샨주진보당, 타앙민족해방군, 아라칸군, 미얀마민족민주동맹군 등 휴전협정에 서명하지 않은 6개 무장단체가 몽라에서 만났다.[11] 여기서 군 측이 타앙민족해방군과 미얀마민족민주동맹에는 긴장 완화를, 그 외 조직들에는 현상 유지를 제안한 것으로 보였다. 쿠데타 이후 군은 민족통합정부, 시민방위군을 제외한 모든 소수민족 무장단체와 평화회담을 추진하겠다는 입장을 취했다. 반면 2021년 10월 8일부터 11월 7일까지만 해도 군 장교 155명과 경찰 161명이 이탈해 민족통합정부에 합류했다.

피난민의 대량 발생[12]

피난민 발생 상황도 심각했다. 예를 들어 2022년 3월, 사가잉주에서 미얀마 군부와 지역 내 시민방위군 간의 충돌이 일어났고, 이 충돌은 지역 전체로 확산되어 몇몇 마을에서는 773채 이상의 집에 화재가 일어났다. 독립 조사 그룹 〈미얀마를 위한 데이터〉는 2021년 2월 쿠데타 이후 2022년 4월 말까지 군부는 전국의 최소한 1만1,417가구를 불태웠으며 그중 사가잉 지역에서 7,503가구를 불태워 가장 큰 피해를 입혔다고 밝혔다.

미얀마에서는 군의 폭력적인 탄압에 대항하기 위해 2021년 3월부터 무기를 손에 든 사람들이 생겨났다. 수십 년에 걸쳐 내전이 있었는데, 쿠데타 후에는 내전과 무관했던 지역에서까지 시민 무장 단체가 생겨나기 시작해 무력 충돌이 빈발해졌다. 사가잉 지역과 친 주 산간 지역에서는 사냥용 엽총 등으로 무장한 지역 주민들이 일찌감치 군과 충돌했다. 주요 도시를 포함한 국토 중앙 저지대에서는 탄압받은 활동가들이 국경 근처 반쿠데타 의지가 확실한 소수민족 무장 단체 관할 지역에 일시적으로 몸을 맡기고, 그곳에서 군사훈련을 받은 후 원래 거주지로 돌아가 무장투쟁을 본격화했다.

연방의회대표자회의는 3월 1일 쿠데타가 일어난 직후 설치된 국가행정평의회를 테러 조직으로 지정하고, 14일 국민들에게 자위권이 있다고 발표했다. 그 후 5월 5일 민족통합정부는 곧 설립될 연방군의 전신이 될 수 있는 시민방위군이 출범한다고 발표했다. 이에는 각지의 자율적인 시민무장 조직들을 민족통합정부의 휘하에 두겠다는 의도도 깔려 있었다. 그러자 군정은 5월 8일 연방의회대표자회의, 민족통합정부, 시민방위군을 테러 조직으로 지정하면서 맞받아쳤다. 그러자 민족통합정부도 6월 7일 또 한 번 군과 그 산하 조직을 테러 조직으로 규정하면서 응수했다. 그전인 5월 13일에는 지역주민 무장 조직과 군 사이의 전투가 과열되고 있던 친주 마을의 경우 군이 계엄령을 선포하고 중화기를 사용하는 등 탄압이 심해지자 주민 대부분이 대피해 주민 없는 마을로 변했다.

방어전을 선포한 9월 7일, 국내에서는 코로나 제3차 유행이 수습 단계로 접어들고, 대외적으로는 유엔 총회 개막을 눈앞에 둔 시점이었는데 무력 충돌은 급증했다. 10월 말에 민족통합정부는 중앙지휘조정위원회(CCCC)를 설치함으로써 군사에 관한 지휘 계통을 정비하고 공동 투쟁하는 소수민족 무장단체들과 관할 영역을 명확히 했다. 땃마도가 중화기 사용이나 공중 폭격에 더욱 의존하면서 쿠데타 이전에 37만 명이던 국내 피난민 수가 2021년 연말까지 70만 명으로 2배 이상 증가했다.

2022년에 들어와서도 3월 첫째 주부터 셋째 주까지 6만6,250명 이상의 사가잉 주민들이 탈출했다. 카야 지역에서는 군부와 현지 저항군 간의 교전이 3월 첫째 주에 시작되어 전역으로 확대되자 데모소와 페콘 주민 2만 명 이상이 피난해야만 했다. 친주에서도 3월 첫째 주 동안 저항군이 군과 충돌해 팔람 주민 6천 명 이상, 칸파틀렛 주민 1,200명이 도피했다고 보도되었다. 3월 둘째 주에는 군부대가 바고 지역의 카우키, 슈긴 마을을 공습해 최소 3,700명의 피난민이 발생했다. 또한 군은 3월 1일 바고 지역 파웅데 마을을 급습해서 집들을 불태우고 주민 약 520명을 피난민으로 만들었다.

2020년 1월부터 2022년 3월 20일까지 미얀마 국내의 무력 충돌로 인한 실향민 수가 124만9,789명을 기록했는데, 이 중 75만2,589명의 실향민은 2021년 2월 군사쿠데타 이후 발생했다. 3개월 이내에 36만1,662명 증가했다. 그중 사가잉 주의 국내 실향민 수는 20만 명 이상을 기록했다. 시민방위군, 지역방위군(LDF), 친주 등지에서 무장단체와 미얀마 군 사이의 교전이 치열했던 결과 국내 실향민 수가 1년여 동안 75만2,589명으로 증가했다. 실향민은 사가잉 지역에서 가장 많이 발생했고, 카야주가 두 번째로 높았으며, 마궤 지역이 뒤를 이었다. 미얀마와 타이 국경에 있는 난민 캠프에는 9만2천 명의 난민이, 미얀마와 방글라데시 국경 지역의 방글라데시 쪽 난민 캠프에는 88만 명 이상의 난민이 탈출해 각각 살고 있는 것으로 집계되었다. 또한 인도의 미조람주에는 최소 3만 명이 피난길에 올랐다.

이외에도 〈ISP-미얀마〉와 〈미얀마 정치범지원협회(AAPP)〉의 자료에 따르면 군사정부는 쿠데타 이후 2022년 3월 7일까지 반군부 활동에 연루되었다는 이유로 최소 531채의 집과 건물을 압수했다. 대부분의 몰수는 사가잉 지역에서 일어났으며 최소 135채가 약탈되었다. 이에 더해 피해 건수가 양곤 지역 116채, 만달레이 지역 47채, 마궤 지역 39채인 것으로 보고되었다. 국가행정평의회는 2021년 2월 20일부터 주택들을 압류했다. 2022년 1월 2일에는 침묵시위에 참여할 경우 집을 압류하겠다고 발표했으며, 이로 인해 최소 125채가 약탈되었다. 언론과 독립기구에 따르면 2021년 11월 한 달에만 최소 140채의 집과 건물이 압류되었다. 쿠데타 이후 2022년 3월 7일까지 약 531채의 가옥과 건물이 압류되었다. 이 중 64.2%는 민간인의 재산으로 가장 높은 수치를 보였다. 국회의원의 재산이 23.5%로 두 번째로 높았고, 그다음 12.2%의 비율을 차지한 것은 민족민주동맹과 민족민주동맹 당원들의 재산이었다.

〈미얀마 정치범지원협회〉의 조사 결과에 따르면 이외에도 2021년 2월 1일부터 2022년 2월 1일까지 민족민주동맹, 선거관리위원회 위원, 정치인, 반정부 시위대 등을 포함해 약 1만2,173명이 체포되었다. 이들 가운데 석방된 사람은 약 3,013명으로, 9,160명은 구금 상태에 놓였다. 국가행정평의회는 성명을 통해 1만1,549명 이상이 폭력 행위를 저지른 혐의로 체포되어 기소되었다고 공표했다.

반면 군부에 대항하고 있는 민족통합정부는 12개 단계[13]의 로드맵 중에서 군국주의적인 2008년 헌법 폐지 및 연방 민주주의를 향한 연합체 구축을 위한 전략 수립이라는 일곱 번째 단계에 도달했다고 자체 평가했다. 군부는 2020년 11월 선거부정을 핑계로 쿠데타를 행했지만 미얀마 전국에서 일어난 시민불복종운동과 이를 기반으로 무장투쟁을 선언한 시민방위군의 등장, 일부 소수민족 무장단체들과 연대를 선언한 민족통합정부의 세력 확장 등으로 예상하지 못한 곤경에 처했다. 하지만 민족통합정부로서는 군부를 제압한다는 플랜 A만 있을 뿐 현저하게 비교 우위에 있는 미얀마 군부의 무장력을 이겨낼 수 없을 때 어떤 출구전략을 취할지 일종의 플랜 B에 대한 구상이 취약하다는 지적을 받고 있다.[14]

경제 재난과 코로나19

코로나 팬데믹으로 국내 경제가 위축된 상태에서 쿠데타라는 정변은 파업에 참여하는 전국적인 시민불복종운동[15]을 야기하면서 미얀마 경제를 빠르게 추락시켰다. 특히 상공회의소의 공동 조사에 따르면 쿠데타 직후 2개월간의 정치적 위기는 기존 팬데믹 전체 기간보다 경제를 더욱 위축시켰다.

빈곤율은 2019년 이후 2배로 증가한 것으로 추정되었으며, 모든 가정의 절반은 충분한 식량을 공급받지 못했다. 제조업, 관광업, 서비스업, 건설업 및 기타 부문의 붕괴로 2021년 2분기에 120만 명의 일자리가 줄어들면서 공식 고용인구가 고갈되었다. 이런 수치를 코로나19 피해에 더하면 2019년 말과 2021년 7월 사이에 공식 노동력의 15%인 320만 명 이상이 일자리를 잃었고, 수백만 명의 근무시간이 줄어들었다. 특히 젊은 여성 노동자들을 주로 고용하는 의류산업의 타격이 컸다. 전기 공급도 제대로 이루어지지 않아 기업들의 불편도 커졌다. 여기에 미얀마 화폐단위 짯의 가치가 추락하자 미화 달러(USD)를 소지하는 기한을 최소화하는 강제조치를 취함으로써 공식 환율과 암시장에서 거래되는 환율 사이의 격차가 커졌다. 공식 환율이 1달러당 1,850짯이었다면 실제 시장에서는 2,050짯으로 거래되었다.

2019년 10월~2020년 8월까지의 회계연도와 2020년 10월~2021년 8월까지의 회계연도를 비교하면 에너지와 호텔 관광 분야를 제외한 모든 종목의 외국인 투자량이 감소했으며, 부동산 종목은 110배 이상 감소했다. 중국은 미얀마의 최대 무역 파트너이며 대외 무역의 3분의 1을 차지한다. 2019년부터 2920년 사이 미얀마와 중국의 총무역액은 100억 달러였다. 그러나 2020년부터 2021년 회계연도를 추정해보면 83억 달러로 줄어들어, 대략 20억 달러 정도가 감소했다. 싱가포르와의 무역액도 10억 달러 이상이 감소했고, 일본과는 5억 달러, 타이와는 2억5천 달러가 감소했다. 상위 5개국 이외의 국가들은 거의 27억 달러가 감소했다. 인도 무역만이 유일하게 3,100만 달러 증가했다.

세계은행 조사팀은 2022년 1월 보고서에서 2020년 1월부터 2021년 9월까지 실질 국내총생산(GDP) 성장률을 −18.0%로 예측했다. 아시아개발은행(ADB)은 −18.4%로 추정했다. 국제통화기금(IMF)도 2021년 10월 시점에서 유사하게 관측했다. 2010년대에 순조롭게 고도의 경제성장을 이루어 온 미얀마였지만 코로나가 시작된 2019년에서 2020년에는 3.2%로 성장이 둔화했고, 심지어 그 시점부터 대폭 마이너스 성장으로 뒤집혔다. 국제통화기금(IMF) 통계에 따르면 2010년대에 진입한 이후 테인세인 정권이 끝나기 전년인 2015년까지의 GDP 추이를 보면 5~8% 사이를 가리킨 전성기가 있었지만, 2·1쿠데타 직후 2021년 미얀마의 GDP 성장률은 −18%까지 곤두박질쳤다.

이렇듯 경제 악화가 오래 이어지면서 국민생활은 직격탄을 맞았다. 국제노동기구(ILO)의 추계에 따르면 2021년 중에 직업을 잃은 인구는 전국에서 약 160만 명으로 2020년의 취업자 수의 8%에 달하며, 코로나 이전인 2019년부터 계산하면 실업자 수가 320만 명에 이르렀다. 사람들의 수입은 대폭 줄고, 현금 부족에 짱 가치의 하락, 물가 상승까지 겹쳐 빈곤 상황이 심각해졌다. 전국적인 시민불복종운동의 영향으로 많은 은행이 창구 업무를 정지하고, 3월 1일 군부 치하의 중앙은행이 하루 인출 금액 상한을 설정함으로써 시중의 현금 부족 상황이 더욱 심각해졌다. 유엔개발계획은 2022년 초까지 미얀마의 빈곤율은 코로나 이전보다 거의 배로 증가하고, 국민의 약 절반에 달하는 2,500만 명이 빈곤층이 되었을 가능성이 있다고 지적했다. 유엔 인도주의업무조정국은 그중 국내 피난민을 합한 1,440만 명에 대한 인도적 지원이 절실하다고 언급했다.

이와 함께 외국인 기업들이 철수를 시작했다. 대표적으로 샨주에서 수력 발전 프로젝트를 진행하고 있던 프랑스 국영전력회사(EDF)가 인권 기준에 맞는 사업을 진행할 수 없다며 사업 중지를 선언했다. 브리티시 아메리칸 토바코도 철수를 선언했다. 대규모로 투자했던 외국인 기업들이 미얀마를 떠나기 시작했다. 쿠데타 이후 투자대외경제부 장관으로 임명된 아웅나잉우[16]는 미얀마 경제 문제가 해외로부터의 방해에 따른 것이라며, 위기의 정도는 그다지 심각한 수준은 아니라고 애써 무시했다.

여기에 코로나19에 대처할 수 있는 보건 의료체계도 붕괴되었다.[17] 군사정부는 2021년 7월 26일에 396명이 코로나바이러스로 인해 사망했다고 밝혔으며, 이는 일간 사망자 기록 중 최고치였다. 군사정부는 2021년 7월

14일 7,083명이 감염되었다고 밝혔으며, 이는 일간 확진자 기록 중 최고치였다. 물론 실제 수치는 더 높을 수 있다. 코로나 감염 상황은 다시 악화되어 2022년 2월 15일 코로나 감염자는 2,467명을 기록했으며, 이는 지난 5개월간 가장 높은 수치였다.

2022년 1월에서 2월 15일까지 미얀마 전국의 코로나 감염자 수를 비교한 결과 양곤이 최고치를 기록했다. 양곤은 1월에 1,171명이었지만, 2월 15일에는 6,896명을 기록했다. 두 번째로 높은 수치를 기록한 이라와디 지역은 그해 1월에 48명을 기록했으나 2월 15일에는 1,119명을 기록했다. 2021년의 마지막 석 달 동안 감염자 최고치를 기록한 샨 지역은 여전히 높은 감염자 수를 기록했다. 양곤은 2022년 2월 첫 15일 동안 6,896명의 감염자를 기록했으며 이는 지난 5개월간의 지역별 감염자 증가 추이중 최고치다.

반면 미얀마는 2021년 1, 2월 시점에서 아세안 국가들 중 가장 낮은 백신 접종률을 보였다. 36%의 미얀마인이 접종(2회 접종)을 완료했고, 6%가 부분적으로 접종(1회)을 완료했다. 18세 이상으로는 57%가 접종을 완료했고, 9%가 부분적으로 접종을 완료했다.

군사정부에 따르면 2021년 7월부터 같은 해 9월까지 제3차 대유행 기간에 1만4,400명 이상이 코로나로 사망했다. 2021년의 총 코로나 사망자 수는 1만6,661명으로 2,682명이 사망한 2020년에 비할 바가 아니었다. 쿠데타 이후로 한정하면 1만6,212명이 코로나바이러스로 사망했다.

정치투쟁에 대한 국제사회의 반응

▼

쿠데타 이후 임시정부와 미얀마 국민은 국제기구와 각국에 지원을 요청했지만, 미얀마 정세를 바라보는 국제사회의 입장이 엇갈리면서 외교를 통한 사태 타개가 어려워졌다. 유엔 안전보장이사회는 쿠데타 다음날인 2월 2일 비공개 온라인 회의를 열어, 4일 보도성명을 내고 미얀마 정세에 '깊은 우려'를 표했다. 3월 10일에는 "평화적인 시민운동에 대한 폭력을 강하게 비판한다"는 취지의 의장성명을 내고 메시지에 무게를 더했지만, 쿠데타 자체를 비판하는 문장은 포함되지 않았다. 그 후에도 안전보장이사회는 수 차례에 걸쳐 성명을 발표했지만 군과 관계를 유지하는 중국과 러시아가 거부권을 갖고 있는 탓에 구속력 있는 결의안에는 이르지 못했고 메시지 내용도 군을 강하게 압박하는 수준이 아니었다.

유엔 총회에서는 민족민주동맹 정부 때 임명된 조모툰 유엔 대사가 2월 26일 군을 비판하고, 자신이 쿠데타 군부에 대항하는 연방의회대표자회의를 대표한다는 이례적인 연설을 했다. 그러자 군부는 즉각 조모툰 대사를 파면한다고 공표했다. 이로써 유엔에서는 군정과 임시정부 중 어디를 정식 정부로 봐야 하는지 판단해야 하는 '대표권 문제'가 발생했다. 8월에는 미국 국내에서 군이 사주한 것으로 추정되는 조모툰 대사 암살 계획까지 발각되었다.

대표권 문제와 관련해 가맹국 대표를 심사하는 신임위원회의 판단이 주목되었지만, 결국 이 문제는 보류되어 조모툰 대사가 미얀마 대표 자리를 지켰다. 위원회 구성국이기도 한 미국과 중국, 러시아 간에 2021년 9월까지 타협이 이루어졌는데, 그 내용은 중요 회의에서 조모툰이 발언을 삼가하는 것을 조건으로 당분간 대표 유임을 인정한다는 것이었다. 신임위원회는 이 해 12월, 미얀마와 아프가니스탄의 대표권 문제에 대한 판단을 연기하는 것을 결정했다.

유엔 총회는 2021년 6월 18일 미얀마 군부를 비판하고 회원국에 미얀마로의 무기 유입을 막아줄 것을 호소하는 결의안을 채택했다. 119개국이 찬성했고 중국, 러시아, 인도 등 36개국이 기권을, 벨라루스가 유일하게 반대표를 던졌다. 하지만 유엔 총회 결의는 강제력이 없기 때문에 효과를 보지 못했다.

2021년 미국 바이든 대통령이 취임 후 첫 번째로 마주한 외교 과제가 미얀마 쿠데타였다. 바이든은 2월 1일 발생한 쿠데타를 "자국의 민주주의 이행과 법의 지배에 대한 직접적인 폭행"이라고 강하게 비판하고, 같은 달 10일에 대 미얀마 제재에 관한 행정명령에 서명했다. 행정명령에 기반을 둔 제재 대상자 명단에는 58명의 인물과 20개의 단체가 기재되었다. 제재 대상자에게는 재미(在美) 자산 동결, 미국 기업 및 미국인과의 거래 금지, 미국 입국 정지가 부과되었다. 전년까지 제재 명단에는 2017년 로힝야 난

미얀마와 타이 청년들의 세 손가락 혁명

민 탈출과 관련해 군 장교 9인과 2개 부대가 기재되어 있었지만, 쿠데타 이후에는 군총사령관, 부군총사령관 등을 포함해 제재 대상자 수가 대폭 늘었다.

아울러 미국은 미얀마를 향한 수출 관리를 단계적으로 강화함과 동시에 3월에는 미얀마와 무역투자협정의 효력을 정지시켰다. 애초에 미국은 과거 군사정권 시기에 미국인의 미얀마 투자 금지나 미얀마 제품의 미국 수입 금지, 미얀마의 달러 송금 금지라는 엄격한 조치를 취했으며, 2011년 민정 이양 이후 제재를 완화하고 민족민주동맹 정부가 출범한 2016년에는 이를 전면 해제했다. 이번에 미국은 제재를 다시 확대하는 쪽으로 방향을 잡았지만, 표적을 군정의 지도층이나 그 자금원으로 좁혔고, 기존과 같은 전면 제재는 실행하지 않았다. 전면 제재가 군사정권보다는 오히려 미얀마의 일반 국민에게 미치는 영향이 크다고 판단한 것으로 추정되었다. 유럽연합, 영국, 캐나다 등도 미국과 속도를 맞춰 군사정부 관계자를 대상으로 한 '표적 제재'를 점차 확대했다.

반면 러시아와 중국은 내정불간섭을 원칙으로 군사정권의 실효적 지배를 사실상 인정했다. 하지만 미얀마 국내에 걸려 있는 자국의 막대한 경제 이권과, 내륙 서남부와 인도양을 잇는 미얀마의 지정학적 중요성으로 볼 때, 중국은 미얀마 정세의 불안정화를 우려하는 상황이다.

군정은 중국의 지지를 확보하기 위해 민족민주동맹 정부 하에서는 투명성이나 합리성을 타진하는 데 시간이 걸렸던 중국계 대형 기업의 진출이 속도를 내도록 했다. 예를 들면 군정투자위원회는 5월, 중국계 기업이 80%를 출자하는 25억 달러 상당의 액화천연가스 발전 사업을 인가했다. 이것은 쿠데타 이후 최대의 외국계 자본의 투자였다. 이에 화답하듯 중국은 2021년 6월에 충칭에서 개최한 중국과 아세안 대화 관계 구축 30주년 기념 특별외교장관 대면회의에 운나 마웅 르윈 군정 외교장관을 초대해 양자회담을 진행하며 군사정부를 승인하는 태도를 보였다.

또 중국은 미얀마 국내 각 정치세력과 다각적인 관계를 맺으며 자국 이익을 지키려 했다. 8월과 11월에 쑨궈샹 아시아 담당 특사를 파견해 군부뿐만 아니라 자신들의 영향권에 있는 와주연합군 등 소수민족 무장조직과도 교섭하면서 내전의 진정화를 도모했다. 군정에 의한 민족민주동맹 해체 방침에 난색을 표하며, 9월에는 중국공산당과 남아시아 및 동남아시아 각 정당의 온라인 회의에 NLD 대표자를 초대하는 등 일정 수준에서 미얀마 민주 진영과 관계를 유지하는 모습을 보였다.

러시아는 이해관계가 군수산업에 집중되어 있어, 국제적으로 고립되어 있는 쿠데타 정부와의 군사협력을 가속화했다. 그러기에 무기 거래가 목적인 것으로 추정되는 양국 군 고위급 인사의 빈번한 왕래가 눈에 띄었다. 민아웅 흘라잉 군총사령관과 소윈 부군총사령관이 6월 하순과 8월 말에 각각 1주간 러시아를 방문했고, 5월에 마웅마웅초 공군사령관, 8월에 마웅마웅에 육군 참모장도 방문했다. 러시아 정부는 쿠데타 반대 시위가 치열하게 전개되던 3월 27일 국군의 날 행사에 알렉산드로 포민 국방차관을 참석시켰다.[18] 이어 6월 중순 블라디미르 카사토노프 해군 부사령관이 비밀리에 미얀마를 내방했다. 이것은 미얀마로의 무기 유입을 막기 위한 결의안이 유엔 총회에서 의결된 시기와 맞아떨어졌고, 민아웅 흘라잉의 러시아 방문 직전이었다. 카사토노프 해군 부사령관은 10월에는 공개적으로 내방하고, 11월에는 러시아 연방군사기술협력국(FSMTC)과 방위 관련 제품의 수출입 중개 기관인 로소보론엑스포트의 간부가 미얀마를 방문했다.

미얀마와 타이 청년들의 세 손가락 혁명

아세안의 경우는 쿠데타에 비판적인 태도를 보이는 싱가포르(S), 인도네시아(I), 말레이시아(M), 이른바 SIM 국가들과는 대비되게 민아웅 흘라잉과 돈독한 관계를 유지한 인접국 타이 등이 아세안의 내정불간섭주의를 구실로 쿠데타를 비판하는 발언을 피했다. 이런 상황에서 인도네시아가 중심이 되어 적극외교를 전개해, 2021년 2월 24일에는 타이 현지에서 운나 마웅 르윈 군정 외교장관, 인도네시아 레트노 마르수디 외교장관, 타이의 돈 프라무위나이 부총리 겸 외교장관 삼자가 대면회담을 했다. 3월 2일에 온라인으로 개최된 아세안 비공개 외교장관 회의에서 의장 성명으로 모든 당사자에게 폭력 자제를 호소했지만, 일부 회원국이 언급한 구속자 석방 요청은 의견 일치를 보지 못했다.[19]

4월 24일에는 자카르타에서 민아웅 흘라잉을 참가시킨 정상급 아세안회의가 대면으로 개최되었다. 민아웅 흘라잉에게는 권력 장악 후 첫 해외 일정이었다. 의장 성명에서는 미얀마 정세에 관해 심각한 유감을 표명하고, 즉각적인 폭력 중단과 모든 당사자들의 자제, 평화적 해결을 위한 건설적 대화 개시, 아세안 의장의 특사 형식의 대화 중재, 아세안 재난관리 · 인도적 지원센터(AHA센터)를 통한 인도적 지원, 특사 및 대표단의 미얀마 방문과 모든 당사자와 면담 등 합의한 다섯 가지 항목을 공표했다. 미국과 중국을 비롯한 많은 나라들이 폭력 사용 중단을 우선시하는 점에서 의견의 일치를 보이고 있는 상황에서 아세안이 군부의 자제를 이끌어내는 통로이자 중재자로 기대를 모았다.

하지만 민아웅 흘라잉은 귀국한 후 군사정부는 국내 안정 회복이 우선이라는 이유를 들어 합의한 다섯 가지 항목에 대한 책임을 회피하는 태도를 보였다. 아세안은 6월부터 림 족 호이 사무총장과 의장국 브루나이의 에

리완 유소프 제2외무장관이 합의 사항의 이행을 목적으로 방문했지만, 8월에서야 겨우 에리완 유소프를 특사로 결정했다. 그 후에도 군정이 특사와 아웅산 수지의 면담을 계속해서 거부한 결과, 10월 15일에 그달 말 개최되는 정상회의에 미얀마의 정치적 대표자를 부르지 않기로 결정함으로써 사실상 미얀마 대표로서의 군정을 인정하지 않았다. 계속된 아세안의 미약한 '내정간섭'이었다. 군사정부는 이 결정에 반발하면서 실무자조차 보내지 않았다. 이후 11월 중국-아세안 특별정상회의와 아시아유럽정상회의(ASEM) 정상회의에서도 미얀마 군정의 대표자는 배제되었다. 그렇다고 임시정부 격인 민족통합정부가 초대된 것도 아니었다.

림 족 호이 아세안 사무총장(왼쪽 첫 번째)과 에리완 유소프(왼쪽 두 번째)의 민아웅 흘라잉 군총사령관 접견

미얀마와 타이 청년들의 세 손가락 혁명

결론

▼

2021년 2월 1일 일어난 쿠데타를 계기로 미얀마는 실패국가로 추락하는 모습을 보여준 반면, 다른 한편으로는 군부가 관리하는 민주주의, 즉 규율 민주주의에 대한 유사 이래 최대 규모의 도전이 '평화적' 혹은 '비평화적' 방식으로 전개되는 양상을 보였다.

설령 2020년 11월 선거 과정에서 연방선거관리위원회의 문제점, 선거 이후 부정선거 이슈를 제기한 군부에 대한 NLD의 경직된 비타협성이 지적될 수 있다고 해도 쿠데타 이후 전개된 범국민적 저항은 부정선거 문제를 제기한 군부 측 논리의 설득력과 정당성이 없음을 보여주었다. 더구나 시민불복종운동에 나선 국민들에 대한 무자비한 진압은 2·1쿠데타가 민주적 선거 결과를 부정하는 '거부 쿠데타'에 다름아님을 여실히 보여주었다. 특히 민아웅 흘라잉의 쿠데타 군부가 국가행정평의회라는 과도 군사정부를 구성했지만, 공무원이 적극적으로 참여한 전국적 시민불복종운동의 저항에 직면해 제 기능을 하지 못했고, 당연히 국가경제도 최악의 상황으로 추락했다. 그리고 코로나19 대처도 무능하기 이를 데 없다는 비판을 받았다. 여기에는 보건의료 분야 공무원들의 파업도 한몫했다.

반면 민족통합정부는 아웅산 수지와 민족민주동맹의 국제 신인도를 떨어뜨린 로힝야 박해 문제를 공론화하면서 반성의 자세를 보였다. 또한 연방의회대표자회의와 민족통합정부의 대표, 정당, 시민사회단체, 노동자 조직, 소수민족 무장단체 등 모든 반군부 정치사회 세력을 포괄하는 민족통합자문위원회(NUCC)가 '봄의 혁명' 플랫폼 역할을 해내야 하는 과제를 안고 출범했다. 민족통합자문위원회는 독립 직후 명실상부한 연방국가 건설 합의해 이르렀던 핀롱회담을 떠올리게 한다.

'포스트 쿠데타' 국면 속의 군부-범민주 진영 간 힘의 관계를 살펴보면, 한쪽에는 미얀마 군사정부에 비난과 제재를 가하고 있는 미국, 유럽연합 등 서방 국가들, 한국을 비롯한 일부 아시아 국가들이 포진해 있다면, 반대편에는 내정불간섭이라는 명분을 내세우며 군사정부에 우호적인 중국, 러시아, 인도 등이 포진해 있다. 아세안도 싱가포르, 인도네시아, 말레이시아 등 SIM 국가들 중심으로 미얀마 군사정부에 비판적인 도서부 동남아시아 국가들, 타이, 베트남, 캄보디아, 라오스 등 군사정부에 우호적인 대륙부 동남아시아 국가들로 양분되었다.

현재 내전 상황에 놓여 있는 미얀마 민주 진영의 일차적 과제는 미얀마 군부, 즉 땃마도와 민족통합정부 간의 힘의 불균형을 최소한 균형 상태로 바꾸기 위해 땃마도를 지지하는 국제사회의 영향력을 줄이고 민족통합정부를 지지하는 국제사회의 영향력을 키우는 것이다.

독립 이후 70여 년 동안 미얀마의 정치사는 민주주의 체제를 붕괴시킨 비민주주의 체제의 지속과 이후 짧은 기간의 민주주의 체제로 점철되었다. 1962년 쿠데타 이전 불안정한 민주주의 시기, 뒤이은 고립국가 상태에서 장기간 지속된 비민주적 군사정부 체제 시기는 민주 진영으로 보면 '수세기'였다. 그러나 테인세인 유사 민주정부를 거쳐 아웅산 수지의 민족민주동맹 문민정부가 출범하면서 민주 진영은 '공세기'를 맞았다. 2·1 쿠데타는 민주 진영의 공세에 대한 군부의 응전이었다.

현재 국면은 또다시 고립국가로 회귀하는 것까지 마다하지 않는 군부 진영과, 소수민족에게 동등한 권리와 참여를 부여하는 명실상부한 연방 민주주의의 도입만이 군부의 규율 민주주의를 완전히 종식시킬 수 있다고 보는 반군부 민주 진영 간의 끝을 알 수 없는 치열한 투쟁이 시작된 상황이다. 민주 진영으로 보면 70여 년 전 연방 민주주의를 지향했던 핀롱회의 정신을 부활시키고자 하는 혁신기라고 볼 수 있다. 여기에는 민주 진영에 우호적인 국제사회를 확장하고 민주주의 회복에 무관심한 국제사회를 설득해내야 하는 민주 진영의 중차대한 과제가 놓여 있다.

역설적이게도 2·1쿠데타는 반군부 민주 진영 간의 화해와 연대의 가능성을 증진시켰다. 70년 동안 소수민족들이 열망해온 실질적인 연방 민주주의의 실현 가능성이 높아진 것이다. 미얀마 국민은 '합헌 쿠데타'를 가능하게 한 2008년 헌법 안에서 어느 정도 군부 쿠데타를 예견했지만, 군부는 현재와 같은 대대적인 국민적 저항과 소수민족과 연대를 확대해가고 있는 임시정부 민족통합정부의 출현을 예견하지 못했다. 현재 국면은 혁명, 민주주의, 전쟁으로 압축되듯이 고통을 수반하는 터널의 시기임이 분명하지만 70여 년에 걸친 종족 간 내전의 역사를 끊어내고 더 많은 민주주의와 더 많은 평등을 향한 대장정을 미얀마 민주 진영이 결단한 시기이기도 하다.

린테 아웅 전 미얀마군 대위와의 인터뷰
2024년 1월 4일(장소 미공개)

박은홍: 군에 몇 년 동안 있었는지, 그리고 장교가 되기 위해서 어느 학교를 졸업했는지 알고 싶다.

린테 아웅: 2008년에 군사관학교(DSA)를 다녔다. 2011년에 승진했다. 2021년 쿠데타가 벌어진 이후에는 시민불복종운동(CDM)을 시작했다. 군대에서는 13년 정도 근무했다.

박은홍: 계급은 무엇이었나?

린테 아웅: 대위였다.

박은홍: 군사관학교는 고등학교 졸업 이후 진학하는 것인가, 혹은 대학을 따로 졸업한 후 대학원 과정으로 가는 것인가?

린테 아웅: 고등학교 졸업 후 성적에 따라 입학하는 학교다.

박은홍: 군사관학교는 육군, 공군, 해군으로 나갈 군 인력을 모두 교육하는 것으로 알고 있다.

린테 아웅: 그렇다. 3년 동안은 군인들이 알아야 할 기본적인 교육을 한다. 3년이 지난 후에는 본인들이 희망하는 분야, 즉 육군, 공군 , 해군에 따라 더 공부한다.

박은홍: 그럼 몇 년 더 공부해야 하나?

린테 아웅: 평균적으로 1년 반에서 2년 정도 걸린다.

박은홍: 그럼 합쳐서 4년 반이나 5년 정도 공부하는 것 같다.

린테 아웅: 3년을 배운 다음에는 무조건이 아닌 필요에 따라 자유롭게 공부한다.

박은홍: 군사관학교를 졸업한 것은 맞는지?

린테 아웅: 그렇다.

박은홍: 그러니까 반드시 1년 반이나 2년 정도를 추가로 (학교에서) 배우지 않아도 되는 것 같다.

린테 아웅: 그렇다. 앞의 3년은 필수 교육 과정이고, 이후는 선택이다.

박은홍: 당신은 버마족이라고 들었다.

린테 아웅: 그렇다.

박은홍: 나이는 어떻게 되는지?

린테 아웅: 서른두 살이다.

박은홍: 직접적으로 군 장교로서 CDM에 참여하게 된 동기, 그리고 CDM에 어떤 방식으로 참여하게 되었는지 궁금하다.

린테 아웅: 동기는 두 가지다. 이번에 일어난 쿠데타는 이전까지 쿠데타와 달리 군부의 이익만을 위해서 벌어진 쿠데타임을 알았기에 CDM에 참여하게 되었다. 또 다른 동기는 이번 쿠데타가 일어난 순간부터 국민들이 적극적으로 군부의 반대편에 서기 때문에 국민들 편에 서야겠다고 생각했다. 분쟁 지역의 군영을 벗어나 14일 동안 도피하면서 CDM으로 활동했다.

박은홍: 분쟁 지역은 어디를 말하는 건가?

린테 아웅: 전쟁이 한창 벌어지고 있는 지역이 아닌, 소수민족 무장단체들과 대치하는 지역들이 있다. 그곳에서 근무하면서 CDM으로 참여했다. 샨 지역 동쪽이었다.

박은홍: 샨 동쪽 지역에서도 일반 국민들의 CDM이 있었는지 궁금하다.

린테 아웅: 그 기간에 근무했던 지역에서는 시위가 없었다. 지역 근처에 있는 짜잉통 시에서는 시위가 크게 벌어지고 있었는데, 그 시위대를 진압하는 임무를 띠고 투입되지 않았다.

박은홍: 시위 장면과 진압 장면을 직접 보지 않았음에도 당신이 그런 마음을 갖게 된 것이 궁금했다.

린테 아웅: 2008년 처음 군사관학교에 입학했을 당시에는 군부가 집권하고 있던

시기였다. 2010년쯤 군 측에서 민주주의의 길을 걷겠다고 했다. 하지만 그것이 거짓임을 알았다. 2020년 선거에서 NLD가 이겼을 때도 민주주의의 길을 걷는 민족민주동맹 측에 군이 여러 방식으로 훼방을 놓고 있다고 느꼈다. 지금 쿠데타는 과거와 달리 국민과 군부 모두 민주주의의 맛을 깨달은 이후 일어난 쿠데타기 때문에 대규모로 저항이 벌어질 것을 예상했다.

박은홍: 2015년에 선거에서 이겨 2016년 3월 말에 아웅산 수지 정부가 들어섰을 때부터 군인 신분임에도 아웅산 수지, NLD 측을 지지하는 마음을 갖고 있었는지 궁금하다.

린테 아웅: 2015년 이전부터 지지하는 마음이 있었다. 2012년 4월에 NLD 측 아웅산 수지 여사를 포함해 여러 명이 의회로 들어갔다. 때문에 그때부터 민주주의의 길을 걸을 수 있게 해줄 이들, 즉 NLD와 아웅사 수지 여사를 포함한 민주 세력만이 군대를 이길 수 있다고 생각했다. 2012년부터 NLD 측을 지지하는 마음을 키워왔다.

박은홍: 복무 중이었던 2020년 11월 총선과 2015년 총선 때 NLD에 투표했는가?

린테 아웅: 2015년에는 투표할 수 있는 지역에 있지 않았다. 가장 최근에 이루어진 선거에서는 NLD에 투표했다.

박은홍: 군대 안에서도 누군가에게 감시받지 않고 자유롭게 투표할 수 있는 것 같다.

린테 아웅: 최근 선거 이전의 선거들에서는 군인들이 군영 투표소에서만 투표를 해야 했지만, 최근 선거(2020년 11월)에서는 그곳에서 투표할 필요 없이 시민들과 함께 투표할 수 있도록 NLD 정부 측에서 방식을 바꾸었다. 때문에 감시받지 않고 자유롭게 투표할 수 있었다. 그런데 선거 1년 전부터 '너희들이 투표를 바깥에서 할 수 있지만, 무조건 우리(군부) 측으로만 투표를 해야 한다'는 군부의 압박이 있었다.

박은홍: 군사관학교에서 정치교육에 열성인 것으로 알고 있다. 원래 땃마도의 전

신으로 아웅산 수지의 아버지 아웅산 장군, 네윈. 이런 청년들이 당시 영국군과 일본군과 싸웠던 독립군들이었는데, 그럼에도 불구하고 아웅산 수지가 아웅산 장군의 딸이라는 이유로 사관학교에서는 아웅산 장군에 대한 이야기를 많이 하지 않을 것 같다. 군사관학교에 있을 때 아웅산 장군에 대한 어떤 교육이 있었는지, 그리고 이들이 땃마도는 국민들의 부모를 자처하는 것으로 아는데, 그런 정신교육도 있었는지 궁금하다.

린테 아웅: 군사관학교에 다녔을 당시 교육 과정에서 아웅산 장군에 대한 이야기가 거의 나오지 않았다. 장군의 사진조차 걸려 있는 것을 보지 못했고, 그에 대한 이야기를 피해서 교육을 했다. 내가 2008년에 군사관학교에 입학하기 이전부터 그런 방식으로 교육이 진행되었다. 교육 과정에서는 종교 관련 이야기가 빈번히 나왔다. 그리고 군대가 없으면 미얀마라는 국가는 무너질 것이다. 그렇기에 미얀마를 위해서는 군대가 필수적으로 존재해야 한다는 의식이 군인들에게 쌓이게끔 가르쳤다.

박은홍: 종교는 왜 강조하나?

린테 아웅: 네윈부터 2세대 탄쉐, 현 민아웅 흘라잉 3세대까지 그들 자신을 왕처럼 여겼다. 단순한 왕이 아닌 불교를 수호하는 왕처럼 여긴다. 군부가 이슬람을 지극히 혐오하기 때문에 우리(군대)가 없으면 이슬람교가 미얀마를 지배하게 될 것이다. 그러니 우리(군대)가 존재해야만 불교를 지킬 수 있다는 의식을 심고자 교육에 종교를 포함시킨 것이다.

박은홍: 그러니까 한마디로 '군대가 불교를 이슬람으로부터 지켜야 한다'는 교육을 한 셈인가?

린테 아웅: 그렇다.

박은홍: 불교를 지키는 군대에서 네윈이나 탄쉐, 민아웅 흘라잉은 옛 버마 왕국의 왕들이 불교를 지켰듯이 자신들도 과거 왕들처럼 불교를 지킨다고 교육을 한 것 같다.

린테 아웅: 왕조국가였을 때 불교를 더욱 크게 발전시킨, 아노여타, 버잉나웅, 알라웅퍼야 등 세 명의 왕이 있었다. 그 세 왕의 동상은 군사관학교에도 있고 지금은 미얀마의 수도인 네피도에도 있다. 또한 군사관학교의 교과서에서도 세 왕의 이야기가 반복적으로 실려 있으며 군인들은 그들 이야기를 머릿속에 새기도록 교육받는다.

박은홍: 그러면 네윈이나 탄쉐, 민아웅 흘라잉이 본인들을 왕처럼 여긴다는 사실은, 교육 때 이 세 사람을 '왕과 같은 존재'라고 구체적·직접적으로 표현하는 것인지 아니면 뉘앙스로만 그런 것인지 궁금하다.

린테 아웅: 입으로 직접 표현하지는 않는다. 다만 네윈, 탄쉐, 민아웅 흘라잉 이 세 사람은 다른 이들이 본인의 자택을 찾아오면 왕을 만날 때의 절차를 거친다. 만약 거실에서 만난다면 오직 자신이 앉을 의자 하나만 두며, 손님들은 모두 바닥에 앉아야 한다. 호칭 역시 왕과 신하 간의 예법을 따른다. '전하'와 같은 분명한 호칭만 쓰지 않을 뿐 행동 양식과 기타 호칭들에서 왕실 문화를 따르기 때문에 스스로 왕처럼 되고자 하는 그들의 열망을 알 수 있다.

박은홍: 민아웅 흘라잉이나 탄쉐를 직접 만난 적이 있나?

린테 아웅: 탄쉐를 직접 본 적은 없으나 민아웅 흘라잉은 행사 등에서 세 번 정도 만난 적이 있다.

박은홍: 군대에 있을 때 NLD나 아웅산 수지 여사에 대한 비판 교육은 없었는지 궁금하다.

린테 아웅: 아웅산 수지 여사와 NLD에 관련된 군 내부의 비판은 무수히 많다. 그들의 비판은 아웅산 수지와 NLD가 어떤 잘못이나 실수를 했음에 대한 지적이 아닌 무조건 잘못했다는 식의 비판이다. 그리고 아웅산 수지 여사의 이름에 '아웅산'이 포함되기 때문에 '수지'로만 호칭한다. 아웅산 수지 여사의 남편이 불교가 아닌 타종교인이었던 점 등을 이유로 삼아 자주 비판한다.

박은홍: 공식 교육 과정에서 그런 비판을 한다는 것인가?

미얀마와 타이 청년들의 세 손가락 혁명

린테 아웅: 그렇다.

박은홍: 타계한 아웅산 수지 남편은 영국 사람이고, 불교도가 아니었던 것으로 안다. 그런 외국인과 혼인했고, 또 그 남편이 불교가 아닌 다른 종교를 가지고 있다는 이유로 비판한다는 말인가?

린테 아웅: 종교가 다른 이와 결혼한다는 것이 비판의 중심 주제다.

박은홍: 이슬람에 대한 비판도 교육 과정에 있었다는 이야기를 했다. 그러면 불교 외의, 예를 들면 가톨릭이나 개신교, 성공회 등 서방 종교에 대한 비판도 군대 내에 있는지 궁금하다.

린테 아웅: 교육에서는 나오지 않지만 세미나와 회의에서는 이야기가 나왔다. 군인들 대부분은 불교를 믿고, 기독교인과 무슬림이 아예 없는 것은 아니지만 극히 드물었다. 후에는 '기독교 신자라면 군인이 될 수 없다'는 이야기가 돌았다.

박은홍: 그럼 군사관학교 입학 때 종교도 확인하는지, 만약 기독교인이면 군사관교학교에 들어갈 수조차 없는지 궁금하다.

린테 아웅: 입학 불가하다. 공식적인 거부 절차는 아니기에 시험을 응시할 수는 있으나 합격자 명단에 올라갈 수는 없다.

박은홍: 무슬림은 당연히 시험을 볼 수 없나?

린테 아웅: 불합격임을 알기 때문에 무슬림들은 군이 시험을 보지 않는다.

박은홍: 군사관학교는 장교를 양성하는 학교가 아닌가? 이 학교에서는 기독교를 주로 믿는 친족이나 카렌족 같은 소수민족들은 애초에 장교가 되겠다는 생각을 하지 않을 것 같다.

린테 아웅: 군대에 소수민족이 소속될 수는 있지만 지위가 높아질 경우 불복할 가능성이 있다고 보는 것이 군대의 일반적인 시선이다. 소수민족에게는 고위 계급을 부여하지 않고 억눌러야 한다는 입장을 갖고 있는 군이기 때문에 제대로 된 계급 배정이 이루어지지 않는다. 종교 영역에서는 그다지 엄격하지 않으나 억압은 분명히 존재한다. 예를 들어 로힝야와 아라칸 민족을 집단학살했던 것처럼 말

이다.

박은홍: 샨 주에도 소수민족 무장단체들(EAOs)이 있는 것으로 안다. 조금 전 분쟁 지역이라고 했는데, 소수민족 무장군들과 싸우거나 대치 상태에 있던 지역에서 근무했는지 궁금하다.

린테 아웅: 꺼인(카렌) 지역과 몬 지역에서는 8년 정도 업무를 했다. 그 기간 동안 꺼인 무장군들과는 여러 번 전투한 적이 있다. 샨 쪽에서는 2년 정도 근무했는데, 샨 측에 와족 무장군이 큰 규모로 주둔했기 때문에 가능한 전투하지 않고 경계선을 지키는 업무만 수행했다.

박은홍: 그럼 미얀마 군인들이 와족 지역에는 들어가지 못하는 상황인가?

린테 아웅: 그렇다. 아예 들어갈 수 없다.

박은홍: 와족은 어떻게 군사력이 그리 강할 수 있는지 들은 바가 있는지? 중국이 상당한 도움을 주고 있다는 이야기가 있다.

린테 아웅: 중국의 지원을 받는 셈이다. 와족 지역 내에는 무기 제조 공장이 있고 그 공장에서는 큰 규모의 무기들까지 제조할 수 있다. 사용하는 화폐 역시 중국 지폐뿐이며 사용 언어도 중국어와 흡사하다. 그런 부분에서 중국의 큰 지원을 받고 있다고 생각한다.

박은홍: 그럼 사실상 와 지역은 다른 나라라고 볼 수 있다는 생각이 든다.

린테 아웅: 그렇게 볼 수 있다.

박은홍: 혹시 시민방위군(PDF)이 와 지역에서 군사훈련을 받는다는 이야길 들어본 적이 있는지?

린테 아웅: PDF들이 와 지역에서 교육받는 일은 없었다. 와 지역의 지도자들은 다른 무장집단들이 그들의 지역에 들어와 교육받는 일을 꺼린다. 그렇다고 아예 교류가 없는 것은 아니며 무기와 관련이 있기는 하다.

박은홍: 정리하자면 꺼잉 지역에서는 전투를 했고, 와 지역에서는 대치 상태로만 있었을 뿐 직접 전투를 한 적은 없었다는 건가?

미얀마와 타이 청년들의 세 손가락 혁명

린테 아웅: 그렇다.

박은홍: 장교 입장에서 볼 때 땃마도의 분열 가능성, 민아웅 흘라잉에 반대하는 고위급 장교가 나올 가능성은 있는가?

린테 아웅: 고위 간부들 사이에서는 민아웅 흘라잉에 반대하는 이들이 거의 없을 것으로 본다. 훗날 상황이 바뀌면 갈아타는 사람들이 있을 것이다.

박은홍: 당신은 장교가 되기 위한 교육을 받을 때 NLD와 아웅산 수지에 대해 부정적인 생각을 갖도록 반대하라는 정신교육을 받은 셈인데, 그럼에도 불구하고 NLD와 아웅산 수지에 대해서 좋은 생각과 지지하는 마음을 갖게 되었다는 것은 특이하다. 당신과 같은 젊은 장교 그룹 내에 민아웅 흘라잉에 반대하는 분위기가 있는지, 그래서 군을 빠져나와 '봄의 혁명'을 지지할 군인들이 추가로 있는지 궁금하다.

린테 아웅: 쿠데타가 있은 후 5~6개월 동안 CDM 활동을 위해 탈영한 군인들이 백 명 정도 있었다. 현재는 군인과 경찰 모두 포함해 약 1만 4천 명 정도다. 쿠데타 직후에 나온 이들 대다수는 국가와 시민들을 진정으로 생각해 나왔으나, 현재 이탈하는 이들 중에는 본인의 이익을 위해 '갈아타려는' 이들도 있다.

박은홍: 군인들이나 경찰들이 보았을 때 민족통합정부(NUG)나 PDF의 힘이 점점 더 강해져 땃마도를 이길 수 있다는 판단이 섰기에 '갈아타는' 현상이 생기는 게 아닌가 하는 생각이 든다.

린테 아웅: 그렇게 믿고 나오는 것이다. 지금 NUG와 PDF가 합세한다면 언젠가 땃마도를 무너뜨릴 수 있다고 생각하기 때문이다.

박은홍: 당신이 군을 빠져나온 시기가 정확히 언제인가?

린테 아웅: 2021년 3월 14일에 CDM 활동을 시작했다.

박은홍: 그럼 바로 초창기에 빠져나온 건가?

린테 아웅: 그렇다.

박은홍: 빠져나온 직후 어디로 갔는지 궁금하다.

린테 아웅: 처음 이탈했을 때는 여기저기로 도피했다. 샨 지역에는 CDM을 위해 탈영한 군인들을 보호해줄 곳이 전무했다.

박은홍: 타이에는 언제쯤 들어갔고 한국에는 언제 들어왔는지 궁금하다.

린테 아웅: 한국에는 2023년 7월쯤에 들어왔으며, 타이에는 2021년 4월 초에 들어 갔다.

박은홍: 그럼 타이에 불법체류를 하고 있을 때 NUG나 PDF 등 민주 진영과의 관계가 있었는지?

린테 아웅: 지금 '봄의 혁명'이 신세대 혁명이기에 직접 만나기보다는 온라인 상에서 NUG와 PDF 소속 요원들과 소통했다.

박은홍: 당신처럼 군대에서 빠져나온 장교들이 PDF 청년들을 직접 훈련시키기도 한다는 이야기를 들었다. PDF 요원들을 직접 군사훈련시키는 등의 기회가 그동안에는 없었던 것으로 이해된다.

린테 아웅: 현장에 직접 가서 교육을 하는 것은 아니었다. 그렇지만 전략 교육과 같은 교육들의 경우 줌 미팅을 통해 2021년부터 2022년까지 2년 동안 진행했다.

박은홍: 현재 NUG 국방부와도 관계가 있는가?

린테 아웅: 지금 CDM 군인들과 NUG 정보를 연결해주는 일도 NUG 정부와의 연결이 있기 때문에 가능한 일이다.

박은홍: NUG 멤버는 아직 아닌 것인지?

린테 아웅: NUG 조직원은 아니지만 NUG를 돕고 있다.

박은홍: 팟마도 내에 '봄의 혁명'을 지지하는 군인들, 일명 '수박'들과 소통이 가능한 것으로 들린다.

린테 아웅: CDM을 희망하는 군인들이 아직까지 존재하기 때문에 군 부대 내 군인들과 소통하고 있다.

박은홍: 조심스럽고 위험한 소통인 것 같다.

린테 아웅: 그렇다.

미얀마와 타이 청년들의 세 손가락 혁명

박은홍: 작년 10월 27일부터 1027 작전(Operation), 이 작전이 '형제동맹'(Brotherhood Alliance)이라고 해서 아라칸군(AA), 미얀마민족민주동맹(MNDAA), 타앙민족해방군(TNLA) 이렇게 세 무장 조직이 땃마도와 싸우고 있고, 또 상당히 큰 승리를 거두기도 한다는데, 이런 사실을 알고 있는지?

린테 아웅: 세형제 무장조직이 일어서기 전에는 군과 싸우는 데 한계가 있었고 '과연 우리가 이길 수 있을까' 하는 우려가 있었다. 1027 작전이 시작된 순간부터 '봄의 혁명'에 큰 발전이 일어났다. 작전 직후 2개월 만에 다수 지역을 차지할 수 있었다. 앞으로도 세형제 무장조직이 NUG와 힘을 합쳐 다른 남은 지역들도 정복할 것이라고 본다.

박은홍: 세형제작전에 린테 아웅 대위도 도움을 주고 있는지 궁금하다.

린테 아웅: 그 작전이 현장에서 일어나고 있는 작전이기에 직접적으로 나서지는 않았다.

박은홍: 당신과 같은 경우 군에서 이탈했으니 공개수배 명단에 올라가 있는가?

린테 아웅: 그렇다.

박은홍: 감사하다. 당신의 결단과 용기에 찬사를 보낸다.

1. 2011년 군사평의회에서 테인세인 정부로의 권력 이양 당시 군총사령관에 취임한 민아웅 흘라잉은 예정대로라면 2016년 7월에 60세로 정년퇴임해야 했다. 하지만 그 해 민족민주동맹(NLD) 1기 정부가 출발하던 시점에서 정년을 5년 연장해 10년간에 걸쳐 군 최고위직에 계속 머물러 있을 수 있었다. 보도에 따르면 그는 2·1쿠데타 직후인 2월 4일에 정년 적용에서 벗어나 사실상 종신 군총사령관이 되었다고 전해졌다.

2. 2월 1일 쿠데타 이전 미얀마에서는 1962년, 1988년 두 번의 쿠데타가 있었다. 1962년 쿠데타 직후에는 혁명평의회(RC), 1988년 직후에는 국가법질서회복위원회(SLORC)가 각각 설치되었다. 1997년 국가법질서회복위원회의 명칭은 국가평화발전위원회(SPDC)로 바뀌었다.

3. '실패국가'(failed state)란 효과적인 중앙 국가기구가 부재한 지리적 실체다. 특히 공공서비스 제공이 제대로 이루어지지 못한다. 이 책에서는 경제개발에 실패한 국가도 '실패국가' 범주에 넣었다.

4. 이 과정에서 아웅산 수지 국가고문은 군부를 병영으로 서둘러 돌려보내려 한다는 인상을 주었을지도 모른다.

5. 이 개념은 Rustow(1970)에서 착안했다.

6. 연방단결발전당의 전신인 연방단결발전협의회의 중앙위원회는 군총사령관, 부군총사령관, 해군 및 공군사령관 등 군부의 주요 인사들로 구성되었다.

7. 당시 군부 계열의 소규모 정당이 34개나 있었다.

8. 중장 2명으로부터 서한을 전달받은 쪼띤쉐 국가고문실 장관은 군총사령관을 만나 "대통령에게는 연방선거관리위원회의 해산과 의회 소집 연기 권한은 없다"는 견해를 전했다.

9. 재한 미얀마인 유학생과 전자우편 인터뷰(2022.7.20); 재미얀마 활동가와 화상 인터뷰(2022.7.22).

10. 와주연합군은 샨주 내 승인되지 않은 와주에 기반하는 무장단체로 1989년에 와민족평의회 조직원들이 창설했으며, 버마공산당을 전신으로 하는 조직으로서 중국의 영향력이 크다.

11. 아라칸군의 참여를 사실로 보지 않는 시각도 있다.

12. 각종 재난 발생 현황은 〈ISP-미얀마〉(전자판)를 참고했다.

13. 12개 단계 로드맵은 다음과 같다. ① 반군부 저항 활동, ② 국회의원 선거 후보자들로 구성된 연방의회대표자회의 구성, ③ 연대를 위한 여러 단체들과 협의, ④ 연방 민주주의 헌법 기초, ⑤ 민족통합정부 구성, ⑥ 인민의회 개최, ⑦ 독재체제 종식과 2008년 헌법 폐지, 연방 민주주의를 향한 연합체 구축을 위한 전략 수립, ⑧ 과도기를 위한 새로운 정책 설계, ⑨ 과도정부 설립, ⑩ 전국적인 회의를 거쳐 헌법 설계 후 승인, ⑪ 연방 민주주의 헌법 국민으로부터 승인 추진, ⑫ 통과된 연방 민주주의 헌법에 따라 통치.

14. 네모토 케이는 미얀마 사회가 해결해야 할 세 가지 과제로 국민과 군부의 화해, 군부를 포함한 중앙정부와 소수민족 무장단체의 화해, 다수파 불교도와 소수파 비불교도 간의 화해를 언급한다.

15. 은행원들이 시민불복종운동에 참여하면서 경제 붕괴를 우려한 예금자들이 인출하는 사태가 벌어졌다. 그 결과 지점이 문을 닫기도 하고 중앙은행이 인출을 통제하기도 했다. 군부는 파업에 가담

한 공무원들을 체포하고 사살했다.

16. 아웅나잉우는 테인세인 정부 시기 투자기업관리국 국장을 맡은 바 있는 군 출신 경제통이다. 그는 쿠데타로 수감된 타웅 툰 투자대외경제부 장관을 대신해서 장관직에 올랐다.

17. 코로나19 관련 통계는 국가행정평의회가 발간한 자료집을 기반으로 한 ISP-미얀마(2022.3.29), 그리고 컬란치크(2021), 프론티어 미얀마(2022.1.14)를 각각 참고했다. 본문에서 기술된 통계자료에 신뢰성 문제가 있을 수 있음을 밝혀둔다.

18. 그 외 외국 내빈으로는 중국, 인도 등 7개국 현지 대사관 주재관이 참석했다.

19. 2021년 6월 19일 채택된 유엔총회 결의안은 폭력 중단, 2020년 선거에서 표출된 시민의 민주주의 의지 존중, 정치범 석방, 비상사태 종료 및 미얀마에 무기 수출금지 등을 촉구했는데, 당시 아세안 의장국이던 브루나이를 비롯해 캄보디아, 라오스, 타이는 기권 표를 던졌다. 심지어 아세안 회원국 모두가 무기 수출 금지 조항의 삭제를 요구한 것으로 전해졌다.(Forum-Asia 2021:9; 김형종 2022:424에서 재인용)

2장

'봄의 혁명'

땃마도 수호자주의의 파국적 선택

서론

2021년 2월 1일, 지난 10년간의 민주주의 실험이 군부 쿠데타로 요동을 치며 멈춰서면서 미얀마가 전체주의적 악몽 국가로 회귀하는 것 아니냐는 우려가 커졌다. 테인세인 전직 장성을 수반으로 하는 유사 민간정부가 군사평의회 국가평화발전위원회(SPDC)를 대체한 지 10년 만에 다시 군사평의회가 등장했다.

군부와 싸우기 시작한 민주 진영의 투쟁 방식도 진지전에서 기동전으로 바뀌었다. 청년들은 평화적 방식의 투쟁인 시민불복종운동(CDM)의 한계를 느끼고, 자위권 차원에서 무장투쟁 방식이 필요하다고 판단하고 도시를 떠나 군사훈련을 받기 시작했다.

이른바 시민방위군(PDF)은 연방군 창설로 나아가기 위한 과도기적 무장 조직이다. 시민방위군의 주역인 청년들은 외지에서 군사훈련을 받고 도시로 다시 들어와 군부를 위협하는 무장투쟁을 벌이기 시작했다.[1] 이를테면 군부 기업으로 알려진 이동통신회사 마이텔 소유의 중개탑들이 시민방위군로부터 공격당했다. 그동안 미얀마 군부가 우려해온 도시 시위대원들과 변방의 무장세력 간의 연대가 이루어지면서 민주 세력의 조직적·폭력적 저항이 시작되었다.

다시 말해 2·1쿠데타 직후 시민불복종운동의 주역이었던 MZ세대로도 불리는 청년 세대가 시민방위군의 주역으로 다시 부상했다. 이들 청년에게 종족과 같은 정체성은 중요하지 않다.[2] 종족적 차이를 넘어 광범위한 연합전선을 구축해 군부를 효과적으로 타격하는 것이 이들의 주된 관심사다. 이들은 국가고문이었던 아웅산 수지가 로힝야를 거명조차 하지 않으면서, 한편으로는 친근한 표현인 '아메이', 즉 엄마로 불리면서 대중들을 수직적으로 동원하던 포퓰리즘의 한계를 인지하고 있다. 이렇듯 미얀마 청년들은 독립 이후 70여 년 동안 미얀마 사회에 축적되어 온 차별과 위계의 문화를 혁파하는 운동에 나섰다. 차별과 위계의 문화 중심에는 미얀마 군부 땃마도가 있었다.

미얀마 시민불복종운동을 주도한 미얀마의 MZ세대

1962년 쿠데타 이후 군은 반(反)식민주의와 사회주의 혁명 구호를 동원하면서도 소수민족들에게 자치권을 대폭 보장하는 연방주의 실현은 반대해왔다. 이들은 식민주의나 제국주의가 죽었거나 죽어가고 있는 것이 아니라 건재하다고 공언하면서 국가 통합이라는 명분을 내걸고 버마족 중심의 내부 식민주의를 구조화시켰다. 군 지도자들은 고대로 거슬러 올라가 자신들이 모든 것의 주인임을 자임하면서 잔혹하게 통치하던 고대 왕들처럼 버마를 통치하기 시작했다. 1988년까지 26년 동안 군부의 정당 조직인 버마사회주의계획당(BSPP)만이 자유를 누리는 유일한 합법 정당이었다.

네윈의 사회주의 정부는 군부가 국가 주권과 안정의 수호자를 자처하는 독재체제였다. 하지만 이 독재체제는 1950년대에 의회민주주의와 자유민주주의를 경험한 시민사회를 완전히 초토화하지는 못해 주기적으로 시민사회의 도전을 받았다. 그것은 쿠데타가 부른 '혁명'의 반복이었다. 2021년 2월 1일 쿠데타역시 '봄의 혁명'이라고 불리는 지역·종족·세대의 차이를 뛰어넘는 범국민적 저항을 촉발했다.

1962년 군부의 정치 개입 명분이 독립운동의 주역이었던 여당 반파시스트인민자유연맹(AFPFL) 내부의 극심한 대립과 소수민족, 공산 반군의 내전 상황을 배경으로 했다면, 2021년 2월의 쿠데타는 아웅산 수지가 이끄는 민족민주동맹의 견고한 내부 응집력 속에서 일어났다는 점에서 그 명분이 취약했다. 전례 없이 쿠데타 발생 3년이 넘도록 반군부 진영의 '봄의 혁명'은 지속되고 있다. 2개월도 채 못 되어 진압된 1988년의 8888민주혁명, 2007년 샤프론 혁명과 대조적이다. 땃마도로서는 예상하지 못한 파국적 선택이다.

영국 식민지 시기 1941년 타이에서 결성된 버마독립군(BIA)을 전신으

로 하는 땃마도는 미얀마 연방공화국의 역사보다 긴 군의 역사에 자부심을 갖고 국민의 부모를 자처한다.[3]

일본군으로부터 영향을 받은 땃마도의 모토는 "같은 피, 같은 목소리, 같은 명령에 산다"다. 미얀마 군부통치의 비타협성은 이런 역사적 배경 속에서 형성된 '수호자주의'와 무관하지 않다.[5] 결국 이번 쿠데타는 정치 혼돈은 물론 경제 파국까지 감수하면서 테인세인 정부 이전 고립 상태의 미얀마로 회귀를 불사하겠다는 땃마도의 무모한 시도다. 땃마도의 '수호자주의'가 도덕적 · 정치적 자산을 모두 상실함에 따라 마지막 남은 물리적 억압 기구와 2008년 헌법을 동원해 '국가 안의 국가'의 특권을 '수호'하려는 전략을 선택한 것이다.

군부독재의 수호자주의와 반군부 포퓰리즘

▼

　군부독재 체제는 군의 무력에 의한 지배체제이면서 외국과의 전쟁에서 승리하는 것에 목표를 두기보다는 국내 정치에 관여하면서 특정 정파나 정당을 지지하고 조직의 이익을 유지, 확대하는 데 주력한다. 그러나 겉으로는 민간 정치인들의 부패와 무능 때문에 혼돈에 빠진 국가의 주권을 지켜내는 수호자이자 사회적·정치적 갈등의 중재자를 자처한다. 군부독재 체제가 등장하는 계기가 되는 쿠데타는 대중의 참여가 없는데, 이것이 쿠데타를 혁명과 구분 짓는 요소다. 또 쿠데타는 계획과 준비는 긴 시간 동안 이루어지지만 급작스럽게 실행된다.

　군부독재 체제는 법적·합리적 성향을 띠기도 하지만 군부 통치를 유일한 정치체제로 보기 때문에 군부가 지배계급이 된다. 군부는 자신들을 위험한 상황에 놓인 국가를 구하고, 지켜내고, 발전시키는 주역을 자처한다. 한때 인도네시아 군부는 국방만이 아니라 정치·사회적 사안도 중요한 역할을 해내는 이른바 이중 기능 이데올로기를 내세웠다. 군부가 '국가 안의 국가'로 견고한 성을 쌓는다는 것을 의미한다. 군부독재 체제의 하위 유형으로 군의 직접 통치인 군사정부와 군의 간접 통치인 군부 후견 민주주의를 들 수 있다.[5]

군사정부의 수는 1970년대 초 이른바 세 번째 민주화 물결[6]이 시작된 이후 30년 동안 크게 줄어들었다. 그러나 민주주의 이행에 관한 연구는 세 번째 민주화 물결을 경험한 대부분의 민주국가에서 민-군 관계가 바람직한 방향으로 나아가기도 하지만 오히려 후퇴하는 양면적인 상황을 묘사하고 있다. 이는 곧 민주화가 순방향으로만 진행되지 않는다는 것을 의미한다. 군에 대한 문민 통제를 이룰 수 있는 만능 해법이나 황금 경로는 없다. 지난 과거에 대한 빅뱅 방식의 개혁, 처벌, 과거 청산은 퇴각하는 군부의 힘이 여전히 강한 곳에서는 성공하지 못할 가능성이 크다. 물론 국내외 안보 영역으로 민간의 의사결정권을 확대하고 제도화하는 것이 중요하다. 그러나 이것이 자동적으로 국방 분야에 대한 문민 통제로 이어지지는 않는다.

군사정부와 군부 후견 민주주의의 차이는 무엇인가? 우선 군사정부는 군이 공공정책과 엘리트 충원 분야에서 자율적인 정치적 영향력을 행사한다. 군사정부에서는 군부가 국가정책을 완전히 통제하고, 각료를 군부 출신으로 채운다. 반면 군부 후견 민주주의는 군부가 민-군 관계의 의사결정 영역에서 군이 민간 정치인들을 일정 정도 감독하는 정치체제다. 이 체제는 불완전한 또는 결함 있는 민주주의로 분류될 수 있다.

미얀마 민족민주동맹의 포퓰리즘, 즉 N-포퓰리즘의 경우 무슬림, 특히 로힝야를 인정하지 않는 차원에서 민족주의와 인종주의를 동원했다. 여기에서 포퓰리즘이란 개성 있는 정치 지도자에 의한 위로부터의 수직적 동

원을 의미한다. 포퓰리즘은 선거 국면에서는 압도적인 승리를 이끌어낸
다. N-포퓰리즘은 사실상 아웅산 수지의 신비주의적이고 대중적인 이미
지에 기인한다. 그녀는 1988년 8888민주혁명 시기 포용적 포퓰리스트에
서 국수주의적 수사를 활용하는 포퓰리스트로 변모한다.

　미얀마의 군부독재 체제는 군사정부의 모습과 군부 후견 민주주의의 모
습을 모두 보여주었다. 2021년 2월 1일 쿠데타 역시 민주화가 직진만 하
지 않음을 보여주었다. 민족민주동맹 정부는 군부의 영향력을 줄이기 위
해 2008년 헌법이 보장한 군부 후견 민주주의를 수용했고, 군부는 이에
대한 응답으로 2008년 헌법에 의지해 개혁·개방으로 수호자주의의 변형
을 추진했다. 하지만 오히려 N-포퓰리즘이 땃마도의 수호자주의, 즉 T-
수호자주의를 능가하자 군은 지난 2월 직접적 지배, 즉 군사정부로 되돌
아가는 것을 선택했다. T-수호자주의의 원형으로 회귀한 것이다.

　주목할 것은 종족 간 갈등에 따른 불안한 국내 상황을 배경으로 한 1962
년 땃마도의 첫 번째 쿠데타는 어느 정도 대중성이 있었지만 군사정부가
미얀마를 정치·경제적으로 '실패국가'로 전락시키면서도 대중성이 온전
하게 민족민주동맹으로 이전되었다는 점이다. 1988년 이른바 8888민주
혁명은 '실패국가'에 대한 대중적 도전의 배경이자 결과였다.

　군부는 민족민주동맹의 압승을 부정한 1990년 5월 이후 민족민주동맹
의 저항적 포퓰리즘에 대응하기 위해 수호자주의의 물리적 기반이 되는
관제 대중조직 연방단결발전협의회(USDA)를 조직했다. 하지만 2010년
11월 총선 승리와 2011년 3월 테인세인 유사민간정부의 출범은 연방단결
발전협의회의 성과라기보다는 민족민주동맹이 총선에 불참한 결과였다.
민족민주동맹이 참여한 2015년 선거와 2020년 선거에서 연방단결발전협

의회가 변신한 연방단결발전당(USDP)은 민족민주동맹에 연거푸 대패했다. 선거라는 민주주의의 절차를 통해 N-포퓰리즘을 T-수호자주의[7]가 이겨낼 수 없음이 확인된 것이다.

이런 맥락에서 2021년 2월 쿠데타는 T-수호자주의가 막다른 위기에 몰린 상황에서의 무모한 파국적 선택이었다.

수호자주의의 탄생·진화·위기와 포퓰리즘 부상과 도전

▼

미얀마의 독립 과정에서 미얀마 군부 땃마도는 이미 정치화되었다. 땃마
도의 반식민지 해방 투쟁 경력은 땃마도가 정치적 지분을 주장하는 배경
이 되었다. 1947년 헌법에 따라 1948년 독립 이후 군은 문민통제를 받아
들이기도 했지만 내전으로 인해 군부의 영향력이 비군사적 영역까지 확대
되었다. 결정적인 계기는 1958년 집권당이자 항일독립 투쟁의 주역이었
던 반파시스트인민자유연맹이 분열하면서 헌정 위기를 맞자 우 누 총리가
네윈이 이끄는 군부에 일시적으로 행정 권력을 위임했을 때였다.[8] 이때 정
국 안정을 위해서라는 명분을 갖고 들어섰던 네윈 과도내각은 미얀마 군
부 땃마도의 '꼐딘신', 즉 수호자 논리의 모태가 되었다.[9]

　1960년 선거 이후 군부가 반파시스트인민자유연맹으로 권력을 반환했
으나 반파시스트인민자유연맹이 재분열하면서 정치적 혼돈이 가중되기
시작했는데, 우 누 총리가 소수민족들과 이들의 자율성 확대를 논의하던
중 1962년 3월 2일에 군총사령관 네윈이 주도하는 쿠데타가 일어났다. 쿠

데타 명분은 분열 위기에 있는 국가를 구한다는 것이었다. 수호자를 자처한 일단의 정치 군부에 의한 쿠데타였다.

군부 쿠데타와 수호자주의

1962년 3월 쿠데타 직후 군부는 의회민주주의로부터 사회주의적 민주주의로 전환을 선언했다.[10] 이와 동시에 헌법, 의회, 정당, 독립 노조의 폐지를 공표했다. 또 식민지 시대 민족 해방을 위한 혁명 투쟁의 역사를 소환하면서 인민을 위한 군, 인민의 군, 나아가 국가 통합의 중심 세력인 군을 자처했다. 버마식 사회주의 기치로 군은 모든 외국계 기업들을 추방했다. 미얀마 군부 땃마도의 수호자주의가 정책화, 제도화되기 시작했다.

행정, 사법, 입법 권한이 군 최고지도자인 네윈에게 이양되었고, 내각도 장성들로 채워졌다. 또 군 장성의 통제를 받으며 마을 단위로 행정·안보위원회가 설치되었다. 의회민주주의와 연방주의는 정치적 불안정의 원천으로 간주되었다. 모든 학문 활동은 군사정부의 검열 대상이 되었고, 역사교육은 군부 중심으로 재기술되었다. 모든 사립학교가 폐지되었으며, 산업의 국유화와 경제에 대한 국가통제도 가해졌다.

쿠데타 직후 네윈 군부 세력은 대학 내 통행금지 시간을 오후 9시로 정했는데, 1962년 7월 7일 랭군대학교 학생들이 학생 자치활동 규제를 반대하는 시위를 벌이자 군은 오랜 역사를 자랑하던 학생회관 건물을 폭파해버렸다. 1964년 군부는 시민사회의 성장을 차단하기 위해 모든 정치조직을 불법화하고 정부의 허가 없는 정치 결사체의 조직화를 금하는 국민연

1974년 헌법에 따라 제정된 인민의회와 버마사회주의계획당의 로고 기념우표

대법을 시행했다. "버마에서 바늘 하나 떨어지는 소리도 네윈은 듣고 있다"는 말이 나돌 정도로 네윈은 공포의 대상이 되었다.

쿠데타가 일어난 해인 1962년, 모든 반대의 목소리를 폭력적으로 잠재우면서 혁명평의회 출신 인사들이 중앙위원회(CEC)를 장악한 버마사회주의계획당(BSPP)이 출범했다. 당시 버마사회주의계획당은 군 간부 20명을 핵심으로 하는 간부 정당으로서 군의 정치참여를 위한 포석이었다. 그리고 1974년에 군부 주도 일당체제를 가능하게 하는 신헌법을 통과시키면서 '버마 사회주의 연방공화국'이 출범했다.

버마 사회주의 연방공화국의 출범과 함께 최고위 의사결정 권한이 군사령부에서 당 중앙위원회로 이동되었지만, 전·현직 군 장교들에 의해 버마사회주의계획당의 지도부가 장악되었다. 그러나 버마사회주의계획당

미얀마와 타이 청년들의 세 손가락 혁명

지도부에서 현직 장성 비율이 점차적으로 줄어들었지만 퇴역 장성의 영향력은 유지되었다.

네윈이 버마사회주의계획당 총재이자 대통령 직위에 올랐을 때 당 중앙위원회의 75%가 현직 군 장교였지만 1980년대 초 당 중앙위원 13명 중 3명만이 현역이고 나머지 9명은 퇴역 장성, 다른 1명은 민간인 출신이었다. 내각은 정책 결정 권한이 없었고, 당 중앙위원회가 결정한 정책을 단순히 실행했다. 내각에 참여한 군 고위급 인사들은 군복 대신 장관복을 입었다.

의회도 당의 거수기 역할을 했다. 의회는 1970년대 후반까지 전 · 현직 장성 비율이 대략 60%에 이르렀다. 1974년 헌법은 버마사회주의계획당 이외의 정당을 불허했다. 독립 노조 활동은 물론이고 표현의 자유, 집회의 자유를 통제했다. 이와 동시에 버마사회주의계획당은 전 · 현직 군 장교가 이끄는 독자적 민간 대중조직을 만들었다. 1974년 11월 전 유엔 사무총장 우탄트의 국가장을 이렇다 할 이유 없이 군부가 승인하지 않자 학생들이 주도하는 반정부 시위가 수 주간 지속되었다. 이때 학생 수천 명이 체포되고 최소 18명이 사망했다. 이후 1988년까지 군부 지배를 위협할 만한 도전 세력은 없었다.

버마사회주의계획당 정부는 일부 군 고위 간부를 숙청했으나 독립 직후 반파시스트인민자유연맹 정부에 비해 응집력이 높았다. 정치적으로 비교적 안정적이었고, 국유화를 통해 경제 부문에 광범위한 통제를 유지했다. 반면 민간 경제 집단의 출현은 차단되었다. 이런 민−군 간의 권력 불균형은 군부의 장기집권을 가능하게 했다. 이런 정치, 경제 부문에 대한 통제는 고립주의 노선과 함께 진행되었다. 1978년 비동맹회의로부터도 탈퇴했다. 1988년까지만 해도 외국인 관광객들은 미얀마에 1주일 이상 체류

할 수 없었다.

그러나 버마사회주의계획당 정부의 경제에 대한 강한 통제는 관리 실패로 귀결되어 급기야 1987년에 미얀마는 유엔에 의해 최빈국으로 지정되었다.[11] 이는 고립주의와, 기술 관료가 아닌 군 장교가 주도한 경제정책의 결과였다. 1987년 후반의 화폐개혁이 실패하고 국민들의 불만이 고조되는 가운데 학생 주도의 시위가 시작되었다. 시위대 뒤에는 지하에서 활동하고 있던 사회운동조직들(SMOs)의 기여가 컸다.

1988년 8월, 만성적인 경제 실패를 겪던 대중이 거리에 나서서 다당제를 요구했다. 6주간이나 군사정부는 통제 능력을 상실했고 군 병력도 퇴각했다. 언론 자유화와 함께 독립 노조가 다시 등장했다. 공무원들이 파업에 나섬에 따라 국가기관이 제 기능을 하지 못했다. 사회주의계획당의 하위급 당원들이 다수 탈퇴하면서 버마당의 붕괴로 이어졌다.

이른바 8888민주혁명은 전국적인 규모의 시위와 파업이었다. 그러나 미얀마 군부 땃마도는 1988년 8월 8일 이후 6주 동안 3천 명 가량을 살해하면서 시위를 진압했다. 소수민족 반군을 향하던 총구를 비무장 학생, 승려, 주부, 심지어 초등학생에게까지 겨누었다. 이 와중에 쿠데타가 일어나고 소마웅 장군을 수장으로 하는 국가법질서회복위원회(SLORC)[12]가 출범했다. 국가법질서회복위원회와 이 기구의 후신인 국가평화발전위원회(SPDC)는 현역 장교들로만 채워졌다.

군 지도층은 1962년과는 달리 군사평의회인 국가법질서회복위원회를 과도기적 군사정부로 규정하고 대중의 추가적인 대규모 집회를 예방하기 위해 다당제 민주주의로의 이행을 약속했다. 하지만 군부는 1962년과 동일하게 1988년 이후 성장한 시민사회를 약화시키기 위해 시민사회, 학생

미얀마와 타이 청년들의 세 손가락 혁명

조직, 독립 언론의 활동을 금지시켰다. 그리고 5인 이상 집합 금지, 대학 폐쇄, 사회운동 지도자 체포를 단행했다. 또 헌법을 폐기하고 의회를 해산했다. 1962년과 마찬가지로 행정, 입법, 사법 권력을 국가법질서회복위원회 의장이 장악했다.

국가법질서회복위원회 역시 초기에는 모든 각료가 현역 장교로 구성되었지만 시간이 지나면서 퇴역 장교와 민간인 출신이 각료직의 일부를 채웠다. 의회는 구성되지 않았고, 사법부는 군부에 의해 구성되었다. 군의 전국적 통제를 위해 군사평의회를 지역 마을 단위까지 설치했다. 그리고 버마사회주의계획당 당원들로 조직된 국민통합당(NUP)을 출범시켰다.

이런 통제와 노력에도 불구하고 1990년 5월 27일 총선에서 군부는 아웅산 수지가 이끄는 민족민주동맹에 패배했다. 군부가 편파적으로 지원한 국민통합당이 총 485개 의석 중 10석만을 얻었다. 반면 민족민주동맹은 아웅산 수지가 가택연금 상태에 있는 중에도 392개 의석을 차지했다. 새로 선출된 국회의원들은 마지막 민주헌법이라고 할 수 있는 1947년 헌법을 토대로 새로운 헌법을 준비하고 있었다. 하지만 군부는 투표 결과를 무시하고 권력 이양을 거부했다.

1993년에 군부는 그들에게 우호적인 헌법 제정을 위한 국민회의(NC)를 띄웠다. 1990년 총선에서 80%가 넘는 의석을 차지한 민족민주동맹에게는 단지 12%의 의석만 배분했다. 1995년 민족민주동맹은 국민회의 참여를 거부했다. 이에 대한 보복으로 군부는 국민회의에서 민족민주동맹을 배제했고, 1996년에는 국민회의 활동을 중지시켰다. 헌법 없는 통치가 계속되었다. 1995년, 2000년, 2002년에 아웅산 수지가 가택연금에서 풀려났으나 군부와 민족민주동맹 간에 실질적인 대화는 이루어지지 않았다.

그럼에도 군부는 권력 유지를 위해 일정한 변화가 불가피함을 인정하는 모습을 보였다.

 1988년 이후 군은 또 다른 민주화 시위의 발생을 차단하는 것이 절박한 과제라는 점을 인지하고 있었다. 특히 군은 도심 시위자들과 변방의 무장 세력 간의 연대를 우려했다. 군은 이를 차단하기 위해 소수민족 반군과 휴전협정을 추진했다. 동시에 이들은 휴전을 꺼리는 소수민족 반군에 공세를 강화했다. 또한 대중운동을 조기에 분쇄하기 위해 군의 규모를 증강했다. 1980년대 후반 18만 명이던 병력이 1995년에는 30만 명으로 늘어났고, 병력 규모를 50만 명까지 확대하겠다는 목표를 세웠다. 이와 함께 전례 없는 수준에서 국가기구의 군사화가 진행되었다. 군은 퇴역 장교를 정부 기관의 고위직에 임명했다. 행정부처를 퇴역 장교가 맡으면 공무원들이 반정부 시위에 참여하지 못할 것이라는 계산이 깔려 있었다.

 1990년 선거 이후 권력 이양을 거부하는 군사평의회 국가법질서회복위원회에 국제사회의 비난이 거셌으나 군부는 국제사회로부터 고립을 불사하고 반정부 지도자들을 계속해서 투옥했다. 1991년 12월 군부와 투쟁하고 있던 아웅산 수지에게 노벨평화상이 주어졌을 때 많은 사람들은 아웅산 수지를 탄압하는 군부에 대한 국제사회의 압박에 땃마도가 더 이상 버티지 못할 것이라고 믿었다. 그러나 국제사회의 비난과 경제제재에도 군부는 아웅산 수지에게 자유를 주면 국가의 평화와 안정이 위협받는다면서 더 깊이 참호를 팠다.

 군사정부는 지지 기반 확보를 위해 시장경제를 부활시키겠다고 선언했지만 지속적으로 경제를 독점화하려 했고, 민간기업들을 통제하려는 과정에서 정실 자본주의를 만들어냈다.[13] 이를테면 탄쉐[14] 국가평화발전위원회

미얀마와 타이 청년들의 세 손가락 혁명

의장 집권 시기에 국영기업이 군 지도부 측근에게 매각되었듯이 이들은 경제 분야에서 혁신이나 기업가정신보다는 자유화된 시장에 대한 독과점적 통제를 선호했다. 또 군 최고지도자가 관장하는 무역청을 신설했는데, 여기서 발행하는 수출입허가장은 군사업체, 군 가족과 측근들에게만 주어졌다.

군은 1990년대 초반에 미얀마경제지주회사(UMEH)와 함께 미얀마경제공사(MEC) 등 2개의 대기업을 세우기도 했는데, 이들 기업 역시 군 고위급 장교 휘하에 놓였고, 세금 면제와 특허까지 누렸다. UMEH는 최대 국영기업체로서 전쟁성 조달국, 지역사령부, 전·현직 군 장교들이 기업의 주식을 보유했다. 대규모 외국인 투자자들도 UMEH를 거쳐야 했다. 영업수익을 내는 분야로는 보석, 목재 가공, 의류산업, 식자재 음료 산업, 교통, 무역, 통신, 건설, 은행, 호텔, 관광서비스 등이었다. MEC 역시 방대한 기업으로서 석유 및 가스 수출을 포함한 다양한 경제활동을 포괄했다. 군-재력 연결망(sword-kyat network)이 제도화되기 시작했다.

2011년 개방 이전까지 땃마도 지도자들은 기술 관료, 정치인, 지식인, 사회·경제 엘리트들을 국가적 사안에 참여시키지 않았다. 소수의 군부 밖 인사들만 참여가 있었다. 하지만 이들은 독립적인 정치 기반이나 지지층을 갖지 못했다.

다른 한편 탄쉐 국가평화발전위원회 의장은 사이클론 나르기스로 인한 재난 직후 국제사회가 제안한 외국인 구호 요원들의 활동조차 국가 주권 침해로 보았다. 그는 친군부 대중조직인 연방단결발전협의회를 조직했는데, 이것은 민주화 시위를 차단하고 이를 진압하기 위한 수단으로, 또 인도네시아의 수하르토 군사정부 시기 골카르의 대중조직과 유사한 것으로 새로운 친군부 정당을 만드는 것을 목표로 했다.

연방단결발전협의회는 학생과 공무원을 대상으로 회원 가입을 회유하거나 강제했고, 2,400만 회원을 두고 있다고 공언하기도 했다. 회원들에게는 독점적 사업, 무료 교육, 군사훈련 기회를 부여했다. 연방단결발전협의회는 계획적으로 아웅산 수지의 차량을 습격하기도 했다. 특히 2003년에는 디페인 지역에서 그녀의 차량 행렬을 공격해서 공식적으로는 12명이 사망했다. 이때 아웅산 수지는 재차 가택연금 신세가 되었다. 또 민족민주동맹이 국민회의를 보이콧하고 나서자 연방단결발전협의회는 국민회의를 지지하는 맞불집회를 잇달아 열었다. 그리고 연방단결발전협의회를 이끄는 고위 간부들과 같은 특정 회원들에게 앞으로 있을 선거에서 후보로 뛸 수 있도록 리더십 훈련, 경영, 정치, 경제, 사회사업, 컴퓨터 기능 등을 교육했다. 2010년 총선을 앞두고 연방단결발전협의회는 연방단결발전당으로 변신했다.

규율 민주주의와 포퓰리즘의 도전

군 내부에서는 민족민주동맹 지도자 아웅산 수지와 군부에 비판적인 서방 국가들에 어떻게 대처할 것인가를 두고 이견이 존재했다. 각각 서열 2위와 3위에 있던 마웅에 장군과 킨윤 장군은 2003년 아웅산 수지 차량 행렬 습격 계획을 사전에 알지 못했다. 탄쉐 국가평화발전위원회 의장의 직접 지시에 따라 이루어졌기 때문이다. 2003년 아웅산 수지 테러 시도 사건을 두고 국제사회의 압력이 거세지자 군사평의회 국가평화발전위원회는 군

정보국장을 역임한 킨윤을 총리로 임명했다. 그는 구체적인 일정표 없는 '7단계 민주화 이행 로드맵'을 공표했다.

킨윤은 국제사회의 비난 속에서 민족민주동맹의 국민회의로의 복귀를 위한 협상을 구상하고 이를 로드맵의 1단계로 설정했다. 국제사회는 그를 반정부 세력과 기꺼이 일할 의지가 있는 실용주의자로 추켜세웠다. 그러나 결국 탄쉐는 킨윤이 시도한 민족민주동맹과 대화를 거부했다. 이를 계기로 정보국이 얼마만큼 독립적인 권력기관으로 존재해야 하는지를 둘러싼 전투 부대와 정보부대 간 갈등이 고조되었다. 이 갈등은 2004년 킨윤 숙청과 정보국 탄압으로 이어졌다. 2005년 킨윤은 44년형을 선고받았지만 가택연금으로 전환되었다. 많은 정보국 요원들은 20년에서 200년에 이르기까지 형을 선고받고 수감되었다.

수호자를 자처하던 탄쉐 장군은 2011년 1월 4일 미얀마 독립 63주년 기념 메시지에서 신식민주의 세력들이 타국의 내정에 간섭하고 압력을 행사하면서 그들의 종이 되기를 강요하고 있다며, 당시 제재를 가하고 있던 미국을 비롯한 서방 국가들을 우회적으로 비난했다. 규율 민주주의에 정당성을 부여한 2008년 헌법을 강행 처리한 땃마도 최고지도자의 의식 속에서 식민주의에 대한 트라우마를 읽을 수 있다. 탄쉐 장군의 메시지를 기사화한 국영신문 《뉴라이트 오브 미얀마》는 수도 네피도[15]에 있는 3명의 전사왕 동상 사진을 같이 게재하면서 과거 이들이 자신들의 왕국을 수호했듯이 강력한 군만이 현재의 위기를 이겨낼 수 있음을 강조했다.

이렇듯 탄쉐는 오래된 반식민주의 이념을 동원하면서 1990년 선거 결과의 정당성을 불식시키고 헌법 제정을 위한 국민투표와 신헌법이 보장하는 군부 후견 민주주의, 즉 규율 민주주의를 성사시키기 위한 방도로 7단계 민주화 로드맵을 밀고 나갔다. 2004년 국민회의를 민족민주동맹의 참여 없이 재개했는데, 국민회의 의석의 10%를 휴전에 동참한 소수민족에게 할당했다. 이윽고 2007년에 헌법 초안이 완성되었다. 2008년 5월 사이클론 나르기스가 전국을 강타하고 난 1주일 뒤에 군사정부는 예정대로 헌법 제정을 위한 국민투표를 강행했다. 군은 병력을 재난 구호가 아닌 투표소를 지키는 데 투입했다. 공식 통계로는 새로운 헌법이 92%의 지지를 받고 통과되었다. 하지만 민족민주동맹 등 민주 진영은 국민투표가 협박과 투표 조작 속에 진행되었다고 비난했다.

주목할 것은 1988년 이후 민주화 시위를 차단하기 위한 군사정부의 다양한 시도가 있었으나 2007년 9월에 '사프론 혁명'이 있었다는 점이다. 이 혁명은 1988년 이후 최대 규모 시위로 시작되었다. '사프론 혁명'은 정부가 급작스럽게 연료 보조금을 폐지하자 가스 가격이 급등한 데서 비롯되었다. '88세대'가 이 시위를 주도했으나 이들은 곧 체포되었다. 그러자 승려들이 반정부 시위의 주역이 되었다. 승려들은 양곤과 여타 도시에서 평화적 시위를 이끌었다. 이들은 불경을 읊조리면서 민주화 세력과의 대화, 정치범 석방, 효과적인 빈곤 정책 등을 요구했다. 하지만 군은 승려들과 시민들을 구타하고, 수천 명을 체포하고 최소한 31명의 민간인들을 죽이면서 시위를 진압했다. 동시에 군부를 지지하는 연방단결발전협의회 주도 대중집회를 전국적으로 열었다.

군사정부는 유혈 진압에 따른 국제사회의 비난을 무마하기 위해 총선 일정을 공표했다. 그리고 연락 장관을 임명해 몇 차례에 걸쳐 아웅산 수지를 만나도록 했으나 국제사회의 압박이 수그러들자 이를 중단했다. 군부는 다시 시위를 주도했던 옛 학생운동 지도자들과 승려들을 사회로부터 격리

미얀마와 타이 청년들의 세 손가락 혁명

시키기 위해 중형을 선고했다.

2010년 총선이 다가오자 민족민주동맹은 총선에 참여하는 전제조건으로 세 가지를 내걸었다. 아웅산 수지를 포함한 정치범들의 무조건적인 석방, 2008년 헌법 재검토, 그리고 국제사회의 감시 속에 포용적이며 자유롭고 공정한 선거 실시가 그것이었다. 2009년 9월 유엔 총회 직전 군사정부는 2010년 선거에 대한 국제사회의 지지를 얻기 위해 100여 명의 정치범을 석방했다. 하지만 정치활동가들은 계속 체포되었고, 이미 2천여 명의 정치범이 수감되어 있었다. 2009년 10월 아웅산 수지가 탄쉐 최고지도자에게 군사정부에 협력할 의사가 있다는 공개서한을 보냈다. 협력 사안 중 대(對) 미얀마 경제제재 문제도 있었다. 2009년 11월 아웅산 수지는 타국 외교관을 접견할 수 있었다.

군사정부는 유화적 시늉을 보이면서도 2009년 8월 코카잉 지역에 기반을 두고 있는 소규모의 휴전 당사자인 미얀마민족민주동맹(MNDAA)을 공격했다. 공격의 명분은 미얀마 군사령부 휘하의 국경수비대로 전환할 것을 요구하는 군사정부의 제안에 이들이 소극적인 데 있었다. 와주연합군(UWSA), 카친독립군(KIA)과 강력한 반군 집단들은 이와 같은 땃마도의 제안을 이미 거절했다.

2011년 민족민주동맹 본부에서 열린 독립기념일 행사에서 당 대표이자 노벨평화상 수상자이기도 한 아웅산 수지는 "진정한 독립은 진정한 인권 기반의 구축을 전제로 한다"고 선언했다. 반면 같은 시기에 땃마도 최고지도자 탄쉐는 서구 강대국들과 같은 '신식민주의자들'의 내정간섭을 비난했다. 신식민주의에 대한 편집증은 "일부 강대국이 지정학적으로 중요한 지역들에서 민주화, 인권, 인도주의를 핑계로 내정에 간섭하고 있다"

고 기술한 2015년 《국방백서》에서도 표현되었다.

규율 민주주의, 다시 말해 군부 후견 민주주의를 합법화한 2008년 헌법은 군에 대한 문민 통제가 아니라 정치에 대한 군의 통제를 비롯한 군의 기득권을 보장하는 여러 법 조항을 담았다. 무엇보다 2008년 헌법은 군이 국가와 정치를 지도할 수 있음을 명시하고 있다.

민주주의에서는 대통령이나 총리가 군 통수권자로 군림한다. 하지만 미얀마에서는 군총사령관이 민간 세력으로부터 독립적인 군 통수권자다. 군총사령관은 군 전체를 관장하는 절대권력자다. 국방과 관련된 헌법 7장 339조는 군이 국외뿐만 아니라 국내 안보 위협에도 책임을 진다고 명시하고 있다. 민주주의에서는 경찰력이 국내 안보 문제를 다루는데, 2008년 헌법은 국내 안보 문제를 이유로 군이 독자적으로 시위에 대응하고 법과 질서를 관장하도록 했다. 국회의원 25%도 현역 고위급 장교 중에서 군총사령관이 임명하도록 하고 있고[16] 헌법을 개정하기 위해서는 75% 이상의 국회의원 동의가 필요함을, 대통령이 정치, 행정, 경제뿐만 아니라 군사 문제에도 능통해야 함을 명시하고 있다. 여기에 내무, 국방, 국경부 장관을 군총사령관이 임명하도록 하고 있다. 또 군 주도의 국방안보회의가 국가비상사태 선포권을 갖도록 하고 있다. 군 독자의 법원 운영, MEHL[17]같은 군사업체의 독립적 경영을 보장하고 있다.

이렇듯 2008년 헌법은 규율 민주주의로 호명되는 군부 후견 민주주의의 안정화 차원에서 문민 통치의 원리와는 정반대로 군의 자율성과 정치, 경제 분야의 개입을 최대한 보장하고 있다.

포퓰리즘과 권력 공유, 그리고 파국적 선택

2011년 3월 30일 민간정부를 자부하는 테인세인 체제가 출범했다. 군부 내 개혁파라고 할 수 있는 테인세인은 그해 8월 19일 민족민주동맹 지도자 아웅산 수지를 만나 협력을 요청했다. 이들 만남의 성과는 2개월 뒤 일련의 정치개혁으로 나타났다. 국가인권위원회가 설치되고, 수백 명의 정치범이 석방되고, 노동법과 집회의 자유가 보장되었으며, 언론 검열이 대폭 완화되었다. 이런 변화 속에서 민족민주동맹이 치열한 내부 토론 끝에 기존의 정치참여 보이콧 노선을 철회했다. 테인세인 정부는 민족민주동맹이 정당 등록을 할 수 있도록 정당법을 개정했다.

변화는 2012년 새해 벽두에도 이어졌다. 2012년 1월에 테인세인 정부는 60여 년 동안 반군 활동을 해오던 카렌민족동맹(KNU)과 휴전에 합의했고 샨, 카친 지역과도 휴전 협상을 본격적으로 시도했다.[18]

또 65년형을 선고받았던 민 코 나잉 등 과거 학생운동 지도자들과 2007년 샤프론 혁명의 주역인 어신 감비라, 샨족 지도자 쿤퉁우 등을 석방했다. 이어 2012년 3월에는 보궐선거에 입후보한 아웅산 수지가 사상 처음으로 국영 TV를 통해 법치, 인권 존중, 언론 자유, 사법부 독립, 헌법개정의 필요성을 공개적으로 언급했다. 마침내 4월 1일 보궐선거에서 아웅산 수지가 압도적인 득표로 당선되고 민족민주동맹이 44석 중 43석을 획득했다. 물론 이 선거는 보궐선거라는 제한성이 있었지만, 군사정부에서 제한적 수준의 군부 후견 민주주의를 거쳐 전형적 군부 후견 민주주의로의 전격적인 변화를 예고하는 중대선거(critical election)였다.

미얀마에서 직접적인 군부 통치, 즉 군사정부는 네윈 장군이 주도한 쿠데타가 일어난 1962년부터 땃마도에 의해 허용된 군부 후견 민주주의인 테인세인 체제 출범 직전까지 지속되었다. 하지만 이런 군부 후견 민주주의 안에서 2008년 헌법에 따라 군사력과 경찰행정력을 장악할 수 있었던 땃마도는 2020년 11월 8일 총선이 부정선거라고 주장하면서 2021년 2월 1일 쿠데타를 일으켰다. 군사평의회 의장 민아웅 흘라잉은 쿠데타를 일으킨 지 6개월 만에 스스로 총리가 되어 군부의 비상통치 기간을 2년 6개월로 연장하고 2023년 8월에 총선을 치르겠다고 공표했다.

군부 쿠데타와 같은 정치 위기는 선거 이전, 선거 기간, 혹은 선거 이후에 매우 자주 발발한다. 2·1쿠데타가 발발한 원인은 여러 각도에서 살펴볼 수 있다. 우선 아웅산 수지가 이끄는 민족민주동맹이 2015년과 2020년 연거푸 총선에서 압승을 거둠에 따라 군의 정치적 지배가 점점 더 어려워졌다고 판단했을 수 있다. 2015년 총선 이후 민족민주동맹은 2008년 헌법을 받아들일 수 없다는 것을 공공연히 드러냈다. 민심이 민족민주동맹을 압도적으로 지지하고 있음이 반복적으로 확인되면서부터 규율 민주주의 모델은 위협받기 시작했다. 선거를 앞둔 2020년 1월 23일에는 연방의회 내에 설치된 민족민주동맹이 주도하는 헌법개정합동위원회가 군부의 정치 개입을 약화시킬 목적으로 2개의 개헌 법안을 의원 351명의 서명을 받아 연방의회에 제출했다.

사실 땃마도는 그들이 만든 2008년 헌법으로 상원과 하원 의석의 25%를 군부에 할애하는 조항을 삽입해 놓았기 때문에 '수호자' 지위를 지킬 수 있었다. 그러나 군총사령관 민아웅 흘라잉은 시간이 자신의 편이 아니라고 보았다. 그는 2021년 7월 은퇴해야 했고, 그의 후임자는 민간 대통령이 포함된 국방안보회의에서 협의를 거쳐 임명될 참이었다. 이런 배경에서 그가 2021년에 자신이 대통령으로 선출될 것을 기대하고 있었다는 설도 있었다. 그러나 NLD가 오히려 2020년 총선에서 2015년 총선 때보다 더 많은 의석을 차지했다. 상원에서 138석, 하원에서 258석, 지방의회에서 524석, 총 920석을 얻었는데, 이는 5년 전 총선 때보다 33석이 더 많았다. 반면 군부 정당 연방단결발전당(USDP)은 상원 7석, 하원 26석, 지방의회 38석 총 71석으로 5년 전보다 45석이 줄었다.[19]

2020년 11월 8일 총선거는 코로나 팬데믹과 분쟁의 격화라는 특수한 상황에서 실시되었다. 하지만 분쟁 상황을 이유로 아라칸주, 샨주 등 일부 지역에서는 선거가 실시되지 않았다. 선거가 실시된 지역은 상원에서 전체 168개 선거구 중 161개, 하원에서 전체 330개 선거구 중 315개뿐이었고, 이는 현행 헌법에서 치른 세 번의 총선거 중 가장 적은 수치였다. 그럼

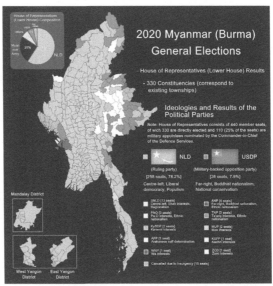

2020 미얀마 총선 결과(하원)

에도 민족민주동맹은 상·하 양원에서 압승했고 제2당인 연방단결발전당은 상·하 양원 총 의석수의 6.9%만 차지하는 데 머물렀다. 연방단결발전당은 친군부 정당의 한계를 여실히 드러냈다.

NLD가 승리한 최대 요인은 포퓰리스트 아웅산 수지의 절대적인 카리스마였다. 로힝야 문제를 계기로 아웅산 수지에 대한 국제사회의 평가는 실추되었으나 미얀마 국내에서 그녀는 오히려 국외의 비판으로부터 몸을 바쳐 국가와 국민을 지키는 '엄마'로서의 인기, 즉 포퓰리스트 위치를 확고히 다졌다. 또 군이 선거 직전에 정치에 개입할 것이라는 발언을 강하게 피력한 것 또한 군사정부로의 회귀를 두려워하는 국민들이 NLD에 투표하도록 자극하는 포퓰리즘 정치였다. 이외에도 NLD가 과거 4년 반 사이 여당으로서 당세를 키운 것, 국민들에게 다른 선택지를 제시할 수 있는 강력한 야당이 등장하지 못한 것, 감염증 대책에 따른 선거운동의 제한이 기존 거대 정당에 힘을 실어준 것 등이 선거 국면에서 NLD에 유리하게 작용했다.

반면 다른 해석도 가능하다. 고령의 아웅산 수지는 군부 탄압에 맞서 싸우고 구금되었을 뿐만 아니라 군부독재에서 민주주의로의 전환을 주도한 인물임에 틀림없다. 하지만 아라칸 지역 로힝야족에 대한 인권 유린을 묵인한 아웅산 수지를 바라보는 국제사회의 실망은 컸다. 유엔 인권조사관 토머스 앤드루스는 100만 명가량의 아라칸주 무슬림 로힝야에게 투표권이 주어지지 않는 선거의 불공정성을 지적했다. 선거운동이 시작되기 전에 방글라데시에 체류 중인 14개 로힝야 난민단체들은 그들에게 총선에 참가할 수 있는 권리를 달라는 공개서한을 선거관리위원회에 보냈다.

이런 복잡한 선거 국면은 아웅산 수지로 하여금 무엇인가를 보여주어야 한다는 조급증을 갖도록 했을 수 있다. 정치화된 군부를 병영으로 복귀시키려 서두른다는 인상을 주었을 수도 있다. 이 과정에서 그녀는 미얀마의 정치 시스템에서 '국가 안의 국가'의 위치를 계속해서 유지하려는 군부의 인내심을 자극했을 수 있다.

2·1쿠데타는 NLD와 아웅산 수지가 재집권하는 것을 거부하는 군부의 정치적 행동이었다. 땃마도는 국제사회 일각에서 아웅산 수지를 로힝야 인종청소의 책임자로 비난하기까지 했지만 미얀마 국민은 여전히 그녀를 민주주의의 아이콘으로 여기고 있음을 가볍게 여겼고, 미얀마 국민이 국가 미래의 불안정성보다는 지속성과 안정을 선호하는 차원에서 그녀의 지도력을 믿고 있다는 것을 무시했다.

반면 민아웅 훌라잉 군총사령관과 그의 측근들은 국제사법재판소(ICJ)에서 과거 전쟁범죄에 대한 기소를 먀냥 피할 수 없는 상황이었다.[20] 동시에 NLD의 압승은 미얀마 정치군인들의 경제적 이익에 해를 미칠 것으로도 보였다. 민아웅 훌라잉은 MEHL, MEC 2개의 군부 대기업에 통제권을 갖고 있다. 민아웅 훌라잉 가족들 역시 그들 자신의 사업체를 갖고 있다. 은퇴한 장군도 현역 장군들과 비슷한 특혜를 누리고 있다.

2·1쿠데타는 새로 출범할 민주 정부가 자신들의 기득권을 심각하게 침해할 수 있다는 민아웅 훌라잉을 비롯한 군 지도부의 공포감에서 비롯되었다.[21] 이는 30년 전 1990년 5월 총선이 군의 기대와는 정반대로 아웅산 수지가 이끄는 NLD의 압승으로 끝나자 보복 정치를 우려해 NLD로 권력 이양을 거부한 당시 군부 지도자들 심리의 판박이다. 2020년 11월 총선에서 NLD의 쾌거는 군 수뇌부로 하여금 군부의 특권을 보장하는 2008년 헌법조차 안정적인 방어기제일 수 없다고 여기도록 했다. 2·1쿠데타는 30

년 전 아웅산 수지가 이끄는 민족민주동맹의 포퓰리즘에 겁먹은 거부 쿠데타[22]의 재현이었다.

미얀마 연방의회대표자회의는 2008년 헌법 폐기와 새로운 연방 민주주의 헌법 제정을 공표했다. 새로운 헌법 제정 과정에는 2020년 11월 총선에 당선된 의원들, 민주적 정당들, 시민불복종운동, 총파업위원회(GSC)[23], 여성 및 청년 조직들을 포함한 시민사회조직(CSOs), 소수민족 반군 등이 참여하고 독재 타도와 명실상부한 연방 민주주의 구축을 위한 제헌의회 소집이 상정되었다.

2021년 9월 7일 민족통합정부는 땃마도와 전면전을 선언했다. 그러나 소수민족 반군과 연대의 끈은 여전히 불안하다. 민족통합정부의 행정력, 군사력, 그리고 외교력도 취약하다. 하지만 시민불복종운동은 군사정부의 행정력을 무력하게 만들었다.[24] 특히 시민불복종운동에 참여한 공무원들과 의료진들의 파업이 결정적인 역할을 했다. 금융기관도 제대로 기능하지 못했다. 현지 화폐의 가치가 급락했고 달러와 금 가치가 폭등했다. 1987년과 같은 화폐개혁이 있을지도 모른다는 소문도 돌았다.

철수하거나 철수를 준비하는 외국인 기업들도 늘어났다. 감염병 확대에 대한 무능한 방역 대처와 시민불복종운동 소속 교사들의 파업으로 교육 부문도 황폐화되었다. 무장 조직인 시민방위군의 공세도 확대되었다.[25] 이렇듯 '봄의 혁명'은 가장 큰 반정부운동이었지만 6주 만에 진압된 1988년 8888민주혁명의 규모와 지속성을 훨씬 뛰어넘었다.

결론

▼

미얀마 군부 땃마도는 미얀마 독립운동의 지도자 아웅산이 암살되던 1947년 이후 줄곧 무력을 독점했고 사회를 지배할 수 있는 특권을 갖고 군림했다. 1962년 쿠데타의 주역들은 군인들이 국가의 안위를 위해 피를 흘려야만 하는 상황에서 버마 의회는 매우 불안정하고 부패한 정치가들에 의해 지배되고 있는 것으로 보았다. 이들은 자신들이야말로 식민지 지배로부터 나라를 구했고 독립 이후 국가가 안정을 찾도록 싸웠기 때문에 유능한 지도 집단이라고 자부했다. 1962년 이후 땃마도는 국민과 국가의 수호자를 자처했다.

1988년 땃마도는 안정과 질서 회복을 명분으로 수천 명의 비무장 민간인들을 학살했다. 쿠데타를 통해 출범한 군사평의회의 명칭이 국가법질서회복위원회인 것에서도 이들의 입장을 읽을 수 있다. 1990년 5월 총선이 국제사회의 선거 감시도 없는 상태에서, 또 민족민주동맹 지도자 아웅산 수지가 감금된 상태에서 치러졌음에도 불구하고 그 결과는 민족민주동맹의 압승, 친군부 국민통합당의 대패로 끝났다. 군부는 민족민주동맹, 특히 아웅산 수지가 빠른 속도로 구축해낸 포퓰리즘의 위력을 잘못 파악했다. 군부는 총선이 제헌의회 구성을 위한 선거였을 뿐이며 헌법 제정이 있고 나서 다시 선거를 치른 다음에 제1당에 권력을 이양할 것이라고 선언했다. 군사정부는 이런 조치에 불응하는 민족민주동맹 정치인들에 대한 탄압에 들어갔다.

이후 땃마도가 구성한 것이 제헌의회 격인 국민회의다. 민족민주동맹의 불참 속에서 국민회의의 활동은 지지부진했는데, 마침내 군부 통제 하에 신헌법이 기초되었고, 이것이 2008년에 국민투표로 통과되었다. 이는 1974년 공포 분위기에서 버마사회주의계획당 일당제를 합법화한 헌법을 통과시킨 것과 유사했다. 다만 2008년 헌법이 1974년 헌법과 다른 점은 다당제를 보장하면서도 입법부와 행정부에서 군부의 지분을 확보한 조항을 삽입한 것이다.

2008년 헌법은 땃마도 수호자주의의 최후 보루이자 군사정부로부터 군부 후견 민주주의로의 전환을 가능하게 한 제도적 장치였다. 민족민주동맹은 이런 헌법 안에서 치러지는 선거에 참여할지 여부를 두고 내부적으로 치열한 논쟁을 벌였다. 결국 선거에서 승리해 입법부와 행정부를 장악하고 나서 2008년 헌법을 폐기한다는 전략에 합의하면서 민족민주동맹은 선거에 참여했고 2012년 보궐선거, 2015년과 2020년 총선에서 압승했다. 군부는 민족민주동맹의 불참 속에서 치러진 2010년 선거에서는 승리했지만 이어진 두 번의 총선에서 완패했고, 이는 땃마도 지도부에 수호자주의의 또 다른 제도적 장치인 규율 민주주의를 보장한 2008년 헌법이 폐기될지도 모른다는 위기의식을 갖게 했다.

미얀마와 타이 청년들의 세 손가락 혁명

2008년 헌법의 지지를 받으며 규율 민주주의라는 이름으로 출범한 군부 후견 민주주의는 기대 이상의 개방 국면을 열었다. 2011년 테인세인 유사 민간 정부의 출범이 그것이다. 1962년 땃마도의 수호자주의, 즉 T-수호 자주의의 출범 이래 볼 수 없었던 정치 개방과 경제 개방 시대가 열렸다. 친군부와 반군부로 나뉘어 있던 국제사회도 하나가 되어 이런 변화를 지지했다. 그러나 2011년 테인세인 정부 하에서의 획기적인 변화, 2016년 아웅산 수지가 이끄는 민족민주동맹 정부의 출범은 수호자주의를 합법화한 2008년 헌법이 설정한 '규율' 안에서만 가능했다. 그러나 미얀마 국민들은 땃마도의 수호자주의, 즉 T-수호자주의를 상징하는 2008년 헌법의 개정을 약속하는 민족민주동맹의 포퓰리즘, 즉 N-포퓰리즘에 몰표를 주었다. 그러자 군부는 2021년 2월 1일 거부 쿠데타를 일으켰다.

그러나 2011년 테인세인 정부 시기부터 진행된 개혁 · 개방 국면에서 미얀마의 시민사회는 활력을 얻었으며 군부에 저항할 수 있는 참호를 구축했다. 그것은 1988년 T-수호자주의의 위기 속에서 탄생한 N-포퓰리즘의 정치적 효과와 무관하지 않았다. 그러나 민족민주동맹 정부로부터 독립적이었던 미얀마 시민사회는 참호를 구축하는 과정에서 로힝야 위기를 통해 N-포퓰리즘의 국수성을 목도했다. 이른바 N-포퓰리즘은 일부 소수민족들에게 반감을 샀다. 그러기에 2021년 쿠데타를 계기로 시민불복종운동, 총파업위원회, 시민방위군으로 표상되는 미얀마 시민사회가 N-포퓰리즘을 넘어서려는 시도를 시작했다. 이런 맥락에서 2008년 헌법을 폐기하고 로힝야를 포함해서 소수민족을 끌어안는 명실상부한 연방헌법과 연방 민주주의 구현을 목표로 하는 임시정부 민족통합정부가 출범했다.

반면 60년 동안 다양한 방식으로 지속된 T-수호자주의는 파국적인 상황을 맞았다. 이들은 사실상 이전과 같은 고립주의로 돌아갈 수도 없다. 더구나 경제적 이득을 챙길 수 있었던 정실 자본주의조차 파산 직전이다. 미얀마 군부와 불화를 원하지 않는 국가들조차 마냥 땃마도의 무모함을 두고 볼 수 없는 상황이 되었다. 점진적 방식의 문민 통제 시도가 쿠데타와 군사정부로의 회귀로 귀결되자 반군부 민주 진영은 전면전을 선언하고 나섰다. 미얀마 군부는 예상하지 못한 규모의 반군부 저항에 직면했다. T-수호자주의의 위기다.

미얀마와 타이 청년들의 세 손가락 혁명

1. 마웅저 따비에(미얀마 양곤 소재) 대표와의 인터뷰(2021.7.8; 2021.9.8; 2021.11.17).
2. 행동하는 미얀마청년연대 회원인 웨노웨와의 인터뷰(2021.4.21; 2021.6.17; 2021.10.20).
3. 민족민주동맹 집권 시기 이전까지 민간 출판물들은 "땃마도는 국민의 아버지(애파), 국민의 어머니(애미)"라는 표기를 의무적으로 해야 했다.
4. 1941년 10월 27일 민족주의자들로 알려진 '30인 동지'가 방콕에서 일본의 도움을 받아 버마독립군(BIA)을 창설했다. '30인 동지'가 땃마도의 제1세대 지도자들이라고 할 수 있다. 이들 중 네원은 독립 이후 군총사령관이 되었고, 1962년 쿠데타를 이끌었다.
5. 군사정부가 온전한 군부 지배라면, 군부 후견 민주주의는 부분적 군부 지배다.
6. 민주화의 첫 번째 물결은 19세기와 20세기 초까지 긴 기간에 걸쳐, 두 번째 물결은 제2차 세계대전 중에 시작되어 짧은 기간 동안, 세 번째 물결은 1974년 포르투갈의 '카네이션혁명'을 계기로 진행되었다.
7. N-포퓰리즘은 NLD-포퓰리즘, T-수호주의는 Tatmadaw-포퓰리즘을 각각 의미한다.
8. 1958년에 들어와 버마 독립의 주역 반파시스트인민자유연맹(AFPFL)은 안정파와 청렴파로 갈라서는 극단적인 내분 상황에 직면했다.
9. 미얀마 정치사의 맥락에서 영문 표기 guardian, savoir, unfier를 수호자로 번역할 수 있으며 께딘신과 의미상 상통한다고 볼 수 있다.
10. 사회주의 성향의 군부 지도자로서 쿠데타로 집권한 예는 페루의 후안 벨라스코 알바라도 장군을 들 수 있다. 그는 군부 주도 혁명 정부를 구축하고 농지 개혁, 국가주도 계획경제, 대중 동원을 시도했다(김기현 외 2012).
11. 이 당시 최빈국(LDCs) 명단에는 이미 에티오피아, 방글라데시, 차드 등이 올라 있었다.
12. 1997년에 국가법질서위원회는 국가평화발전위원회(SPDC)로 명칭이 바뀌었다.
13. 1950년대 말까지만 해도 땃마도는 산하에 기업들을 두고 있었다. 1962~1988년 기간에 땃마도는 사회주의 노선에 따라 수익 사업과 거리를 두어야 했지만 1988년 이후에는 다시 기업 분야에 관여하기 시작했다.
14. 1992년 탄쉐 장군은, 정신건강을 이유로 군 최고 지위에서 물러난 소마웅 장군의 뒤를 이었다.
15. 군부가 지은 수도명 네피도는 왕도(王都)라는 뜻이다.
16. 2010년 11월 총선으로 탄생한 의회에서 군부는 무투표로 의석의 25%를 차지했다. 총 388명의 의원 중 준장이 1명, 대령 19명, 소령과 대위가 가장 많은 368명이었다.
17. MEHL의 전신은 1990년 국방부 산하에 설립된 미얀마경제지주회사(UMEH 혹은 UMEHL)이고, 민족민주동맹 정부가 출범하던 2016년부터 기업명 영어 표기에서 Union을 빼서 MEHL로 표기되었다. 미국은 테인세인 정부 때 미얀마에 대한 제재를 풀 때도 MEHL이 군부의 재정을 뒷받침하고 있다는 이유로 제재를 지속했다.
18. 2015년에 테인세인 정부는 16개 소수민족 반군이 참여한 전국휴전협정(NCA)을 이끌어냈다.

19. 2015년과 2020년 총선 결과 비교는 장준영(2016)과 홍문숙(2021)을 참고했다.

20. 대표적으로 로힝야족 학살 사태를 전쟁범죄로 규정하면서 민아웅 흘라잉 군총사령관 등 군 수뇌부를 국제 법정에 세우기 위해 만들어진 유엔 산하 미얀마독립조사기구(IIMM)의 활동을 들 수 있다.

21. 2019년 민아웅 흘라잉은 로힝야족과 다른 소수민족들의 인권을 유린한 혐의로 미국의 제재를 받았다. 2021년 2월 1일 쿠데타 이후부터는 그가 관장하는 기업들과 성인인 그의 자녀 2명이 추가 제재를 받기 시작했다.

22. '거부 쿠데타'는 군부의 정치적 · 경제적 지분을 위협할 수 있는 사회동원과 대규모 사회참여를 파괴하는 것을 목표로 하는 쿠데타다.

23. 총파업위원회는 진보적 성향이 강한 시민 · 정당 조직이 중심을 이루고 있고 로힝야 단체도 참여했으며 '88세대' 새사회민주당 대표 아웅 모 저가 주요 지도자 중 한 명이다.

24. 묘혜인 민족통합정부 한국대표부 자문위원과의 인터뷰(20214.13; 2021.5.4; 2021.5.12.;2021.5.29; 2021.11.8.).

25. 얀나이툰 민족통합정부 한국대표부 특사와의 인터뷰(2021.5.29; 2021.6.21; 2021.10.21.).

미얀마의 2018
로힝야와 아웅산 수지 정부의 위기

서론

▼

미얀마의 2018년은 정부군과 소수민족 무장군 간의 평화 협상이 중단되고 소수민족 지역과의 불화가 폭력으로 이어지면서 다민족사회의 위기가 국가의 안정을 뒤흔든 한 해였다. 무엇보다 국가고문이자 민족민주동맹의 지도자로 임기 3년차를 맞은 아웅산 수지는 해가 지날수록 로힝야 문제를 두고 군부와 중국에 의존하는 모습을 보임에 따라 국제사회로부터 광범위한 비판에 직면했다.

미얀마의 민주화 과정에 대한 긍정적 표현 대신 '인종청소', '반인도적 범죄' 등 1988년부터 2011년까지 군부 독재를 비난했던 표현들이 민족민주동맹 문민 정부를 향해 쏟아졌다. 특히 2018년 7월 미얀마 군부가 로힝야 관련 서적인 《True News》를 발간했는데, 그 안에 실린 "벵갈리인들이 현지 주민을 잔인하게 죽였다"는 설명을 단 사진이 가짜 사진임이 밝혀지면서 미얀마 군부에 대한 국제사회의 불신이 증폭되었다.[1]

일각에서는 민족민주동맹 정부가 부처의 수를 줄이는 등 행정 개혁에는 나름 성공했지만 경제개혁 정책이나 일자리 창출, 주요 서비스의 제공, 인프라 건설, 미얀마 서부와 북동부를 괴롭히는 구조화된 폭력을 해결하는 정책 등은 내놓지 못하거나 성공하지 못했다고 평가했다. 2015년 11월 8일 유권자 다수가 민족민주동맹에 표를 주었을 당시, 그것은 오랜 독재에 저항한 민주화운동에 대한 지지이기도 했지만, 물질적 진보를 기대하는 열망의 표현이기도 했다. 그러나 집권 3년차인 2018년에 민족민주동맹 정부에 걸었던 미얀마 대중의 기대는 기대로 끝났다. 급기야 로힝야 사태로 촉발된 미얀마 인권 상황에 대한 국제사회의 우려를 고려해 2018년 4월 17일 윈민 대통령은 11대 개혁 의제를 발표했다.

아웅산 수지가 이끄는 민족민주동맹이 절차적 정당성을 기반으로 2016년 3월에 정부를 출범했을 당시 이들이 내건 3대 개혁 과제는 헌법개정, 소수민족과의 화해, 경제 부흥이었다. 이로써 이 세 가지 사안이 아웅산 수지 정부의 성과 정당성을 평가하는 기준이 되었다.

2016년 3월 30일 취임선서를 하는 틴 초 대통령(가운데)

신생 민주주의의 공고화를 위해 해결해야 할 세 가지 과제인 이행 문제, 맥락적 문제, 시스템 문제 측면에서 보면 헌법개정 문제는 이행 문제에, 종족 간 화해 문제는 맥락적 문제에, 경제 부흥은 시스템 문제에 각각 해당한다.[2] 이때 신생 민주주의가 이 세 장애물을 넘지 못할 경우 민주주의 공고화로의 진전이 아닌 민주주의의 해체에 이를 수 있다.

이 글은 2016년 출범과 함께 '사람 중심의 포용적이며 지속 가능한 발전'을 표방하고 3년차를 맞은 아웅산 수지 민족민주동맹 정부에 대한 평가이자 '질서 있는 이행 모델'로서 미얀마 민주주의의 공고화 가능성 여부에 대한 진단이다. 미얀마의 민주화 이행은 일종의 '보장을 통한 이행', 즉 헌법적 보장 속에서 군부의 부분적 퇴각이라는 독특한 '타협적 협약에 의한 민주화'로 시작했다. 이 대목에서 주목해야 할 것은 이런 이행 방식은 국제사회의 제재 대상이었던 미얀마 군부를 고립이 아닌 포용으로 대처한 아세안의 건설적 관여와도 연관이 있었다.

헌법개정, 그리고 중국과의 '위험한 거래'

▼

미얀마 군부 땃마도에는 3개의 주요 방어선이 있었다. 1차 방어선에는 정당, 민족주의자들, 그리고 민병대와 국경수비대가, 두 번째 방어선에는 군부가 소유한 기업과 지지자들이, 마지막 3차 방어선에는 군이 직접 초안을 작성한 헌법이 존재한다. 2019년 1월에 들어와 민족민주동맹은 의회에서 헌법개정을 다룰 특별위원회를 구성하는 안을 369 대 17로 통과시켰다. 이 당시 군을 대표하는 의원들은 일제히 투표를 거부했다.

　헌법개정은 2015년 11월 총선에서 민족민주동맹의 정책 강령 중에서 핵심이었다. 2020년 선거가 다가옴에 따라 민족민주동맹은 다시 헌법개정 사안을 들고 나왔다. 2018년 11월에 있었던 보궐선거에서 기대에 미치지 못하는 의석을 획득하자 민족민주동맹은 헌법개정에 초점을 맞추기 시작했다. 2015년 전국휴전협정(NCA)의 로드맵에 따르면 헌법개정은 평화를 이루기 위한 핵심 단계다. 전국휴전협정 로드맵은 중앙정부가 교전 당사자들과 전국적인 합의를 이룬 다음 이 합의를 반영할 수 있는 헌법개정을 요구하고 있다.

반면 2008년부터 많은 소수민족 무장단체가 헌법이 군 통수권을 명기한 방식에 반대해왔다. 군과 갈등을 빚고 있는 21개 이상의 소수민족 무장단체는 군이 아직 최종 결정권을 갖고 있는 만큼 민간 정부와 협상은 의미가 없다고 일관되게 주장해왔다.

2008년 헌법은 헌법을 개정하려면 국회의원의 75%가 찬성해야 함을 규정하는 동시에 군부에 비선출직 국회의원 25%를 배정할 수 있는 권한을 부여함으로써 군부의 개헌 저지를 보장해주었다. 또한 헌법은 군의 활동 범위를 내무부, 국방부, 국경수비부, 세금 징수, 토지 등록 등으로 두었다. 샨주 정치평론가 사이 완사이는 2008년 헌법 조항이 땃마도가 국가 단합의 유일한 구세주를 자칭하면서 '국가 안의 국가'로 남도록 해주고 있다고 주장했다.

'국가 안의 국가'의 대표적인 예로 2019년에 들어와 군 최고 지도자인 민아웅 흘라잉 군총사령관이 중국을 방문해 시진핑 주석을 만나 양국 간 군사 협력과 일대일로 사업(BRI)의 미래를 논의한 것을 들 수 있다. 또한 민아웅 흘라잉 군총사령관은 국제사회로부터 아라칸주에서의 로힝야 인권유린 배후 인물로 낙인찍힌 상황에서도 타이를 자주 방문하면서 타이 군사정부와의 관계를 돈독히 해왔다. 2018년 초에 타이 군부는 민아웅 흘라잉 군총사령관에게 1등급 대십자기사 훈장을 수여했다.

민족민주동맹은 군에 거부권을 부여하는 헌법 436조를 바꾸려는 시도를 했다. 436조는 국회 재적의원 3분의 2 찬성과 국민투표에 의한 개헌을 규정하고 있으나 군부가 국회의원 의석의 4분의 1을 지명하고 있는 상황에서 헌법개정은 사실상 불가능했다. 헌법개정에 관여하고 있던 아웅산 수지의 법률고문 우코니가 2017년 1월 양곤국제공항에서 총격을 당해 사망했는데, 그의 죽음은 거대 권력기관인 군부를 개혁하려는 시도에 대한 군부 측 경고로 해석되었다.

반면 2013년까지 실시된 여론조사에 따르면 미얀마 인구의 97%가 헌법개정을 지지했다. 현행 헌법은 2008년 군사정부에서 초안되어 사이클론 나르기스 피해가 확산되는 와중에 국민투표로 통과되었다. 일간지《인디펜던트》의 추정에 따르면 나르기스로 13만여 명이 죽었지만 투표는 강행되었고, 당시 군사정부는 98%의 투표율을 보인 가운데 92%가 찬성했다고 공표했다.

2013년 테인세인 당시 대통령이 이끌던 연방단결발전당(USDP)은 436조 개정 등 일부 개혁안을 발의한 위원회를 만들었지만 2015년 6월 표결 때는 거의 모든 조항이 부결되었다. 물론 헌법개정에 결정적인 걸림돌이 되고 있는 것은 두말할 나위 없이 군부다.

2018년 11월 보궐선거에서 민족민주동맹은 총 13개 지역구 중 7개 선거구에서 승리를 거두었다. 이 선거에서 민족민주동맹은 기존에 장악하고 있던 4개 선거구를 군부 정당 등 다른 소수 정당에 내주었다. 4개 선거구 중 3개 선거구는 친군부 정당인 연방단결발전당에, 나머지 1개 선거구는 소수 정당인 친민주주의연맹(CLD)에 각각 돌아갔다.

주로 소수민족 지역에서 민족민주동맹이 패한 이유는 간명했다. 2015년 총선 때 민족민주동맹은 각 주가 주지사를 선출하도록 하겠다고 공약했으나 실제로 자당 출신의 주지사를 임명했다. 이는 아라칸군과 같은 소수민족 지역 내 무장 조직과의 갈등을 일으키는 요인이 되었다. 그럼에도 민족민주동맹이 종족 정당들부터 다시 지지를 회복할 수 있는 관건은 헌법개정이었다. 헌법개정을 통해 아웅산 수지가 이끄는 민족민주동맹은 소수민족 정당들과 협력해 반(反)땃마도 연합을 조직할 수 있기 때문이었다.

흥미로운 것은 아웅산 수지가 군부로 하여금 헌법개정을 수용하도록 하는 방도로 중국의 압력을 고려했다는 점이다. 중국은 유엔 안전보장이사회가 땃마도를 비난하거나 로힝야와 아라칸주에 대한 범죄 책임을 미얀마가 지도록 하는 결정적인 조치를 취하는 것을 막아 왔다. 이는 200만 명 이상의 위구르족과 다른 무슬림 소수민족을 포함한 중국 내 인권 문제에서 유엔 안전보장이사회의 개입을 피하려는 중국의 이해관계와 연관이 있기도 했지만, 중국이 미얀마 군 장성들로부터 호감을 사기 위한 것이라는 추측도 있었다.

이런 배경에서 아웅산 수지는 미얀마 내 중국 사업 인허가에 큰 관심을 보였다. 2018년 11월 미얀마 정부는 아웅산 수지를 위원장으로 중국의 일대일로 사업을 추진하기 위한 운영위원회를 만들었다. 민족민주동맹이 위원회를 만든 이후 중국은 카친주에서 6천 메가와트급 밋송 수력발전 대형 프로젝트를 건설하기 위한 시도를 재개했다. 7년전 테인세인 정부가 지역주민과 시민사회의 반대를 의식해 사업을 중단했음에도 불구하고 이 사업의 재개를 위한 협상을 시작한 것이다. 중국 정부는 민족민주동맹 정부가 수력발전 정책에 관한 백서 초안을 만드는 데 자문 역할을 맡았다.

그러나 아웅산 수지가 위험한 거래를 시도하고 있다는 평가도 있었다. 밋송댐은 화약고나 다름없고, 이 프로젝트를 재개하면 지역사회와 카친주 정당, 시민사회가 민족민주동맹에 저항할 것이기 때문이다. 그렇지만 중국은 아웅산 수지 정부와 땃마도의 협상을 도와줄 수 있는 강력한 동맹국이었다. 아웅산 수지 정부로서는 위험을 감수하지 않고 땃마도의 굴레에서 해방될 수 없음은 분명하지만 최악의 경우 헌법개정에도 실패하고 시민사회도 잃을 수 있었다. 이것은 군부가 바라는 최상의 시나리오였다.

이라와디강에서 남쪽으로 보트로 약 25분 거리에 있는 밋송댐은 36억 달러에 이르는 투자 비용이 예상되는 가장 큰 수력발전 프로젝트 중 하나다. 중국전력투자그룹(CPI)은 2009년에 실향민들을 위한 정착촌 건설과 함께 이 프로젝트의 작업을 시작했다. 실제 강제 이주가 취해졌던 바, 국가전력투자집단(SPIC)으로 알려진 중국 회사 중국전력투자그룹이 댐 건설을 하는 길을 열기 위해서였다.

그러나 거슬러 올라가면 이 사업에 대한 반대는 2011년 3월 테인세인이 대통령에 취임한 후 아래로부터 솟구치기 시작했다. 환경론자들은 이 댐이 전 세계에서 가장 높은 수준의 생물다양성을 가지고 있으며, 이 사업이 이라와디강의 자연미를 파괴하고 물의 흐름을 방해할 것이라고 경고했다. 그들은 이것이 싱가포르 크기만 한 지역에 홍수를 일으켜 생태계를 파괴할 뿐 아니라 1만 명 이상이 주거지를 옮겨야 하는 상황에 이를 것이라고 경고했다.

2011년 9월 테인세인 대통령은 이렇듯 환경적 영향 및 사회적 영향에 대한 우려가 확산되자 댐 건설 중단 조치를 발표했다. 그러나 급증하는 전력 수요를 감당해야 하는 중국 정부는 댐 건설 재개에 대한 희망을 버리지 않았다. 2018년과 2019년에 걸쳐 중국 정부는 카친족 종교 및 정치 지도자들에게 댐 건설에 반대하지 말라고 압박하면서, 이것이 중국의 야심 찬 일대일로 사업의 일부임을 확인시켜주었다. 반면 2015년 선거운동 당시 밋송댐 건설에 비판적이던 야당 지도자 아웅산 수지는 이제는 밋송댐의 재개 문제에 애매한 태도를 취했다.

소수민족과의 화해 로드맵과 '로힝야 위기'

▼

2018년 8월 로힝야의 '인종청소' 사태의 진상을 규명하겠다면서 미얀마 정부가 구성한 독립조사위원회(ICOE)가 본격적인 활동에 들어갔다. 그러나 인권단체들은 이 위원회 활동이 제노사이드(집단학살) 및 반인도주의 범죄 처벌 움직임을 피하려는 꼼수에 불과하다고 비판했다. 독립조사위원회 위원장을 맡은 로사리오 마날로는 기자회견에서 외부의 압력에 영향을 받지 않는 독립적인 활동과 중립적이고 투명한 조사를 약속했다. 인권단체들은 국제형사재판소(ICC)에 이 문제를 정식으로 회부해 미얀마군의 잔혹 행위를 조사하고 책임자를 처벌해야 한다고 주장해왔다. 독립조사위원회에는 필리핀, 일본 등 타국 외교관들도 참여했다.

2017년 8월, 미얀마 정부와 군은 경찰 초소를 습격한 아라칸 로힝야 구원군(ARSA)[3]을 테러집단으로 규정하고 병력을 동원해 로힝야족 거주지 등에서 대규모 반군 소탕전을 벌인 바 있다. 이 과정에서 수천 명이 죽고 70만 명이 넘는 난민이 국경을 넘어 방글라데시로 도피했다. 난민들은 땃마도가 집단학살과 반인도적 범죄를 저질렀다고 주장했지만, 땃마도와 아웅산 수지 정부는 근거 없는 주장이라고 일축했다.

아웅산 수지는 이미 2012년과 2013년 동안에도 아라칸주에서 폭력이 발생하는 인권 문제에 대해 명확한 입장을 표명하지 않고 법치만 강조했다. 이런 보수적인 행보는 로힝야에 대한 불교도 대중의 적대감을 의식한 데에서 비롯된 것이라고 볼 수 있다. 로힝야 인권 문제에 일관되게 소극적이었던 아웅산 수지가 이끄는 민족민주동맹은 2016년 11월 8일 총선에서 대승을 거두자 로힝야에 우호적인 언론 활동과 인권 활동에 제재를 가하기 시작했다.

인구 구성 측면에서 보면 미얀마 인구의 약 65%가 버마 민족이고 대부분이 불교 신자다. 나머지는 다양한 소수 종족으로 구성되어 있다. 무슬림은 인구의 4~5%를 차지한다. 이 인구 수치는 왜 아웅산 수지가 정치적 실용주의를 택하고 로힝야 위기에 침묵했는지를 보여준다.

미얀마에서 로힝야에 대한 여론이 좋지 않은 가장 중요한 이유 중 하나는 아라칸주 내에서 무슬림과 불교도를 포함한 여러 집단들 간의 수 세기에 걸친 갈등과 분쟁의 역사 때문이다. 18세기에 아라칸왕국을 정복했던 콘바웅왕조는 이후 영국과 전쟁에서 패배하면서 붕괴했다. 이후 로힝야에 대한 적개심은 영국 식민지 시기에 인도에서 오거나 혹은 무슬림과 같은 검은 피부의 이방인들에게 영국 정부가 특혜를 준다는 인식을 갖게 되면서 더욱 심해졌다. 이런 남아시아인들에 대한 불신은 영국이 상당수의 행정책임자들을 인근 영국령 식민지에서 버마로 이주시키기도 했기 때문에 어느 정도 근거를 갖고 있었다. 이렇듯 반무슬림, 반로힝야 정서와 분노는 수 세기에 걸쳐 누적된 것이다.

로힝야 인권 문제는 선거 민주주의를 거쳐 민간 정부가 탄생했으나 과거 군사정부 시기에 고착화된 소수민족 차별이라는 역사의 잔재가 청산하기보다는 악화시켰음을 보여주는 구조적 문제의 전형적인 예다. 그리고 로힝야 문제는 소수민족 문제에 왜곡된 신념에서 비롯된 것이기도 하지만, 소수민족에 대한 버마족 다수 대중의 부정적인 의식을 고려할 수밖에 없는 대의민주주의의 결함점, 즉 다수의 폭정 문제이기도 하다.

국제사회의 주목을 받고 있는 로힝야 문제가 발생한 아라칸주에서는 오랜 기간 불교도들과 무슬림 집단 사이의 반목으로 인해 폭력 사태가 반복되었다. 여기에는 상호 간 불신과 적대감을 갖게 한 2개의 축이 존재한다. 이 두 축 모두 정체성, 영토, 역사적 서사, 그리고 경제적 저발전과 연관이 있다.

첫 번째 긴장의 축으로 불교도 아라칸인들은 오랜 기간 버마족 엘리트들과 지도자들로부터 자신들이 학대당했다고 느끼고 있다. 이런 피해의식은 아웅산 수지가 아라칸족통합정당이 주 의회선거에서 승리했음에도 아라칸 주지사로 민족민주동맹 당원을 지명한 것과도 관련 있다.

두 번째 긴장의 축은 아라칸주의 불교도와 무슬림, 그중에서도 로힝야로 불리는 무슬림 사이에 놓여 있다. 2017년 대대적인 폭력 사태에 앞서, 330만 명 인구의 아라칸주는 불교도 60%와 무슬림 35% 인구로 구성되어 있었다. 특히 무슬림 로힝야족은 오랫동안 시민권을 부정당했다. 2012년 이후 지속되어 온 아라칸인-로힝야 간 폭력 사태는 북서부 3개 마을, 즉 마웅도, 로디다웅, 부디다웅 사회에 큰 상처를 남겼다. 미얀마 사람들 중 대다수가 로힝야족을 '벵갈리'라 칭하며 '로힝야'라는 종족 집단은 없다고 생각하는데, 이것은 로힝야를 주변국에서 온 불법 이주자 혹은 방글라데시에서 온 벵갈리인으로 낙인찍기 위한 것이었다.

　폭력 사태의 기원은 아라칸주의 국경수비대가 동시다발적으로 공격을 당한 2016년 10월 9일로 거슬러 올라간다. 2017년 3월, 아라칸 로힝야 구원군이라 칭한 이들이 억압받는 로힝야를 대변하기 위해 군사행동에 나섰다고 주장했다. 군사령관 아타울라흐가 이끄는 것으로 보이는 아라칸 로힝야 구원군은 반복적으로 자신들이 테러 집단과 관련 없으며 비무슬림 사회 시민들의 안전을 보장한다고 주장했다.

　이후 유엔 인권고등판무관실은 강도 높은 비판을 담은 긴급 보고서를 발행했다. 아웅산 수지 정부도 민스웨 부통령을 총괄책임자로 사건을 조사한 후 보고서를 발표했는데, 군이 시민에게 폭력을 가했다는 증거가 없다는 내용이었다. 2017년 3월 제네바에 위치한 유엔 인권위원회는 북부 아라칸주에서 군에 의해 일어난 반인도적 범죄 혐의와 다른 지역에서의 인권 침해 사례를 조사하기 위한 국제조사단을 꾸리기로 결정했다. 이에 미얀마 정부는 수사에 협조하지 않겠다는 뜻을 내비쳤다. 2017년 4월 방영

아라칸주 내의 로힝야 난민촌(2012년)

된 인터뷰에서 아웅산 수지는 "최근 아라칸주에서 비록 많은 적대행위가 있었지만 작금의 사태에 인종청소라는 표현을 사용하는 것은 과하다"는 의견을 냈다. 그녀는 "정부에 협력하고 있다고 생각되는 무슬림을 살해하는 당사자 또한 무슬림"이라고 발언했다.

하지만 아웅산 수지 국가고문은 코피 아난 전 유엔 사무총장과 국내외 팀으로 구성된 자문위원회를 아라칸주에 운영하는 것을 약속하며 로힝야 아라칸인의 시민권 문제 해결에 나서겠다고 공표했다. 마침내 8월 24일 코피 아난 팀이 잠정권고안을 확정했다. 아난은 로힝야족의 시민권은 물론 그들의 기본권까지 부정한 1982년의 시민법에 대한 재검토 등을 제안했다. 보고서는 또한 아라칸주 무슬림들이 이동의 자유, 정치적 권리, 사회서비스와 교육은 물론 생계 지원까지 보장받아야 한다고 언급했다.

반면 로힝야 문제 관련 유엔 진상조사단이 군 최고지도자인 민아웅 흘라잉 사령관을 만나겠다는 의향 제시와 함께 유엔 안전보장이사회에 미얀마 군부 최고지도자들을 로힝야 대량살상 혐의로 국제형사재판소(ICC)에 회부하라는 의견을 표명한 1주일 뒤, 민아웅 흘라잉은 주권 국가인 미얀마에 유엔은 간섭할 권리가 없다고 공개적으로 언급했다. 또한 그는 형식적으로 민간 정부로 권력이 이양된 2011년 이후에도 여전히 막강한 영향력을 행사하고 있는 미얀마 군부가 정치에서 손을 떼라는 유엔의 요구를 일축했다.

이렇듯 로힝야 문제뿐만 아니라 2018년 1월에 개최하기로 예정되었던, '21세기 핀롱회의'[4]로도 일컫는 제3차 연방평화회담에서 미얀마 정부는 평화 프로세스에 참여하지 않으면서 전국휴전협정을 거부하고 있는 소수민족 무장단체로부터 공격을 받을 수도 있는 상황에 놓였다. 중국은 무장

미얀마와 타이 청년들의 세 손가락 혁명

반군들에게 연방평화회의에 참석하라고 압력을 넣었는데, 그러면서도 자신들의 지원을 받고 있는 반군들이 결성한 연방정치협상자문위원회[5]가 제안한 또 다른 비공식 평화협정 또한 지지했다. 평화회담에서 땃마도에 의해 주장되고 있는 핵심 사항은 새로운 연방제에서 각 주가 헌법을 갖고 자치권을 갖는 대신 소수민족 무장단체들은 이 나라에 군은 오직 하나임을 인정하는 것이다.

당시 공식적인 평화 프로세스는 연방평화회담 개최 이후 교착 상태에 있었으며, 내전이 다시 발발하지 않을까 하는 우려가 커지고 있었다. 미얀마 동북부 쪽에 위치한 샨주와 북쪽의 카친주의 상황도 심각했다. 카친주에서 활동하고 있는 반군단체 카친독립군은 정부군이 곧 공격해올 것이라 예상하며 국제사회가 로힝야 문제, 그리고 미얀마군과 그들 간의 갈등에 보여준 이중잣대에 불만을 품고 있었다.[6]

군부는 휴전협정을 반군의 무장해제로 나아가는 법적 절차로 보고 이 협정에 참여하지 않은 반군들에게 압력을 가했다. 그러나 샨주의 많은 무장단체들은 협정 참여를 불만족스러운 출발점으로 보고 이를 거부했다. 게다가 휴전협정을 맺은 무장단체 중 일부는 강력한 반군 단체이자 중국의 지원을 받는 와주연합군과 같은 조직과 손을 잡았다. 와주연합군은 샨주 내에 여러 민족 무장단체들 간의 연대를 구축하는 데 큰 역할을 했다. 이들은 휴전협정을 거부했지만 중국의 압력 때문에 연방 평화 프로세스에 참여했다. 와주연합군은 반군 집단들에게 무기를 제공하고 훈련을 시켜주며 가끔 인력도 지원했다. 연방정치협상자문위원회는 아웅산 수지 정부를 향해 와주연합군이 연대 조직체로서 평화 협상 과정에 참여하는 것을 인정하라고 요구했다.

2016년 아웅산 수지는 정부 출범과 함께 소수민족에 대한 평등과 참여의 원리를 보장한다는 취지하에 종족부를 설치하고 초대 장관으로 몬족 출신의 저명한 정치인 틴 묘원 박사를 임명했다. 그렇지만 그녀는 소수민족들과 평화회담을 적극적으로 추진한 아버지 아웅산 장군에 비해 소수민족들의 신뢰를 제대로 얻지 못했다. 2019년 2월 12일 연방의날에 카야주의 주도 로이코에서 아웅산 장군을 기리는 동상 건립에 반대하는 시위 군중을 고무탄을 발사해 진압한 것은 소수민족과의 화해라는 아웅산 수지 정부의 기치와 정면으로 배치되는 사건이었다. 이 지역 주민들은 아웅산 장군의 동상이 자신들의 독립과 민족 투쟁을 대변하지 않는다고 느꼈기 때문에 시위를 벌였다. 당연히 정부가 평화적 시위를 폭력적인 방식으로 억누르는 것에 대한 비판이 나왔다. 이런 정부 조치는 교착 상태에 빠져 있는 종족 간 화해 과정에 심각한 영향을 미칠 수 있었다.[7]

또 다른 예로 아라칸주에서 아라칸군과 땃마도 간의 무력 충돌 증가가 우려되었다. 이 무력 충돌은 아라칸군과의 연루 혐의를 받는 민간인들에 대한 탄압으로 이어졌다. 아라칸주에서만 1908년 제정된 불법단체법 17조 1항에 따라 40명이 체포되었으며, 여기에는 집 인근에서 교전이 벌어져 친주를 탈출한 24명의 국내 난민이 포함되었다. 또 무력 충돌로 인해 약 6천 명의 민간인들이 이주해야 했다. 카친주에서는 반전시위를 벌였다는 이유로, 또 밋송댐 건설에 반대하는 시위를 조직했다는 이유로 체포되거나 구금되는 사태가 벌어졌다. 지난 2019년 2월 밋송댐 반대 운동 지도자인 버나뎃 자가웅이 집회와 시위에 관한 법률 위반 혐의로 체포된 그 시점에 열린 세계카친대회는 반전 시위를 이유로 감옥에 복역하고 있는 카친 지역사회 지도자 3명에게 첫 카친인권상을 수상했다.

2018년 로힝야 사태를 취재하다가 체포되어 송치되고 있는 로이터 소속의 와론(뒷줄) 기자와 초소우(앞줄) 기자

탄압은 소수민족 집단만 겨냥한 것은 아니었다. 2019년 2월에는 만달레 지역 야다나본 대학생 7명이 체포되어 징역 3개월을 선고받았다. 2018년 12월 학교 인근에서 발생한 학생 살해사건 이후 취약한 캠퍼스 치안 문제에 항의하는 표시로 공무원들의 초상화를 불태웠다는 이유에서였다. 이미 2명의 로이터통신 기자 와론과 초소우가 투옥되었고, 또 다른 언론인 스웨 윈은 그의 기사가 극우민족주의자인 승려 위라투를 모독했다는 이유로 협박을 받았다. 이 중 로이터통신 기자 2명은 2019년 4월 23일 대법원에서 공직비밀법 위반 혐의로 7년형이 확정되었으나 5월 7일 윈민 대통령 특사로 방면되었다. 언론인들에 대한 탄압은 아웅산 수지 민간 정부가 기존 군사정부와의 차별성을 모호하게 한 대표적인 사례였다.

규제개혁과 엇갈린 경제 전망

▼

미얀마는 1987년에 유엔으로부터 최빈곤국가로 분류되었다. 미얀마의 사회경제개발지수와 인간개발지수 모두 전 세계 국가들 중 최하위 수준이었다. 2018년 미얀마 외교부는 국민지수, 인간기회지수, 경제적 취약성지수 모두를 개선해 2021년에는 최빈곤국가 범주에서 벗어나도록 하겠다고 발표했다. 2019년에 들어와 아웅산 수지 국가고문은 몬주를 방문했을 때, 미얀마 인구의 30%가 빈곤층이라고 언급했다. 그녀는 농촌과 도시의 균형 있는 발전이 국가 안정의 필수불가결한 요소라면서, 정부가 균형발전을 위해 최선을 다하고 있지만 쉽지 않다고 말했다.

2018년 1월 기준으로 미얀마 공공부채 규모는 91억 달러였다. 전체 부채 규모에서 순위로 보면 중국이 약 38억 달러, 일본이 21억 달러, 국제금융기구 9억1천 달러, 독일 6억9천 달러 순이었다. 외국인직접투자와 관련해서는 중국과 아세안의 약진이 두드러진 반면 일본, 프랑스, 미국의 투자는 후퇴했다. 특히 로힝야 위기가 폭발한 2016년 11월 이후 서구 투자가 크게 줄었다. 로힝야 문제가 국내 경제에 미치는 영향이 과소평가될 수 없게 된 것이다. 2018년 3분기에 〈미얀마 인사이더〉가 발표한 미얀마 사업 신인도를 보면 응답자의 60% 이상이 미얀마 경제가 매우 나쁜 상황이고 앞으로도 악화될 것이라고 답했다. 이런 사업신인도의 추락은 외국인직접투자 축소 효과로 이어질 수 있었다.

2016년 7월 29일, 아웅산 수지 정부는 국민 화해에 기여하는 포용적 지속 가능 개발을 천명하고 화합에 기반한 균형발전을 목표로 12개 어젠다로 구성된 5개년 경제 정책을 발표했다. 이른바 '수지노믹스'로 불리는 이 경제정책의 12개 어젠다에는 투명한 재정관리, 민영화, 세금 정책 개선 등 정부 내부 개혁, 두 번째로 인적 자원 개발, 일자리 창출, 농업 발전 등 삶의 질 향상, 세 번째로 인프라 개발, 균형적 산업화, 외국인직접투자 환경 개선 등 사업 여건 개선 및 경제발전 방향 제시 등이 포함되었다.

민족민주동맹 정부가 과거 정부와 차별화되는 핵심 정책으로는 민간 정부 주도 체제 구축을 위해 군부 영향력 안에 있는 광산업 및 국영기업 개혁과 세금 정책 투명성 강화를 위한 전자정부 시스템 도입, 주요 지지층인 노동자·농민의 삶의 질 향상을 위해 교육과 훈련을 통한 일자리 창출과 노동 조건 개선, 농민의 고부가 곡물 생산 지원과 농업 전용 경제특구 개발 추진 등을 들 수 있다. 이밖에도 외국인직접투자 유입의 지속 확대와 신(新)심해 항만 개발, 수력, 천연가스 발전 확대, 4대 경제회랑 개발 등을 꼽을 수 있었다.

2018년 2월 12일, 그 연장선상에서 미얀마 지속 가능 발전 계획(MSDP) 2018~2030이 발표되었다. 미얀마 지속 가능 발전 계획은 미얀마 기획재정부가 추진하는 공공투자 촉진 정책의 일환인 프로젝트 뱅크와 연계되었다. 이와 같은 맥락에서 미얀마 지속 가능 발전 계획 공표 2개월 후 향후 20년간 공적 투자 확대를 겨냥한 새로운 미얀마투자진흥법이 공포되었다. 이 법은 지속 가능하면서 광범위한 성장과 불평등 축소를 실현할 수 있는 책임투자의 중요성에 초점을 맞추었다. 그러나 미얀마 매체 〈이라와디〉에 따르면 2017년과 2018년 사이 미얀마에 대한 외국인투자는 9억 달러나 감소했다. 또 해외로 노동인력이 계속 유출되었다. 2016년부터 유럽연합(EU)은 민족민주동맹 정부 이후 미얀마 제품에 대한 무관세 혜택, 일반특혜관세(GSP)를 적용했지만, 로힝야 문제 등 인권 문제 해결에 소극적인 아웅산 수지 문민정부를 향해 무역 특혜 철회를 경고했다.

이와 같이 서방과의 관계가 비우호적인 방향으로 흐르는 가운데 2016년 민족민주동맹 정부 출범 후 아웅산 수지 국가고문의 첫 방문 국가는 중국이었다. 취임 후 2년 동안 아웅산 수지 국가고문은 중국을 세 번이나 방문했다. 중국의 일대일로 사업에 적극 협력하겠다는 의지의 표명이었다. 중국은 아웅산 수지 정부의 로힝야 문제 해결 방식을 지지하면서 중국-미얀마 경제회랑을 제안했다. 이렇듯 대(對)중국 관계는 로힝야 문제로 서방과의 관계가 악화되는 추세와는 정반대의 양상을 띠었다. 이는 2014년 5월 쿠데타 직후 프라윳 찬오차 타이 군사정부가 취한 친중 외교노선과 이에 대한 중국의 화답 양상과 유사했다.

반면 미얀마투자위원회(MIC)에 따르면 미얀마로 유입된 외국인직접투자는 지난 2년간 감소되다가 처음으로 증가세를 보이기 시작했다. 이것은 2016년에 아웅산 수지가 정권을 장악한 후 처음 있는 일이었다. 2018년 10월 1일부터 2019년 3월 15일까지 공식적으로 19억 달러의 외국인직접투자가 유입되었다. 이 기간에 80여 개 프로젝트에 13억 달러가 투자되었

미얀마와 타이 청년들의 세 손가락 혁명

다. 전년도 같은 기간보다 많은 자본과 프로젝트가 유입되었다.

미얀마는 아세안 국가들, 일본, 중국, 한국, 홍콩, 대만, 그리고 인도로부터 더 많은 투자를 기대했다. 물론 의류, 전기 조립, 식품 가공 등과 같은 제조업 부문에 투자가 증가했다. 게다가 싱가포르는 미얀마에 가장 많은 직접투자를 행하고 있는 나라로, 오랫동안 대 미얀마 외국인직접투자 1위 국가였던 중국을 추월했다. 투자기업관리청 통계에 따르면 2018년 2월 싱가포르는 302개 프로젝트에 208억8천만 달러, 중국은 314개 프로젝트에 204억1천만 달러를 투자했다. 2019년 3월 초에 만달레주 이라와디강 동쪽 연안에 있는 민지안에서는 싱가포르에 본사를 둔 셈코프 인더스트리즈가 3억1천만 달러를 투자한 발전소 기공식이 있었다.

2018년 말 미얀마는 국내외 투자 증대와 기업인을 위한 기회 창출을 목표로 미얀마 투자 진흥 계획을 발표하고 투자경제외교사업부를 신설하는 등 투자 유치 노력을 강화했다. 새 정부 부처는 투자자들이 단일 창구 시스템을 통해 미얀마에 더 쉽게 투자할 수 있도록 해서 기업들이 원스톱 센터, 즉 단일 창구를 통해 필요한 모든 절차를 신청하고 완료할 수 있게 할 계획이었다.

아웅산 수지 국가고문은 2019년 2월 아라칸주 투자박람회에서 "미얀마는 세계를 향해 경제를 개방했다. 우리는 우리의 정책, 규칙 및 규정이 국제 규준에 부합하도록 지속적으로 노력해왔고, 모든 이들을 위해 투자 환경을 보다 호의적이고, 예측 가능하며, 촉진적이고, 우호적으로 만들기를 원한다"고 언급했다.

한편 미얀마 북부 아라칸주에서 자행되고 있는 잔혹행위 때문에 파견된 유엔 미얀마 진상조사단은 미얀마에서 활동하고 있는 모든 기업체와 교역

하거나 미얀마에 투자하고 있는 모든 기업체는 인권에 관한 유엔 지침을 분명히 준수해야 한다고 권고했다. 투자자들과 전문가들은 최근 외국인직접투자 규모의 둔화는 아라칸 사태와 관련된 투자 환경의 불확실성과 개혁 추진력의 취약성을 반영했다. 일본의 투자도 감소세였다. 《니혼게이자이신문》에 따르면 미얀마 일본상공회의소 회원 기업 수는 2019년 2월 기준 392개로 2018년 3월 말 기준보다 12개 증가했지만 2015년 당시 매년 60개 이상 증가한 것에 비하면 증가폭은 크게 줄었다.

하지만 아시아개발은행(ADB) 미얀마 국장은 미얀마의 2019년 국내총생산 성장률은 6.6%, 2020년 성장률은 6.8%를 기록할 수 있다고 보았다. 그는 미얀마가 소매업과 도매업을 개방하고 기업지배구조와 경영을 현대화하는 추세를 긍정적인 신호로 꼽았다. 타무라 유미코 아시아개발은행 미얀마 주재 수석전문가도 미얀마의 통화 및 재정 정책이 올바른 방향으로 나아가고 있다고 말했다. 그녀는 양허성 공적 개발원조가 미얀마 사회가 실제 필요로 하는 인프라 개선으로 이어질 것으로 전망했다. 또 그녀는 시장 심리가 경제성장뿐만 아니라 가격 동향에 의해 주도되고 있다고 평가했다. 특히 높은 인플레이션과 미얀마 화폐 짯의 약화일로가 기업에 미치는 심리적 효과를 우려했다.[8]

외국인자본의 투자와 관련해 무엇보다 미국의 경제제재 해제를 들 수 있다. 2016년 10월, 1997년부터 시행 중이던 미 재무부 해외자산통제국의 금융 경제제재가 철회되었다. 또한 2016년 11월 13일부터 미국은 미얀마의 일반특혜관세(GSP)에 대한 접근을 복원시켰다. 제재 해제와 일반특혜관세(GSP) 복원은 미얀마가 수출처를 다변화하고 미국의 투자를 유치하는 데 기여하리라 기대되었다. 2016년 미얀마의 대미 수출액 2억4,400

만 달러도 앞으로 상당한 정도로 늘어날 것으로 예상되었다. 또한 미국은 국익에 해가 되는 국가 비상상황 대상국 목록에서 미얀마를 삭제했다.

이런 일련의 제재 해제로 미국 투자자들의 거래 비용이 감소할 가능성이 높아짐에 따라 2017년과 2018년 회계연도의 상반기 동안 미국이 약속한 투자액은 이전 6년간의 평균 465만 달러에 비해 약 1억2,900만 달러 더 늘어났다. 미국의 경제제재 해제와 무역 수입 정상화를 배경으로 아웅산 수지 정부는 2016년과 2017년 회계연도에 낮은 물가상승률, 낮은 경상수지 적자, 그리고 예산 적자 감소 등과 같은 성과를 거두었다.

미얀마 투자의 또 다른 유인 요인으로는 미얀마투자법을 들 수 있다. 이 법은 지난 2016년 민족민주동맹 정부 출범 첫 해의 가장 중요한 경제개혁으로 손꼽혔다. 외국인투자와 미얀마시민투자법을 하나로 묶어 만든 미얀마투자법은 국내외 투자자들에게 공정한 경쟁의 장을 제공하는 것을 목표로 했다. 이 법규에 따르면 특별한 범주에 속하는 사업체만 미얀마투자위원회의 허가를 받는다. 그 이외의 사업체들은 미얀마투자위원회의 승인만 신청하면 된다. 2017년 가장 기대되던 신규 미얀마회사법은 제정이 지연되다가 그해 12월 6일 공포되었고 2018년 8월 1일부터 발효되었다. 신회사법에 따르면 외국기업이란 직접 혹은 간접적으로 자본을 35% 초과해 보유한 회사로서 외자 비율이 35% 이하에 머무르는 한 해당 회사는 외국기업에 대한 규제 적용을 받지 않는다.[9] 외국인투자를 확실히 유도하는 경제개혁이었다.

미얀마 대중에게 경제부흥은 최우선 희망사항이며, 그 뒤를 민족·종교적 갈등, 인프라 개발, 사회서비스 등이 이었다. 경제 문제 중에서 내국인들이 절실하게 해결되길 원한 것은 일자리 부족과 인플레이션이었다. 외국인투자자들이 우선적으로 원한 것은 도로, 전기, 수도 등의 사회간접자본 확충과 질적 개선이었다. 나아가 지방정부 등이 공단의 부동산가격을 획기적으로 낮게 분양하거나 임대해야만 외국인들에게 피부에 와 닿는 투자 요인이 될 것으로 보였다. 당시 토지 공급가는 너무 높았다.

미얀마와 타이 청년들의 세 손가락 혁명

또 하나의 북한 '학습 모델'

▼

2011년 테인세인 정부가 출범한 미얀마는 가히 혁명적인 변화를 시작했다. 미얀마의 개혁과 개방 시점에서 미얀마와 한국의 교역량은 급격하게 늘어났다. 반면 미얀마의 개혁 개방 이후 북한의 변화를 유도하는 차원에서 '미얀마 모델' 이 미국을 비롯한 국제사회의 조명을 받았다. 아세안의 '포용을 통한 변화' 의 성과이기도 한 미얀마의 개혁·개방은 군부 기득권을 보장한 보수적 민주화로 이어졌지만, 또 다른 측면으로는 북한과 같은 과거 폐쇄적 국가의 변화를 이끌어낼 수 있는 방식으로 제재가 능사가 아님을 미국을 비롯한 국제사회에 보여주었다. 이는 미얀마-북한 양국 간의 교류와 협력이 북한에 기득권 세력의 안전이 보장된 가운데에서의 변화, 즉 '질서 있는 이행' 혹은 '보장된 이행' 에 관심을 이끌어낼 수 있었음을 의미한다.

미얀마-북한 관계는 1983년 11월 아웅산 묘역 폭파 사건 이후 단절되었다가 2005년 5월에 아세안의 합의를 존중해 2000년 7월에 있었던 북한

박의춘 북한 외무상(앞줄 가운데)의 미얀마 방문

의 아세안지역안보포럼 가입에 반대하지 않는다는 입장을 공표했다. 이후 2007년 4월 양곤에서 미얀마-북한 수교 합의가 이루어졌고, 그해 10월 30일에 김석철 주미얀마 북한 대사가 미얀마에 입국했다.[10] 2008년 10월 27일과 29일에는 냥원 미얀마 외교부 장관이 북한을 방문했고, 2008년 11월 김영일 북한 외무상이 미얀마를 방문했다. 이어 2008년 11월 21일부터 12월 2일까지 쉐만 미얀마 군총참모장이 김격식 북한 총참모장의 초청으로 북한을 방문해 양국의 군사 협력 방안을 논의했다. 2010년 7월 29월부터 8월 1일에는 박의춘 북한 외무상이 미얀마를 방문했다. 이렇듯 미얀마와 북한 간의 협력 관계가 재개된 것은 북한으로 보면 외교 다변화의 맥락에서 큰 의미가 있겠지만, 2011년 테인세인 정부가 추진한 개혁 개방이 미얀마 사회에 미친 효과를 학습할 수 있는 기회도 되었다.

미얀마의 개혁 개방 이후 미얀마-한국 교역 규모는 다소 진폭은 있지만 지속적으로 늘어나는 반면 북한이 핵무기 보유 문제로 인해 미국과 유엔의 감시 대상에 오르면서 한때 상승세를 보이던 미얀마–북한 교역 규모가 급락하는 추이를 보였다. 특히 2018년 2월 미얀마가 북한으로부터 탄도미사일을 구입했다는 보고서가 나오자 미연방 상하원 의원들 사이에서 북한제 무기를 사는 미얀마 관리들을 제재해야 한다는 목소리가 커졌다.

2018년 3월 5일에 발표된 유엔 대북제재위원회 전문가단 보고서에 따르면 미얀마 정부는 유엔이 제재하는 북한과의 군사 협력 관계가 2016년 10월 이후로 단절되었으며 북한에 미얀마 군사기술자들이 체류하지 않고 있다는 보고서를 유엔 측에 제출했다. 그러나 유엔은 그들이 요청한 2006년 10월 이후 탄도미사일을 비롯한 북한과 군사 협력에 관한 서류, 북한 군사기술자들이 미얀마를 떠났고, 미얀마 군사기술자들이 북한을 떠났다는 사실을 입증하는 서류는 접수하지 못했다고 밝혔다.

억압적인 권위주의 정권이 개혁과 개방을 선택할지 여부는 그것이 정권 유지에 득이 되는지 실이 되는지에 달려 있을 것이다. 미얀마 군사정권은 개혁과 개방을 선택하는 것이 실보다 득이 많다고 판단했을 것이다. 그러나 전체주의 국가 북한의 입장에서는 개혁 개방을 선택하는 것이 득보다 실이 많기 때문에 북한의 개혁은 어렵다고 보는 시각이 있다. 북한 경제는 이미 위기에 빠졌고, 이를 타개하기 위해서는 시장 개혁과 대외 개방이 필요했다. 반면 경제 및 주민 생활의 통제 완화는 북한 정권의 붕괴를 초래할 위험을 증가시킨다. 경제가 더 악화되는 것 역시 북한 정권의 존속을 위협한다. 이것이 북한 지도부의 딜레마다.

이런 상황에서 북한 지도부는 확실한 선택을 하지 않고 그럭저럭 위기를 넘겨왔다. 예를 들어 1990년대 중반 배급제가 무너진 이후 비공식 시장을 허용한다거나, 다른 지역과는 완전히 차단된 경제특구를 만들어 외국인투자 유치에 나서거나, 관광업을 장려하고 외국에 노동자를 송출하는 등의 제한적인 개혁 조치를 취했다. 이런 애매한 정책이 경제위기에 대한 장기적인 대책이 될 수는 없지만, 가장 덜 위험한 선택이다.

반면 미얀마 군부는 자신들의 핵심적 이익이 지나치게 훼손되지 않는 방향으로 개혁했고, 그 결과 군사정부가 완전히 무너질 수 있는 위험을 상당히 완화했다. 미얀마 군부정권은 점진적 개혁을 통해 국제사회의 경제제재를 중단시키고 중국 의존도를 줄이는 가운데 경제회생을 시도했다. 대내적으로는 아웅산 수지를 비롯해 반대파에 정부 내 역할을 부여함으로써 정당성을 강화했다. 미얀마의 경우 개혁의 이익이 비용을 훨씬 초과하기도 했지만 그 위험이 관리될 수 있었기 때문에 개혁이 실현될 수 있었다.

억압적인 권력의 입장에서 보면 개혁이 가져다줄 잠재적인 이익이 적지 않더라도 그것이 권력의 존속 자체를 위협한다면 그 이익은 의미 없는 것이 된다.

북한 정권과 과거 미얀마 군사정권을 비교해볼 때, 개혁을 둘러싼 이해관계는 서로 달랐다. 하지만 여전히 북한 입장에서 미얀마에서의 개혁·개방이 미국 등 서방세계로부터의 경제제재 해제로 이어지고, 그럼에도 미얀마 군부의 기득권에 변화가 없는 '미얀마 모델'은 북한에 개혁·개방에 전향적 사고를 하도록 해주는 교훈적인 사례가 될 수 있다. 특히 북한은 외국인 투자, 대외 교역량의 증대로 경제를 부흥시키려고 했으나 대외개방과 투자 유치에 있어 동남아시아 국가들의 경험을 중시하는 흐름이 있다는 평가도 있었다.

결론

▼

아웅산 수지가 이끄는 민족민주동맹 정부 출범 전후로 부상한 미얀마의 3 대 개혁 과제를 보면 오랜 군사정부 시기의 잔재인 2008년 헌법개정을 지 칭하는 이행기 문제, 버마화에 따른 종족 간 갈등이라는 오랜 역사적 과제 를 해결해야 하는 구조적 문제, 사실상 군부와 민족민주동맹의 이중권력 상태로 인해 경제 부흥을 위한 개혁이 답보 상태에 있는 시스템 문제 등을 들 수 있다. 2018년 민족민주동맹 정부의 경우 이 3대 개혁 과제를 제대 로 이행하지 못하는 상황 속에서 성과 정당성의 위기를 우려하게 했다.

3대 개혁과제 중에서 헌법개정을 위해 아웅산 수지 국가고문은 헌법개정 에 대한 군부의 전향적인 태도를 이끌어내기 위해 중국의 경제 이익에 호 응하는 외교 전략을 선택했는데, 그것이 테인세인 정부 때 중단된 중국의 야심찬 프로젝트인 밋송댐 건설 재개다. 그러나 이 선택은 시민사회와 전 면적인 갈등을 유발시킬 가능성이 컸다. 아웅산 수지의 이런 위험한 거래 는 그들을 지지했던 시민사회도 잃고 그들이 목표했던 헌법개정에도 실패할 여지가 있었다. 득을 보는 당사자가 민족민주동맹이 아닌 중국과 협력 관계에 있는 미얀마 군부일 수 있다.

중국은 연방정치협상자문위원회에 직접적인 영향력을 행사하는 등 소수민족 문제 해결에도 지분을 갖고 있었다. 그래서 아웅산 수지 정부와 군부는 중국의 힘을 이용해 친중 소수민족 무장단체들이 연방 평화 프로세스에 참여하도록 유도했다. 경제 부흥 문제와 관련해서도 미얀마 경제에서 중국이 차지하는 비중은 최고 수준이었다. 헌법개정과 소수민족의 화해 문제에 적지 않은 영향력을 행사할 수 있는 중국을 고려해 아웅산 수지는 일대일로 사업에 적극 호응하겠다고 선언했다.

미얀마 군부는 로힝야 문제에 관여하고 있는 유엔과 서방에 내정간섭이라고 반발하면서도 미얀마 군부의 입장을 지지해주는 중국에는 양국 간 우호 협력 강화를 선언했다. 하지만 유엔은 물론 미국 등 서방국가들이 민아웅 흘라잉 등 미얀마 군부 땃마도의 최고지도자들을 로힝야 대학살의 책임자로 간주하고 있는 상황에서 아웅산 수지가 이끄는 민족민주동맹은 이렇다 할 입장을 내놓지 못했다. 심지어 국제 인권 단체들의 눈에 로힝야 사태와 관련해 땃마도의 수뇌인 민아웅 흘라잉 총사령관과 민주정부를 대표하는 아웅산 수지 국가고문은 공범이나 다름없었다. 문제는 당시 아웅산 수지 정부가 로힝야 무슬림 사회뿐만 아니라 아라칸군 등 여타 소수민족 무장세력과의 관계를 진전시키기는커녕 후퇴시켰다는 점이다.

2018년 시점에 비친 아웅산 수지 정부는 군부와 공생에 안주하는 전략을 선택하거나 무력하게 이끌려가는 둘 중 하나였다. 2019년 초 의회에서 군부 측 의원들의 반대에도 불구하고 민족민주동맹 주도로 헌법개정특위가 구성되었을 때, 이것이 2020년 총선을 의식한 꼼수라는 시선도 수지정부에 대한 의심에서였다. 결국 밋송댐 건설 재개, 로힝야 문제 관련 언론 통제 등으로 시민사회와의 관계가 소원해지고 있는 상황에서, 또 소수민족들로부터도 제대로 신망을 얻지 못하는 상황에서 민족민주동맹이 희망하는 반군부 연대전선이 2020년 총선에서 이루어질지 불확실했다.

그럼에도 희망적인 것은 2018년 3월에 띤 쩌 대통령 후임으로 결단력 있는 지도자로 알려진 전 하원의장 윈민이 행정부 수반이 되었다는 점이다. 그는 민족민주동맹 부대표로도 임명되었는데, 일각에서는 아웅산 수지의 후계자로 보기도 했다. 실제로 그는 대통령 취임과 함께 행정부 개혁 차원에서 부패척결을 강화하기 시작했다. 또 공직자들의 타성과 기득권 경제 집단의 반대를 넘어 경제개혁을 추진하기 시작했다. 포괄적인 국가발전 전략이라고 할 수 있는 '미얀마 지속 가능 발전 계획' 선포도 이와 같은 맥락에서 이루어졌다. 특히 외국인 자본 유치를 위한 규제개혁을 추진했다. 국제사회를 의식한 그는 로힝야 관련 기사로 형이 확정된 로이터 통신 기자 2명을 대통령 특사로 석방시켰다.

하지만 여전히 불합리한 제도와 관행이 정부가 공언한 지속 가능한 발전의 발목을 잡았다. 경제 부흥을 위해서는 국가의 응집력이 필수불가결하다. 이 때문에 민족민주동맹과 군부의 이중권력 상태에 있는 미얀마의 미래 경제 전망은 낙관과 비관이 엇갈렸다.

특히 아웅산 수지 정부가 국제사회로부터 '로힝야 위기'의 주범으로 간주되고 있는 미얀마 군부로부터 자율성을 확보하지 못할 경우 경제는 물론이고 정치와 사회의 미래가 더욱 불확실해질 가능성이 높았다. 그럴 경우 미얀마는 민주주의의 공고화가 아닌 위기의 경로를 밟게 되는 것이다.

8888 학생운동 지도자 민꼬 나잉과의 인터뷰
(2017년 10월 2일, 88세대 평화와개방사회 사무실)

박은홍: 로힝야 문제에 국제사회의 관심이 고조되고 있다.

민꼬 나잉: 나는 (로향야족의 주 거주지인) 아라칸 지역에서 7년 6개월 정도 살았다. 그래서 그곳의 역사와 문화, 그리고 벵갈리와 아라칸 주민들의 관계도 어느 정도는 안다. 내가 그곳에 있을 때 그들은 자신을 '벵갈리'라고 소개했다. 그런데 언제부터인가 갑자기 '로힝야'라는 이름으로 자신을 소개한다. 물론 자신을 로힝야라고 간주하는 사람도 있을 수 있다. 그러나 내가 만난 사람들은 자신을 벵갈리라고 밝혀 왔다. 이런 태도 변화는 놀랍다. 벵갈리나 로힝야라는 단어가 중요하지 않다고 생각할 수 있지만, 국제사회에서 벵갈리는 방글라데시 출신을 의미한다. 반면 로힝야는 탄압의 상징으로 해석된다. 내가 로힝야라는 단어를 말하는 순간 국제사회의 관심을 받는다. 로힝야라고 했을 때 난민 지위를 쉽게 얻는 것도 사실이다. 또한 아라칸은 석유 발굴 가능성이 있는 지역이다. 경제적 이익을 얻을 가능성이 큰 지역, 투자를 하면 큰 이익이 발생할 수 있는 지역이라는 점을 기억해주었으면 한다. 아라칸은 중국에 매우 중요한 지역이다.

박은홍: 로힝야 문제를 무슬림과 불교의 대립으로 보는 견해가 있다.

민꼬 나잉: 그건 절대 아니라고 강조하고 싶다. 아라칸 지역 내의 또 다른 소수민족인 까만도 무슬림이다. 그들은 아라칸 지역의 왕조시대부터 왕을 지키는 군대로 활약하며 소수민족으로서 인정받았다.

박은홍: 어쨌든 로힝야 문제는 전 세계가 주목하는 인권 문제로 부상해 있다. 코피 아난 전 유엔 사무총장이 지난 8월 틴 쩌 대통령에게 로힝야 문제 최종 보고서를 제출했다.

민꼬 나잉: 최종 보고서에 대한 지지까지는 어렵지만, 보고서의 주요 내용은 아라칸 지역에서 내가 직접 보았던 내용과 큰 차이가 없다. (로힝야에게 시민권을 부여하고 내부 화합을 촉구하는 내용의) 해결 방법을 긍정적으로 생각하는 편이다. 보고서가 부족하다고 생각하는 사람도 있을 것이다. 만약 부족하면 추가 내용을 요구하고 제안할 수 있다. 그렇게 하지 않고 (로힝야 무장단체가) 테러라는 방법을 사용한 것은 잘못이다. 로힝야들이 원하는 것은 지방자치인 모양인데 코피 아난 보고서에는 그런 내용이 없다. 보고서에 따르면 그들이 시민인지 아닌지를 조사한다. 이후 시민권을 받을 권리가 인정되면 시민권을 받아 다른 사람들과 평등하게 살 수 있다는 내용이 언급되어 있다.

박은홍: 코피 아난 사무총장의 해결 방식이 어느 정도 합리적이라고 인정하는 것 같다.

민꼬 나잉: 보고서 내용 안에는 아라칸 지역에서 내가 직접 본 내용과 큰 차이가 없다고 생각한다.

박은홍: 아라칸 로힝야 구원군(ARSA)이 보고서 내용에 불만을 품고 폭력적인 행동을 하는 것이라고 판단하는가?

민꼬 나잉: 많은 이유 가운데 하나일 수 있다. 국제 시민사회의 관심을 받기 위한 이유도 있을 것이다. 아웅산 수지의 이미지를 나쁘게 만들고자 하는 사람들이 이 문제를 중심으로 모이게 되었다. 이 사건으로 이익을 보는 사람들이 있다. 그들이 이 문제를 지금처럼 만들었다. 아웅산 수지는 민주주의의 리더다. 민주화를 위해 몇십 년간 싸워 온, 미얀마뿐만 아니라 전 세계 민주화 운동의 상징이다. 이 문제는 전 세계에서 민주화운동을 하고 있는 사람들에게까지 영향을 주고 있다. 그런 면에서 전 세계 민주화운동과 민주화운동가들의 문제이기도 하다.

박은홍: 이번 사태로 이익을 보는 자는 누구인가?

민꼬 나잉: 유럽연합(EU) 국가들에서 무슬림을 둘러싼 문제가 심각한 것은 사실이고 국제사회가 무슬림과의 관계가 좋지 않다. 9·11테러 이후로 중동과 서구의

사이가 멀어진 것처럼 무슬림을 탄압하는 방식 등으로 무슬림과 문제가 더 심해지고 있다. 물론 그들이 인권과 평화를 전혀 생각하지 않는 것은 아니지만, 미얀마에서 일어난 로힝야 문제에 개입함으로써 서구 국가들이 무슬림 편에서 미얀마의 무슬림 탄압을 비난하는 행위를 통해 자신들의 이미지를 쇄신하고자 하는 게 아닌가 생각한다.

박은홍: 로힝야 문제로 국내에서 군부의 인기가 상대적으로 올라가고 있다는 말을 들었다. 로힝야 문제와 군부가 어떤 관계가 있다고 볼 수 있는가? 군부는 언제나 힘을 키우기 위해 종족 문제를 이용해 온 역사가 있다고 생각하는데, 이와 같은 효과가 발생하는 것이 자연스러운가?

민꼬 나잉: 군부 외에 다른 사람들도 있다고 생각한다. 무기를 가진 이들뿐 아니라 돈을 가진 이들이 문제를 복잡하게 만듦으로써 자신의 이익을 얻고자 한다. 해당 지역뿐 아니라 양곤, 만달레이 같은 다른 지역의 문제들도 마찬가지다. 미얀마 문제를 외부의 힘을 빌리지 않고 내부의 힘으로 해결하고자 하는 이들도 존재한다. 가령 소방차가 불이 난 곳에 가면 환영과 감사를 받고 소방수는 보람을 느낀다. 그러나 일부 소방수들은 자신이 언제나 영웅이 되고 싶어 화재가 많이 나면 좋겠다고 생각한다. 이런 식으로 생각하는 사람들이 적지 않다. 나는 불이 나기 전에 불을 예방하는 역할이 소방수에게 가장 중요하다고 생각한다. 아웅산 수지는 그녀가 정치능력이 없다고 주장하는 이들에 의해 이용되고 있다. 이 문제를 둘러싸고 여러 사람들의 이해관계가 심하게 얽혀 있어서 각기 자기 의견만 주장할수록 문제가 심각해진다. 아라칸군, 아라칸 정당까지 이야기하면 문제가 너무 복잡해진다. 많은 사람들의 이야기를 듣고 판단하는 것이 필요하다. 나는 이해당사자가 아니기에 내 설명에 거짓이 하나도 없다는 점을 강조하고 싶다.

박은홍: 국제사회의 순수하지 못한 의도에 비해 군부의 순수하지 못한 의도를 강조하지 않는 것 같다. 민주 정부가 제대로 경제 및 종족 문제를 관리하지 않으면 군부가 다시 지원을 받아 민주주의 후퇴, 군부 정권이 재집권한 예를 많이 봐왔

다. 따라서 군부의 관여를 더욱 깊이 있게 봐야 하는 것 아닌가 싶다.

민꼬 나잉: 중요한 질문에 감사드린다. 물론 군부의 책임을 언급할 수 있다. 가장 중요한 문제이기 때문이다. 그러나 그 이야기를 하는 순간 앞의 모든 이야기의 의미가 작아지거나 없어져버린다. 현재의 우리 상황을 언급하면 어떤 마을의 어떤 집에 화재가 났을 때 물을 길어 함께 화재를 진압하려고 노력하려는 상황이 아니라 그 틈을 타서 여기저기 집을 약탈하려고 달려드는 사람들이 많은 것과 같은 상황이다. 나는 어떤 문제가 생기면 친구와 동료들의 경험 혹은 내가 직접 경험한 것으로부터 문제를 분석한다. 그렇다 보니 내가 어떤 문제를 정확하게 해석하고 있다고 생각하지는 않는다. 어떤 문제든지 한 집단으로 인해 발생하지 않는다. 지난 2월 아웅산 수지가 아라칸 지역에 문제가 생길지 모르니 군대를 보내라고 말했으나 군부는 병력을 파견하지 않았다. 선거를 통해 당선된 민간정부의 말을 군부가 이행하지 않는 어려운 상황을 생각해보라. 결국 이를 해결하려면 헌법 개정 문제 이야기도 꺼낼 수밖에 없다. 죽고 다치며 지켜온 민주화운동의 지도자인 아웅산 수지의 이미지가 추락하고 있다. 민간 정부의 병력 파견 요청을 거부한 군부가, 아라칸 정당 대표가 병력을 파견해달라고 했을 때는 군대를 보냈다. 이런 부분을 어떻게 해석해야 할지 생각해볼 필요가 있다. 이것은 로힝야 문제와는 별개의 내용이지만, 아라칸 군대와 정부 군대 간의 충돌 같은 문제도 포함해 다 같이 생각해봐야 한다. 군부의 의도가 있다.

박은홍: 아웅산 수지로 화제를 돌려보자. 그가 최측근인 틴 쩌를 대통령으로 세우고 국가고문이 되어 대통령 위에서 군림하고 있다. 그로 인해 미얀마 대통령이 누구인지 모르는 사람이 많다. 아웅산 수지가 최측근인 틴 쩌를 대통령으로 세우고 간접통치하는 점, 대통령 위에서 통치하는 점 때문에 아웅산 수지를 대통령으로 생각하는 사람, 대통령의 이름도 모르는 사람들이 많다는 것까지 관찰된다. 당신과 같은 민주화운동 세대를 위한 배려도 찾아보기 힘들다. 이런 행보로 인해 로힝야 사태가 있기 이전부터 아웅산 수지에 대한 실망감이 국제사회에서 일기

시작했는데, 이를 어떻게 생각하는가?

민꼬 나잉: 동의한다. 현 정권의 한계다. 지금은 한 사람 중심으로 가는 것으로 보인다. 팀으로 가야 한다. 국제사회의 시선에서도 잘 보이는 팀이 되어야 한다.

박은홍: 군부의 정치 개입을 노골적으로 제도화한 현행 헌법이 문제가 많은 것은 분명하다. 그러나 법치를 비껴가는 아웅산 수지의 통치 방식에 '88세대'가 건설적인 비판을 하지 않는 이유는 무엇인가?

민꼬 나잉: 완전한 원 모양이 되어야 할 우리의 현행 헌법이 비뚤어진 불완전한 모양이라는 점이 문제다. 현재의 헌법을 준수하는 문제를 일그러진 찻잔의 뚜껑이 잘 닫히지 않는 모습에 비유할 수 있다. 나는 아웅산 수지에게 자문, 제안 등을 계속해왔다. 아웅산 수지는 우리의 이야기를 잘 들어준다. 하지만 함께 일하는 것에는 한계가 있다. 함께하려면 정계에 들어가야 한다. 반면 시민사회에 있으면 시민과 함께하면서 더 자유롭게 발언하고 충고해줄 수 있다. 나는 시민사회의 입장을 대변해 활동하는 것이 좋다. 지금은 많은 사람들이 아웅산 수지를 지지해야 하는 시기다.

박은홍: 테인세인 정부 때 인물이 현재 교육부 장관을 하고 있는 것 등, 정부가 교육을 강조하면서 보여주는 모순 등에 제대로 직언하지 못하는 것은 시민사회의 역할을 제대로 하지 못하고 있다고도 볼 수 있지 않을까?

민꼬 나잉: 동의한다. 교육뿐 아니라 예산 부족 또한 50년 이상 축적된 문제다. 미얀마에는 현재 갖고 있는 제도도 제대로 작동하지 않는다. 그래서 먼저 현 제도의 틀 안에서 제대로 일해야 한다고 주장하는 것이다. 또 일반 시민들의 생각이나 태도도 매우 중요하다. 얼마 전 초등학교에서 담임교사가 여자아이와 남자아이들의 옷을 모두 벗기고 체벌해 문제가 되었다. 미얀마 사회는 옷을 벗긴 것만 문제라고 생각하지만, 우리는 옷을 벗긴 것과 체벌 모두 문제라고 생각한다. 아직까지 미얀마의 사고방식은 이런 수준이다. 일반 시민들의 사고방식을 내가 장관, 국회의원이 되어 변화시킬 수 있다면 그렇게 하겠다. 그러나 그것이 해결 방

식이라고 생각하지 않는다. 아직까지 미얀마에서는 공부는 학교 안에서 하는 것이지 밖에서 하는 공부는 잘못된 것이라고 생각한다. 이것이 현재 미얀마의 상황이다. 그래서 내가 할 수 있는 것, 하고 싶은 것은 어린이들부터 변화시키는 것이다. 어린이들을 통해 사회를 변화시키는 것은 20년 정도 걸릴 수 있다. 오랜 시간이라고 말하지만 그렇지 않다. 나도 감옥에서 20년을 살았다. 투자할 만한 가치가 있는 시간이다. 어린이들의 변화를 위해 부탁하고 싶다. 나를 도와주고 내게 제안해달라. 나는 어린이, 청소년을 위한 일이 매우 중요하다고 생각한다. 미얀마 교육제도는 비판적 사고, 문제해결을 위한 사고와 멀다. 맹목적인 답습에만 치우쳐 있다. 자기 문제를 자기 스스로 해결할 수 있는 사람으로 키우고 싶다.

박은홍: 현재는 엄중한 상황이다. 이 시기를 제대로 관리하지 못하면 군부가 권력을 다시 얻을 수 있다. 아웅산 수지 다음의 정치 지도자가 부재하다는 것에 공감한다. 미얀마는 '지도자'에만 너무 집중하는 경향이 있다. 내가 느끼는 문제는 정책 홍보에 소홀하다는 점이다. 다른 하나는 군부 활동의 문제점이다. 이들이 말하는 '국가 화해'라는 단어를 다시 생각해야 할 것 같다. 또 이전 정부가 만든 제도 하에서 일한 사람들이 현재까지 계속 업무를 보는 것은 변화의 걸림돌이다. 있는 제도 속에서 정책을 실행시키지 못한다는 비판, 아웅산 수지가 테인세인보다 못하다는 비판에 직면할까 걱정된다. 따라서 민꼬 나잉 당신이 제도권 안으로 들어가 변화를 만들어야 한다. 좋은 의식을 만들려면 좋은 제도가 먼저 있어야 하기 때문이다. 아웅산 수지는 이들과 비교하면 후배를 키우는 데 노력을 기울이지 않는 것 같다.

민꼬 나잉: 2015년 선거 전에 소문이 있었다. 군부는 우리가 선출되지 않도록 모든 노력을 기울일 것이고, 선출되어도 모든 방법으로 우리를 방해하고 무너뜨리려 할 것이라는 소문이다. 우리는 어떤 계획을 세워야 할지 고민하고 있었다. 내가 정계에 입문하면 또 한 사람의 정치인이 추가될 뿐이다.

박은홍: 현행 헌법에서는 군부가 자동으로 전체 의석의 4분의 1을 차지하고, 아웅

산 수지의 대통령 취임을 가로막고 있다. 헌법 개정에 대한 생각은 어떤가?

민꼬 나잉: 개정은 물론 필요하다. 현재 문제되는 점들을 고치는 데 '21세기 필롱회의' (미얀마 내 여러 민족 간의 화해를 위한 정치적 대화)가 중심이 되어야 한다. 필롱회의야말로 일반 시민들이 합법적으로 정치적 대화를 할 수 있는 자리이기 때문이다. 헌법 개정과 연방주의로 나아가기 위한 길을 함께 모색해야 한다. 현재 나도 중립 집단으로서 참여하고 있다. 주로 소수민족 분쟁과 관련한 목소리를 내고 있으며, 대부분 긍정적으로 받아들여지고 있다.

박은홍: 그 대화 자리에서 로힝야 문제도 다루는가?

민꼬 나잉: 135개 민족 중심의 문제가 다루어지기 때문에 로힝야 문제는 언급되지 않는다. 만약 그들을 위해 할 수 있는 것이 있다면 시민권을 인정하는 수준까지가 될 것이다. 나도 (소수민족인) 몬족 출신이지만 내 민족을 드러내는 활동을 하지 않는다. 민족주의는 민주주의, 더 나아가 전 세계에 위협을 줄 수 있는 문제다. 로힝야 문제를 시민권 문제로 다가서면 해결이 단순해질 수 있다. 21세기 필롱회의 안에서 우리는 지역, 지방 단위의 공동의 가치에 공통된 의견을 갖고 있다. 중앙집권적 정부가 아니라 연방주의를 발전시켜야 한다는 것에 모두 동의한다. 그러던 중 로힝야 문제가 발생했다. 이 문제는 아주 복잡하다. 무장투쟁 집단의 뒤에 중국, 유럽 등 여러 세력이 있을 수 있다. 미얀마에는 민족연합위원회라는 단체가 있어서 소수민족 권리와 평화적 공존을 위해 정부와 협상하고 있는데, 여기에 소속된 단체들 중 탈퇴하고 다른 단체에 참여하는 등의 일이 벌어지곤 한다. 이것도 국제사회와 어떤 연관성이 있지 않을까 추정한다.

박은홍: 아라칸 지역은 1960년대에서 1970년대까지만 해도 큰 문제가 되지 않았다. 사람들을 만나면서 로힝야들이 그들 고유의 역사와 언어 등을 가지고 있다는 주장과 이를 뒷받침할 자료들이 있다는 이야기를 들었다. 이런 주장은 어떻게 생각하는가?

민꼬 나잉: 그들이 표현하고자 하는 바를 위한 출판의 자유가 있다는 점을 인정한

다. 그러나 그 내용 자체가 문화, 역사와 관련되었을 경우 출판 자체가 그 안의 내용이 역사적 사실이라고 인정하기는 힘들다. 그들의 권리를 표현하는 데 있어 평화적으로 표현하는 방법들이 있다고 생각하며, 분쟁을 일으키는 방법은 좋지 않다.

박은홍: 로힝야를 민족으로서 인정해 135+1개 민족으로 나아간다면 발생하는 문제점이 있을 것이라고 보는가?

민꼬 나잉: 누구나 자신의 민족, 역사를 주장할 권리가 있다. 그러나 그 진위 여부는 전문가가 판단할 일이다. 내가 원하는 것은 자신의 주장을 할 때는 언제나 평화적인 방법을 사용해야 한다는 점이다. 항상 문제가 있고, 그것을 해결할 제도가 있다. 문제를 제도 안에서 해결하려는 노력이 필요하고, 만약 그 제도에 부족한 부분이 있으면 제도를 개선해야 한다. 부족한 제도 안에 문제점을 맞추면 안된다. 문제가 터졌을 때 전문가들이 국회에서 해결해야 한다는 것 정도밖에는 말할 수 없을 것 같다.

박은홍: 핀롱회의에서 특별 안건으로 아라칸 지역의 문제를 다룰 수 있는가?

민꼬 나잉: 현재 135개 민족의 사안을 다루기에도 여유가 없다. 현재의 제도상으로는 135개 민족의 문제밖에 다룰 수 없다. 제도적으로 합법화하는 것을 평화적으로 하자는 것이 나의 바람이다.

박은홍: 국제사회에서는 로힝야 무슬림들이 다른 평화적 선택의 기회가 없어서 결국 무력을 사용했다고 이해하고 있다. 이에 대한 의견은?

민꼬 나잉: 평화적인 방법으로 해결하는 것이 어렵다는 것은 사실이다. 그럼에도 불구하고 기회를 찾아야 한다.

시민운동가 네윈과의 인터뷰
(2017년 10월 1일, 양곤)

박은홍: 로힝야 인권 문제에 관심이 많아지고 있다.

네윈: 로힝야는 미얀마에 존재한다. 로힝야는 시민이자 소수민족이다. 로힝야를 없애려고 하는 것은 군부다. 군부가 로힝야 존재를 없애려고 하는 것은 나치가 유대인을 핍박하는 것에 비할 수 있다. 1980년에 나는 수의과대학을 다니고 있었다. 나의 동기 중 한 명이 로힝야 출신이라서 로힝야에 관심을 갖고 살펴보기 시작했다. 1942년 로힝야는 영국과 연대해 일본군과 싸웠다. 당시 영국은 자국이 이길 경우 로힝야를 소수민족으로 인정해주는 것을 거래로 로힝야에 일본과 아웅산 장군을 상대로 싸울 것을 제안했다. 그 후 우누가 로힝야를 미얀마의 소수민족으로 인정해준 것을 기억한다. 방송에서도 소수민족 문제를 다루기도 했는데, 그 안에 로힝야의 목소리도 있었다. 대학 안에서도 로힝야 동아리 같은 것이 존재했다. 그 당시까지 로힝야는 144개 민족 중 하나로 인정되었다. 쿠데타 이후 1973년 네윈이 다시 소수민족을 135개로 정리하면서 로힝야를 비롯한 일부의 소수민족이 제외되었다. 2003~2004년 탄쉐 정부 때부터 로힝야는 없다는 주장이 있다. 테인세인 정부 때는 로힝야 자체를 완전히 거부하기 시작했다. 현재 이 거짓말, 즉 벵갈리(로힝야)는 없다는 주장은 완전히 자리잡았다. 시민들이 이런 군부의 주장을 받아주기 시작한 이유는 첫째, 낮은 교육수준에서 기인한다. 사람들이 비판이나 분석 없이 그들이 듣는 것을 맹목적으로 받아들인다. 둘째, 미얀마의 민주주의 수준이 낮고, 내셔널리즘과 종교의 영향이 강하기 때문이다. 군부의 거짓말을 쉽게 받아들이는 국민 교육수준은 민주화가 안 되는 이유와 밀접하게 연결된다.

박은홍: 1982년이 국가가 인정한 소수민족 정리 완료 시점이라는 주장은 어떻게 생각하는가?

네윈: 1982년의 제도는 사람들을 위해 만든 제도가 아니다. 그 제도는 소수민족, 시민, 임시시민, 외국인을 비롯해 국민을 여섯 부류로 나누었다. 나의 아버지는 중국인이다. 민족이 아닌 일반 시민이기에 나는 국회의원이 될 수 없다. 형들은 아버지가 외국인이었기에 의대에 진학할 수 없었다. 중국 출신 또래 중에는 아직까지도 시민권이 없는 이들이 있다. 그 당시 제도는 1세대는 시민권을 주지 않았고 3세대에 가서야 시민권을 주도록 했기 때문이다. 나의 아버지는 1979년경 임시시민으로 인정받았고, 그 후 형과 달리 나는 수의대에 진학할 수 있었다. 100년이 지나야 시민권을 인정하는 3세대 시민권 제도는 제도 자체보다 실행으로 인한 문제가 더 심각하다. 불교를 믿는 중국인도 이렇게 탄압받는데, 기독교나 이슬람교도들은 더한 차별을 받는다. 일례로 나의 친한 친구 중 한 명은 중국인으로 2세대다. 자신의 아이가 3세대라 무조건 시민권이 나와야 한다. 아이가 18살 성인이 되어 시민권을 신청했는데 취소당했다. 졸업장도 요즘에는 신분증을 보여줘야 받을 수 있다. 아는 사람 딸이 졸업해 신분증을 이번에 신청했다. 딸은 3세대로 시민권을 받을 수 있는 조건이다. 그러나 딸이 무슬림이라고 했더니 거절당했다. 현재 상황이 더 심각하다. 작년에 일어난 일이다. 출입국은 내무부 소속이다. 3세대가 시민권을 딸 수 있음에도 중간에 취소되는 사례가 민족민주동맹 정부 안에서도 발생하고 있다. 이전부터 그랬지만 테인세인 정부 때부터 벵갈리라는 단어가 사용되었다. 로힝야 지우기가 강화되었다. 로힝야의 거주지 이동을 제한했고, 이동하기 위해 당국에 신고해야 한다는 신고제가 도입되었고, 정부의 승인을 받아야 결혼할 수 있도록 하는 등 정책이 변경되었다. 카드가 그린카드에서 레드카드로 변경되었는데, 해방 이후부터 발급 시작된 그린카드를 레드카드로 바꿔 주지 않고, 그린카드를 취소하고 로힝야들에게 화이트카드를 내주었다. 탄쉐에서 테인세인으로 넘어갈 때, 테인세인은 우수마라는 로힝야 출신 인물과

연대해 우수마의 득표를 위해 해당 지역 로힝야들에게 잠시 투표권을 인정해주었다. 개인적으로 화이트카드 소지자에게도 투표권이 있다고 생각하지만, 당시 정부는 투표권을 주지 않았고, 정부가 필요한 경우 득표를 위해 일부에게 투표권을 잠시 열어주기만 했다. 현재는 이들에게 화이트카드도 주지 않고 카드 발급 자체를 하지 않아 무국적자가 되었다. 이들을 최근에 미얀마로 건너온 사람으로 만들었다. 마 띠다 뛔라는 여인의 강간 살인사건을 크게 부각시켜 무슬림 대 불교의 분쟁으로 만들었다. 인종청소와 같은 살인행위가 일어나고 있다. 국경지대의 경우 미얀마에서 다른 나라로 도망가는 사람이 더 많고, 들어오는 사람이 별로 없다는 사실은 그곳의 힘든 상황을 설명하고 있다.

박은홍: 화이트카드에게 잠시 선거권을 준 것은 테인세인 정부 때인가?

네윈: 탄쉐에서 테인세인으로 넘어갈 때의 일이다.

박은홍: 그린카드, 레드카드, 화이트카드의 차이는 무엇인가?

네윈: 1982년대에 그린카드를 발급(시민권이 아닌 거주증)했다. 그린과 레드는 신분증의 색깔 차이다. 1982년 이후 그린카드가 있는 모든 사람은 레드카드를 받을 수 있어야 했다. 현재 시민이라면 모두 레드카드를 가지고 있다. 그러나 당시 로힝야들에게는 레드카드를 주지 않고 화이트카드를 준 것이다. 화이드카드는 임시카드라는 뜻이다. 나중에 다른 카드로 바꿔 주어야 하는 카드인 것이다. 그동안 통치자들은 민족 간의 이간질을 많이 해왔다. 미얀마 내 경제 · 정치 문제가 발생할 때 외교 문제를 만들었다. 1967년에 미얀마–중국 분쟁을 만들었고, 2012년 마 띠다 뛔 강간 사건 이전에 아라칸 원주민들이 정부 정책에 불만을 품고 경찰들과 대치한 일이 있었다. 그러다가 갑자기 마 띠다 뛔 사건이 일어났고 정부에 대한 불만이 벵갈리 무슬림, 로힝야들에게 옮겨가도록 문제를 전국화시켰다. 그리고 일반인들에게 의도적으로 이들에 대한 나쁜 인식을 심기 시작했다. '마바타' 같은 극단주의 불교 단체 지도자들도 시민들의 그릇된 믿음을 심는 데 동원되었다. 어떤 스님은 불교도 사이의 강간은 봐줄 수 있지만 무슬림에 의한 불교

미얀마와 타이 청년들의 세 손가락 혁명

신자의 강간은 있을 수 없다고까지 했다. 이렇게 시민들에게 벵갈리 무슬림, 로힝야에 대한 좋지 않은 인식을 심어 시민들이 해당 문제에 공포감을 갖도록 하고 있다.

박은홍: 민족들 중에는 로힝야가 아닌 무슬림도 있는데, 다른 소수민족에 비해 유난히 로힝야에 대한 악감정이 많은 이유가 무엇인가? 민주화운동가들도 예외 없이 로힝야 자체에 거부감을 가지고 있는 경우를 많이 보았는데, 특별한 이유가 있는가?

네윈: 무슬림 민족들이 미얀마 내에도 많이 있다. 반차비, 까만, 주리아 등이 그들이다. 그들은 135개 종족에 포함된다. 로힝야는 아라칸에 있는 부디다마운도 지역에 모여 거주하는 다수의 무슬림들이다. 그 지역 외에서는 소수자다. 로힝야 언어 자체가 문제가 되는 경우가 있어서 벵갈리로 자신을 표현하는 경우도 있다. 미얀마 내에서 500~600만 명의 무슬림 인구 중에서 로힝야는 100만 명 정도로 생각된다. 아라칸 주민들과 로힝야의 문제는 제2차 세계대전 때문에 시작되었다고 생각된다. 로힝야는 영국과 연대, 아라칸 주민은 일본과 연대해 전쟁을 벌일 당시 로힝야들이 아라칸 주민을 배신자로 비난하며 4만 명 정도를 죽인 일이 있었는데, 그 이후로부터 아라칸과 로힝야 간의 사이가 나빠졌다는 이야기를 로힝야 출신 친구에게서 들었다. 아라칸 주민과 로힝야 사이의 문제는 어디서부터 시작되었는지 정확히 알 수는 없다. 그 지역에서 무슬림, 로힝야에 대한 감정이 좋지 않다. 자신들보다 하찮은 존재들, 노동자나 노예로 생각해오는 것 같다. 문화적으로 이런 인식이 정착되어버렸다. 그렇기에 이들에 대한 군대의 진압과 살인 행위 또한 반대하지 않고 그대로 받아들이는 듯하다. 그들은 인간을 보호해야 하는 존재로 생각하지 않는다. 군부에서는 국내 문제가 생길 때마다 시민들의 관심을 다른 곳으로 돌리고 있는데, 항상 아라칸 지역을 문제로 만들어 수도로 가지고 왔다. 카렌 지역 무슬림 주민들이 지역을 벗어나 이동할 때는 신고해야 한다고 주장했다. 무슬림들의 안전을 위한 보호조치라고 설명하는데, 그들의 인권을

생각하면 말이 안 되는 주장이다.

박은홍: 아웅산 수지는 코피 아난의 제안에 따라 아라칸 지역의 분쟁을 해결하겠다는 의지를 갖고 있는데, 코피 아난과 아웅산 수지의 대처 방식을 어떻게 생각하고 있는가?

네윈: 로힝야를 포함해 소수민족에 대한 아웅산 수지의 입장을 지지했으나 2010년 이후 아웅산 수지를 보는 입장에 변화가 생겼다. 첫 번째 이유는 그가 군부의 인종청소와 인권탄압을 덮어주는 언급을 했다는 것이다. 이번 사건은 무슬림만 죽은 것이 아니라 로힝야들에 의해 불교, 기독교, 기타 소수민족들 역시 사망한 사건이라고 설명했다. 둘째, 도망가는 로힝야들을 일반 사람들이 아니라 테러리스트, 범죄화했다. 이것은 내가 생각해오던 아웅산 수지의 모습이 아니다. 코피 아난 보고서의 경우 보고서 자체보다 코피 아난 자체에 약점이 있다. 유엔 사무총장 시절에 르완다 학살이 일어났을 당시 유엔이 당시 적절히 대처하지 못해 비판을 받았는데, 유엔 역사에서 지울 수 없는 오점이 바로 그때라고 반기문 유엔 사무총장도 언급한 바 있다. 이런 사람이 여기에 와서 해당 문제를 조사하는 것이 옳은가? 보고서는 아라칸과 로힝야 사이의 문제 해결을 중심으로 작성되었다. 그러나 이것은 두 번째 문제이고, 첫 번째 문제는 군부의 인종청소다. 이런 면에서 코피 아난 보고서를 가지고 현재 문제를 해결해야 하는 것은 한계일 수밖에 없다. 군부 탄압 문제를 해결하지 않으면 아라칸-로힝야 문제를 해결할 수 없다. 경제개발 사업이 진행 중인데, 지금 사람들이 죽어가는 상황에서는 순서가 잘못되었다.

박은홍: 현실적으로 아웅산 수지가 군을 통제하기 어려운 부분이 있지 않나?

네윈: 현행 헌법 안에서 정부의 한계는 인정한다. 그러나 인권과 진실에 대한 목소리는 내야 한다. 가택연금에서 풀려난 이후 진행된 아웅산 수지의 인터뷰에서, 미얀마와 국제 시민사회가 군부가 저지른 잘못, 즉 정치범 탄압, 소수민족 탄압, 인류에 반하는 전쟁범죄를 국제형사재판소(ICC)에 제소해야 한다는 목소리에 부

정적인 의견을 비치며, 문제가 있는 것은 사실이지만 미얀마 국내에서 해결할 수 있다고 답변한 적이 있다. 선거와 정치적 성공을 의식한 발언이 아닐까 싶다. 그 당시 국제형사재판소에 제소했다면 지금 이 상황까지 왔을까 하는 생각이 든다. 군부 또한 그 당시의 어떤 제제도 받지 않았기에 이런 식으로 행동하는 것 같다. 군부를 제재할 더 이상의 기회가 없어진 것이 아닌가 싶다.

박은홍: '21세기 핀롱회의'에서 정부는 부모이며 국민은 자녀라는 아웅산 수지의 멘트, 그의 최측근들과만 상의하는 모습 등 그의 리더십 스타일이 로힝야 문제 해결과 어떤 관련이 있는가?

네윈: 그때 아웅산 수지가 어떻게 발언했는지는 현재 자세히 기억나지 않는다. 그러나 정부를 부모로, 시민을 자녀로 표현한 것 자체는 받아들일 수 없는 일이다. 미얀마 사회의 큰 문제 중 하나가 정부가 시민을 언급하는 방식이다. 테인세인 대통령 때부터 연설할 때, 시민들에게 시민 여러분이 아니라 부모 여러분으로 말한다. 지금도 마찬가지로 다른 정당들도 그런 말을 한다. 이것의 유래를 따져보니 1988년 88민주항쟁 당시 버마전국학생연합(ABSFU)이 시민들에게 호소할 때 쓴 말이었다. 부모든 자녀든 둘 다 받아들일 수 없는 과장된 표현이다. 테인세인, 탄쉐도 자기 주변 사람들을 부를 때 아버지라는 단어를 사용했고, 아웅산 수지도 주변 사람들을 어머니라고 불렀다. 과장된 표현이다. 아웅산 수지의 독단적인 행보는 가택연금이 풀린 이후부터 시작된 것 같다. 2010년 선거 참여를 두고 민족민주동맹 투표 결과 참여하지 않는 것으로 결정했다. 아웅산 수지도 같은 의견을 갖고 있었다. 그러나 가택연금 이후 테인세인 대통령 집을 방문해 대통령 부부를 만나, 그곳에 있는 아웅산 장군의 사진을 보고 테인세인 대통령 부인이 울면서 대화한 것 등을 겪은 이후부터 아웅산 수지의 행보에 변화가 생겼고 선거에 참여하겠다고 의견을 바꾸었다. 민족민주동맹은 아웅산 수지가 선거를 반대할 때도 지지하고, 아웅산 수지가 선거를 지지할 때도 같은 모습을 보였다. 아웅산 수지의 성격도 문제이지만, 민족민주동맹 자체도 생각이 부족한 것 같다. 장

기적 · 정치적 안목이 부족하고 아웅산 수지만 바라보는 것이 아닌가 하는 생각이 든다. 로힝야 문제도 여러 사람과 대화하기보다 일부 측근의 의견만 듣고 있는 것이 아닌지 싶다. 테인세인 재임 시절에 민족을 지키는 제도들이 만들어졌다. 가령 불교 믿는 여자와 타종교를 믿는 남자는 결혼할 수 없다. 그러나 결혼하려면 개종해야 하는데, 정부의 승인이 필요하다. 불교 신자도 개종하려면 정부의 승인이 필요하다. 부부 사이의 싸움에서도 부부 중 한 명이 타종교인이고 상대방의 종교가 불교일 경우, 싸움 도중 불교를 모욕하면 불교모욕죄로 신고할 수 있다. 불교모욕죄는 3년형에 처해진다. 이런 제도는 자유를 탄압한다. 미얀마는 불교에 있어서는 자유로워 보여도 실제는 불교조차 자유롭지 않다. 개인적으로 하고 싶은 말이 있다. 감옥 안의 상황, 즉 강제노동, 사형장 등은 전쟁, 군대와 관련되어 있다. 이것은 국제형사재판소에 제소해야 하는 문제 중 하나다. 아직도 강제노동 등의 문제가 심각하다. 이 문제가 빨리 해결되기를 바란다.

박은홍: 아웅산 수지 주변의 비판 세력 여부와 군부의 의도는?

네윈: 아웅산 수지에게는 비판 세력이 필요하다. 아웅산 수지 옆에서 그녀보다 진보적인 지식을 통해 비판해줄 지식인들이 없는 것 같다. 미얀마 군대는 미얀마의 다수 민족인 버마족이 국가를 통치하는 것을 원한다. 그렇게 되기를 바라며 제도를 만들어가고 있다. 다른 소수민족들 또한 정도의 차이가 있을 뿐 로힝야와 마찬가지로 정부로부터 탄압을 받고 있다.

박은홍: 민꼬 나잉, 꼬꼬지 등 수많은 '88세대'들은 군부의 인권탄압 피해자였는데, 이 세대들마저 군부의 민족주의, 쇼비니즘에 휘말리고 있다고 보는가?

네윈: 민꼬 나잉 등 '88세대'는 괜찮은 사람들이라고 생각한다. 그들은 카렌, 친 등 소수민족 입장에서 정부와 군부에 의견을 전달하고 있다. 다만 로힝야 문제는 의견을 내고 있지 않다. 자신의 민족 · 종교적 애착에서 벗어나야 진실을 찾을 수 있다. 자신의 민족, 종교, 땅, 나라, 사회 등을 가지고 진실을 찾을 수는 없다. 가령 타이와 미얀마 사이에 전쟁이 날 경우 타이 시민은 타이를, 미얀마 시민은 미

얀마 편을 들어서는 안 된다. 어떤 정부, 군대가 잘못했는지 따지고 비판하는 것이 맞다. 그런 의미에서 나는 빌 클린턴, 모하메드 알리를 좋아하는데, 이들은 민족주의에서 벗어나 베트남전쟁에 반대했고 모하메드 알리는 반전운동으로 감옥까지 다녀왔기 때문이다. 민족주의를 버리고 세계시민의 입장을 가져야 한다. 로힝야 문제도 이런 세계시민의 눈으로 바라보면 '88세대'가 이 문제를 보는 것과 다른 방식으로 바라볼 수 있을 것이다.

박은홍: 민족민주동맹은 연방주의를 만들어 가려는 신념을 간직하고 있으면서도 왜 로힝야 문제는 군부와 입장 차이가 없는가?

네윈: 로힝야 역사에 대한 지식 부족과 군부에게서 받은 영향, 즉 군대가 하는 이야기에 세뇌된 것을 주된 이유로 보인다. 이들은 1982년 제도에 따라 시민권 여부를 따지겠다는 의견을 가진 것 같다. 로힝야에 대한 의견의 경우 시민은 될 수 있으나 민족은 될 수 없다는 것이다. 내 아이들도 그렇게 생각한다. 이 문제에 대해 이렇게 세대차이가 있을 만큼 입장 차이가 극명하다. 일반 대중과 민족민주동맹의 입장은 크게 다르지 않다.

박은홍: 당신이 생각하는 로힝야 문제의 해결 방법은 무엇인가?

네윈: 국제 압력밖에 없다. 내부적으로 해결하는 것이 너무 힘들다. 군부에 대항하기 위해 국제 연대가 필요하다고 생각했던 미얀마 사람들이 세계 시민사회에 군부와 입장이 가까운 자신들의 입장을 지지해달라고 호소하는 것은 모순이다. 이렇게 내부 상황이 복잡하기에 유엔의 적극적인 개입이 필요하다.

박은홍: 미얀마의 교육제도는 민주주의 이행 이전과 이후에 어떤 변화가 있다고 보는가?

네윈: 식민지 시기에 가장 좋은 교육제도를 가지고 있었던 것 같다. 두 번째로 해방 이후 우누 시대가 좋았다. 네윈 초기 시대까지는 교육제도가 좋았는데 1985년 이후부터 악화되었다. 그전까지는 유네스코 입장과 마찬가지로 학생들의 교육은 자국어 교육으로 하는 것이 가장 좋다는 생각 아래 수업을 자국어로 진행했다.

그러던 중 1984년경 네윈 딸이 미국에서 공부하는데, 영어를 못하는 딸을 미얀마의 교육제도 탓이라고 생각해 고등학교 1학년부터 미얀마어 과목 외에는 모두 영어로 수업하도록 정책을 바꾸었다. 자국어를 통한 교육이 가장 중요하다고 생각한다. 수학, 지리 등 외국어 서적을 번역해 수업 자료를 다시 미얀마어로 바꾸어 수업하는 것이 필요하다. 네윈 집권 시절 모든 과목을 영어로 수업하는 정책으로 선회하면서 학생들의 지식도 떨어지고 영어 실력도 떨어지는 부작용이 생겼다. 대학 수업도 미얀마 전공을 빼고 영어로 수업하는 중이며 이 정책은 현재까지 지속 중이다. 아웅산 수지가 이 문제에 감수성이 없는 것 같다. 네윈 시절 유명한 교육 전문가들이 있었는데, 이들이 인도계, 중국계 등이라는 이유로 모두 퇴출되었다. 이들은 교육제도를 바꾸자는 목소리를 지속적으로 내고 있다. 자기가 잘하는 언어로 해야 공부를 잘할 수 있다. 이것은 민족주의적인 시각에서 하는 말이 아니다. 공부의 깊이를 생각해서다.

박은홍: 미얀마 내 시민사회운동에 참여하는 교수들이 많은가?

네윈: 미얀마에서는 돈만 내면 학위를 딸 수 있는 경우가 대부분이다. 교수들 내에서 인권, 평화 감수성을 가진 사람을 찾기가 쉽지 않다. 다만 얼마 전부터 교사 연합체가 만들어져 초·중·고교 교사들을 비롯해 대학강사들도 이 연합체에 참여하고 있다. 이곳에 가입한 사람들 중 괜찮은 이들이 있다.

박은홍: 마지막으로 민족민주동맹, 아웅산 수지 등과 거리를 두고 시민사회운동을 하는 젊은 세대에게 하고 싶은 말이 있는지?

네윈: 민족, 종교, 언어, 국가 등을 따지지 말고 평등하게 살 수 있는 사회를 만들 수 있는 교육이 이루어졌으면 좋겠다. 모든 사람이 평등하게 살 수 있는 세상을 넘어 동물과 자연도 존중할 수 있으면 좋겠다. 될 수 있으면 육식을 자제하고 채식을 하면 좋겠고, 술과 도박도 멀리할 수 있으면 좋을 것 같다. 미래 세대가 빈부격차를 조장하는 자본주의에 반대하고 무상교육, 무상복지를 위해 힘쓰면 좋겠다. 나는 채식주의자, 인본주의자, 민주적 공산주의자다. 이 세상은 부처님, 하

느님이 만드는 세상이 아니라 사람들이 만들어 가는 세상이라고 생각한다.

박은홍: 세계 시민사회가 볼 때는 미얀마 국내에는 로힝야들을 위한 목소리가 거의 없어 보이는데, 세계 시민사회와 의견을 같이하는 이들이 미얀마 내에 존재하고 있다는 것을 알리고 국제사회에 목소리를 낼 생각이 있는가?

네윈: 이런 인터뷰를 통해 목소리를 내고 있고, 페이스북 등을 통해서도 의견을 알려야 한다. 로힝야 문제의 핵심은 군부에 있다.

사회민주연합전선(SDUF) 활동가 쪼꼬꼬와의 인터뷰
(2017년 9월 30일, 양곤)

박은홍: 한국 사회에서 로힝야 문제에 대한 관심이 고조된 가운데 한국의 시민사회는 아웅산 수지 정부가 문제를 잘 해결하지 못하고 있다는 비판이 있다. 로힝야 문제에 대한 의견을 듣고 싶다.

쪼꼬꼬: 첫째, 이 문제의 시작은 군부에 있다. 종교, 인종, 민족 간의 분쟁은 군부 독재가 지금 만들어 온 것들이다. 현재처럼 문제가 커진 것은 마 띠다 뛔라는 여성을 강간한 후 살인한 사건에서부터였다. 멀리 떨어진 변방에서 일어난 이 사건은 테인세인 정부, 마바타 등에 의해 미얀마 사회에 큰 문제로 부상하기 시작했다. 민족과 종교의 문제로 만든 것이다. 아웅산 수지 정부는 해결되지 못한 예전의 문제들뿐만 아니라 새로운 문제들 또한 해결하지 못하고 있는 상황이다. 본론에 앞서 내 입장을 확실히 하자면, 아라칸 지역에서 그 집단을 로힝야라고 불러왔다. 누구든지 자신이 만들어낸 이름이 있고 그것을 존중할 필요가 있다는 의미에서 나는 그 사람들을 표현하는 단어로서 로힝야라는 이름을 계속 사용하고자 한다. 로힝야 문제는 조작된 사건이다. 해당 지역에서 아라칸 민족이 인구로는 소수이고 로힝야 사람들이 많다. 다만 아라칸 사람들이 사장같은 역할을, 로힝야 사람들이 노동자 같은 역할을 담당했다. 아라칸 지역 내에서 로힝야에 대한 탄압, 차별 등의 문제가 있을지라도 (다른 민족들과) 어울려 살아왔으며 이 정도까지 문제가 불거지진 않았다. 그리고 그 지역은 바다와 인접한 군사적 요충지이다. 현 (문민)정부의 입장에서는 이 지역이 자신들의 통제하에 있는 것보다 군대 통제 아래 있는 것이 선호되는 지역으로 보인다. 무장투쟁 단체 아라칸군이 로힝야 지역 주민들의 지지를 받아온 것은 사실이다. 그러나 아라칸군은 협상 무장투

쟁조직 안에는 들어가지 않았다. 아라칸군 견제 차원에서 땃마도가 아라칸군은 이 문제를 해결할 수 없다는 인식을 심고자 하는 의도가 있는 것으로 보인다. 반면 아라칸 로힝야 구원군(ARSA)은 로힝야 스스로 힘들여 만든 단체일 수도 있다. 결코 크지 않은 단체를 크게 보이도록 했다는 측면에서 군부의 영향이 있지 않을까 추측한다. 그 과정에서 군은 군 의도에 맞는 홍보를 위해 미디어를 충분히 이용했을 수 있다. 이 단체에 대한 미얀마 시민들의 입장은 둘인데, 새총, 오래된 칼 등을 담은 사진들을 보고 매우 취약한 무장투쟁단체로 바라보는 입장과, 이와 상반되게 최신 무기들로 중무장한 그들의 사진들을 통해 위협적인 존재로 판단하는 시각이 공존한다. 이렇게 아라칸 로힝야(ARSA) 구원군의 실체에 대해 시민들이 혼란스러워 하는 가운데 테러에 대한 두려움과 거부감이 언론을 통해 증폭되고 있다.

박은홍: 하지만 얼마 전에 일어난 경찰서 습격 사건을 보면 그들의 위력을 무시할 수 없을 것 같다.

쪼꼬꼬: 이 사건이 터지기 전, 미얀마 경찰은 로힝야 마을을 포위, 제제, 통치함으로써 마을 사람들의 분노를 사왔으며 이것은 로힝야 주민들로 하여금 경찰들이 문제의 원인이자 그들의 적이라고 생각하게 만들기에 충분했다. 그래서 경찰서를 습격하게 된 것이다. 나는 이 사건을 테러가 아니라 로힝야 사람들이 자신들의 불만을 보여주기 위해 일으킨 반정부 시위, 반정부 투쟁으로 본다.

박은홍: 그렇다면 이 사건의 주체는 누구인가? 로힝야의 일반 주민들인가, 아라칸 로힝야 구원군(ARSA)인가?

쪼꼬꼬: 아라칸 로힝야 구원군이 갖고 있는 무기는 별로 없지만 사람 수는 많다. 일반 로힝야 주민들이 자신의 불만을 보여주기 위해 아라칸 로힝야 구원군과 같이 습격한 것으로 생각된다.

박은홍: 2014년 이후부터 사태가 심각해지고 있다. 아라칸을 지역 방문한 적이 있는가? 관련하여 개인적으로 어떤 행동을 진행한 적이 있는가?

쪼꼬꼬: 현재 나는 SDUF(Social Democratic United Front)에서 활동 중이다. 아라칸은 아직 가본 적이 없다. 그러나 국내외 기사, 군 발표 등을 열심히 보고 있다. 로힝야 문제는 종교와 인간 사이에 생기는 일반적인 문제가 아니다. 조작된 문제라고 할 수 있는 만큼 이를 시민들에게 알리고 있다. 어제는 워크숍을 진행했는데, 르네상스연구도서관(Renaissance Research Library)이 주최했다. 이 곳 리더들은 전버마전국학생연합(ABSFU) 회원들과도 많이 연결되어 있다. 이곳은 시민단체라기보다는 연구소의 성격을 지닌다. 단체라고 하면 군부의 관심을 받을 수 있어서 도서관이라는 이름으로 활동 중이다. 활동에 필요한 관련 자료들을 수집하고 있으며 선배들의 지원도 받고 있다. 신사회민주당(DPNS)의 아웅 모저 쪽에서도 지원해주고 있다. 이번 워크숍에서는 기독교, 무슬림, 힌두교, 불교 지도자 대표가 1명씩 참석하여 국내 문제 해결을 위한 토론이 진행되었다. 로힝야 문제는 심각한 문제이며, 문제의 근원은 종교가 아니라는 점, 시민들에게 이 점을 제대로 알려야 한다는 점에 모두 동의했으며 페이스북, 단체 웹사이트 등을 통해 홍보했다.

박은홍: 당신은 사회주의자인가?

쪼꼬꼬: 나는 사민주의자다.

박은홍: 1960년에 우누가 선거로 대통령이 된 후 바로 소수민족 문제가 불거졌다. 네윈이 국가의 안정과 질서 회복을 명분으로 해 쿠데타를 일으켰다. 이후 로힝야 문제가 확대되기 시작하면서 국제사회에서 아웅산 수지에 대한 신뢰도가 하락했고 아웅산 수지의 노벨상 반환을 요구하는 목소리도 나왔다. 반면 군대의 인기는 올라가고 있다. 이는 위험한 상황이라고 할 수 있다. 이렇게 가면 현행 헌법개정도 어려울 것 같은데, 어떻게 생각하는지? 민꼬 나잉 등 '88세대' 리더들은 로힝야 문제에 대한 아웅산 수지의 의견을 전적으로 지지한다고 표명했는데, 이에 대한 의견은?

쪼꼬꼬: 우누 정부와 현 아웅산 수지 정부의 상황은 많이 다르다. 우누 정부 당시

우누가 속했던 파사빠(독립 후 건국을 이끌었던 반파시스트인민자유연맹)라는 조직이 둘로 분열했다. 이는 우누의 힘이 약해지는 원인 중 하나가 되었다. 당시 쿠데타 이유로는 세 가지를 들 수 있다. 첫째, 군이 우누의 요청으로 위임 통치를 했던 1958~1960년 시절에 대한 향수를 느꼈던 것, 둘째, 군의 입장에서 우누가 좌파와 손잡고 세력을 키울 것을 우려했던 것, 셋째, 군이 군법이 헌법 위에 있다고 생각했던 것 등을 들 수 있다. 반면 우누와 아웅산 수지는 공통점과 차이점을 가지고 있다. 우누와 아웅산 수지와 공통점은 둘 다 시민들의 지지를 받는다는 것이다. 차이점은 첫째로 우누는 헌법 안에서, 아웅산 수지는 사실상 군법 안에서 정치를 하고 있다는 것이며, 둘째로 우누는 자신이 원하는 것을 진행함에 있어서 군대를 신경쓰지 않았으나 아웅산 수지는 군대를 의식하고 있다는 것이다. 아웅산 수지는 군의 입장을 염두에 두고 군에 반하는 일은 하지 않고 있다. 아웅산 수지가 군이 만든 2008년 헌법 안에서 어렵게 해나가고 있는 것은 사실이지만 그녀 스스로 자신의 자리에서 권력을 갖고 장기간 집권하고자 하기 때문에 군부의 의견에 신경을 쓰는 듯하다. 다음으로 헌법개정이 어려운 가장 큰 이유로 리더십 부재를 꼽을 수 있다. 헌법개정을 위해서는 일반시민과 국회는 각각의 임무가 있다. 일반 시민들과 정당들은 현재 헌법 개정 대 철폐로 의견이 갈리면서 분열되는 양상이며, 민족민주동맹과 국회는 헌법 개정 자체에 관심과 의지가 없는 것 같다. 헌법개정 운동을 위해 힘썼던 사람들이 국회의원, 즉 권력자가 되었는데 개정에 대한 의지가 없다. 정당들과 힘없는 시민들이 리더십을 만들어 이끌어야 하는데 주도하는 리더나 단체가 아직 없다.

박은홍: 아웅산 수지와 민족민주동맹 정권은 현행 헌법의 희생자라고 볼 수 있다. 2015년 선거에서 의석을 많이 얻고도 왜 이들은 헌법개정에 대한 의지가 약해졌는가?

쪼꼬꼬: 아웅산 수지 정부는 처음에는 헌법개정에 매우 적극적이었다. 한때 테인세인 정부 하에서 정치, 경제 등에 전문적이고 재능 있는 사람들을 포함한 많은

지식인들이 군대와 손잡고 국회에서 일하는 것이 미얀마의 미래, 민주화, 경제 발전을 위하는 것이라는 생각했는데, 이런 생각들이 민족민주동맹에까지 영향을 미쳐 세뇌당한 결과인 것 같다. 꼬꼬지도 그런 말을 하는 사람들 중 한 사람인데, 미디어를 통해 일반 시민들이 이런 믿음을 세뇌당하고 있는 것이다. 또 아웅산 수지와 민족민주동맹으로 가는 길이 미얀마를 위한 길이라고 믿도록 하고 있다. 그러나 이것은 잘못되었다고 생각한다. 또한 일반 시민들이 먹고 살기 힘들어 시위하는 것을 "시민들이 정부를 괴롭히고 있다, 뒤에서 누군가가 다 조종하고 있다"고 몰아세우고 있는데, 이런 식으로 민족민주동맹 정부에 대한 반대 의견을 경계하고 방해하는 분위기를 만들어 가고 있다. 리더십 조직화를 누가 주도적으로 할 수 있을까 고민했을 때, 초기에는 민꼬 나잉 같은 선배들을 떠올렸으나 그 선배들이 그런 길을 가지 않았다. 88항쟁 30주년 행사 준비를 위해 이들이 힘을 쓰고 있는 것은 알고 있다. 그러나 행사 자체도 중요하지만 과거 청산과 과거 역사에 대한 해석, 고백에 대한 의견이 있음에도 불구하고 현재 기념관 하나 만드는 것으로 끝내려는 것처럼 보인다. 지금 로힝야 문제가 발생한 이후 선배들은 아웅산 수지와 민족민주동맹을 여전히 지지하면서 우리의 땅을 보호해야 한다는 말을 계속 하고 있다. 왜 이런 말을 하는가? 로힝야는 독립하겠다는 이야기도 한 적이 없고 로힝야 지역을 인정해달라는 말도 한 적이 없는데 왜 우리 땅을 보호하겠다고 이야기하는가? 이들은 군대를 비판하지도 않고, 방글라데시 군대가 넘어오는 것도 아닌데 땅을 보호해야 한다고 말한다. 자기들도 모르는 사이에 군의 여론 조작에 말려든 것인가? 선배들의 마인드는 민족민주동맹 이중대를 보는 것 같아 실망했다.

박은홍: 이것을 세뇌라고도 볼 수 있을 것인가?

쪼꼬꼬: 먼저, 선배들이 너무나 편하게 정치를 하고 싶어하는 듯하다. 나이, 건강 문제 등을 고려할 때 아웅산 수지 다음은 누구여야 할 것인가에 대한 답이 없다. 아웅산 수지를 그대로 따라감으로써 '아웅산 수지 다음은 민꼬 나잉'이라고 말

하지는 않지만 스스로, 간접적으로 보여주고 있는 것 같다. 실제로 군이 민꼬 나잉을 좋게 보고 있다. 비즈니스를 하고 있는 군 측근들이 경제적 지원을 하고 있는 것으로 안다.

박은홍: 이것은 마치 아웅산 수지를 위한 정치적 짝사랑 같은데, 꼬꼬지 등 '88세대'가 총선 출마도 하지 못하고 다 잘리지 않았나? 아웅산 수지가 포스트 아웅산 수지로 그들을 키울 생각도 하지 않고 있는데 본인들만 그렇게 생각하고 있다는 것인가?

쪼꼬꼬: 민꼬 나잉과 꼬꼬지, 2개의 라인이 있는데, 민꼬 나잉은 정당 정치에는 관심이 없으며 아웅산 수지를 계속 지지하며 따라갈 것이다. 아웅산 수지의 힘이 완전히 없어졌을 때 그가 뭘 할 수 있을지 모르겠다. 꼬꼬지는 아웅산 수지를 지지하면서 민족민주동맹 편에서 국회의원이 되고 싶어한다. 그는 아직 자신을 아웅산 수지와 비교할 수는 없다고 판단하고 있는데, 이는 사람들이 아웅산 수지의 편인지 아닌지만 바라보기 때문이다.

박은홍: 정치현실주의에 대한 비판을 하고 있는 것 같은데, 이상주의와 현실주의의 중간을 걸어가야 할 '88세대'가 너무 현실정치 안으로 들어간 것을 비판적으로 보는 것 같다. 우누가 네윈에게 통치 기회를 주었을 때 개혁 성과가 좋았고 이에 웬만한 사람들은 박수를 쳐주었다. 그런데 아웅산 수지는 '88세대'에게 권력을 넘겨주고 싶은 생각도 없고 민족민주동맹이 헌법개정에 대한 생각도 없다면 결과적으로 테인세인 같은 개혁 군부에게 자연스럽게 정치권력을 넘겨줄 수도 있지 않을까?

쪼꼬꼬: 2020년 선거에도 민족민주동맹이 집권할 것 같기는 하지만 지지율은 예전보다는 떨어질 것 같다. 70%에서 50% 정도로. 선거에서 연대가 중요함에도 소수민족들과의 연대, 새로운 세대와의 연대 없이 혼자 뛰고 있는 모습이다. 또한 현재 군이 예산을 비롯해 힘을 다 가지고 있다. 군부가 갖고 있지 못한 것은 시민들의 지지 하나다. 시민들의 지지만 갖추면 다 가진 것이기 때문에 군부는 원하

는 것을 위해 시민의 지지를 갖기 위한 여러 방법을 동원하고 있다. 반면 현재 꼬꼬지가 정당을 만들고 있는데 그의 민족주의적인 성격 때문에 그다지 기대감을 갖고 있지 않다.

박은홍: 과거 테인세인 정부의 개혁에 대한 평가가 좋은 분위기다. 반면 아웅산 수지 정부는 기존 정부에 비해 얼마나 더 개혁적인지 애매모호하다는 평가가 있다. 이를테면 아웅산 수지 정부는 군부가 교육을 망쳤다고 비판했는데 정작 교육을 얼마나 살리려 노력하고 있는가? 교육부 장관 선임 과정에서도 개혁 의지가 보이지 않았다고들 말한다. 테인세인 정부보다 더 개혁적인 부분이 무엇인가? 군부는 더 고수다운 모습을 보이고 있다. 아웅산 수지, 민족민주동맹, '88세대'들은 군부가 관리하는 민주주의, 이른바 규율 민주주의를 넘어서려는 의지를 찾아보기 힘들다는 의견을 어떻게 생각하는가?

쪼꼬꼬: 규율 민주주의에 대해 아웅산 수지 정부는 처음에는 반발했으나 현재는 그런 이야기 자체를 하지 않고 있다. 즉 받아들인다고 볼 수 있다. 개혁의 경우 탄쉐가 이미 만들어 놓은 개혁정책을 테인세인이 따라간 것이기 때문에 테인세인이 잘했다고 보기는 힘들다. 현 정부 내에서도 테인세인 시절의 사람들이 테인세인 임기 안에 하지 못한 것을 이어서 하고 있는 것이 많다. 댐 사업을 정지시킨 것은 잘한 것이라고 할 수 있다. 반면 아웅산 수지는 새로운 정책들을 제대로 실행하지 못하거나 성공하지 못하고 있다. 군대는 교육부, 보건부에 자기 사람들을 한 명씩 더 끼워 넣었다. 각계각층에 군 출신 인사를 등용하고 있기에 민족민주동맹 정부가 개혁정책을 만들어도 실행하기가 힘들다. 테인세인 정부 시기 국민평화센터(NPC)는 아웅산 수지 이후 국민화해평화센터(NRPC)로 바뀌었다. 그러나 '21세기 핀롱회담'에 주력하고 있다. 국민화해평화센터는 국민평화센터만큼 일이 잘 되지 않고 있다. 군대의 주장이 점차 강화되면서 '21세기 핀롱회담'도, 국민화해평화센터도 잘 안 되고 있다. 국민화해평화센터에는 민족민주동맹에서 추천하는 사람들만 들어갈 수 있다.

미얀마와 타이 청년들의 세 손가락 혁명

박은홍: 개혁을 위해서는 권력을 가져야 하는데, 이행기에 권력을 얻기 위한 계획이 있는가?

쪼꼬꼬: 국회 안에서 힘을 키우는 것은 한계가 있고 기대도 적다. 국회 밖의 힘을 키워가야 한다. 생각 그리고 목표가 같은 사람들을 찾고 있다. 1974년 우탄트 시신 탈취 사건 때 생존자, 무장단체와 휴전 단체 모두를 아우르는 소수민족 등을 포함해서 일반 정당들과도 서로 연대하는 것이 필요하다. 이들과 서로 만나 대화하고 리더십, 헌법 개정 등에 대해 고민하는 것이 필요하며 실제로 그렇게 진행 중에 있다.

박은홍: 로힝야 문제를 해결하기 위한 방안이 있을 것인가? '로힝야' 라는 이름을 인정하면 일반 대중의 지지를 얻기가 힘들지 않을까?

쪼꼬꼬: 미얀마 사회에서는 민족주의를 세 강도(강, 중, 약)로 구분할 수 있다. 극단적으로 민족주의를 강하게 주장하는 사람들에게 로힝야는 없어져야 할 이들이다. 반면 로힝야 문제에 무심한 사람들이 있다. 중간에 해당하는 그룹이다. 이들은 우리만 건드리지 않으면 된다는 입장으로, 숫자로 보면 커 보이지만 전체 인구에서는 얼마 안 될 것 같다. 가장 덜 민족주의적인 우리와 같은 목소리는 약해 언론도 우리 목소리에는 관심이 없다. 현재 로힝야 이름에 지지하는 운동을 하게 되면 다른 운동에 집중하지 못해 망하게 될 것이다. 교육은 문화와 전통주의에 지나치게 치우쳐 있다. 이 문제들이 해결되기 위해 무엇보다 중요한 것은 새로운 교육이다. 교육은 모든 문제를 해결하는 시작이다. 교육개혁을 위한 국가네트워크(National Network for Education Reform, NNER) 같은 단체와 활동을 같이 하는 이유이기도 하다. NNER은 교육의 선택(교육받을 언어 선택, 교과서 선택, 교사 선택 등)의 중요성을 주장하는 활동을 하고 있다. 정부가 만들어 놓은 교육제도를 그대로 받아들이면 우리 사회를 바꿀 수 없다고 생각한다. 내가 새로 만들어 활동하고 있는 단체인 사회민주연합전선(SDUF)은 노동자, 농민, 소수민족을 위한 활동을 목표로 하고 있다. 지금까지는 노동자, 농민과의 연대활동을 진

행하고 있는데, 소수민족을 위한 활동까지는 아직 잘 하지 못하고 있다.

박은홍: 소수민족들과 연대하면서 로힝야 문제는 어떻게 다룰 것인가?

쪼꼬꼬: 이 땅의 주인은 없다. 모든 사람, 모든 민족은 다른 곳에서 이주해 온 사람들이다. 옛날에 이 땅에 살고 있었던 퓨족은 지금은 아예 찾아볼 수 없다. 카렌족은 버마족보다 먼저 들어와 이곳에 살아왔다. 이 땅의 손님과 주인이 따로 없다. 나는 135개라는 숫자에 동의하지 않는데, 그 숫자는 네윈이 만들어 놓은 것으로, 연구, 조사를 통해 만들어진 숫자가 아니기 때문이다. 군이 미얀마 민족주의를 동원하고 싶어하고 있으나 이 땅에 사는 사람들에게 도움이 되지 않는다는 것을 시민들에게 알려주고 싶다.

박은홍: 예리한 현실 분석이 감동적이고 정치적 이상을 놓치지 않는 모습이 좋아 보인다.

1. '가짜 사진'은 1971년 방글라데시가 파키스탄으로부터 독립전쟁을 치를 때 수십만 명이 파키스탄 군에 의해 학살되던 시점의 사진이라는 것이 로이터통신에 의해 밝혀졌다.
2. 사무엘 헌팅톤 교수는 민주주의 공고화의 장애 요인으로 이행의 문제(고문기술자 및 군부 처리 문제), 구조적 문제(봉기, 사회적 갈등, 지역감정, 빈곤, 사회적 불평등, 인플레이션, 외채, 저성장), 체계상의 문제(교착 상태, 선동정치가, 경제적 특권 집단의 지배) 등을 들었다. Samuel Huntington., 1991. The Third Wave: Democratization in the Late Twentieth Century. Norman: University of Oklahoma. 209-210.
3. 아라칸 로힝야 구원군(ARSA)은 이전에는 '신념행동'이라는 이름으로 알려지기도 했다.
4. '21세기 핀롱회담'은 6개월마다 미얀마 평화 프로세스의 일환으로 개최되었다. 제2차 회담은 2017년 5월에 열렸으며, 제3차 회담은 예정되었던 2018년 1월보다 늦은 6월에 열렸다.
5. 연방정치협상자문위원회(FPNCC)는 평화협정에 서명하지 않은 7개의 소수민족 무장단체로 구성되었다.
6. '88세대'를 이끌고 있는 민꼬 나잉도 로힝야 문제에 대한 서방의 편향적인 관심이 다른 소수민족 문제들을 가리고 있음을 지적했다. 민꼬 나잉 면담(2019.2.19).
7. 1989년 군사정부는 카인(기존의 카렌), 친, 버마, 몬, 아라칸, 샨 등 8개 주요 종족들과 함께 135개 종족 명단을 공표했다. 이 분류는 1931년 영국 시민 당국이 발간한 식민지 미얀마에 대한 센서스에 근거한 것이다.
8. 타무라 유미코는 높은 외국인직접투자와 농업, 산업, 서비스 등 핵심 분야의 성장에 힘입어 미얀마의 추가 성장 가능성을 점쳤다. 그리고 기후만 안정적일 경우 더 높은 농업성장률을 달성할 수 있다고 보았다. 그리고 관광객 수가 계속 증가할 것으로 보았다. 하지만 그녀 역시 유럽연합의 미얀마에 대한 무역 특혜 철회 가능성, 주요국 경기 둔화가 수출에 미치는 영향, 국내 갈등, 경제개혁 이행의 지지부진 등 밝은 경제 전망을 위협하는 요인들도 경고했다. 무엇보다 미얀마의 가장 큰 과제는 자신을 지역적·세계적 가치사슬에서 잘 위치시키는 것임을 강조했다(The Nation 2019.4.4).
9. 2017년 신회사법으로 35%까지의 외국인 지분 회사를 내국 법인에 준하도록 해서 외국인의 투자 가능 업종을 늘리는 효과를 얻었지만, 외국인의 입장에서는 내국인과 합작사로 진출하는 것을 꺼리고, 합작사 형태로는 업무의 효율이 떨어지거나 현지인들에게 주도권을 빼앗긴다는 인상이 있으므로 투자 유치에 큰 효과는 없었다(박범식 면담 2019.2.20).
10. 수교 재개 이후 첫 미얀마 주재 북한 대사였던 김석철은 북한 당국의 불법거래를 도맡아온 창구인 조선광업개발회사(KOMID)를 미얀마 국방 관련 인사들과 연결해주었다는 이유로 미국 재무부 제재 대상 명단에 오르게 되자 2016년 3월에 전격 교체되었다.

4장

미얀마의 질서 있는 이행 모델

서론

▼

1980년대와 1990년대 아시아, 라틴아메리카, 중동, 아프리카 대부분의 국가에서 군사정부는 종언을 고했다. 반면 미얀마 군부는 분열 없이 정권을 유지했다. 그런데 미얀마 내에서의 변화는 2011년 군사평의회가 권력을 전직 장성인 테인세인이 이끄는 유사 민간 정부에 양도하면서 시작되었다.

결국 2015년 11월에 실시한 총선거에서 아웅산 수지가 이끄는 민족민주동맹(NLD)이 승리함으로써 미얀마에서는 반세기만에 명실상부한 민간 정부가 출범했다. 물론 헌법상 국방, 내무, 국경 장관직은 군부가 임명하는 것으로 되어 있기 때문에 새로운 정부가 온전한 의미의 민간 정부라고 할 수는 없었다. 하지만 군부의 미움을 사 15년을 가택연금 상태에 있었던 아웅산 수지를 대신해 그녀와 뜻을 같이하는 정치인이 대통령과 부통령이 될 수 있는 길은 열렸다. 이로써 테인세인 유사 민간 정부의 시대도 막을 내렸다.

2015년 선거 결과는 테인세인의 개혁에 만족하지 못한 미얀마 국민 대중들의 개혁 열망이 얼마나 큰지를 보여주었다. 이런 실질적 변화, 즉 '강압에 의한 통치'에서 '동의에 의한 통치'로의 변화가 시작되기까지 너무나 오랜 시간이 걸렸다.

미얀마 군사정부의 기원이 되는 네윈 군부 세력 주도의 '버마식 사회주의'[1]는 서방 열강들로부터 식민 지배를 경험한 아시아·아프리카의 많은 신생국들이 취한 사회주의혁명 노선과 다를 바 없었다.[2] 아시아에서는 서구 열강, 일본 파시즘에 맞선 사회주의자들의 투쟁이 있었다. 하지만 사회주의자들이 권력을 장악하는 데까지 성공한 대표적인 예는 버마를 비롯해 인도네시아, 베트남, 캄보디아, 라오스 등이었다.

물론 베트남, 캄보디아, 라오스는 공산주의를 천명했지만 인도네시아의 수카르노와 버마의 네윈은 공산주의와 차별을 두기 위해 '인도네시아식

'버마식 사회주의'를 제창한 네윈 군사정부의 홍보물

사회주의', '버마식 사회주의'를 각각 내걸었다. 네윈 군부 세력의 사회주의 실험은 그들이 전복한 우 누 민간 정부의 사회주의 실험의 연장선상에 있었다.[3] 이들은 소수민족들의 분리주의 운동을 감당하지 못한, 즉 국가 통합 능력이 없는 우 누 통치하의 사회주의에 대한 불신에서 쿠데타를 감행했다.

그러나 미얀마 군부가 외부 세계와 단절을 통해 자립적인 발전을 시도했던 '버마식 사회주의'는 완벽한 실패로 끝났다. 1960년대 초반만 해도 아시아의 선진국으로 불리던 미얀마의 국가경제는 10여 년 사이에 바닥으로 추락했다. 1988년 8월과 9월에 있었던 대규모의 반군부 민주항쟁은 다당제 선거 민주주의와 시장경제 제도를 악으로 내몬 사회주의 발전모델에 대한 좌절과 분노에서 비롯되었다.[4]

미얀마 신군부는 사회주의혁명 모델의 대안으로 인도네시아의 수하르토 체제를 모방했다. 그러나 이 프로젝트는 장벽에 부딪혔다. 1988년 민주항쟁 유혈 진압, 1990년 총선 결과 무시와, 이어지는 반군부 인사 탄압 등 노골적으로 폭력을 행사한 군사정부 하의 미얀마에 미국과 유럽의 경제제재가 본격화되었기 때문이다. 그나마 1997년에 들어와 출범한 아세안의 출범 30주년을 기념해 "하나의 동남아시아"라는 구호를 내건 동남아시아 국가들이 서방의 반대에도 불구하고 미얀마를 회원국으로 받아들임으로써 미얀마는 동남아시아 국가들, 나아가 중국과 경제 교류를 확대할 수 있었으나 서방의 경제 봉쇄에 따른 경제적 제약을 뛰어넘지는 못했다.

반면 2015년 11월 총선에서 정치 및 경제 개혁을 통해 대외적으로는 서방과, 대내적으로는 민주화 세력과 물꼬를 트려고 했던 테인세인 군부 개혁 세력의 정당성 확보 프로젝트는 미얀마 국민들의 냉혹한 심판을 받았다. 군부의 '규율 민주주의'를 더 이상 감내하지 않겠다는 미얀마 국민의 의지가 분명하게 드러난 것이다. 그러나 미얀마는 현재 최빈곤국가[5]일 뿐 아니라, 53년 전 군부의 정치 개입 빌미가 되었고 정치적 평화를 위협하는 소수민족과 분쟁이 종식되지 않고 있으며, 규율 민주주의를 명시한 2008 년 헌법에 따라 군부와 권력 공유가 불가피하기 때문에 개혁의 폭과 속도 가 제약을 받을 수밖에 없다.

1962년 미얀마 군부가 쿠데타로 집권하기 전 복지국가를 지향했던 우누 민간 정부의 실패가 국가 통합 없는 복지국가는 불가능하다는 교훈을 보 여주었다면, 네윈 혁명정부의 실패는 경제발전 없는 사회주의혁명은 불가 능하다는 교훈을 보여주었다. 이것이 강압적인 국가 통합을 취한 전체주 의적 혁명 국가로부터 강압의 강도를 완화한 권위주의적 발전국가로 '질 서 있는 이행'이 시작된 배경이다.

이 글은 1988년 민주항쟁을 배경으로 신군부가 등장한 때부터 2011년 테인세인 유사 민간 정부가 들어선 시기까지를 전체주의적 혁명 국가가 권위주의적 발전 국가로 이행하는 '체제 내 변화'(change within regime) 의 시기로, 그 이후부터 민족민주동맹 신정부가 들어서기 이전까지를 권 위주의적 발전국가가 정치적 및 경제적으로 급격한 자유화를 추진하는 '체제 변화'(change of regime)의 시기로 보고자 한다.[6] 이때 두 가지 이 행에서의 '변화'는 다당제 선거 민주주의와 시장경제 제도로의 '이중적 이행'(dual transition)을 의미한다.

지난 2011년 테인세인 정부 출범 이후 미얀마의 급격한 정치적·경제적 자유화의 원인을 두고 크게 두 가지 관점이 있었다. 하나는 내인론으로, 자유화가 군부 주도의 7단계 민주화 이행 로드맵(seven-step plan)[7]에 따라 위로부터 치밀하게 계획되었고 실행되었다는 것이다. 다른 하나는 외인론으로, 미얀마의 변화가 미국 등 서방 진영의 오랜 제재의 효과라는 주장이다. 전자의 주장에서는 아웅산 수지 등이 이끄는 민주화 세력의 역할이, 후자에서는 아세안 등 아시아 주변국들의 설득과 포용의 효과가 간과되고 있다.

분석을 위한 이론적 논의

▼

미얀마에서 혁명 국가의 실패국가화는 시장 기제와 민간기업의 기능을 전적으로 제거한 부적절한 경제정책과 연관이 있다. 반면 발전국가는 민간 부문에 적극적으로 개입, 격려, 협력하고 외국투자자들과 거래를 중재한다. 또한 발전국가는 경제성장 비전을 공유한 개발 과정에서 이해당사자들이 제도화된 경로를 통해 발전 과정에 참여하는 것을 허락한다. 이와 더불어 발전국가는 레닌 방식의 계획 이데올로기 모델과 시장 합리주의 모델 양자를 능가하는 경쟁력을 갖추고 있다. 자력갱생 모델과 발전은 실현 불가능한 결합이며, 문호개방은 발전을 위한 불가피한 조처다.

발전국가의 정치적인 면을 고려하면 동아시아의 발전국가들은 시민사회의 독립성을 허용하지 않는 비민주적 체제와 짝을 이루었지만, 유일주의를 특징으로 하는 전체주의가 아닌 제한적 다원주의를 특징으로 하는 권위주의와 짝을 이루면서 업적 정당성을 확보했다. 이어서 포스트-발전국가로서 시장국가는 시민사회의 독립성이 커지는 민주화와 맞물려 탄생한다. 이는 발전국가를 부정하는 지구화의 효과로서 문화, 심지어 정치까지도 상업화한다. 시장국가에서 복지국가로의 이행은 국가가 시장에 대한 규율 능력을 회복할 때 가능하다. 발전국가가 시장을 권위주의적 방식으로 규율했다면, 복지국가는 시장을 민주적 방식으로 규율한다. 이른바 제2의 발전국가의 등장을 의미한다.

이 글은 미얀마에서 '질서 있는 이행'을 완성해가는 과정에서 국내 행위자들, 즉 군부 내 개혁파와 민주화 세력 내 온건파, 그리고 외부 행위자들, 즉 개혁파를 지지하는 국제사회와 온건파를 지지하는 국제사회가 각기 어떤 역할과 상호작용을 했는지 검토한다. 이때의 '질서 있는 이행'은 전체주의적 실패국가에서 권위주의적 발전국가로의 이행을 준비하는 체제 내 변화, 그리고 권위주의적 발전국가의 자유화, 민주주의로의 이행이라는 체제 변화로 구성된다.[8]

권위주의적 발전국가로의 이행 준비

▼

국내적 요인

1948년의 독립 이후 미얀마는 의회 민주주의를 채택했으나 실질적으로는 중앙집권화된 정부가 지배했다. 행정 권력이 국가 관료 체제 내 소수 집단에 집중되어 있었기 때문에 관료들은 국민들을 대표하지 못했고 업무 면에서도 자율성을 보장받는 것도 아니었다. 이 때문에 하위 관료들은 비상사태 시에 무능함을 드러냈다. 1958년 초에 집권당 반파시스트인민자유연맹(AFPFL)이 분열하자 군부는 정국 불안을 빌미로 우누 총리에게 정부 통제권을 과도정부에 넘기도록 압박했다. 결국 네윈 장군에 의한 군사통치가 18개월 가량 행해졌다.

그러나 이 정치적 공백 기간에 군부의 경제적 · 정치적 영향력이 강화되었으며, 그 결과 군부가 개입하는 길이 열렸다. 1960년 선거와 함께 군이 병영으로 복귀하고 우누가 총리로 재선출되었으나 재개된 우누 통치 초기부터 군 지도자들은 연방 해체를 크게 우려했다. 이런 배경에서 1962년 네윈은 국가의 붕괴를 막는다는 명분을 내걸고 쿠데타를 일으켰고, 사회주의를 기치로 한 혁명평의회를 설치하고 군부 지배 체제를 확립했다. 이어 1974년 버마사회주의계획당(BSPP)을 창당했다. 총재이자 대통령인 네윈은 계속해서 국가원수로 남았지만 형식적으로는 군의 간접 통치 시대가 시작되었다.

버마사회주의계획당은 군이 정치에 개입하는 수단이 되었고, 관료 기구는 민간인과 군 인사들로 채워졌다. 테크노크라트들은 군부로부터 신뢰를 받지 못했기 때문에 단순한 버마사회주의계획당 추종자들이 되어야 했고, 그들에게 어떤 권한이나 권력은 주어지지 않았다. 결국 전문가적 경륜 없이 운용된 버마식 사회주의와 20년 넘게 군사정부 하에서 이어져 온 부실 경제 운영으로 인해 국영기업 부문의 비효율이 전면에 드러났고 내부 지향적인 수입 대체 공업화는 파국에 이르렀다. 1987년 버마사회주의계획당 정부는 유엔에 최빈국 지위 등록을 신청했다.

이런 빈곤의 국가화 속에서 마침내 1988년 8월 8일에 8888민주혁명으로 불리는 정치적 봉기가 일어났다. 흥미로운 것은 네윈이 권좌에서 물러나면서 그의 측근에 다당제 의회주의로 돌아가도록 지시했다는 것이다. 그의 군 후임자는 그 지시를 받아들여, 1990년 새로운 헌법 없이, 또한 군부에 대한 대중들의 분노 폭과 깊이를 예상하지 못하고 자신있게 총선을 실시했다. 군부의 후원을 받는 국민통합당(NUP)의 선거 참패는 그 결과였다.

충격을 받은 군부는 총선 결과를 무시하고 군사평의회를 통해 입법, 행정, 사법부 통제에 나섰다. 이미 관료 기구는 장교들의 통제를 받는 고강

미얀마와 타이 청년들의 세 손가락 혁명

8888항쟁 당시 슈웨다곤 파고다 앞에 집결한 시민들

도의 위계 구조, 즉 상명하복식의 군대식 국가구조였다. 이때부터 군사정부는 자신들의 역할은 다당제 선거 민주주의와 시장 중심 경제로의 이행을 관리하는 것임을 확인했고, 국가 건설 과정에서 업적 정당성을 인정받기 위해 경제발전을 이루어야 한다는 것을 의식했다.

그러나 고위 공직에 군장교가 임명되듯이 능력과 연공서열에 따른 승진이 봉쇄된 상황 속에서 민간 관료들은 자신들의 전문성을 활용해 새로운 정책을 고안하거나 경제발전 계획에 참여할 수 없었다. 오히려 실직에 대한 우려 때문에 혁신을 필요로 하는 프로젝트를 기피했다. 실제 정책 결정 과정에 경제 전문가들이 참여했다는 기록도 없다. 강도 높은 중앙집권적인 관료 체제가 창의적인 경제정책 연결망을 무력화시켰던 것이다. 자연히 관료들의 능력은 저하되었고, 이들의 무능함은 취약한 국가능력으로 이어졌다. 이런 군부가 체제 변화를 준비하기 시작했다.

개방경제로의 이행을 점진적으로 추진했고 농업 기반 경제의 발전에 초점을 맞추면서 국내외 기업가들의 투자를 장려했다. 미얀마는 1990년과 2000년 사이에 어느 정도의 경제성장을 경험했다. 그러나 국제기구의 통계에 따르면 이 성장은 지속되지 못했다. 1988년 이후 미얀마 경제는 매우 느린 공업화, 특히 수출제조업 부문의 성장 지체라는 특징이 있었다. 군부의 경제 안정화 목표가 미국 등 서방의 전면적인 제재로 장벽에 부딪혔던 것이다.[9]

1993년, 군부는 신헌법 제정을 책임질 국민회의(NC)를 구성했다. 형식적인 명분은 국가를 통합하고 사회로부터 지지를 얻어내자는 취지였다. 이들은 국민회의가 종족 집단, 정당, 농민, 노동자 등 다양한 집단으로 구성되어 있으므로 유일한 정책 토론 통로라고 주장했다. 국민회의가 소집된 초반에는 민족민주동맹을 비롯한 여러 소수민족 대표자들이 참여했으나 그 속내가 군부의 정치적 개입을 합법화하려는 것임을 알자 대부분 탈퇴했다. 이로 인해 화합이 잠시 중단되었다가 다시 헌법 초안 작성에 들어갔다. 반면 민족민주동맹은 국민회의가 화합, 진정한 다당제, 민주 헌법 제정 등의 실현을 해쳤다고 비난했다.

결국 2008년 5월, '민주화 이행 로드맵' 4단계에 해당하는 신헌법에 대한 승인이 국민투표로 가결되었다. 군부는 미얀마의 미래를 책임지는 헌법적 권한을 가진 정치행위자가 되었다.[10] 우선 군부는 2010년 6월 연방단결발전당(USDP)을 출범시켰다. 연방단결발전당은 군부가 조직한 연방단결발전협의회(USDA)에서 바뀐 것으로, 초반에는 기능적인 역할을 수행하다가 후반에는 정당으로 부상했다는 점에서 수하르토 정권의 골카르와 비슷했다.[11]

2010년 3월에 정당등록법이 공포되었다. 이 법에 의하면 혐의를 받고 있거나 재판을 받고 있는 경우 정당 당원이 될 수 없었다. 이 법에 의해 가택연금 중인 아웅산 수지는 당원이 될 수 없었으며, 만약 민족민주동맹이 정당으로 등록할 경우 그녀를 배제해야 했다. 결국 민족민주동맹은 정당으로 등록하지 않기로 결정했다. 2010년 선거에서는 민족민주동맹이 빠지고 37개의 정당이 등록했다.

2010년에 규율 민주주의로의 정치적 이행을 위한 7단계 중 5단계에 해당하는 총선이 실시되었다. 군부는 공공연하게 선거 조작을 행했고 예상대로 군부가 후원하는 연방단결발전당의 압승으로 끝났다. 1990년 5월 선거에서 민주주의를 지향하는 정파들의 연합체인 민족민주동맹이 압도적으로 과반수 의석을 차지했을 때, 군부 지도자들은 그들이 대중들의 정서를 대단히 잘못 읽고 있음을 깨달았다. 이후 군부는 민주화 이행을 즉시 중단시킨 과거를 학습한 만큼 선거를 치밀하게 치렀다. 군사평의회인 국가평화발전위원회는 20년간 새로운 헌법안을 공들여 만들었다. 이를 통해 군부가 정치 과정을 통제할 수 있는 다당제 민주주의의 길이 열렸다. 이것이 군부가 자화자찬한 '규율 민주주의'[12]다.

대외적 요인

유럽연합은 아웅산 수지가 이끄는 민족민주동맹이 대승을 거둔 1990년 5월 총선 결과가 무시되고 민족민주동맹 지도자들이 탄압 받는 미얀마 상황에 대한 아세안의 의견을 요구했다. 또 1997년에 아세안이 미얀마를 회원국으로 받아들이는 것도 강력하게 반대했다. 미국도 미얀마를 북한과 함께 폭정의 전초기지로 호명할 정도로 고강도의 적대적 입장을 취했다.

미국 정부는 군사정부 통치하의 미얀마를 인정하지 않은 차원에서 1988년 8월 8일에 일어난 민주화 시위 유혈진압 이후 군사정부가 새로 바꾼 미얀마라는 국호를 사용하지 않고 버마라는 국호를 계속 사용했다. 버마 군사정부가 2005년 11월에 양곤에서 북쪽으로 300㎞ 떨어진 외진 지역으로 수도 이전을 단행한 것도 미국의 침공에 따른 '제2의 이라크'가 되지 않을까 하는 공포감에서 비롯된 것이라는 추측이 나돌았다. 2006년 초, 군 최고 실세인 탄쉐 장군은 미국의 제재 조치를 두고 신식민주의적 지배 전략이라고 비난했다.

미얀마 군부는 중국과 인도와 관계 개선을 통해 외교 및 경제 활로를 찾았다. 특히 1997년 아세안이 서방의 반대에도 불구하고 미얀마를 회원국으로 받아들인 것 역시 미얀마 경제와 외교의 소중한 활로가 되었다. 이른바 네윈이 주도한 '버마식 사회주의' 시기의 고립주의와 차별화된 '변형된 고립주의'였다.

특히 '아세안 방식'(ASEAN way)은 미얀마가 지역 현안에 적극 참여하고 지역 동반자 역량을 발휘하도록, 그리고 국제사회의 일원이 되었을 때 얻는 이점을 자각하도록 유도했다. 또 미얀마 군부가 1990년 5월 선거 혁명과 같은 사태를 예방하기 위해 마련한 규율 민주주의로의 민주화 이행 로드맵을 암묵적으로 지지해주었다. 아세안 방식은 경제 교류, 자본 투자로 구체화되었고 쌍방 간 이익의 균형에도 부합했다. 미얀마 군 수뇌부에서 보면 교류와 투자는 권위주의적 발전국가로 나아가기 위한 준비 단계였다. 특히 아세안 회원국 내에서도 미얀마와 1,600㎞ 넘게 국경을 접하고 있는 타이의 역할이 적지 않았다.

미얀마 군부는 아세안에서 중요한 비중을 차지하고 있는 인도네시아를 '롤모델'로 삼았다. 즉 미얀마 신군부가 1988년 이후 정치, 경제 등 모두 사안에 관여하는 국가 주도형 발전을 도입하려 한 것도 인도네시아 수하르토 군사정부의 '이중 기능'(dwi fungsi)과 비슷했다.[13] 실제로 미얀마의 국가법질서회복위원회 서열 1위였던 킨윤 장군이 이끄는 대규모 대표단이 1993년 12월에 인도네시아를 방문했는데, 이 방문은 수하르토 신질서 체제의 '이중 기능'을 학습하기 위한 일환이었다. 특히 이 방문은 새로운 헌법 초안 작성을 목표로 하는 국민회의(NC)가 가동되고 있던 시점에서 이루어졌다.

마침내 1995년 6월 군 최고 실세 탄쉐가 인도네시아를 방문했고, 그 답례로 수하르토가 1997년 1월에 미얀마를 방문했다. 또한 미얀마 군사정부에 의해 인도네시아 헌법이 버마어로 번역되었고 연구되었다는 소문이 나돌았다. 미얀마로 파견된 유엔 특사 이브라힘 감바리는 2008년 3월 미얀마 군사정부의 실세를 만나고 나서 미얀마가 군사정권에서 민간 정부, 나아가 민주주의로 이행한 인도네시아에 가까운 모델을 찾고 있다고 말했다. 하지만 발전 지향적 엘리트들과 경제 전문가들을 갖추지 않은 상태에서 세워진 미얀마의 발전 계획이었다.

결국 미얀마 군부 땃마도가 인도네시아식 발전국가를 모방하려던 상황에서 생존경제의 위기를 느낀 대중들이 2007년 대규모 시위를 벌였다. 그러자 아세안이 기존의 불간섭주의를 근간으로 했던 아세안 방식에서 다소 일탈해 미얀마 군사정부의 무력 진압을 비난하고 민주 인사들의 석방을 요구했다. 이것은 타이 측에서 제안했던 아세안 방식의 수정판으로, 내정불간섭주의를 넘어선 '유연한 관여'의 구체적인 사례가 되었다. 아세안의 설득과 포용을 전제로 한 견제가 미얀마 군사정부에 부담이 되었음은 틀림없다. 물론 이런 아세안 방식의 일정한 변화는 서방의 압력에 따른 것이기도 했다.

권위주의적 발전국가의 자유화와 민주화

▼

대내적 요인

2011년 3월 7단계 민주화 이행 로드맵의 최종 단계이자 군의 정치적 지도를 명문화한 2008년 헌법의 보호 아래 테인세인 유사 민간 정부가 출범했다. 헌법이 보장한 규율 민주주의의 맥락에서 의회 의석의 4분의 1을 제복 입은 군인들이 점했고, 모든 요직은 총선 전날 제복을 벗고 공직에 나선 국가평화발전위원회 출신 군 고위급 인사들에게 돌아갔다. 그럼에도 불구하고 테인세인 대통령이 취임식에서 상상할 수 없는 수준의 정치·경제 개혁을 착수하겠다는 의사를 밝혔을 때 여론은 놀라움 반 불신 반이었다.

　테인세인이 급격한 변화를 추진한 데는 두 가지 요인이 있었다. 첫 번째로, 2008년 헌법 조항은 정치 과정의 핵심 부분을 군대가 관리할 수 있도록 했기 때문에 군 지도자들이 경제를 개방하고 정치 공간을 확장시킬 수 있는 자신감을 주었다. 테인세인 정부 내 개혁파들은 민간인들에 대한 규제를 풀어 국내 안보와 국내 안정을 동시에 유지할 수 있다고 믿었다. 두 번째 요인은 신정부에서 요직을 차지한 개성 있는 인물군, 그리고 과거와의 단절을 뚜렷하게 보여주는 명시적인 정책 결정을 들 수 있다. 개혁파들은 과거 군사정부가 일관되게 악마화했던 민족민주동맹의 지도자 아웅산 수지와 무장한 소수민족 반대 세력과 접촉에 착수하는 등 전면적인 개혁에 들어가면서 이런 조처에 대한 탄쉐와 같은 기존 고위급 장성들의 반응을 예의주시했다.

결국 테인세인 정부의 개혁이 우려와는 달리 보수파들의 방해를 그다지 받지 않은 데는 기존 군사정부가 이루지 못한 경제발전을 이루기 위해서는 국제사회로부터의 고립을 끝내야 하고, 이를 위해서는 자유화를 통해 미국 등 서방 국가들로부터 호의적인 반응을 이끌어내야 한다는 공감대가 있었기 때문이다.

대표적인 예로 2011년 3월 31일 대통령 취임 연설에서 테인세인은 기존 군사평의회 체제에서 금지되었던 주제들, 이를테면 빈곤 퇴치, 여론에 대한 책임, 정치적 활동의 활성화, 망명인사들의 귀국 요청 등을 언급했다. 테인세인 대통령은 3명의 민간인 전문가들을 경제, 정치, 법률 사안을 다루는 고위급 자문위원으로 위촉했고, 그들의 조언을 듣기 시작했다. 그는 주요한 개혁 프로그램을 이행하기 위해 2명의 장관에게 힘을 실어주었는데, 한 명은 경제구조 개혁을 담당했고 다른 한 명은 소수민족 무장 조직과의 평화 교섭을 담당했다. 특히 테인세인은 새로운 양상의 갈등이 신정부의 안정성을 위협하고 있다고 간주하면서 모든 휴전 그룹과 평화협상을 시작했고 자신이 신임하는 자문위원이자 전직 장성인 아웅 민에게 그 책임을 맡겼다.

아웅 민이 휴전 그룹과 직접적인 협상에 나선 성과 중 가장 의미 있는 것은 독립 이후 처음으로 카렌족과 휴전 협상을 성취했다는 점이다. 얼마 후 테인세인은 아웅 민이 주력하던 모든 논의들을 지지하면서 과거 정부의 협상 전술과의 차별화를 확실하게 보여주었다.[14]

2011년 8월, 테인세인은 민족민주동맹 지도자인 아웅산 수지를 그의 집에 초대해 서로 의견을 진지하게 나누었다. 한 달 뒤 테인세인은 논란이 많던 중국 댐 건설 계획을 두고 여론이 나쁘다는 이유를 들어 즉각 보류를 선언했다. 댐의 위치는 두 강의 합류 지점이자 이라와디강의 상류 지역이고, 이 나라의 동맥과 같은 지역이었다. 10월에 접어들어 테인세인은 의회, 선거관리위원회 지도자들과 함께 선거법을 개정해 민족민주동맹이 보궐선거에서 45개 의석을 두고 경쟁할 수 있게 했다.

주목할 것은 테인세인 대통령 임기 첫 해에 매우 완만한 포용과 개혁의 속도를 원하는 보수파와 상대적으로 빠른 속도를 원하는 개혁파 간에 치열한 투쟁이 있었다는 점이다. 보수파는 뒷선으로 물러난 탄쉐와의 오랜 인연을 이용해 의도적으로 테인세인 대통령의 결정과 정책을 무력화시키려는 시도를 했다. 이를테면 확고한 입지를 갖고 있던 몇몇 장관들과 여당인 연방단결발전당 내 고위 간부들이 개혁 속도를 늦추려고 시도했다. 또 휴전 그룹으로 불리는 소수민족 무장단체와의 평화 정착 방식을 둘러싼 이견 때문에 보수파와 개혁파 양 진영 간에 알력이 있었다.

돌이켜보면 이 과정은 정권 내부에 심각한 분열을 조장했음이 틀림없다. 보수파는 탄쉐를 중심으로 모였다. 온건파로 분류될 수 있는 일부 내부 핵심층은 숙청을 피하기 위해 그들의 자유민주적 성향을 감추었다. 그러나 이들은 일단 이행이 진행되기 시작하자 정치적·경제적으로 광범위한 개혁을 촉구하는 재개 인사들과 적극 협력했다. 특히 온건파가 참여한 것으로 언급되는 미얀마 에그레스(Egress)[15]는 겉으로는 청년층에게 기술교육과 정치교육을 이행하는 민간 교육기관이지만, 주요 정치·경제 개혁의 윤곽을 보여준 테인세인 대통령의 취임 연설문 작성을 도왔다는 이야기도 있었다.

신정부 출범 2년째 되던 해 초 최고위직에 있으면서 개혁을 방해하던 보수파 인사들이 사임하자 대통령은 이를 계기로 내각을 재조직했다. 보수적인 장관들을 한직으로 밀어냈고 개혁을 이끌 수 있는 기술관료들을 차관직에 임명했다. 그가 가장 신임하는 2명의 장관과 다른 4명의 공직자들을 대통령실로 배치하고 이들에게 특임장관이라는 직함을 주면서 다른 장관들보다 더 큰 권한을 부여했다. 2013년 9월에는 '88세대' 대표로서 시민사회 조직인 '오픈 소사이어티'(Open Society)를 이끌고 있던 민 코 나잉, 꼬꼬지 등과 만나 민족 화해, 정치문화 혁신, 국민들의 생활수준 개선, 토지 분쟁, 정치범 문제, 휴전 및 평화 협상 등 폭넓은 주제로 대화를 나누었다.

또 다른 개혁파 진영의 대표적인 인물은 하원의장 쉐만이었다. 그는 군사정부 시절에 군총사령관이자 서열 3위의 고위 공직자였기 때문에 유력한 대통령 후보자로 기대되기도 했는데, 의회로 밀려나자 의회를 개혁과 민주화에 적극적인 지지 집단으로 만들겠다는 의지를 담은 행동을 보였다. 그는 2012년 6월 아웅산 수지와 그녀가 이끄는 민족민주동맹의 의회 입성을 환영했고, 특별히 민족민주동맹이 관장하게 된 법치평화위원회를 설치했다.

또한 원래 헌법에는 4개의 상임위원회를 규정하고 있는데, 그는 여기에

미얀마와 타이 청년들의 세 손가락 혁명

더해 21개의 상임위원회를 신설했다. 이는 주로 의회가 다양한 지배구조를 감독하는 권한을 확장하기 위한 것이었다. 2012년 초, 그는 연례 예산안에 대한 의회의 첫 심의를 이끌었고, 군 예산안과 관련해 날카로운 질의를 했다. 또 부패 문제로 검찰의 조사를 받고 있던 농업부의 관개사업에 대한 재정 지원을 중단하기도 했다. 이 외에도 쉐만이 이끄는 의원 일행은 첫 2년 동안 다른 나라의 의회를 방문하면서 그들 나라 의회의 운영 방식, 독립적인 구조를 견학했다.

과거 의회는 이전 군사정부의 요인들, 그들의 측근들, 그리고 기존 공무원들로 채워진 여당의 요새와 같았다. 쉐만이 개혁과 민주주의를 지지했을 때 그들 중 대다수는 본능적으로 그들 자신에 대한 개혁은 피할 수 있으리라 생각했다. 쉐만은 의회와 연방단결발전당 최고책임자라는 권위를 이용해 강경 보수주의자들이 개혁에 동참하지 않으려는 행위를 차단했다. 또 다른 정당들과 협력해 여당 내 강경 보수 세력과 현직 군인 의원들의 영향력을 약화시키고 여당 내 개혁 진영에 힘을 실어주었다. 그러나 2015년 총선에서 퇴역 군부 출신 입후보자를 공천에서 탈락시키고 군부의 정치적 역할을 축소하는 헌법 개정안에 찬성하는 등 매우 파격적인 행보를 보이자 당 대표직에서 물러나야 했다.

국가 지도부의 또 다른 중요한 인물은 군총사령관 민아웅 흘라잉 장군이다. 그를 포함한 군 수뇌부는 테인세인 대통령의 개혁 프로그램을 추종했으며 의회와 대통령이 부여하는 군의 권한에 대한 제약을 전부는 아니더라도 대부분 수용했다. 하지만 그는 군이 정치 영역에 개입할 수 있는 비상대권을 부여한 헌법을 존중해야 한다는 입장을 보였다. 2021년 2월 1일 쿠데타를 암시하는 대목이었다.

민아웅 흘라잉 군총사령관 휘하의 군은 헌법 조항에 대한 어떤 수정도 용인할 수 없다는 의사를 내비친 바 있다. 군의 정치적 역할을 제한하기 위한 헌법개정이 의회에서 논의되었고, 의회 내 군인 의원들은 이에 거부 반응을 보였다. 예를 들어 헌법이 개정되기 위해서는 의원의 75% 이상의 찬성이 필요한데, 군을 대표하는 의원들이 의회의 25%의 의석을 확보하고 있기 때문에 군총사령관이 헌법 개정 여부에 최종 결정 권한을 가지고 있는 셈이었다.

　현역 군인 의원들은 그들의 군과 관련해 약간의 헌법 수정을 제안한 바 있다. 그 내용은 중요한 행정 정책 결정 기구인 국방안보회의(NDSC)에 현행 헌법이 허용하는 것보다 용이하게 의회를 해산하고 계엄령을 선포할 수 있는 권력을 부여하는 것이었다. 이 제안은 분명히 개혁에 적극적인 역할을 하고 있는 의회와 민주화 속도에 대한 군의 불만을 드러내기 위해 기

2015년 의원총회에 참석한 군부 대표 의원들

획된 것이었다. 즉 군은 '체제 내 이행'이 '체제 이행'으로 나아가고 있는 현실을 받아들이면서도 그 속도를 통제하고자 했다.

민주화 세력을 대표하는 아웅산 수지는 의원이 되자마자 미얀마 민주주의의 아이콘인 그녀의 국내외 명성 덕분에 테인세인 개혁 정부의 핵심적인 파트너로 존중되었다. 정부·여당 내 개혁파 지도자들은 개혁 과정에서 국내는 물론 국제사회로부터 신뢰를 얻기 위해 그녀가 필요했다. 2008년 헌법을 강력하게 반대한 그녀였음에도 불구하고 아웅산 수지는 테인세인 정부로부터 협력을 요청받았다. 의회에서 아웅산 수지는 쉐만 의장이 신설한 법치평화위원회에 소속되었다. 그녀는 쉐만 의장과 협력해 행정부와 대통령을 견제했다. 동시에 대통령과 특별한 관계도 유지했다. 그녀는 쉐만 의장, 테인세인 대통령과 협의한 내용을 토대로 종족 간 분쟁 사안과 관련해 공동성명을 발표했다. 또한 그녀는 의회 내 현역 군인 의원, 예비역 의원들과도 우호적이려고 노력했다.

대외적 요인

2011년 8월, 테인세인 대통령과 민주 진영을 대표하는 아웅산 수지 양자의 회동 이후 그해 10월부터 시작된 테인세인 정부의 정치범 석방, 언론 자유화 등 일련의 정치 개방 조치, 특히 2012년 4월 보궐선거가 비교적 자유롭고 공정하게 치루면서 아웅산 수지를 비롯한 민족민주동맹 후보자들이 국회에 입성하자 유럽연합은 제재를 공식적으로 철회했다. 테인세인 정부는 이에 대한 화답으로 정치범 56명을 추가 석방했다.

유럽연합처럼 공식적인 제재 해제를 선언하지는 않았지만 미 정부도 미얀마와의 관계 회복을 빠르게 진척시켰다. 2012년 미국 대통령으로는 처음으로 미얀마를 방문한 버락 오바마는 버마 대신 미얀마라는 호칭을 사용함으로써 테인세인 정부에 힘을 실어주었다. 테인세인 주도의 개혁개방이 있기 전만 해도 서방 일각에서는 강대국들의 경제제재가 군부권력을 약화시키기보다는 일반 대중들의 삶을 황폐화시키고 있다는 자성의 목소리가 나왔다.

반면 아세안은 '건설적 관여'(constructive engagement) 차원에서 미얀마 군사정부를 아세안으로 끌어들여 수도 양곤의 군 통치자를 고립시키려는 서방의 방식과 달리 조용한 외교, 물밑외교를 통해 군 수뇌부로 하여금 민주주의 세력들이 숨 쉴 수 있는 공간을 허용하도록 유도했다. 개혁개방이 시작된 직후인 2012년 테인세인 대통령과 타이의 잉락 총리는 미얀마와 타이 국경에 위치하고 있는 다웨이에 심해 항구와 경제특구를 설립하는 데 합의했다. 물론 타이 이외에도 싱가포르, 말레이시아, 인도네시아 등이 미얀마와 긴밀한 경제 교류를 진전시켰다.

물론 경제성장, 정치 거버넌스, 인권 존중, 부패와 투명성, 마약 거래 등 거의 모든 국제 지표에서 최하를 기록하고 있는 미얀마는 아세안에 부담이었다. 2003년 디페인 사건으로 불리는 아웅산 수지와 그녀의 지지 세력에 대한 군사정부의 노골적인 테러 공격이 발생한 후 서방은 물론이고 아세안 회원국들이 공개적으로 목소리를 내기 시작했으며, 여기에 중국도 합류했다.

타이는 아세안에서 미얀마의 민주화 이행에 관한 구상을 제안했다. 이에 미얀마 군사정부 내 개혁파로 분류될 수 있는 킨윤은 유연한 관여(flexible engagement)를 제안한 타이 주도의 아세안 압박을 차단하는 차원에서 신헌법 제정과 다당제 도입에 기반한 민간 정부 출범을 목표로 하는 '7단계 민주화 이행 로드맵'을 만들어냈다.

2006년에 아세안은 미얀마 군사정부에 순번제로 돌아오는 아세안 의장직을 포기하라고 권유했다. 미국과 다른 서방 국가들의 아세안지역포럼(ARF) 탈퇴와 아세안의 부정적인 이미지가 확산되는 것을 두려워했기 때문이다. 당시 노벨평화상 수상자인 아웅산 수지는 가택연금 상태였고 수천 명의 정치범들이 투옥되어 있었다. 또한 미국과 유럽연합에 의한 정치적·경제적 제재가 단호하게 실행되고 있었다. 하지만 2011년 3월부터 추진된 정치·경제 개혁이 예상을 훨씬 뛰어넘는 수준으로 진행되기 시작하면서 2014년 1월 1일 미얀마는 명실상부한 아세안 의장국이 되었다.

아세안은 미얀마 정부가 의장직을 이행할 수 있을 만큼 정치적 정당성을 얻도록 도왔고, 나아가 이 나라가 국제사회에 책임 있는 일원으로 비칠 수 있는 기회를 제공했다. 미얀마는 의장국 소임을 다하기 시작하면서 수많은 도전에 직면했다. 수십 년에 걸친 고립, 교육 체계의 붕괴, 연구 작업에 대한 정부의 통제 등을 감안할 때 미얀마는 심각한 인재 부족난을 겪고 있었다. 인프라도 엄청나게 취약했다. 국내 인구의 26%만이 전기를 사용할 수 있으며 단지 2%만이 인터넷에 접속할 수 있었다. 절전은 미얀마의 일상생활이다. 이런 불리한 상황 속에서 아세안 의장국으로서 미얀마는 동아시아 정상회의를 포함해 1,100번의 회의를 개최했다.

반면 오바마 미국 행정부가 아시아, 그것도 중동보다 동남아시아에 더 큰 관심을 두는 재균형(revalancing) 정책을 발표한 그 무렵에 미얀마의 개혁 시도가 모습을 드러냈다는 점도 주목할 만하다. 결과적으로 미국의 재균형 정책과 맞물려 미얀마의 개혁에 속도가 붙으면서 불과 몇 년 전만 해도 상상할 수 없었던 정도로 미국-미얀마 양국 관계가 개선되었다.

미얀마는 2014년에 들어서면서 수십 년 동안 경험할 수 없었던 정도의 국제적 · 지역적 · 국내적 정당성과 아세안의 포용을 경험했다. 미얀마는 아세안 의장국의 역할을 제대로 해냈다. 그리고 테인세인 정부의 국제적 위상이 크게 격상되면서 개혁 속도와 폭은 더 큰 탄력을 받았다.

결론

▼

2011년 테인세인 개혁정부의 출범은 '체제 내 변화'(change within reg-ime)에서 '체제 변화'(change of regime)로의 '질서 있는 이행'이었다고 볼 수 있다. 이 과정은 기존 민주화 이론가들이 선호한 전형적인 타협에 기초한 점진적인 민주화 이행 그 자체였다. '체제 내 변화'의 결정적인 계기는 사회주의혁명 국가가 실패국가에 다름아니라는 사실이 국내외적으로 극명하게 드러난 1988년이었다. 그리고 이때를 계기로 군부는 전체주의에서 권위주의로 억압의 강도를 낮추려는 시도를 했다. 물론 이것은 국가의 실패에 대한 책임을 지고 퇴임해야 했던 네윈의 권유와도 연관 있었다고 이야기된다. 하지만 무방비 상태에서 맞은 1990년 5월의 '선거혁명'은 뜻하지 않게 군부 내 보수파의 힘을 실어주었다.

2003년 8월에 공표된 규율 민주주의로의 7단계 이행 로드맵은 군부에게는 '1990년의 비극'이 재연되지 않도록 하는 치밀한 법적·제도적 예방 프로그램이었다. 주목할 것은 이때의 규율 민주주의란 군의 입장에서 군부가 인내할 수 없는 민주주의는 허용할 수 없다는 강력한 메시지를 담은 것이다. 그리고 이런 규율 민주주의 개념은 반세기 전 이념적·종족적 균열로 인해 미얀마가 해체될 위기까지 몰린 역사를 경험한 군부의 트라우마와 무관하지 않다.

여기에서 군부가 고안한 규율 민주주의가 정치질서 회복을 통해 경제발전에 비교적 성공한 수하르토의 신질서 체제를 모방했다는 점에 유의할 필요가 있다. 즉 신군부는 수하르토 통치하에 추진된 인도네시아식 발전국가 모델을 학습할 의지를 갖고 있었다.

이런 의지는 '변형된 고립주의'와 맞물려 정치 영역이 아닌 경제 영역에서 먼저 시작되는 것으로 표현되었다. 그리고 이와 같은 경제적 이행에 아세안 회원국들을 비롯한 주변 아시아 국가들의 설득, 교류, 포용, 그리고 '아세안 방식'을 넘어서는 일정한 내정간섭이 크게 기여했다. 특히 아세안에 가입한 미얀마의 군부 지도자들이 정치적·경제적으로 상당하게 발전한 주변 동남아시아 국가들을 직접 방문하면서 개혁 의지를 품었다. 이를테면 인도네시아가 미얀마 군사정부의 학습 모델이 됨으로써 발전의 거시적인 틀을 지원해주었다면, 미얀마와 국경을 마주하고 있는 타이는 미얀마와 경제 교류를 적극적으로 추진함으로써 미얀마 경제가 시장 합리 모델로 전환하는 것을 지원했다고 볼 수 있다.

아세안 등 아시아 국가들의 설득과 포용은 미얀마에서 민주주의로 경제적 이행지대를 만드는 데, 그리고 이것의 필요성을 절감한 군사정부 내 개혁파가 규율 민주주의로의 이행이라는 매우 점진적인 이행 전략을 통해 일종의 정치적 이행지대를 만드는 데도 기여했다.

과거 미국을 비롯한 서방 진영은 민주화 세력 내 온건파의 요청에 따라

미얀마와 타이 청년들의 세 손가락 혁명

강력한 제재를 이행했다. 이 과정에서 미얀마 군사정부로 하여금 정치적 자유화 없이는 경제적 자유화가 성공할 수 없음을, 특히 동아시아에서 권위주의적 발전국가의 경제적 성공이 미국 등 서방과의 경제적 · 기술적 교류와 긴밀한 연관이 있음을 고려할 때 미얀마 군사정부가 의도했던 발전국가 프로젝트가 서방의 제재가 지속되는 한 성공할 수 없음을 자각하게 했다. 이런 맥락에서 서방의 압박은 한편으로는 발전국가 모델에 관심을 두고 있는 군사정부 내 개혁파로 하여금 예상을 뛰어넘는 변화를 추진하도록 했고, 다른 한편으로는 민주화 세력 내 온건파의 협상력을 키워주었다. 이렇듯 제재와 포용을 각기 지지했던 국제사회는 의도하지 않게 미얀마 군부로 하여금 개혁의 이익이 비용보다 훨씬 크다는 합리적인 계산을 하도록 유도했다. 이는 국내외 행위자들의 의도하지 않은 경쟁적 협력의 효과였다.

2011년부터 2015년까지의 테인세인 유사 민간 정부 시기가 전체주의적 실패국가가 권위주의적 발전국가로 이행하는 전면적 자유화의 시기, 특히 경제체제 변화의 시기였다면, 그 이전 시기는 이런 변화를 준비하는 체제 내 변화의 시기였다. 미얀마에서 질서 있는 이행은 체제 내 변화로부터 체제 변화로의 진화로 특징지워진다. 체제 내 변화는 네윈의 철권통치를 대체한 신군부의 출현으로부터 미얀마의 군사정부인 국가평화발전위원회(SPDC)가 퇴각하는 단계까지의 시기를 지칭한다. 이는 전체주의적 실패국가로부터 권위주의적 발전국가로의 이행을 준비하는 단계이자 체제의 온건화 과정이다. 반면 체제 변화는 급격한 자유화의 계기가 되는 테인세인 유사 민간 정부의 출범으로부터 시작된다.

이런 두 양상의 변화는 다당제 선거 민주주의와 시장경제 체제로의 이중적 이행에 해당한다. 이런 맥락에서 7단계 민주화 이행 로드맵이 구상되었는데, 이는 아세안의 포용과 서방의 제재에 대한 군부의 반응이었다. 이는 국제사회 내의 양 진영이 미얀마의 민주화를 위해 행한 의도하지 않은 협력이기도 하다. 내부적으로는 군부 내의 개혁파와 민주화 세력 내의 온건파 간의 협상 역시 '위로부터의 자유화' 혹은 '타협적 협약에 의한 민주화'로 해석될 수 있는 '질서 있는 이행'을 만들어내는 협력적 경쟁이었다. 테인세인은 미얀마 군부 내 개혁파를 이끈 반면, 아웅산 수지는 여러 종족과 정파로 구성된 민주화 세력을 이끌었다. 2016년에 출범한 민족민주동맹 문민정부는 2008년 헌법에 근거한 질서 있는 이행의 맥락에서 군부와 권력 공유가 불가피했다. 그렇지만 민주주의로의 전환 속도가 경제 성장 속도에 비례한다면 빈곤국 미얀마에서는 체제 전환의 속도가 완만할 수밖에 없다.

미얀마와 타이 청년들의 세 손가락 혁명

1. 당시 네윈 주도 군사 혁명평의회의 '혁명'에 대한 기본 개념은 버마(미얀마)에 걸맞은 사회주의를 통해 국가와 사회를 재건하는 것으로, 단결·안정·평등의 실현이 목표였다. 군사혁명을 주도한 그들에게 자본주의는 식민주의, 착취, 탐욕을 상징했다. 이른바 '버마식 사회주의'는 자립자족, 정의, 경제의 버마화 등에 기초한 명령 경제체제였다. 또 모든 정치적 반대 세력, 종교단체를 제외한 모든 시민사회 조직을 초토화하고, 사유자산을 국유화했다. 그리고 민족주의를 고취하면서 서구 문물의 유입을 통제하는 등 고립 정책을 폈다. 일종의 자력갱생(autarky model)의 전형이었다.

2. 네윈의 반제국주의, 반식민주의, 반서방 노선은 군 출신 낫세르의 급진적 민족주의 노선과 일맥상통했다. 그것은 일종의 민족혁명이었다. 1968년과 1969년에 각각 쿠데타로 집권한 페루의 벨라스코 군부 세력, 리비아의 가다피 군부 세력도 네윈 군부 세력과 유사한 급진적 민족주의를 취했다.

3. 우누 정부는 사회주의 프로그램의 일환으로 복지국가를 향한 '피다우타 계획'을 세웠다.

4. 동아시아에서 1980년대 후반은 비자유주의적 폭압적 국가권력에 대한 저항이 연이어 발생한 시기다. 1986년 2월 마르코스 독재체제를 무너뜨린 필리핀에서의 '피플파워', 1987년 직선제 개헌을 이끌어낸 한국에서의 '6월항쟁', 1989년 공산당 일당독재에 저항했던 '6·4천안문사태' 등이 그것이다. 자유롭고 공정한 선거를 핵심으로 하는 자유민주주의를 확보하는 데 필리핀과 한국은 성공했지만 좌파 독재 체제에 있던 중국과 미얀마는 실패했다.

5. 미얀마의 일인당 GDP는 아세안 회원국들 중 최하위였다. 반면 공적부채는 아시아에서 최고였다. 국민 4명 중 1명이 빈곤층이고 2012년과 2013년의 경우 전체 예산 중 2% 미만이 교육과 보건 분야에 투입된 반면 군비 지출은 약 20%였다.

6. 네윈 혁명정부 치하의 미얀마는 근대성과 전통성이 혼합된 전체주의로 규정할 수 있다.

11. 연방단결발전협의회는 골카르와는 달리 정당이 아닌 대중운동 단체로 출발했다. 이들은 대중 집회를 통해 신식민주의자들이 미얀마를 비방 날조하고 있다고 비난하면서 미얀마만큼 자유, 평등을 누리는 나라가 어디 있느냐고 군사정부를 옹호하는 대중선동을 행했다.

12. 이 용어는 1998년 탄쉐의 연설에서 처음 사용되었는데, 수하르토 치하의 신질서 체제를 모방한 것이다.

13. 인도네시아군부의 이중 기능은 인도네시아라는 대가족의 일원인 군이 대가족의 복지를 책임져야 하는 차원에서 국방뿐만 아니라 개발 문제, 그중에서도 정치, 경제, 문화 등의 문제에도 관여해야 한다는 논리다.

14. 소수민족 무장단체와의 휴전 협상은 1988년 8월 민주항쟁 직후에도 군사정부에 의해 추진되었다.

15. 에그레스는 《The Voice》를 펴낸 언론인 네이 윈 마웅 박사가 이끌었고 틴 마웅 마웅 탄 박사, 죠인 흘라잉 박사 등이 참여한 제3세력으로, 이들은 2008년 헌법이 새로운 정치 공간을 열어줄 수 있다고 판단했다. 테인세인 정부, 쉐만 하원의장과 긴밀한 관계를 갖고 있으며 민족민주세력당을 지원한 것으로 알려졌다. 이들은 민주화운동의 주역인 '88세대'를 급진주의자들이라고 비난했다.

2부

타이,
군부-왕실 동맹 깨기의 역사

타이에서의 불복종운동

1932년 입헌 혁명과 군부 개입 정치의 제도화

타이 군부는 절대군주제를 전복하고 헌정체제의 길을 연 1932년 정변의 주역이었다. 입헌 혁명에 해당하는 정변의 주역이었던 청년 장교들과 관료들은 자신들이 민주주의를 심었다고 자부했다. 1932년 입헌 혁명을 계기로 관료는 일상적으로 국정을 담당했고, 군부는 지도부에 변화가 필요하다고 판단될 때 개입했다. 종종 군 장성들이 정부의 수반이 되었으며, 이런 환경 속에서 군부 내에 파벌이 형성되고 정치적 술수가 일상화되었다. 쿠데타는 특정 군부 파벌이 다른 군부 파벌을 대체하는 하나의 표현방식이었다.

1932년 쿠데타 직후 정당들이 설립되었지만 조직적으로 미숙했으며 출발부터 분열 양상을 보였다. 상원은 임명직 의원으로 구성되었는데, 그들 대부분이 군 엘리트이거나 관료들이었다. 쿠데타가 일어날 경우 쿠데타 주역은 기존 헌법을 폐기하고 그들의 바람대로 체제를 바꾸었다. 수 세기 동안 지속된 군주 체제 속에서 침묵을 익힌 일반 대중은 그 어떤 도전도 시도하지 않았다.

1932년 이전 왕실의 후원을 받았던 화교 자본가들은 군의 통제를 받으면서 동시에 군부의 후원을 받았다. 이들은 타이 민족주의 운동을 의식해 목소리를 내지 않았으며 비정치적 태도를 보였다. 화교 자본가들은 군부, 관료들과 유착을 통해 타이 사회에 동화했고, 군부는 상업적 군인으로 변신했다. 군부가 자본주의 육성 정책을 펼침에 따라 화교 자본가들은 정책 결정 과정에 접근할 수 있었다. 타이의 정당정치는 이들 화교 자본가들이 정치적 영역에 뛰어들 수 있는 중요한 통로가 되었다.

1970년대에 들어와 민주화의 여파로 정당정치가 확대되었는데, 이는 사회운동이라는 새로운 정치적 행동주의와 민주화운동 덕분에 가능했다. 이런 정치적 행동주의, 즉 사회운동은 1973~1976년까지 선거민주주의가 부활한 시점에서 정점에 이르렀다. 반면 이 시기에 정당정치의 취약성도 극명하게 드러났다. 빈번한 의회 해산, 단명에 그친 내각, 정치 과정의 파행 등이 권력을 둘러싼 정당 간 경쟁의 상황을 혼돈으로 몰아갔다. 연고 중심의 정당들이 정책 정당화하기도 쉽지 않았다. 경합을 벌이는 중요 정당 대부분의 지역 기반은 방콕이었다. 대중적인 기반을 지니고 있지 않았기 때문에 이들은 탄탄한 지역구 기반이 없었다. 의회에서 이루어지는 의제 대부분이 방콕 자본가 계급의 욕구를 반영했다.

1980년대에 들어와서 이런 문제를 해결하기 위한 일정한 시도가 있었다. 1980~1988년 사이에 육군 총사령관을 역임한 프렘 탄술라논 총리는 정당 지도자들을 신중하게 활용했다. 또한 그는 경제발전을 의식해 주로 부처 내 기술 관료들에게 의지했다. 그는 정치적 중립을 강조하는 기술관료형 통치 방식을 취했다.

1992년 민주화 시위, '국민 헌법', 포퓰리스트 탁신

1988년에 들어와 12년 만에 민선 총리 시대가 열림으로써 정치적 개방이 재개되었다. 그러나 1991년 2월에 일단의 군부 세력이 찻차이 정권의 부정부패를 이유로 들어 쿠데타를 일으켰다. 1976년 쿠데타를 승인했듯 국왕은 1991년 쿠데타도 승인했다. 쿠데타 직후인 1991년 2월 23일, 반군부 공동 투쟁 조직으로서 민중민주주의운동이 결성되었다. 1991년 11월 19일에는 정당, 지식인, 전국학생연맹(SFT)이 중심이 된 대규모의 헌법 개악 반대 집회를 개최했다. 하지만 군부는 1991년 12월 신헌법안을 통과시켰다. 이어 이듬해에 어떤 경우에도 총리에 취임하지 않겠다던 쿠데타 주역 수친다 장군이 약속을 깨고 총리에 취임하자 1992년 5월 14일 다양한 계층을 포괄하는 공동투쟁 조직인 민주주의연맹이 결성되었다. 민주주의연맹의 중심은 당시 진리의힘 당 대표 잠렁 시므엉 등 3인이었다. 간사역은 타이공산당에 합류해 무장투쟁을 벌인 바 있는 웽 토치라칸이 맡았다. 이때 구성된 시민연대는 1973년 10월 14일에 조직되었던 범민주반독재연대의 부활을 의미했다. 이 시민연대에는 명망 있는 지식인, 시민단체, 반군부 제정당, 불교 집단, 학생, 노동자, 농민, 기업인 집단 등이 포함되었다.[1]

다양한 이념과 영역으로 분화되고 있던 타이 시민사회가 반군부 전선에 하나로 연대한 1992년 5월 민주항쟁 이후 시민사회 진영에서는 국가도 자본 진영도 아닌 제3세력 강화론이 제기되었다. 특히 '10월세대'의 주역인 티라웃 분미는 '온건 국가-온건사회론'을 제기했다. 당시 시민사회 진영에서는 제3세력이 협력만 추구할 것이 아니라 분권화를 통해 국가와 자본을 감시하고 비판해야 하는 당위성을 주장했다. 그리고 이런 개혁 열망은 헌법 개혁 운동으로 구체화되었다.

민주당은 1945년 당시 진보 성향의 프리디 정권에 반대하는 일단의 친군부 왕실 관련 인사들 중심으로 결성되었다. 이 때문에 민주당은 태생적으로 사회운동 세력의 기대를 수용하기에는 한계가 있었다. 1950년대에 민주당은 군부 정권에 의해 안정된 정당정치에 참여하면서 보수 야당으로 발전해나갔다. 1997년 경제 위기를 계기로 민주당은 신여망당으로부터 권력을 반환받을 수 있었으나 국제통화기금(IMF)의 일방적인 구조조정 프로그램을 수용함으로써 사회운동 진영은 물론 기업인 집단으로부터도 불신을 샀다.

주목할 것은 1997년 7월 경제위기 직후 '국민 헌법'으로까지 불린 신헌법이 통과되었다는 점이다. 신헌법은 과거 1974년, 1991년 헌법과 유사점을 가지고 있지만 많은 면에서 발전된 특징을 가지고 있다. 무엇보다 99명의 독립된 헌법기초위원회 위원들이 전국을 돌며 국민들의 의견을 반영해 만든 1997년 신헌법은 그간 타이 헌법 중에서 가장 민주적이라는 찬사를 받았다. 신헌법에 따라 국민의 법안 발의와 공직자 탄핵이 가능해졌고, 국가인권위원회, 선거관리위원회, 부패방지위원회, 헌법재판소, 의회옴부즈맨, 공공금융위원회 등과 같이 시민사회가 제기한 부패, 인권 의제를 수용한 독립된 감시 기구도 설치되었다. 또한 군과 관료가 장악하고 있던 상원 의원직을 임명직에서 선출직으로 바꾸고, 정당과 유권자의 연대를 결속시키기 위해 소선거구제와 정당명부제가 도입했다.

이런 신헌법 체제 안에서 처음으로 출범한 집권 세력이 탁신 친나왓이 이끄는 타이락타이 정당이었다. 탁신 체제는 포퓰리즘 정책을 구사하면서 일부 사회운동 진영까지 포섭해냈다. 타이락타이당에서 진보 진영과의 소통 역할을 맡은 사회운동가 출신의 분탐은 자본주의가 빈곤층을 착취하는 체제라는 생각은 시대착오적인 구 좌파적 발상으로 탁신 정부야말로 대중에 직접 다가가 자본주의와 지역 사회에 기반을 둔 공동체 경제가 가능한 방도를 모색하고 있다며 타이락타이의 개혁성을 선전했다. 이에 호응해 '탁시노믹스'야말로 경쟁력 있는 경제체제를 구축함과 동시에 국내 자본을 보호하고, 경쟁력을 위해 민영화와 같은 시장 지향적 개혁을 추진하며, 사회적 약자 계층의 역량을 강화하는 복합형 개발 전략을 취하고 있다는 호평도 있었다. 이런 정책 집행을 배경으로 2005년 총선에서 탁신의 타이락타이는 절대 의석을 확보하는 데 성공했다.

그러나 전도양양하게만 보이던 탁신이 위기에 몰리기 시작한 것은 역설적이게도 2005년 총선에서 압승을 거두고 재집권에 성공하면서부터였다. 탁신이 창당한 타이락타이의 뜻이 '타이를 사랑하는 타이인' 이듯이 탁신 스스로 애국주의를 표방했지만 2006년 1월에 들어와 미화 17억 달러나 되는 자신의 친코포레이션 주식을 싱가포르의 테마섹 지주회사에 매각할 때 세금을 한 푼도 내지 않았다는 사실이 폭로되면서 반(反)탁신 세력은 일파만파로 확대되었다.

이런 부패 스캔들 외에도 이미 탁신은 포퓰리즘 정책을 추진하면서 인권을 조직적으로 유린하고 사회운동을 탄압함으로써 사회운동 진영과의 관계에 균열을 냈다. 특히 타이 남부 무슬림 지역에서 일어난 탁바이 대학살과 인권을 무시한 마약과의 전쟁은 그 극단적인 예였다. 또한 탁신 정권은 언론 통제를 비롯해 헌법재판소, 선거관리위원회, 부패방지위원회 등과 같이 행정부와 입법부를 견제해야 할 국가기구를 포섭하거나 무력화시켰다. 요컨대 선거권위주의의 전형적인 모습을 보였다. 실제 탁신은 전환기의 강력한 지도자를 자처하면서 자유무역협정과 공기업 민영화 등과 같은 자유시장 정책을 적극적으로 추진했다.

1973년 10월 반군부 민주항쟁을 주도한 이른바 '10월세대'를 대표하는 티라웃 분미는 탁신이 과거 1950년대 말, 1960년대 초 군부 독재자 사릿처럼 1인 지배체제를 굳히고 있다고 비난했다. 탁신의 타이락타이에 표를

미얀마와 타이 청년들의 세 손가락 혁명

몰아준 1,900만 유권자들을 고려해서 절대권력자라는 표현을 사용하지는 않겠지만, 탁신이 과거 군부독재자 사릿과 마찬가지로 인권이라는 가치를 희생시키면서 경제를 발전시키려는 공통점이 있다며, 이런 부류의 압제자가 군림하는 민주주의의 경우 국가를 더 위험한 상황으로 몰고 갈 수 있다고 경고했다. 특히 신속한 의사결정, 물질적 성공 등을 성취해내는 탁신 정권에 호감을 느끼는 국민이 늘어나면서 타이 사회가 타이락타이처럼 사고하는 '전 국민의 탁신화' 경향을 우려했다. 그는 사릿이야말로 타이 사회에 많은 변화를 이끌어낸 첫 CEO 정치인이었지만 부패, 매춘, 아동 노동, 자원 고갈 등과 같이 윤리적·도덕적 가치를 후퇴시키는 부정적인 유산을 남겼듯이 탁신 역시 국가 주권이라는 가치를 희생시키면서 타이 고유의 문화, 봉사 정신을 상품화하고 있다고 비난했다. 특히 자유무역협정, 경제특구, 금융 부문 및 여타 경제 부문의 자유화 등은 일종의 '정책 부패'로 지켜봐야 할 사안이라고 주장했다.

시민사회의 분열 :
쿠데타를 지지하는 시민사회와 쿠데타를 반대하는 시민사회

탁신 집권 당시 일부 자유주의 지식인들은 지방 농민들을 좋은 정치인을 판별해내는 능력이 없어 30바트 의료복지 제도와 같은 포퓰리즘에 현혹되어 탁신의 부패 행각이나 반인권적 행각은 아랑곳하지 않고 표를 몰아주는 몰지각한 유권자로 간주했다. 이런 관점은 농촌 지역 유권자들은 매표 행위를 하는 정치인을 당선시키고, 도시 중간계급은 부패 행각을 벌이는 정치인들을 심판한다는 '두 개의 민주주의 이야기'로 표현되었다.

주목할 것은 타이의 적지 않은 중산층들이 이런 이분법에 동의했다는 점이다. 일부 명망 있는 사회운동가들조차 농촌 유권자는 정치적 우상에 현혹되어 있고 눈앞에 이익을 위해 표를 던진다고 보면서 타이락타이의 반대 정파인 민주당에 표를 던졌다. 남부 무슬림에 대한 편견을 노골적으로 드러내면서 형식적인 화해 노선을 취할 뿐 사태 해결을 위해 어떤 실질적인 조처를 하지 않은 탁신의 행태는 탁신을 지지하는 농촌 유권자들에게 고려대상이 되지 않았다. 이들에게 타이락타이는 저렴한 의료복지를 공급해주고 농촌 경제의 특성화를 위해 마을당 1개의 특산품 개발을 지원하는, 이른바 OTOP 정책 등 농촌을 향해 복지정책과 개발 정책을 펴는 그들을 위해 일하는 대중 정당이었다.

반면 이런 농촌 지향 정책을 두고 당시 야당이었던 민주당과 티라웃 분미, 암마르 시암왈라와 같은 개혁적인 성향의 저명인사들은 탁시노믹스를 1997년에 뒤이어 제2의 경제위기를 가져올 수는 위험한 수준의 재정 확장 정책이라고 비난했다. 이들은 탁신의 포퓰리즘이 농민들의 소비주의를 부추기거나 탁신의 이동통신 회사 제품을 구매하는 '의존 풍조'를 확산시킨다고 비난했다. 이에 대해 자이 웅파콘과 같은 진보적 지식인들은 이런 논리는 정부의 재정 확장 정책을 비난하는 마거릿 대처의 신자유주의 논리와 다르지 않다고 비판했다.

1980년대에 들어와 '10월세대'는 정치·사회적 궤적상 두 집단으로 나뉘었다. 한 부류는 1980년 이후로 성장해온 시민사회단체를 포괄하는 사회운동으로 빈농, 도시 빈민 등 사회적 약자를 대변했다. 다른 한 부류는 대중을 포섭하기 위해 이전의 운동권들을 정치 엘리트 그룹 안으로 끌어들이려는 통치 계급에 부응한 부류다. 이런 포섭은 차왈릿의 신여망당 집권 시기부터 시작되었으며, 이후 탁신의 타이락타이당 집권 때 더 노골적인 형태를 띠었다. 특히 탁신 정부에 합류한 '10월세대'는 탁신과 빈민연합의 대화를 주선했으며 정부와 사회운동 간의 갈등을 중재했다. 또한 농촌 주민들 스스로가 빈곤 퇴치 전략을 고안하도록 유도하는 지역 활동가들을 지원했다.

반면 타이락타이의 포퓰리즘에 대한 비판은 암마르 시암왈라와 티라웃 분미 같은 공동체주의적 자유주의자로 분류되는 지식인들과 수리야사이 가티실라, 피폽 통차이, 솜삭 코사이숙 등과 같은 사회운동 지도자들이 주도했다.

그러나 탁신 퇴진 운동의 기폭제 역할을 한 당사자는 한때 탁신과 가까웠던 언론 재벌 손티 림텅쿤이었다. 그는 자신이 진행한 시사 프로그램 〈주간 타이〉를 통해 반탁신 여론을 조성하고 나아가 반탁신 대열의 조직화를 주도했다. 특히 손티는 이 프로그램을 통해 탁신의 국왕 모독 행위를 신랄하게 비난했다. 손티의 반탁신 여론 주도는 민주주의민중연대의 태동 배경이 되었다. 그리고 1970년대 민주화운동을 이끌었던 '10월세대'의 일부가 존왕주의자 손티 림텅쿤에 의해 주도된 민주주의민중연대에 집단 혹은 개별적으로 가담했다.

민주주의민중연대의 영향력이 급격히 확대되자 탁신은 조기 총선으로 맞섰다.[2] 그러나 민주당을 비롯한 야당들과 민주주의민중연대는 선거 보이콧으로 대응했다. 결국 민주당과 반탁신 사회운동 진영은 헌법 7조를 근거로 국왕에게 혼란스러운 정국 해결을 위한 개입을 요청했다. 그러나 국왕은 이 요청을 거절했다. 총리직 사임을 밝힌 탁신이 이를 번복하고,

타이락타이와 자신에 대한 신임 여부를 묻는 11월 총선을 거론하자 친탁신, 반탁신 사회운동 진영 간의 갈등이 최고조로 치달았다. 결국 탁신 체제와 1997년 헌법은 2006년 9월 19일에 일어난 쿠데타로 붕괴했다. 사실상 이 쿠데타는 반탁신 사회운동 세력이 유도한 것이나 다름없었다. 국왕은 쿠데타를 승인함으로써 초헌정적 국가원수로서의 위력을 다시 한번 보여주었다.

당시 쿠데타 주역들은 탁신의 부패와 그의 분열주의 정치, 헌법상 보장된 독립기관에 대한 침해, 군주제에 대한 위협 등을 들어 자신들의 위헌 행위를 정당화했다. 손티 분야랏글린 육군 총사령관을 의장으로 하는 '입헌군주제하의 민주개혁평의회'라는 긴 이름의 군사평의회는 한때 '국민헌법'으로까지 격찬받던 1997년 헌법을 폐기했다. 그해 10월 1일에 임시헌법을 공포, 시행하고 전 육군 총사령관 수라윳 출라논 추밀원 의원이 과도총리로 취임했다. 군부에 의해 총리직에 임명된 수라윳 장군은 국왕이 제시한 '자족경제' 개념이 정부 경제정책의 기조가 될 것임을 선언했는데, 이것은 탁시노믹스에 대한 거부의 의미가 있었다.

결국 탁신 정부의 와해를 바란 중산층들은 자신들의 운명을 군부와 보수적 존왕주의자들에게 맡겼다. 그들은 탁신에게 언제나 표를 던지는 농민들이 아직 민주주의를 누릴 만한 시민의식을 갖추지 못하고 있다고 보았다. 반탁신 운동을 이끈 보수주의자들은 도시 중산층이 낸 세금으로 혜택을 받고 그 대가로 탁신을 지지하고 있는 빈민들과의 계급 전쟁으로 보았다. 이런 반탁신 운동을 통해 외견상 왕실은 전례 없이 강력해졌고 군부와 관료들은 과거 그들이 누리던 특권을 되찾았다.

특히 왕실과 군의 관계가 보다 돈독해졌다. 2006년 쿠데타 이후 군과 왕

친 탁신 붉은셔츠의 시위

실에 연을 맺고 있던 보수주의자들이 공직에 등용되었다. 군부가 임명한 과도의회는 2007년도 군 예산을 50% 증액했다. 2007년 신헌법에 따라 민정 이양이 이루어졌지만 군부의 정치적 영향력은 계속되었다.

2006년 9월 쿠데타를 국왕이 승인하자 인터넷 사이버공간에 국왕을 비판하는 글이 오르기 시작했고, 정부 당국은 이들에게 최고 15년형에 처할 수 있는 국왕모독죄를 적용했다. 그럼에도 왕실을 비난하는 인터넷 사이트가 증가하자 정부 당국은 이들 사이트 폐쇄에 나섰다. 2008년에는 저명한 원로 사회운동가인 술락 시와락사가 국왕모독죄로 입건되었다. 왕립 쫄라롱껀대학교의 자이 응파콘 교수는 왕실을 비난한 저서를 발간했다는 이유로 입건되자 영국으로 피신했다.

일찍이 타이에서 사회운동과 정당정치가 만개했던 초유의 시기는 1973년 10월 14일 반군부 민주항쟁과 그 결과인 1974년 헌정체제였다. 그럼에도 '1974년 체제'는 군부를 비롯한 우익의 반발로 파국을 맞았다. 1992

년 5월, 제2의 민주항쟁을 계기로 '1974년 체제'의 개혁성을 발전시킨 새로운 개혁적 헌법을 구상했다. 이런 배경에서 제정된 헌법이 1997년 헌법이고, 시민사회의 의사를 수렴한 가운데 제정되었다는 점에서 '국민헌법'으로까지 불렸다. 그리고 '1997년 체제' 안에서 타이 최초의 정책 정당이라고 할 수 있는 탁신의 타이락타이가 집권할 수 있었다.

급기야 친서민 정책을 편 탁신의 포퓰리즘은 타이락타이가 민주헌정 사상 최초로 연립 없이 단독 집권을 가능하게 했다. 하지만 타아락타이의 일방적인 독주로 '다수의 횡포'가 절정에 이르렀고, 결국 이에 불만을 품은 일부 사회운동 진영이 존왕주의자들과 손을 잡고 탁신 퇴진 운동에 나섰다. 친서민 정책을 통해 농촌에 절대적인 지지 기반을 갖고 있던 탁신은 이에 대해 의회 해산과 총선으로 맞섰다. 결국 수의 게임에 무력했던 반탁신 진영은 자칭 '좋은 쿠데타'를 초대했다. 그러자 군부 쿠데타를 반대하는 탁신 지지 세력을 비롯한 범 반군부 진영, 이른바 붉은셔츠의 저항이 시작되었다.

오랜 정당 역사를 자랑하는 민주당은 쿠데타를 암묵적으로 지지했다. 탁신을 부패한 독재자, 교활한 포퓰리스트, 탁신을 지지하는 서민들을 포퓰리즘에 현혹된 어리석은 대중으로 보는 지식인과 중산층 중심의 노란셔츠는 쿠데타를 갈등 수위가 높아만 가는 정국을 정상화하는 정치의 연장으로 받아들였다.

이런 보수 진영의 인식은 2014년에 쿠데타가 다시 일어났을 때도 마찬가지였다. 그리고 프라윳 찬오차 장군이 이끈 쿠데타 세력은 과거 군사정부 시기에 그랬듯 2017년에 그들의 의지를 담은 신헌법안을 통과시켰다. 이 법안 중 대표적인 독소 조항은 상원의원 250명을 민선이 아닌 쿠데타 군부 세력이 임명하고 이들이 총리 선출권을 갖도록 하는 것이었다. 실제 이들 상원의원의 방해로 2023년 5월 총선에서 국왕모독죄 개정 등 군주제 개혁을 내건 까오끌라이당이 제1당이 되었음에도 불구하고 총리를 배출하는데 실패했다.

왕실의 탈성역화 운동에 나선 타이 청년들

흔히 민주주의를 갈등의 제도화라고 표현한다. 2020년 11월 17일 타이 의회는 군부가 실질적인 정부 구성 권한을 쥐게 한 현행 헌법 개정안을 놓고 토론을 시작했다. 법률 지원 시민단체 아이로(iLaw)는 군부가 일부 상원의원을 지명할 수 있는 권한을 폐지하고 국민이 모든 상원의원을 직접 선출하자는 내용을 뼈대로 하는 개헌안을 제출했다. 방콕 소재 의회 주변에는 철조망이 쳐지고, 헌법 개정을 요구하는 시위대의 목소리는 계속되었다. 보수적인 왕실 지지파도 시위를 벌였고, 양 시위대 충돌과 경찰의 시위 진압 과정에서 40여 명 이상이 다쳤다.[3]

이에 앞서 2020년 8월 타이 청년들은 1976년 이른바 '혹 뚤라'(타이어로 10월 6일이라는 의미) 이래 처음으로 왕실 개혁을 언급하는 선언문을 공개했다. 이들의 정치 선언은 삽시간에 국내외로부터 주목을 받았다.

타이에서 왕실이 신비화된 지는 오래다. 1932년 입헌 혁명 이전까지만 해도 타이 국왕은 불교와 국가를 상징했다. 국왕에 대한 불충은 반역 행위이자 배교 행위로 간주되었다. 라마 6세인 와치라웃 국왕은 절대군주제를 옹호하면서 국왕을 인간의 몸을 지배하는 뇌에 비유하기도 했다. 실제 70

년 동안 국왕 자리를 지킬 수 있었던 라마 9세 푸미폰 아둔야뎃 국왕은 타이 사회의 뇌수와 같은 존재로서 불교 법도에 따라 통치하는 성군을 가리키는 '탐마라차'로 칭송되었다. 푸미폰 국왕의 신비화 과정에는 군의 절대적인 후원이 있었다. 1950년대 후반—1960년대 초반에 '타이식 민주주의'를 내건 사릿 타나랏 총리와 1980년대 푸미폰 국왕에게 대왕 칭호를 헌사한 프렘 틴나술라논 총리가 그의 은인들이다.

주목할 것은 국왕과 왕실의 성역화가 가혹한 처벌을 가할 수 있는 국왕 모독죄와 함께 이루어졌다는 점이다. 1976년 10월, 국왕이 1973년 학생들이 주도한 반군부 독재 시위로 망명길에 오른 군 출신 총리와 비밀리에 회동했다는 소식이 전해지면서 왕실을 비판하는 여론이 시작했다. 이때 학생들이 집회를 열고 있던 탐마삿대학교를 공권력과 정체불명의 폭도들이 급습했다. 이 유혈사태로 많은 학생이 죽거나 정글로 피신했다. '혹 뚤라'로 일컫는 이 유혈사태 이후 국왕모독죄 처벌 수위도 강화되었다.

푸미폰의 절대적 카리스마에 도전한 정치인이 2006년 9월 19일 쿠데타로 쫓겨난 탁신 친나왓 총리다. 통신 재벌 출신인 그는 과거 운동권을 지칭하는 '10월세대'를 영입하면서 혁신적인 정치 마케팅을 통해 국왕의 카리스마에 도전할 만큼 대중성을 확보했다. 국왕의 지지 기반이던 농촌에서 영웅은 탁신으로 바뀌었다. 그는 20년 집권을 공언했다. 이때를 계기로 타이 사회는 쿠데타 반대를 외치는 친탁신과 탁신 퇴출을 외치는 반탁신으로 분열했다. 전자는 붉은셔츠를, 후자는 노란셔츠를 각각 입고 거리에 나왔다. 이 대결 속에서 대다수 청년은 냉담했다.

2017년에 들어와 군부가 극히 형식적인 국민투표를 거쳐 신헌법을 통과시키자 청년들의 불만이 고조되었다. 신헌법은 상원의원 임명권을 사실상 쿠데타 주역들이 갖도록 하고, 이들이 총리 선출에 참여해 총선이 있더라도 군부가 원하는 정권이 들어서도록 했다. 여기에 군부와 동맹 관계에 있는 라마 10세 와치라롱껀 국왕의 기행(奇行)이 보태졌다. 국왕은 청년들에게 불편하고 공포스러운 존재가 되었다.

마침내 타이 청년들은 군정 종식, 개헌 및 총선 재실시와 함께 추밀원 폐지 등 왕실 개혁을 요구하고 나섰다. 이들은 국가는 국왕의 것이 아니라 인민의 것임을 선언한 1932년 카나랏사돈(인민당)의 입헌 혁명 정신을 소환했다. '해방청년'을 자임한 그들에게 1932년 입헌 혁명은 미완의 혁명이다. 여전히 전근대적인 봉건적 요소가 타이 사회를 지배하고 있음을 간파했다. 나아가 그들은 1932년 혁명의 한계가 대중적 기반이 취약한 '위로부터의 혁명'에 있었음을 깨닫고 1932년 혁명가 집단 '카나랏사돈'에서 '일단의 무리'라는 의미인 '카나'를 떼어내고 지도부와 대중이 따로 없는 '랏사돈'(인민)을 자처했다. "우리가 인민이다!" 타이에서 확산되고 있는 청년 주도 해방운동의 정체성이다.

타이 사회를 깊이 들여다본 한 학자는 타이의 존왕주의를 '요상한 골동품'에 비유했다. 그동안 이 '요상한 골동품'은 입헌군주제이면서도 절대군주제처럼 타이 사회에 넘어서는 안 되는 정치적 경계를 설정했다. 이 경계를 멍에로 느낀 타이 청년들이 희생을 각오하고 경계를 허무는 행동에 나섰다. 타이 청년들은 억압적 국가를 향한 불굴의 저항을 상징하는 세 손가락 경례를 하며 대담한 집단행동에 나섰다.

1. 1973년 10월 민주항쟁 때와 마찬가지로 반군부 민주화 세력에 대한 군의 진압이 유혈사태로 번지자 국왕이 나서서 군을 대표하는 수친다와 민주화 세력을 대표하는 잠렁 간의 타협을 성사시켰다.

2. 반탁신 투쟁이 고조되고 있던 2006년 3월 중순, 탁신 집권 이후 탁신 일가의 친코포레이션이 내부거래로 순이익이 3배 정도 늘어났다고 주장했다가 친코포레이션에 명예훼손 혐의로 제소된 언론인 수피냐 클랑나렁이 무죄 방면되었다.

3. 《한겨레신문》 2020년 11월 19일자.

5장

'사릿 모델'의 부활과 타이식 민주주의

서론

▼

2017년은 프라윳 찬오차 군사정부로 보면 천문학적인 비용을 들인 푸미 폰 국왕 장례식[1]에 미국 제임스 매티스 국방 장관 등 40여 개국에서 조문 사절단이 파견됨으로써 2014년 쿠데타 이후 소원했던 서방 등 국제사회 와 외교 관계가 회복되기 시작했으며, 경제적으로는 방콕과 중국 쿤밍을 잇는 고속철도 사업을 추진하기로 중국과 협정을 맺는 등 취약했던 정치 적·경제적 정당성을 복원하기 위해 분주한 한 해였다. 다시 말해 2017년 에 들어와 그동안 친중 행보를 보였던 프라윳 찬오차 군사정부가 대(對) 미국 및 대 유럽연합과 관계 정상화의 물꼬를 텄다는 데 주목할 필요가 있 다. 특히 2017년 10월 2일 프라윳 총리의 방미와 트럼프 미국 대통령과 회담은 2014년 5월 22일 쿠데타 이후 불편했던 타이-미국 관계를 복원하 는 중요한 계기로 평가되었다.

2014년 5월 쿠데타에 대한 강대국들의 반응은 미국 정부의 비난과 중국 정부의 용인이라는 극명한 대비로 집약할 수 있다. 미국은 적절한 제재를 실시했고, 타이와 외교 관계를 강등시켰으며, 조속한 자유선거와 민주주의 회복을 요구했다. 미국의 이런 태도는 2006년 9월 19일 쿠데타에 대한 입장보다 훨씬 강한 것이었다. 이와는 대조적으로 중국의 반응은 2006년 쿠데타가 일어났을 때와 마찬가지로 관대함과 무비판으로 일관했다. 미국을 비롯한 서방의 비판이 고조됨에 따라 쿠데타의 주역들은 중국에 더 다가갔다.

중국에 타이를 잃고 싶지 않던 일본은 처음에는 쿠데타를 비난하고 민주주의의 복원을 요구했지만 2015년 프라윳 찬오차 총리이자 군사평의회인 국가평화질서위원회(NCPO) 의장을 일본에 초청했다. 타이와 일본은 타이 영토 내의 동서철도 건설 관련 양해각서를 체결했다. 당시 베니그노 아키노 3세 필리핀 대통령과 수실로 밤방 유도요노 인도네시아 대통령은 2014년 5월 쿠데타에 즉각적으로 반대를 표명했으나 곧 아세안 규범인 내

프라윳 총리(왼쪽)와 트럼프 대통령

정불간섭주의로 회귀했다. 2014년 쿠데타 이후 2016년까지 외교적으로 아시아 국가들이 타이 군정 체제에 관대했다면, 미국을 비롯한 서방 국가들은 민주주의 회복을 강력하게 요구했으나 2017년에 들어와 프라윳 군사정부에 우호적인 입장을 취하면서 동서 양 진영의 차이는 좁혀졌다.

특히 이런 서방과 관계 회복은 2017년 4월 6일 와치라롱껀 국왕이 2016년 8월 7일 국민투표 결과 61% 찬성을 얻어 통과된 20번째 헌법을 인준함으로써 외견상 타이가 헌정 체제를 복원한 것과 관련 있다.[2] 신헌법이 공포됨에 따라 120일 이내에 군부 주도의 개혁 실행기구인 국가개혁조정회의가 해산되고, 과도의회 격인 국가입법회의가 총선 15일 전 해산 절차를 밟은 이후 정부조직법 개정과 이를 국왕이 승인하는 절차에도 각각 최대 240일, 150일이 걸렸다.

주목해야 할 것은 신헌법이 군 장성들이 계속해서 정치에 직접 개입하거나 후견인 역할을 하는 제도를 보장하고 있다는 점이다. 구체적으로는 민선 정부가 출범하면 5년 동안 군부가 상원을 지명하고, 지명된 상원의원들이 하원의원들과 함께 총리를 선출하는데, 이때 총리는 비민선 의원도 가능하다. 또 국가 위기 시에는 최고사령관, 3군사령관, 경찰청장 등이 포함되는 위기관리위원회가 행정, 입법을 장악할 수 있다. 이는 사실상 군부 후견제도를 전제로 한 민정 이양이자 실제로는 군부의 장기적인 정치 개입 포석이었다. 이런 군부 후견제도는 국회의원의 25%를 군총사령관이 지명하고, 비상시에 국방안보회의의 일원인 군총사령관이 입법, 행정, 사법을 장악하도록 해놓은 미얀마의 2008년 신헌법과 매우 유사했다.

물론 권력 내 암투도 배제할 수 없다. 느지막이 왕위에 오른 와치라롱껀 국왕으로서는 아버지의 카리스마라는 후광의 덕을 보기도 하지만 끊임없이 그의 부친과 대비되는 부담 또한 만만치 않다. 이제 그로서는 존왕주의자와 푸미폰주의자를 분별해야 할 상황에 놓였다. 특히 그가 해결해야 할 과제는 본인의 이미지였다. 그의 세 번째 부인, 그리고 그녀의 가속과의 단절도 이와 같은 맥락에서 바라볼 수 있다. 이런 배경에서 몇몇 그녀의 최측근이 왕실과 인연을 악용했다는 이유로 단죄되었다.

그러나 당시 가장 큰 관심은 와치라롱껀 국왕과 군사정부를 이끄는 프라욧 찬오차 현 총리, 그리고 탁신 전 총리 문제였다. 프라욧 총리가 범 '탁신포비아'(Thaksinphobia) 진영에 속하는 것은 분명하지만 와치라롱껀 국왕도 마찬가지인지는 불명료하다는 시각이 있다.

2017년 10월 말에 있었던 국왕 장례식을 통해 프라욧 총리와 왕실 사이의 관계가 돈독해진 것만은 사실이다. 보기의 드문 화려한 장례식을 통해 프라욧 군사정권은 존왕주의적 군사정권의 면모를 국내외에 각인시켰다.

문제는 포스트-푸미폰 시대에 접어들어 푸미폰 국왕이 군림하던 시대처럼 '국왕 폐하를 원수로 하는 민주주의'가 계속해서 대중적인 지지를 받을 수 있을지 여부다. 과연 1782년에 탄생한 차크리 왕조의 안전과 안정이 지속될 수 있을까? 대중의 의사를 반영하는 민주주의보다 '좋은 사람'이 이끄는 엘리트 정치가 계속해서 설득력을 가질 수 있을까?

스트롱맨 정치와 '훈정동맹'

▼

2017년 말에 이어 2018년 초에 들어와서 고위공직자에게 요구되는 재산 공개에서 최고가 손목시계를 신고하지 않은 프라윗 웡수원 부총리의 사임을 요구하는 시민행동이 이어지면서 군사정부의 청렴 정치 약속에 손상이 갔다. 프라윳 총리는 비판적인 여론에도 불구하고 프라윗 부총리를 끝까지 엄호했다.

주목할 것은 프라윳 총리가 임시 헌법 제44조가 부여한 비상대권을 개혁과 억압이라는 양날의 칼로 사용했다는 점, 국왕모독죄에 해당하는 형법 제112조 적용을 남발했다는 점, 특히 타이식 민주주의의 필요성을 여러 차례 강조했다는 점 등에서 그의 의도 여부와 무관하게 1950년대 말, 1960년대 초의 전형적인 스트롱맨 정치였던 '사릿 모델'을 모방했다.

특히 이런 스트롱맨 정치는 계엄령이 해제되었음에도 2014년 임시 헌법 제44조가 계속해서 효력을 발휘하고 있는 상황과 관련 있었다. 제44조는 2014년 쿠데타 이후 설치된 국가평화질서위원회의 의장인 프라윳 찬오차가 필요하다고 판단할 경우 입법, 사법, 행정을 통제할 수 있는 비상대권을 부여했다. 특히 국가평화질서위원회 의장령의 경우 타 기관의 동의가 불필요하고 사후 통고만으로 충분하다.

정치 · 경제 개관

비상대권의 효시는 1957년 피분 송크람 정부를 쿠데타로 전복하고 권력을 잡은 사릿 타나랏 군사정부 때 만들어진 임시 헌법 제17조였는데, 이와 같은 조항은 쿠데타마다 제정된 임시 헌법에 반영되었다.[3] 국민의 아버지를 자처했던 사릿 타나랏 장군은 비상대권을 활용해 1932년 입헌혁명 이후 침체해 있던 왕실을 부흥시키고 성역화하는 데 결정적인 역할을 했고, 동시에 '개발의 아버지'로 불릴 만큼 타이 경제의 근대화를 추진했다.[4] 반면 그는 타이식 민주주의를 내세우면서 정당을 해산하고 사회불안을 야기했다는 이유로 반정부 성향의 학생, 노동자, 언론인, 정치인 등을 구속하고 10여 개의 신문을 폐간 조치했다. 이때 사릿 총리는 군부의 정치 개입이 정당화되는 민주주의를 추진했다. 군부의 정치 개입 명분은 부패한 정당정치를 청산하고 국가 개혁을 수행하기 위함이었다. 2014년 5월 22일 쿠데타의 명분도 그랬다.

2014년 5월 쿠데타와 함께 공포된 계엄령은 2015년 3월 31일 각료회의에서 공식적으로 해제가 결정되었다. 이는 당시 미국의 럿셀 국무차관보가 방콕을 방문해서 계엄령이 민주주의 원칙에 위배된다는 의견 표명을 한 데다가 휴먼라이츠 워치, 국제사면위원회 등과 같은 국제 인권 단체들이 군사법정의 민간인 재판과 고문에 의한 자백 강요를 문제시하면서 계엄령 해제를 요구한 것과도 연관 있었다.[5] 물론 프라윳 총리는 계엄령이 국내 안전보장을 위해 불가피하다는, 다분히 상투적인 방어 논리를 폈다.

프라윳 군사정권은 초기에 적대적 정치세력 간의 화해를 성사시키겠다고 공언했다. 그러나 2017년 8월에 대법원이 전 총리 아피싯 웨차치와와 전 부총리 수텝 트억수반에 대한 살인 혐의를 기각했다. 2010년 시위자들과 보안군 사이의 충돌에서 적어도 91명이 사망하고 1,800명이 부상당한 사건과 관련된 혐의였다. 반면 2017년 8월 25일 잉락 친나왓 전 총리는 대법원 형사재판 판결을 앞두고 망명을 택했다. 잉락은 2011~2014년 농가소득 보전을 위해 쌀을 시장가보다 50% 가량 높은 값에 수매하는 과정에서 발생한 부정부패를 묵인한 혐의를 받았다.[6] 또 반독재민주주의연합전선 의장 차투판 프롬판이 구속수감되어 1년형에 처해졌다. 또 반독재민주주의연합전선 의장 차투판 프롬판이 2009년 연설에서 아피싯 전 총리를 모독한 혐의로 구속 수감되어 1년형에 처해졌다.

하지만 총선을 앞두고 '탁신포비아' 진영 내의 균열이 서서히 드러났다. 우선 군사정부는 헌법상의 변화와 안보상 문제를 이유로 선거 일정을 계속해서 미루었는데, 새로운 헌법이 반포됨에 따라 지연을 정당화할 명분이 없어졌다. 프라윳 찬오차 총리는 기자들 앞에서 명확한 선거일은 2018년 6월에 정할 것이라고 말했다. 군사정부의 이 공표는 2017년 10월 2일 프라윳 총리가 도널드 트럼프 미국 대통령과 회담을 가졌을 때, 타이가 2018년 안에 민주적 규칙으로 돌아가는 것을 환영한다는 트럼프의 우회적인 압력에 대한 반응으로 읽혔다.

분명한 것은 총선 실시 이후에도 프라윳 찬오차 총리가 악의 세력으로 낙인찍은 정당들의 힘은 약화될 것이라는 점이다. 과거 제1당이었던 프어타이당이 약화될 가능성이 가장 컸다. 이 당은 2006년 쿠데타로 쫓겨난 탁신 친나왓과 2014년에 마찬가지로 군부에 의해 축출된 탁신의 여동생 잉락의 영향권 안에 있는 정당으로, 2001년 이후 모든 선거에서 이긴 정파다. 탁신 친나왓 전 총리가 창당한 타이락타이당의 뒤를 이은 친탁신계 피플파워당과 프어타이당은 전례 없는 마을 지원 개발 정책을 추진함으로써 북부, 동북부 지역 주민들로부터 지속적으로 인기를 누렸다.

이런 배경에서 친탁신 정치세력의 기반인 북부, 동북부 지역을 두고 군사정부, 보수 성향의 민주당, 친탁신 프어타이당 간의 치열한 경쟁이 예고되었다. 그런데 흥미롭게도 선거 일정 확정을 앞두고 군부와 민주당 간에 일정한 균열 조짐이 보였다. 이는 1973년에 타이식 민주주의의 연장선상에 있던 타넘 키티카촌 군사정부에, 그리고 1992년 수친다 크라프라윤이 이끄는 군사정부에 민주당이 여러 정당, 사회운동 세력과 연대해 저항했던 역사를 떠올리게 한다.

반면 경제 부문에서는 성장률이 2017년에 들어와 가까스로 4년 만에 최고 호조인 3.9%를 기록했다.[7] 타이 카시컨은행 산하 〈카시컨 리서치센터〉는 2018년에 부동산과 중소기업은 공급 과잉과 치열한 경쟁 때문에 고전을 면하지 못하는 반면 온라인쇼핑은 계속해서 더 높은 비율로 성장할 것으로 전망했다. 또 타이 경제가 2018년 3.9%를 넘어 4%로 조금 더 성장할 것으로 전망했다.

국내 경제는 주로 공적·사적 투자, 수출, 관광산업 등이 이끌어갈 것이고, 민간 부문 투자가 늘어날 것으로 전망했다. 이 중 관광산업은 2017년에 8.2% 성장했는데, 2018년에는 베트남 등이 관광 유치 경쟁국으로 부상하면서 6.5~7.5% 정도로 떨어질 것으로 보았다. 온라인쇼핑은 2017년에 20% 성장했는데, 2018년에는 20~25% 성장할 것으로 내다보았다. 그리고 물류, 광고 매체, 전자 상거래가 치열한 경쟁 속에서 성장할 것이라고 보았다. 부동산 부문은 공급과잉과 높은 가계부채로 경제성장률을 저해할 수 있으며, 은행들은 개발업자들과 주택 구입자들을 상대로 한 대출에 신중을 기할 것이라고 보았다. 위험 요인으로는 한반도의 긴장과 정부의 총선 실시 계획을 포함한 정치 일정을 들었다.

세계은행의 경제 전망 보고서에서 타이는 사업하기에 용이한 국가 순위에서 190개 국가들 중 46위를 기록했다. 국가평화질서위원회는 사업의 수월성을 높이기 위해 No.21/2017를 임시 헌법 44호에 의거해 발령했다고 설명했다. 고속철도 사업을 신속히 수행하기 위해 제44조를 발동해 법적 걸림돌을 제거한 것이 대표적인 예였다. 군사정부는 제44조가 발동된 이유는 국민 통제보다는 부패에 연루된 고위 공직자 처벌과 같은 개혁 조치였다고 주장했다. 다른 한편 프라윳 찬오차 총리가 탁신의 경제정책 브레인이었던 솜킷 차투시피탁을 등용하고 탁시노믹스를 차용하기까지 하면서 농촌 사회에 다가가는 정책을 펴고, 국내총생산을 부양하기 위해 국가예산에 불을 지피기도 했으나 교육, 혁신, 생산성을 전혀 향상시키지 못했다는 비판이 제기되었다.

프라윳 군사정부는 정치적 자유를 제한하는 대가로 물질적 풍요를 제공해주는 이른바 성과 정당성을 추구했다. 이를테면 친탁신파의 지지기반인 북부, 동북부 농촌 지역을 공략하기 위한 여러 국가계획을 입안했는데, 빈곤계층 등록, 농산물가격 하락에 따른 180억 바트에 이르는 쌀 생산 농가 지원, 1년 이내 고속인터넷 통신망 설치, 20년 이내 농가소득을 연 39만 바트로 끌어올리기 위한 '스마트 농민 20년 계획' 등이 대표적인 예였다. 이 프로젝트는 군부와 보수 진영이 비난했던 탁신 정부와 잉락 정부의 포퓰리즘 정책과 다를 바 없었다.

또 2016년에는 4차 산업혁명 시대를 맞아 중진국 탈피를 위한 큰 그림인 '타일랜드 4.0' 실현의 견인차가 될 동부경제회랑(EEC) 프로젝트 추진을 공표했다. 경제 및 사회 전반에 정보통신 기술을 적용해 스마트 산업, 스마트 시티, 스마트 피플을 성취한다는 것이 정부의 공식 목표였다. 동부경제회랑 프로젝트는 석유화학, 전자, 자동차 산업이 몰려 있는 방콕 동남부 지역인 짜청사오, 촌부리, 라용을 중심으로 이루어질 계획이다. 특히 촌부리에는 디지털 경제 5개년 계획의 일환으로 디지털 파크가 설립될 예정이었다. 2017년 2월 15일에는 타이투자청이 '타일랜드 4.0'이 타이를 외국인들에게 새로운 투자처가 되도록 할 것이라는 의미의 'Opportunity Thailand'라는 주제로 국제회의를 개최했는데, 프라윳 총리가 기조연설을 했다.

'타일랜드 4.0'이라는 기치로 야심차게 추진되고 있는 동부경제회랑 프로젝트는 2017년 7월 중국의 왕이 외교부장이 프라윳 찬오차 타이 총리를 예방해, 예정보다 늦어진 중국 윈난성 쿤밍과 방콕을 잇는 고속철도 건설 프로젝트의 조속한 실행을 위한 협력에 합의함에 따라 탄력을 받았다. 프라윳 군사정부의 동부경제회랑 프로젝트는 중국의 일대일로 사업 일환이기도 했다.[8] 이 자리에서 왕이 부장은 "고속철도 사업이 역내 타이의 위상을 높일 것"이며, "중국과 타이는 서로 의견 차이를 극복하고, 고속철도 프로젝트의 결실을 맺을 것"이라고 말했다. 타이와 중국은 2014년 이래로 고속철도 건설 프로젝트를 진행하기로 했으나 차관과 기술 이전을 포함하

는 쟁점들로 인해 어려움을 겪었다.[9]

고속철도 건설 사업을 포함하는 동부경제회랑 프로젝트는 2014년 쿠데타를 계기로 미국과 유럽연합 등의 제재 국면에서 프라윳 군사정부가 선택한 친중 노선의 일환이었다. 정치적 정당성 문제를 의식하고 있던 프라윳 군사정부의 친중 노선은 외교 안보 사안만이 아니라 성과 정당성을 보여주어야 하는 절실한 경제 현안과 맞닿아 있었다.

타이식 민주주의와 '훈정동맹'

2017년 10월 초 프라윳 총리와 미국 대통령 트럼프의 회동은 미국의 타이를 향한 내정 간섭 중단과 2014년 5월 쿠데타 이후 프라윳 찬오차 국가평화질서위원회(NCPO) 의장 겸 총리가 여러 차례 언급한 타이식 민주주의에 대한 수용으로 받아들여졌다.

타이식 민주주의는 2006년 쿠데타 이후에도 언급되었고 논란이 된 바 있다. 프라윳 총리는 아세안 국가들은 그들 나름의 민주주의를 누려야 한다고 주장했는데, 타이식 민주주의에서는 민주주의보다는 '타이다움'이 중요하다. '타이다움'은 '트라이롱'으로 불리는 타이 국기에서 찾아볼 수 있다. 여기에 타이인이 타이다움을 유지하기 위해 충성을 바쳐야 할 세 축이 있다. 빨간색이 뜻하는 국가, 하얀색이 뜻하는 종교, 파란색이 뜻하는 왕실이 그것이다. 라마 6세 와치라웃 국왕(재위 1910~1925)에 의해 만들어진 이 국기는 1917년 10월 1일부터 사용되었다.

영국 유학까지 마친 와치라웃 국왕은 사회를 구성한 인간들은 상호 불일치 문제를 해결하기 위해 절대적이고 어떤 도전도 불가한 국왕의 존재를 필요로 하며, 국가는 일정한 역할을 하는 기관들로 이루어진 인간의 몸과 같고, 국왕은 다른 신체기관에 명령을 내리는 뇌와 같은 존재로, 국왕에 대한 충성이 민족애 그 자체이고, 인민들은 자기희생을 감수하고라도 하나가 되어야 하고 순종적이어야 하며, 국가가 위기에 처했을 때 자기 목숨을 바칠 각오가 되어 있지 않을 경우 그는 더 이상 샴(타이)인이 아니라고 설파했다.

와치라웃 국왕이 헌정과 의회주의를 거부한 이유는 민의를 반영하는 선거에서 덕망을 갖춘 '좋은 사람'이 뽑힌다는 보장이 없다고 본 데 있었다. 당시 그가 보기에 인민은 미성숙한 존재였다. 그러기에 그가 원했던 것은 인민의 뜻에 따르는 민주주의가 아니라 최정상의 '좋은 사람'인 군주가 통치하는 계몽군주제, 헌정(憲政)이 아니라 훈정(訓政)이었다. 존왕주의자 사릿 타나랏 장군의 쿠데타로 출범한 1957년 체제는 와치라웃 통치하의 '1917년 체제'를 부흥시키면서 군과 왕실 간의 훈정동맹을 확고히 하는 결정적인 계기가 되었다.

'국가·종교·국왕' 삼위일체론, '타이식 민주주의', '좋은 사람' 등은 이 훈정동맹의 지배 이데올로기라고 할 수 있다. 또한 훈정동맹은 일부 시민사회를 끌어들여 이들이 2006년 이후 존왕주의 쿠데타를 '좋은 쿠데타'로 여길 만큼 외연을 확장했다. 선출된 권력보다는 선출되지 않은 좋은 사람에 의해 통치되는 것이 보다 타이다울 수 있다는 논리는 그가 좋은 사람이라면 견제와 균형이라는 민주주의의 기본 원리와는 무관하게 무한 권력을 부여할 수 있다는 논리가 성립된다. 또 그것이 타이식 민주주의의 본질이었다.

주목할 것은 타이식 민주주의에 대한 시민사회의 우호적인 태도가 2006년 쿠데타 때부터 드러났다는 점이다. 타이 영자신문 《더네이션》의 헤드라인은 "수 개월의 소문이 현실이 되었다", "탁신을 몰아낸 군부 쿠데타는 많은 사람에게 필요악일지도 모른다"라는 논평을 달았다. 치앙마이 웹사이트 시티라이프는 "평화적 군부 쿠데타"라는 헤드라인을 달았다. 타이어 신문인 《푸짜깐》은 군용 차량 위 군인들 사이에 앉아 있는 두 어린아이의 사진을 실었는데, 그중 한 명은 승리의 V 사인을 하고 있었다.[10]

반면 해외 타이 전문가들 대부분은 쿠데타가 민주주의를 유린했다고 비판했다. 타이 국내의 적지 않은 지식인들은 그들을 '서구식 민주주의의 지지자들'로 간주했다. 이들은 '필요악'이라는 개념을 넘어 군부 쿠데타의 건설적인 의미를 만들어내고자 했다. 이런 맥락에서 1960년대 초 스트롱맨 사릿 타나랏이 만들어낸 타이식 민주주의 개념이 다시 등장했다. 이를테면 타이 국내에서 인권과 시민사회 진영의 대표적인 원로 지식인 사네 차마릭이나 프라웻 와시와 같은 이들은 타이에서 쿠데타는 타이의 국내 정치 문제를 해결하는 냉엄한 방식이라고 주장했다.

국가평화질서위원회 의장인 프라윳 찬오차는 국가 개혁에 대한 필요성을 강조하는 자리에서 이 나라가 필요로 하는 것은 타이식 민주주의임을 여러 차례 강조했다. 일각에서는 그가 타이식 민주주의와 서구식 민주주의의 차이가 무엇인지 자세히 밝히지 않았는데, 그가 타이식 민주주의를 언급하면서 동남아 국가들이 이들 고유의 민주주의가 필요하다고 첨언한 사실은 그가 의미하는 타이식 민주주의가 제한된 민주주의와 아시아적 가치의 새로운 형태는 아닌지, '타이식' 혹은 '타이다움'에 대한 사회적 합의가 과연 있는지, 군사 쿠데타를 정당화시키는 논리는 아닌지, 군부의 정치 개입 없이 선거와 민주적 방식만으로는 타이 국내의 문제를 제대로 해결할 수 없다고 보는 것인지, 또 타이 국내에 군주제를 유지·확장하고자 하는 세력이 있는가 하면, 공화정의 필요성을 고려하는 세력이 각각 대립하고 있음을 보지 못하고 있는 것은 아닌지 등과 같은 의문을 제기하게 했다.

이와 같은 맥락에서 1973년 반군정 투쟁을 이끌던 학생운동의 지도자 섹산 프라서쿤은, 잉락 정부를 반대하는 과정에서 그리고 2014년 쿠데타를 정당화하기 위해 널리 쓰였던 '타이식', '타이다움'이라는 용어가 지금까지 타이인의 사고를 지배해 왔으며, 이것이 타이 정치를 후퇴시키고 있다고 비판했다.

그는 탐마삿대학교 경제학부가 개최한 타이 사회 전망에 관한 강연에서, '좋은 사람'과 '나쁜 사람'을 구분하는 이 관념이 반대 의견을 가진 사람을 깎아내리는 데 이용되어 왔다는 점을 지적했다. 이런 이분법적 사고를 하는 이들은 "사람은 서로 평등하지 않고, 정치권력은 '좋은 사람'에게만 허용되어야 하며, '나쁜 사람'은 정치에서 배제할 것을 주장하는 사람까지 있었다"면서, "이 경우 '좋은 사람'은 부유하고 교육수준이 높은 계층이며, '나쁜 사람'은 촌락이나 도시 서민으로 살며 소득과 교육 수준이 낮은 계층", 그리고 "민주적 선거로 뽑힌 정치인들과 그들을 뽑은 국민들"이라는 것이다.

그는 갈등을 조장하는 또 다른 문제 요소로 '타이다움'의 관념을 거론했다. 그에 따르면 국가권력 집단에 이견을 보이는 사람들이 '타이적인지' 의문시되는 일이 빈번하며, 민주주의와 인권을 주장하는 사람들은 '타이적인 것'을 이해하지 못하거나 그 범주 밖에 있는 것으로 취급되어 도외시되거나 추방당하고 있다는 것이다. 타이의 미래와 관련해서 섹산은 '좋은 사람'이 국가체제를 통제하는 보수주의자들과 결탁할 때, 이들은 서로 연합해 그들이 이야기하는 '나쁜 사람'을 민주주의 절차에서 배제하고 이들을 통제할 규칙을 좌지우지할 것이라고 우려 섞인 전망을 했다.

미얀마와 타이 청년들의 세 손가락 혁명

2017년 신헌법과 비상대권 임시 헌법 제44조

▼

쿠데타 3주년을 맞는 2017년 5월 22일, 전·현직 군인들과 그들의 가족을 위한 병원인 방콕 소재 프라몽쿳클라오 근방에서 폭발물이 터져 24명이 부상을 입었다. 경찰은 이 사고가 군정에 불만을 품고 있는 세력들의 소행일 가능성이 크다고 언급했다. 이날 일단의 민주화 세력들은 쿠데타 발생 3년을 맞아 반군정 시위를 벌였다. 민주화 세력과 국제인권단체들은 2017년 4월에 공포된 신헌법이 보장하고 있는 임시 헌법 제44조의 횡포를 맹렬하게 비난해왔다.

2014년 7월 22일에 발효된 임시 헌법 제44조의 골자는 군사평의회 격인 국가평화질서위원회 의장이 명령권, 억제력, 집행력을 행사할 권한을 가지며, 이에 준하는 모든 지시와 결정과 행위는 합법이며 합헌으로 간주된다는 것이다. 쿠데타 군부는 무기력한 관료제에 활기를 불어넣고 신속한 행정개혁, 정치개혁을 위해 제44조의 집행이 불가피하다는 명분을 내세웠다. 이런 맥락에서 군사정부는 임시 헌법에 속했던 제44조를 2017년

2014년 5월 쿠데타를 주도한 프라윳 찬오차 총리의 연설 도중 세 손가락 경례 기습시위를 하고 있는 학생들

에 반포된 신헌법에 포함시켰다.[11]

이후 프라윳 찬오차 총리는 제44조를 도구로 삼아 수많은 명령을 내렸다. 제44조에 입각한 명령으로는 이주노동자 문제 해결, 국가방송통신위원회 위원 임명 문제, 공유지 이용 관련 법안과 정책 제정, 교육부 행정 개선, 불법 어업 문제 해결, 과도한 복권 가격 규제, 부정한 공직자 처벌, 반부패위원회 선발위원 임명, 특별기구 설치, 군 장교들에게 치안 유지 권한 부여, 5인 이상 정치집회 금지, 군사정부의 최대 적인 탁신 친나왓 전 총리의 경찰 계급 박탈 등이 포함되었다. 2016년 7월 헌법 초안에 대한 국민투표가 있기 한 달 전에 가장 많은 수의 제44조 명령이 발령되었다. 이로써 임시 헌법 제44조는 프라윳 군사정부의 아이콘이 되었다.

하지만 무소불위의 권한을 부여한 제44조에 대한 비판이 만만치 않았다. 무엇보다 제44조를 개혁을 위한 수단이 아니라 독재의 수단으로 보는 시각이 그렇다. 국가평화질서위원회 법률고문이자 부총리인 윗사누 크르아응암이 제44조에 따라 발령된 일부 법규는 폐지되고 다른 일부 법규는 개혁 속도를 높이기 위해 영구 법률로 격상될 것이라고 말하자 제44조를 둘러싼 논란이 다시 불거졌다. 제44조에 비판적인 지식인들은 국가평화질서위원회가 제44조를 지속적으로 사용함에 따라 2018년 총선을 앞두고 타이 사회에서 민주적인 요소보다는 권위주의적 통치를 강화시킬 것이라고 내다보았다. 이들은 군부가 제44조를 모든 문제를 해결하는 만병통치약이라고 생각하고 있고, 특히 특권을 행사하는 프라윳 총리는 권력에 중독되어 있는 것 같다고 비판했다.[12]

탐마삿대학교 법학과 프린야 교수는 2017년 헌법은 임시 헌법 제44조처럼 절대권력을 부여하는 조항을 지속시키는 최초의 영구 헌법이라고 지적했다. 그는 임시 헌법 제44조가 제약이 없는 무한정의 절대권력을 허용함에 따라 국민의 권리와 자유를 보장하는 헌법 조항 전체를 무기력하게 만들 수 있다고 말했다. 프린야 교수는 제44조를 견제할 수 있는 법조항으로 헌법 제77조를 언급한다. 이 조항은 "모든 법률은 이해당사자 모두가 참여하는 청문회를 거쳐야 하며 국민들에게 공개되어야 한다"고 규정하고 있다. 그러나 제77조는 처벌과 같은 강력한 의무가 따르지 않는 완곡한 제안 형식으로만 기술되었기에 한계가 있었다. 당시 시점까지 제정된 149건의 명령은 타이 정치 역사에서 제정된 최대 수치였다.

프린야 교수는 사람들이 프라윳 총리가 임시 헌법 제44조를 도구로 이런저런 문제를 해결하길 원하고 있으나 제44조가 해결책에 이르는 지름길을 제시해줄 수는 있어도 결코 해결책이 될 수 없다고 말한다. 그는 제44조가 이해당사자들에게 과도할 정도로 영향을 미치지 않도록 대중 참여가 보장되어야 한다고 제안했다. 프린야 교수는 전혀 투명하지 않은 제44조가 우리가 직면한 문제를 자율적으로 풀 기회를 주지 않음을 지적하면서 선거가 도래함에 따라 타이를 좀더 민주적인 사회로 바꾸려면 국가평화질서위원회가 제44조 활용을 중단하는 것이 필요하다고 주장했다. 쭐라롱껀대학교의 정치학 교수 반딧 역시 제44조가 '국가 안의 국가'와 같은 특이한 것이라고 말했다. 타이는 이미 새 헌법을 가지고 있지만, 2016년 국민투표 때와 같이 제44조에 영향을 받는 사례가 여전히 계속되었다. 이런 분위기는 시민의 권리를 더욱 억제했다.

2017년 4월에 반포된 신헌법에 근거한 헌정 체제를 무력화시킨 헌법 제44조의 발령 사례를 몇 가지 소개하면 다음과 같다.

'인적 쇄신' 사례

(2015년 5월 15일) 국가평화질서위원회 의장은 조사 대상인 공무원과 임시발령 관련 조치에 관한 No.16/2015 명령을 공포했다. 해당 명령으로 부정부패와 직권남용의 혐의를 받는 45명의 관료가 대기발령 처리되었다.
(2015년 9월 5일) 국가평화질서위원회 의장은 No.26/2015 명령으로 각종 범죄행위에 최종 유죄판결을 받은 경찰 중령 탁신 친나왓의 직위를 해제했다.

국민 통제 사례

(2015년 4월 1일) 국가평화질서위원회 의장은 2015년 4월 1일 계엄을 해제한 뒤 임시 헌법 제44조에 입각해 국가질서와 안보를 해치는 행위를 방지 · 억제하기 위한 국가질서와 안보 유지 관련 No.3/2015 명령을 내렸다. No.3/2015 명령에 따라 5인 이상의 정치집회가 금지되고 위반 시 형사처벌을 받는다. 평화 유지를 위한 공권력은 모든 개인을 신문, 체포, 소환할 권력을 갖는다.

(2015년 7월 22일) 국가평화질서위원회 의장은 No.22/2015 명령을 통해 도로상 자동차, 모터사이클 경주의 문제를 해결 · 방지하고 이와 같은 목적의 오락시설과 장소를 단속하기 위한 조치를 시행한다. 상기 명령은 자동차 경주를 목적으로 하는 집회를 금지하기 위함이다. 부모는 자녀가 이와 같은 집회에 참가하는 일을 방지할 의무가 있다. 미성년이 이를 위반할 경우 부모에게 이 사실을 고지한다. 위반행위가 반복될 경우 부모는 최대 3개월 금고형과 최대 3만 바트 벌금형에 처한다. 상기 명령은 또한 경주와 그 외 다른 목적의 자동차 개조를 금한다.

(2015년 7월 23일) 국가평화질서위원회 의장은 No.23/2015 명령으로 마약규제법 시행 효율을 높이기 위한 조치를 시행한다. 이에 따라 법무부의 요청이 있을 경우 군이 법집행 과정을 지원하며, 이에 군은 용의자의 주택과 승용차를 수색할 수 있고 최대 3일간 구금할 수 있다.

존왕주의와 국왕모독죄 형법 제112조[13]

▼

2017년 8월 타이 동북부 지역 콘캔 지방법원은 국왕모독죄로 8개월 동안 구금되어 있던 차투팟 분타라락사에게 2년6개월의 선고를 내렸다. 그는 자신의 페이스북에 새로운 국왕 와치라롱껀에 대해 부정적인 프로필을 실은 BBC타이 기사를 공유했다는 이유로 2016년 12월 3일에 체포되었다. 체포되던 당시 그는 콘캔대학교 법학부 학생이었고, 이 대학 학생들을 중심으로 결성된 '다오딘' 활동가였으며, 군사정부에 반대하는 전국 조직인 '새로운민주주의운동' 회원이었다. 그는 동료들과 함께 프라윳 찬오차 총리가 콘캔 지방을 방문했을 때 수잔 콜린스의 소설 《헝거 게임》에 나오는 저항의 상징인 세 손가락 경례를 선보여 체포된 경력도 있다. 그는 2016년 8월에는 군부가 주도한 개헌안 반대 유인물을 살포하다 투옥되기도 했다.

2018년 1월 29일자 타이의 일간지 《방콕포스트》는 민주주의 회복을 위해 활동해온 차녹난 루엄쌉 일명 '카툰'이 차투팟과 마찬가지로 BBC타

이에 게재된 국왕의 프로필을 그녀의 페이스북 계정에 공유했다는 혐의로
당국으로부터 출두명령을 받은 직후 망명했다고 보도했다. 그녀는 차투팟
다음으로 BBC타이 기사를 공유한 페이스북 사용자 3천 명 가량 중에서
형법 제112조 위반 혐의로 입건된 두 번째 사람이었다.

차녹난은 자신이 군주제를 모독했다는 이유로 형법 제112조에 따라 기
소될 것이라는 사실을 알고 타이를 떠났다고 친구들에게 알렸다. 이전에
차녹난은 국왕모독죄로 알려져 있는 형법 제112조가 반대자들의 목소리
를 입막음한다고 주장하는 이들과 함께 행동했다. 이들은 UN과 국제인권
단체로부터 지지를 받았다. 형법 제112조에 비판적인 온라인 신문 《프라
차타이》는 차녹난이 아시아의 한 국가로 도피했다고 말했다. 그녀가 선택
한 나라는 한국이었다. 이미 국제사회에 널리 알려진 노동운동가 솜욧 프
룩사카셈숙도 국왕모독죄에 해당하는 형법 제112조의 폐지를 주장하다가

암폰 탕나파쿤의 가면을 쓰고 형법 제112조 개정을 촉구하는 시위대

이 법을 위반한 죄로 7년 동안 수감되었다가 출옥했다. 2015년에는 한 남성이 푸미폰 아둔야뎃 국왕이 키우는 개를 비꼬는 글을 SNS에 게재했다는 이유로 군사재판을 받기도 했다.

주목을 끄는 또 다른 사건으로는 국왕모독죄로 망명길을 선택한 솜삭 치얌티라사쿤 탐마삿대학교 역사학과 교수의 페이스북 게시물을 공유한 6명이 2017년 4월경 형법 제112조와 컴퓨터범죄법을 위반한 혐의로 기소된 사례다. 한때 부대 내에 억류되기도 했던 이들은 보석신청을 거듭 거부당했다. 구금 84일 후 프라웻 프라파누쿤을 제외한 모두가 석방되었다. 프라웻 프라파누쿤은 페이스북 게시물과 관련 국왕모독죄인 형법 제112조를 10회, 소요죄인 형법 제116조[14]를 3회 위반한 혐의로 기소된 중견 변호사다. 그는 국왕의 영향권 안에 있는 법원이 정당한 판결을 내릴 것으로 기대할 수 없기 때문에 법원 문서에 서명하거나 다른 법적 절차에 참여하는 것을 거부한 최초의 인물이다.

군사재판에서 사건을 조사하는 과정은 길고 처벌도 무겁다. 이것은 피의자에게 자백을 강요하는 우회적인 방식이기도 하다. 국왕모독죄를 중점적으로 다루는 인권 단체인 아이러(iLaw)는 군사재판에서 많은 피고인들이 처음에는 무죄를 주장했지만 대부분 생각을 바꾸었다고 보도했다. 이 단체에 따르면 2014년 쿠데타 이후부터 2017년 10월 초 사이에 형법 제112조 관련 사건 중 총 90건의 사건을 추적할 수 있었는데, 이 중 38건의 재판이 군사법정에서 다루어졌다.

2006년 9월 쿠데타 이후 군사정부에 비판적인 시민운동가, 언론인, 학자, 정치인 등이 국왕모독죄 혐의를 받았다. 이후 그 대상은 평범한 시민들로까지 확대되었다. 이는 주로 소셜미디어의 역할 확대로 인한 것이었다. 대부분 페이스북 게시글과 관련 있었으며, 각 게시물을 분리해서 다룸으로써 가혹한 처벌이 적용되었다. 지금까지 적용된 가장 가혹한 처벌은 2017년 자신의 페이스북에 10개의 게시물을 올린 당사자에게 선고된 70년형이다.

지난 2009년에서 2010년 사이 온라인상에서 빠르게 확산된 마녀사냥도 주목할 필요가 있다. 대표적인 페이스북 집단은 극우적인 성향을 띤 에스에스(SS, Social Sanction)다. 2011년에 타이 네티즌 네트워크는 에스에스 페이스북 운영자가 왕실의 명예를 훼손했다는 이유로 40명 이상의 개인정보를 게시했다고 발표했다. 거론된 이들 중 많은 사람이 일자리를 잃었고 일부는 기소당했다. 온라인 마녀사냥 현상은 감소했으나 2016년 10월 13일 라마 9세 푸미폰 국왕이 작고한 이후 보다 악의적인 형태로 다시 나타났다는 보고가 있었다.

2010~2012년 사이에 국제사회의 지지를 받으며 형법 제112조 개정을 위한 움직임이 있었다. 서명 운동을 포함해 학술적·문화적·사회적 캠페인이 일어났다. 특히 일명 '아콩'으로 알려진 암폰 탕나파쿤의 죽음을 계기로 형법 제112조에 대한 국내외의 관심이 고조되었다. 평범한 시민이었던 그는 2010년 아피싯 민주당 정부에 저항하는 '붉은셔츠'의 대대적인 집회와 시위가 이루어지고 있던 시점에서 국왕을 모독하는 문자 메시지를 아피싯 총리의 비서에게 보냈다는 혐의를 받고 체포되었다. 재판이 진행되는 동안 그는 문자 발송 방법 자체도 모른다며 모든 혐의를 부인했지만 형법 제112조 위반혐의로 20년형을 선고받았다. 그러나 그는 얼마 지나지 않아 옥사했다.

형법 제112조 개정 운동을 이끈 대표적인 전문가 집단은 카나니티랏이다. 이들이 작성한 개정안은 처벌의 축소, 누가 소송을 시작할 수 있는지에 대한 명확한 규정, 그리고 유죄 면제 사유의 확대라는 중요한 세 가지 변화를 담고 있었다. 그러나 이들의 개정 초안은 의회에서 검토되지 않았다. 2011년 말에는 진실화해위원회가 형법 제112조의 개정을 제안했다. 하지만 정부는 수용하지 않았다. 2014년 5월 22일 쿠데타 이후 국가평화질서위원회 통치 속에서 지난 10년 기간 중 가장 많이 형법 제112조가 적용되었다.

그동안 형법 제112조에 대한 비판과 관련해 두 흐름이 있었다. 특별한 경우를 빼고 대부분 보석신청이 거부된다는 점, 사건이 비공개로 조사되고 형이 지나치게 가혹하다는 점 등이 첫 번째 비판의 유형이다. 두 번째 유형의 비판과 관련해 판사의 독립성 문제가 제기되고 있다. 사법부와 왕실 간의 관계를 보면 절대군주제 시기 재판을 결정짓는 최고 권력은 국왕이었다.

라마 5세 쭐라롱껀 대왕(재위 1868~1910) 통치 시기 근대식 사법부를 두라는 강대국들의 압박에 법무부가 1892년에 설립되었으며, 모든 법원을 그 산하에 두었다. 이 과정에서 라마 5세의 14번째 아들인 크롬 루엉 랏차부리 디렉크릿이 타이 사법제도와 법을 만드는 데 크게 공헌했다. 그러나 1932년 입헌혁명을 계기로 절대군주정이 입헌군주정으로 바뀌고, 국왕은 헌법의 지배를 받았다. 자연히 행정부와 입법부가 선거에 의해 구성되었으나 사법부에서는 거의 변화가 없었다. 이는 법관들이 사법부의 존재 이유를 왕실 수호에 두고 민주주의보다는 존왕주의를, 인민 대중 중심의 역사보다는 '위대한 영웅' 중심의 역사를 존중하는 것과 관련 있다.

21세기 타이에서는 100여 년 전 라마 6세가 이론화한 타이 국가정체성으로서 '국가 · 종교 · 국왕' 삼위일체론에 근거한 타이식 민주주의가 현재까지 이어지고 있다. 이것이 국왕에 대한 불충은 반국가행위라는 20세기 초반에 만들어진 국왕모독죄의 정당화 논리를 뒷받침하고 있다. 그러나 형법 제112조가 국내외의 비판에도 불구하고 작동할 수 있었던 데는 군부와 사법부의 지지뿐만 아니라 70년이라는 최장의 재위 기간을 누린 라마 9세 푸미폰 국왕의 도덕성에 기반한 카리스마와 문화 권력의 위력이 있었기 때문이다. 따라서 새로운 국왕 라마 10세가 라마 9세가 공들여 일군 문화 권력을 온전히 계승하지 못할 때 형법 제112조에 대한 저항의 수위가 자연스럽게 높아질 수 있다. 그것은 곧 '승계의 위기'를 뜻한다.

결론

▼

2017년 4월에 반포된 헌법은 비민선 총리 후보와 군소 정당에게 유리한
정치지형을 만들어주었다. 이를테면 정당명부제가 도입됨에 따라 유권자
들은 지역구와 정당에 각각 투표한다. 이 제도에서는 특정 정당이 하원의
절대다수 의석을 차지하기가 용이하지 않았다. 따라서 선거 이후 만들어
질 정부는 연립정부 형태를 취할 가능성이 높았다. 또한 신헌법 속에서는
하원에서 총리를 결정하지 못할 경우, 하원과 상원을 소집해 총리를 결정
하도록 되어있었다. 또 국가평화질서위원회가 임명하는 상원의원 250명
전원이 비민선 정치인을 총리로 선출하는 데 영향력을 행사할 수 있다.

품차이타이당처럼 프라윳 총리 연임을 꾀할 목적으로 활동하거나 생겨
난 정당들도 생겨났다. 몇몇 정부 요인들도 친군부 성향의 정당을 창설하
려는 움직임을 보였다. 이들은 주로 정부 경제 부처 관료들로, 경제를 총
괄하는 솜킷 부총리, 산업부 장관 웃타마, 무역부 장관 손트리앗 등 이었
다. 전(前) 의원들과 여러 정당의 원로 정치인들 다수가 예비당에 참여했

다. 국민개혁당이나 수텝이 이끄는 국민민주개혁위원회 지도부가 준비하는 신당도 프라윳을 지지하는 정파였다. 이외에도 청렴한 정치인으로 각인되어 있는 잠렁 스리므엉도 프라윳이 이끄는 군사정부에 우호적이었다. 이들은 프라윳 찬오차가 강조해온 타이식 민주주의에 동조하는 세력들이었다. 국가평화질서위원회 의장에게 부여된 비상대권 임시 헌법 제44조에 대해서도 우호적이었다.

이미 2017년에 반포된 신헌법이 군부 후견주의를 보장하고 있는 상황에서 이들이 프라윳 국가평화질서위원회 의장을 차기 총리로 옹립하려는 행보를 보인 것은 그리 이상하지 않았다. 이는 비상대권을 활용해 라마 9세 푸미폰 국왕의 신성화와 타이식 민주주의의 제도화를 추진했던 사릿 통치 모델의 부활에 대한 지지나 다름없었다.

반면 2018년에 들어와 민주당 창당 72주년 기념식에서 아피싯 웨차치와 당 대표는 국민이 참여하는 자유민주주의를 당 이념으로 거론하면서 민주당의 노선은 프라윳 군사정부의 관료주의나 친탁신 프어타이당의 포퓰리즘과 다름을 공표하고 복지와 시민권을 중시하는 지속 가능한 체제 실현에 역점을 두겠다고 했다. 특히 그는 타이식 민주주의의 맥락에서 정당정치를 악으로 간주하는 프라윳 총리를 비판하며 민주당의 향후 임무는 대중들이 민주주의에 대한 신뢰를 회복하도록 노력하는 것이라고 천명했다. 민주당 원로이자 전 총리인 추언 릭파이도 이런 아피싯의 입장을 지지했다. 그러나 2010년 4월과 5월에 조기 총선을 요구하는 붉은셔츠의 대투쟁을 유혈진압한 민주당이 이런 전향적 태도를 취한다고 해서 대중들이 얼마나 이를 긍정적인 메시지로 받아들일지는 회의적이었다.

이는 탁신포비아 진영, 즉 훈정(訓政)동맹 내에 일정한 균열이 일고 있음을 의미한다. 군부 쿠데타에 우호적이던 민주당이 제한적 민주주의, 비자유주의적 민주주의로 읽힐 수 있는 타이식 민주주의와 '사릿 모델'을 비판했기 때문이다. 즉 자의적으로 정의된 '좋은 사람'에게 통치권을 부여해 멋대로 다스리게 하고, 국민이 선출한 권력의 대표성과 유권자의 주권을 축소하는 일을 더는 두고 볼 수 없다는 입장이 개진된 것이다.

그러나 설사 프라윳 현 총리가 총선 이후 연임하지 못할지라도 2017년 헌법 체제에서는 군의 정치 개입이 합법화되어 있기 때문에 군부를 후견 세력으로 하는 준민주주의 혹은 준권위주의 체제 출범이 불가피했다. 그럼에도 2017년 내내 프라윳 군사정부는 60년 전 사릿 타나랏 장군이 그랬듯이 성과 정당성을 확보하는 데 집중했다. 이들이 내건 네 가지 목표인 민주주의 회복, 국민화합, 부패 척결, 경제성장 중에 특히 경제성장에 주력했던 것으로 평가할 수 있다. 2014년 쿠데타에 비판적이었던 미국, 유럽연합 등 서방 진영과 외교 관계를 복원하는 데 노력을 기울인 이유도 경제 성과를 의식했기 때문이고, 친중 노선의 페달을 계속 밟아온 이유도 중국의 일대일로 사업과 연관된 동부경제회랑 프로젝트의 경제적 효과에 대한 기대가 컸기 때문이다.

이런 맥락에서 '타일랜드4.0', 즉 기술 주도 혁신 경제로 비약을 약속한 타이 정부가 2017년 초반에 내건 'Opportunity Thailand'에서 기회란 '사업의 기회'를 의미하는 것이겠지만, 개개인의 창의력과 자율성을 보장하는 '민주주의의 기회' 없이는 이 야심찬 프로젝트가 성공하기 쉽지 않음이 명약관화했다.

1. 2016년 10월 13일 푸미폰 국왕이 서거하자 프라윳 찬오차 군부 쿠데타정부는 1년 동안의 추모 기간을 선포했다. 그리고 1년이 지난 2017년 10월 25일부터 5일간 장례식이 거행되었다. 특히 26일 인도에서 이야기되는 상상의 신령스러운 산 메루산(수미산)을 본딴 다비식 건물을 건축했는데, 이곳에서 다비식(화장 의식)이 있었다. 장례식 비용으로 30억 바트가 책정되었다.

2. 신헌법 서명식에는 왕실 가족들과 프라윳 찬오차 총리를 비롯해 각료들, 외교사절, 과도의회격인 국가입법회의 의원들, 대법원장, 군 고위 관계자 등이 참석했다.

3. 이후 쿠데타 때마다 공포된 임시 헌법에 이와 같은 조항은 항상 삽입되었지만, 2006년 쿠데타 직후 공포된 임시 헌법에만 이런 조항이 없었다.

4. 사릿 군사정부의 개발주의는 "일하는 것이 돈이고 돈이 행복을 보장한다", "흐르는 물, 밝은 전기, 반듯한 도로" 등과 같은 구호, 방송과 현수막 등을 통해 홍보되었다.

5. 휴먼라이츠워치 등 인권 단체들은 타이 정부가 유엔 등지에서 인권 존중과 민주주의 회복을 약속했음에도 불구하고 계속해서 이를 이행하지 않고 있다고 비판했다. https://www.hrw.org/world-report/2018/country-chapters/thailand

6. 잉락 전 총리는 재임 시절 농가소득 보전을 이유로 시가보다 높은 가격에 쌀을 사들이는 정책을 펴 일부 지역 농민들에게는 큰 호응을 얻었지만, 재판부는 정책 추진 과정에서 발생한 재정 손실과 부정부패 방치 혐의가 인정된다고 주장하면서 5년형을 선고하고, 향후 5년 동안 정치활동을 금지했다. 2016년 10월 민사소송에서는 무려 350억 바트의 벌금이 선고되었다.

7. https://www.adb.org/countries/thailand/economy

8. 타이와 중국 양국은 1,790억 바트 규모의 고속철도 1단계 사업 추진에 최종 합의했다. 이 사업은 타이 수도 방콕에서 동북부 나콘 라차시마를 연결하는 약 260㎞ 구간의 고속철도 건설 사업이다. 이 구간 공사가 끝나면 타이 동북부 국경지대의 농카이와 라오스를 거쳐 중국까지 연결된다. 또 남쪽으로는 타이 동남부 해안가의 산업지대까지 확장된다. 최고 시속 250㎞의 고속철이 완공되면 차량으로 4~5시간이 걸리는 이 구간의 이동시간이 1시간 17분 정도로 단축된다.

9. https://www.bangkokpost.com/news/general/1293110/thailand-china-to-moveforward-on-train-eec-projects

10. 《더네이션》은 "많은 사람들이 대의를 위해 악행을 했다고 믿고 있다는 점에서 이번에 쿠데타 주역들은 과거 주역들보다 운이 좋다. 그러나 이런 대중적 인식은 확고한 것은 아니다. 총을 든 사람에 대한 대중의 신뢰는 총을 쏜 후의 연기만큼만 지속될 수 있다"고 경고하기도 했다. http://news.bbc.co.uk/2/hi/asia-pacific/5363618.stm

11. 2015년 4월, 국가평화질서위원회는 계엄령을 해제하고 제44조에 의거, No.3/2015명령으로 계엄령을 대체했다. 제44조가 국가평화질서위원회 의장에게 부여한 절대 권력은 선거를 통해 새로운 정부가 들어서면 종료된다.

12. https://thaipoliticalprisoners.wordpress.com/tag/article-44/page/7/

13. 국왕모독죄에 해당하는 형법 제112조에 따르면 국왕, 왕비, 왕세자를 비방하거나 위협한 자에게 3년에서 최고 15년까지 형을 선고할 수 있다.

14. 국왕모독죄인 형법 제112조와 함께 형법 제116조는 내란을 선동하는 자에게 최대 7년의 형을 내릴 수 있다. 2014년 쿠데타 이후 이 법은 반정부 시위 주동자들을 진압하는 데 이용되었다.

6장

포스트-탁신 시대의 붉은셔츠

1

서론

▼

'붉은셔츠'는 2010년 4월과 5월 폭발적인 대중적 저항을 조직해냄으로써 국제사회로부터 주목을 받았다. 당시 아피싯 민주당 정부는 상원의 중재와 국제사회의 대화를 통한 문제 해결 요구를 모두 일축하고 방콕 시내 중앙부를 장악했던 붉은셔츠를 유혈진압했다. 이들은 붉은셔츠를 테러리스트로 몰아가는 선전전을 계속하면서 정부에 비판적이던 지식인들을 포함해 표적으로 삼은 인물들에 대한 수색과 체포를 불사했다.[1]

2010년 당시 붉은셔츠의 요구는 조기 총선 실시였다. 당시 이들의 집단행동은 전통에 대한 근대의 저항, 엘리트 민주주의에 대한 대중 민주주의의 저항, 도시-중산층 동맹에 대한 농촌-빈민층 동맹의 저항 등으로 해석되었다. 2010년에 있었던 이들의 대대적인 저항은 2011년 총선에서 친탁신계 프어타이당의 압승과 잉락 정부의 출범이라는 정치적 결실을 거두었다.[2]

붉은셔츠의 태동 배경은 2006년 9월 19일 쿠데타다. 붉은색은 2007년에 군정 안에서 만들어진 신헌법을 거부하는 운동 과정에서 채택되었다. 그리고 붉은셔츠가 자신의 정치적 기반을 급격하게 확장한 계기는 2010년 4월과 5월 대투쟁이었다. 이때 붉은셔츠의 반정부 투쟁은 기존 노란셔츠 지지자들 중 일부를 붉은셔츠에 우호적인 세력으로 만들었다. 특히 탁신의 도덕성에 실망해 등을 돌린 일부 청년층들이 노란셔츠에서 붉은셔츠가 되었다.

이미 언급했듯이 붉은셔츠의 요구는 의회 해산과 조기 총선으로 간명했다. 그것은 총선 결과와 무관하게 출범한 아피싯 민주당 정부의 정당성을 부정하는 것으로부터 시작된 요구였다.[3] 하지만 선거에 자신이 없는 아피싯 정부로서는 이들의 요구를 선뜻 받아들일 수 없었다. 마침내 붉은셔츠의 저항이 격렬하게 진행되는 가운데 아피싯 총리가 타협책으로 같은 해 11월 14일에 총선을 실시하겠다고 공표했다. 그러나 시위대 지도부가 강-온파로 나뉘고 이들이 이끄는 시위대와 공권력 간의 크고 작은 충돌이 계속되는 가운데 발표된 아피싯 정부의 타협안은 붉은셔츠로부터 이렇다 할 신뢰를 얻지 못했다. 이런 와중에 아피싯 정부는 시위대를 군주제를 무너뜨리려는 불온세력으로 몰아갔고 마침내 군까지 동원해 유혈진압을 강행했다.

이후 방콕은 다시 '평화'를 찾았다. 그러나 이때의 '평화'는 강제진압과 비상사태령이라는 물리적인 힘으로 되찾은 평화였다. 정국 수습에 나선 아피싯 총리는 유혈진압을 반테러 작전으로 정당화면서 다른 한편으로는 정치적 부담을 덜려는 조처로 국민통합을 위한 진상규명과화해위원회를 설치했다.[4]

하지만 주목할 것은 붉은셔츠가 2010년 4월과 5월의 저항 국면에서 그리고 그 직후에도 아피싯 민주당 정부에 대한 저항을 전근대 삭디나 시기의 귀족 혹은 관료를 뜻하는 '암맛'에 대한 평민 혹은 농노를 뜻하는 '프라이'의 저항으로 비유했다는 점이다. 이는 암묵적으로 민주당 세력의 집권을 왕실과 군부를 후원 세력으로 하는 전통적인 과두지배 계급에 비유한 것이다. 특히 붉은셔츠는 왕실과 군 간의 유착을 상징적으로 보여주는 프렘 추밀원 의장을 2006년 쿠데타의 배후조종자로 규정하고 그를 신랄하게 비난하고 나선 바, 이것은 왕실 주도의 국가 이데올로기인, 전통과 근대가 공존하는 '국가 · 종교 · 국왕' 삼위일체에 대한 충성을 '도덕'과 연관시키는 보수 정치에 대한 아래로부터의 첫 도전이었다.

이 글은 자본주의를 물질적 토대로 하면서도 '국가 · 종교 · 국왕' 삼위일체론에 이데올로기적 토대를 두는 '혼종적 암맛'이 오랜 기간 안토니오 그람시가 의미하는 헤게모니적 지배를 이어오다 2010년 이후 헤게모니 위기를 겪게 된 현상을 주목한다. 나아가 이 위기를 이끌어낸 붉은셔츠의 이념 · 조직 · 행동을 '근대화된 프라이'[5]의 대항 헤게모니의 조직화라는 관점에서 검토하고자 한다.[6]

2

타이 사회 맥락 속의 헤게모니와 대항 헤게모니

▼

그람시가 자본주의를 물질적 토대로 하는 서구 유럽에서 왜 사회주의혁명이 일어나지 않는가에 주목했다면, 이 글은 자본주의를 물질적 토대로 하는 타이 사회에서 왜 전근대성을 탈각하는 정치적 자유주의가 뿌리를 내리지 못했는가에 문제의식을 두고 있다. 이와 같은 맥락에서 이 글은 그람시의 헤게모니 개념을 '혼종적 암맛'의 지배 방식과 이에 대항하는 '근대화된 프라이'의 권력 관계에 적용할 것이다.

다시 말해 그람시의 헤게모니 개념이 현 타이 정세에 유효한 분석 수단이 될 수 있다는 문제의식은 라마 6세 와치라웃 통치기에 절대군주제를 보호하는 차원에서 주조되었던 '국가 · 종교 · 국왕' 삼위일체론과 같은 국가주의적 정치문화 매트릭스가 100년 가까이 지나 자본주의가 전일화되고 있는 타이 사회에서 어떻게 여전히 지배력을 갖고 있는지에서 출발한다.

1932년부터 약 10년간 피분을 대표로 하는 군부와 프리디를 대표로 하는 자유주의 세력 간의 동맹이 지속되었으나 제2차 세계대전이 발발하면서 피분이 추축국에 가담하자 프리디는 이와는 정반대로 연합국과 연대하면서 왕실과의 관계 회복을 겨냥한다. 그러나 1947년 쿠데타를 계기로 왕실과 군부의 관계가 회복되고, 1973년 10월 민주항쟁 때까지 지속적으로 발전한다. 10월 항쟁 이후 자유주의 세력의 급진화로 왕실과 자유주의 세력 간의 관계가 소원해지면서 급기야 1976년 왕실-군부 동맹에 기반한 유혈 쿠데타가 일어난다. 1992년 5월 민주항쟁 이후 군부가 정치 전면에서 퇴각함에 따라 군부와 왕실의 관계도 수면 아래로 잠적하고 평화 공존 시대가 열린다.

변화는 2001년 선거 결과 총리가 된 탁신이 구제도에 도전하면서부터다. 왕실과 군부의 관계가 재차 강화되고 여기에 일부 반탁신 자유주의 세력까지 연대해 전례 없던 왕실-군부-자유주의 세력 삼자동맹이 형성된다. 이때 왕실-군부 동맹에 합류한 '10월세대'로 대표되는 자유주의 세

1992년 5월 헌화를 위해 민주기념탑에 모여든 시민들

미얀마와 타이 청년들의 세 손가락 혁명

력을 이른바 '탱크 리버럴'(Tank Liberals)이라고 명명한다. 일부 시민사회 세력이 군주 네트워크에 포섭된 것이다. 이들 중 일부는 반탁신 정치운동 조직인 노란셔츠 지도부의 일원이 되기도 했다. 반면 탁신 체제를 몰락시킨 2006년 쿠데타를 계기로 이념적으로 프리디의 전통을 잇는 자유주의 세력은 이후 왕실-군부-'탱크 리버럴' 삼자동맹과 대립한다. 이들은 노란셔츠와 대치하는 붉은셔츠의 지도부의 일원이 된다.

국왕은 전통적인 권력을 상징한다. 여기에서 전통을 상징하는 왕실과 근대를 상징하는 군부가 결합하는, 즉 군부-왕실 동맹의 '혼종적 암맛'(hybrid ammart)이 정초되는 1957년 이후 시기에 주목해보자. 1957년 피분 정권을 무너뜨린 사릿 군부는 헌정을 중단시키고 전면적인 통제에 들어갔다. 국회 기능을 정지시키고, 노동법을 폐지하고, 언론의 자유를 박탈했다. 이와 동시에 사릿은 왕실 성역화에 몰두했다. 그는 국왕의 생일인 12월 5일을 아버지의 날로, 왕비의 생일인 8월 12일을 어머니의 날로 정했다. 푸미폰 국왕은 민족주의의 최후 보루이자 최후의 통치자로 묘사되었다. 이후 타이 정치는 신정정치에 비유되기도 했다.[7] 왕당파들은 성역으로서 왕실이 없을 경우 타이는 붕괴된다고 강변했다. 사릿 시기는 전근대적 왕실의 국가주의와 근대적 군부의 국가주의가 전면적으로 결합하는 시기였다. 중앙 행정부는 입법부보다 공정한 통치력을 행사하는 것으로 정당화되었다.

그러나 군사정권의 도덕성이 추락하면서 시민사회의 도전이 거세지자 왕실은 군사정권 수뇌부와 거리를 두었다. 1973년 10월 학생들이 주도한 반군부 시위 때 푸미폰 국왕은 군 출신 총리의 퇴진을 권고하고 과도내각 구성에 관여하는 등 정치 안정과 민주주의로의 진전에 균형자 역할을 해냈다.[8] 물론 이미 이전부터 푸미폰 국왕은 빈곤 지역의 다양한 개발 프로젝트를 통해 자신만의 지지층을 구축하면서 그를 전폭적으로 지지해준 사릿과 그의 뒤를 이은 군부 실세 타넘, 프라팟과 조금씩 거리를 두었다. 결국 국왕은 군부와 반군부 민주화 세력 간의 극단적인 대치 상황에 적절하게 개입해 민주주의와 헌정 체제 옹호자 이미지를 구축했다. 그러나 민간 정부가 들어서고 학생운동과 사회운동이 공화주의 발상을 하자 국왕은 1976년 유혈 쿠데타를 승인했다. 군부-왕실 동맹의 시각에서 보면 '일탈'에 대한 제재였다.

1976년 10월 6일의 탐마삿대학교 유혈진압 사태, 이른바 '혹뚤라' 이후 주요 학생운동 지도자들은 타이공산당(CPT)의 근거지인 정글로 피신해 '국가 · 종교 · 국왕'의 삼위일체를 근간으로 하는 타이 정체성 이데올로기에 공공연하게 도전했다.[9] 그러나 몇 년 지나지 않아 타이공산당은 베트남 공산 정부의 지원 철회, 중국 공산 정부의 타이 군사정부와 제휴로 국제적으로 고립되면서 크게 위축되었다. 국내적으로는 당시 총리였고 왕실 최고기구인 추밀원 의장 프렘이 구사한 유화 정치 공세가 주효했다.[10] 또한 타이 경제가 신흥공업국 대열에 설 수 있었던 시기도 왕당파의 수장인 프렘 장군이 집권하던 시기였다. 1980년대는 프렘이 푸미폰 국왕에게 대왕이라는 칭호를 헌사할 정도로 프렘과 국왕의 관계가 더없이 돈독했던 시기였다.

1970년대 후반 자유주의 세력은 확고한 대중적 기반 없이 타이공산당과 합류해 군부-왕실 동맹에 대항하려 했기에 실패했다. 프리디의 이념을 잇는 자유주의 세력의 저항에 군부-왕실 동맹은 한 번은 국가폭력을 동원한 폭력의 정치로, 다른 한 번은 저항 세력에 대한 대사면이라는 동의의 정치

미얀마와 타이 청년들의 세 손가락 혁명

로 대응했다. 이와 같은 헤게모니 정치 속에서 급진적인 성향의 자유주의 세력은 자신들의 영향력이 위축되자 패배를 인정해야 했다. 물론 이때의 자유주의 세력은 군부−왕실 동맹을 정당화한 타이식 민주주의에 저항하면서 1973년 10월 14일 타이 최초의 반군부 시민혁명을 이끌었던 이른바 콘드언뚤라, 즉 '10월세대'를 의미한다.

그런데 2006년 쿠데타 이후 '10월세대'를 위시한 일부 자유주의 세력들이 탁신의 정치적 위력을 보여주는 선거 민주주의를 비판하면서 타이식 민주주의를 옹호하는 왕당파와 제휴에 나섰다. 심지어 이들은 친탁신 진영의 '10월세대' 동료들을 향해 과거 공화주의를 꿈꾸며 군주제를 무너뜨리려 했던 공산주의자들이었다고 비난하는 우익 성향의 공세를 불사했다. 이들이 앞에서 언급한 '탱크 리버럴들'이다. 이는 '암맛 헤게모니'가 이른바 1970년대 자유주의 세력을 대표하는 일부 '10월세대'까지 흡수했음을 의미한다.

이외에도 대부분의 타이엔지오(NGOs)들은 세계화로부터 간극 유지, 반물질주의, 반소비주의 공동체 사회로 회귀를 강조해왔는데, 탁신이 세계화, 근대화, 물질적 풍요를 강조하면서 농촌 개발 지원 프로젝트를 운용하자 위기감을 느끼면서 암맛과 암묵적으로 정서적 연대를 취했다.[11] 불교 이념을 토대로 절제·금욕 생활운동을 벌이고 있고 반탁신 운동의 중심적 역할을 한 잠렁 전 방콕 시장의 산티 아속과 같은 불교단체 역시 암맛 헤게모니에 기여했다.

특히 1997년 경제위기 직후 국왕이 제시한 자분지족 철학에 입각한 '충분경제'는 공동체 운동 지향의 타이엔지오와 서구적 가치와 거리를 두고 있는 불교 단체들의 정서에 맞아떨어졌다. 주류 언론들의 정치적 편향도

선명했다. 이들은 친탁신계 붉은셔츠와 빈곤층들을 법을 무시하는 교양 없는 집단으로 묘사했다.

반면 친탁신 경향을 보이며 2006년 쿠데타 반대와 2007년 신헌법 불복 종운동을 벌여 온 붉은셔츠의 경우 민주주의를 논할 때 '타이다움' 혹은 '타이 정체성'에 호소하지 않았다. 오히려 이들에게 노란셔츠 혹은 노란 셔츠에 우호적인 지식인들에 의해 정치적으로 해석되는 전통은 과거 회귀적인 봉건적 삭디나 제도와 관련 있는 가치체계였다. 붉은셔츠는 현재 사회가 삭디나 시기의 연장선상에 있음을 보여주기 위해 그들 스스로를 삭디나 시기의 피지배계급이었던 프라이라고 칭했다. 이때의 프라이는 정의가 결핍된 사회에서 이중잣대로 차별받는 계급이다. 그러나 이들은 차별에 순종적인 프라이이기를 거부한다는 점에서 전통적 프라이가 아닌 '근대화된 프라이'(modernized phrai)다.

그람시는 대항 헤게모니 형성을 위해 시민사회의 정복과 정치적·문화적 지도력을 장악하는 진지전을 강조했다. 이때의 진지전은 장기간의 인내와 창조성을 요구하지만 한번 승리하면 결정적인 것이다. 또한 그람시는 기동전과 진지전의 차이와 연관해 유기적 위기와 국면적 위기를 구분한다. 유기적 위기는 기존의 지배계급이 장기간 치유 불가능한 구조적 모순에 처해 있는 상황으로 지배계급의 헤게모니가 와해되고 재구성되는 단계이고, 국면적 위기는 정치세력들이 국가권력을 장악하기 위해 정치적 투쟁과 군사적 대치를 하는 일시적인 위기다. 타이의 경우 1976년의 혹뚤라와 2012년 4월과 5월에 라차프라송 거리에서 있었던 유혈 사태는 암맛의 국면적 위기에 대한 대응이었다고 볼 수 있다.

붉은셔츠의 이념: 정치적 자유주의

▼

붉은셔츠의 이념은 사회주의에서 자유주의에 이르기까지 폭넓었다. 공통적인 것은 반쿠데타, 헌정주의다. 이때 헌정주의는 명실상부한 입헌군주제 혹은 공화주의다. 붉은셔츠의 최대 조직인 너뻐처(반독재민주주의연합전선)는 민주주의와 군주제가 함께 가는 입헌군주제의 완성을 공표했다. 이런 맥락에서 너뻐처는 군주제 자체에 도전적인 일부 급진적 성향의 붉은셔츠와는 차이가 있었다. 이는 국왕모독죄 개정 운동과 국왕모독죄로 구속되어 있는 붉은셔츠 지도자 혹은 일반 시민들의 방면 운동에 소극적인 것에서도 알 수 있었다. 그럼에도 불구하고 전체적으로 볼 때 붉은셔츠는 절대군주제 개혁에 앞장섰던 1932년 입헌혁명의 주역 프리디의 정치적 자유주의를 계승했다.[12]

붉은셔츠는 몇 가지 역사적 사건에 주목하면서 자신들의 타이 입헌군주제에 대한 비판적 시각을 직·간접적으로 드러냄과 동시에 그들이 현 체제를 관료정 혹은 귀족정으로 보는 이유를 정당화했다. 이때 일부 붉은셔츠에게 탁신은 제2의 프리디였다. 프리디가 인민을 위한 정치를 추구하다가 왕당파에게 쿠데타로 쫓겨났듯이 탁신도 그런 정치적 비극을 맞았다는 것이다.[13]

1932년 혁명의 브레인 역할을 했던 프리디는 타이와 같이 저발전된 국가들의 경제생활 문제를 해결하기 위한 이념으로 사회주의, 자유주의, 협동주의를 제창했다. 특히 프리디는 기존 경제제도에서 노동과 토지가 비경제적으로 사용되는 등 천연자원이 충분히 활용되지 못했다고 지적하면서 그 대안으로 협동사회를 제시했다.

프리디는 자신의 계획이 공산주의적인 것으로 비칠까 우려해 개인 자산 몰수를 비롯해 사적 영역 침해는 없을 것임을 공표했다. 설사 토지나 민간 기업에 대한 몰수나 국유화가 있더라도 공산주의적 수탈 방식이 아닌 법적 절차를 밟을 것임을 천명했다. 급진적인 개혁이 아닌 평화적인 방식을 통한 민족 경제의 구현, 자산 계급에 대한 파괴가 아닌 부자와 빈자 간의 협력을 추구하겠다는 것이 프리디의 사회경제 이념이었다. 그러나 왕실은 그를 공산주의자 혹은 스탈린으로 몰아붙였다. 결국 프리디 체제는 1947년에 일어난 왕당파 쿠데타로 몰락했다.

1932년 입헌혁명에 대한 왕족들의 저항은 만만치 않았다. 이들은 일부 보수적인 방콕 신문들을 끌어들여 입헌혁명의 주역인 카나랏사돈(인민당)을 공산주의자로 표현하거나 러시아의 공포스러운 분위기를 소개하면서 스탈린식 독재로 이행 가능성을 퍼뜨리고 향후 종교탄압에 대한 우려를 보도하도록 했다. 심지어 "우리의 동지인 러시아의 발자취를 따라 샤얌소비에트정부를 수립하자"는 내용의 팸플릿이 돌기도 했는데, 이 팸플릿은 혁명 이전 경찰총장에 의해 조작되었을 가능성이 있었으나 왕당파 신문들에는 활용할 만한 거리였다. 다른 왕자들은 외국 언론들과 인터뷰에서 내전 가능성을 내비추기까지 했다.

붉은셔츠는 1932년 입헌혁명이 1947년 군부 쿠데타로 사실상 실패로 돌아갔다고 보았다.[14] 그래서 카나랏사돈을 재조명하려 했다. 하지만 흥미롭게도 왕당파들이 다시 부상하기 시작한 계기가 문민 관료를 대표하면서 1932년 입헌혁명의 주역이자 급진 자유주의 세력을 대표하는 프리디의 영향력이 확대되기 시작한 시기라는 점에 주목할 필요가 있다. 1944년 추축국과 협력했던 피분의 퇴장과 함께 프리디는 왕당파와의 협력을 꾀했다. 프리디는 왕족의 정계 진출과 관직 진출을 금지하는 헌법 조항을 삭제했다. 1945년 9월에 프리디는 왕족의 한 명인 세니를 귀국시켜 그를 초대했다. 버워라뎃공을 비롯한 다른 왕당파들도 입국이 허용되었다.

하지만 왕당파들은 여전히 1932~1933년 사이에 프리디가 취한 사회주의 경향의 이념을 익히 알고 있었기에 그에 대한 불신을 떨칠 수 없었다. 특히 이들은 프리디와 연대하고 있던 조직 노동자들, 지방인사들, 급진주의자들과 이들의 사회 변혁 강령을 반대했다. 1946~1947년에 왕당파들은 변방 지역에 파견되어 있던 북부 지역 군과 군부 내 불만 세력들과 연대했다. 1946년 6월 어린 왕 아난 마히돈이 의문사하자 민주당을 포함한 왕당파들은 이것이 공산주의자들과 공화주의자들의 소행이라는 소문을 퍼뜨리면서 그 배후 인물로 프리디를 지목했다. 그 소문 속에는 프리디 정부가 반공법을 폐지한다는 것과 방콕에 거주하고 있는 화교들은 마오주의 혁명의 잠재적인 지지 세력이라는 내용이 포함되어 있었다. 자유주의 세력을 대표하는 프리디에 대한 왕당파들의 반격이 본격화되기 시작한 것이다. 마침내 1947년 11월 8일, 일단의 군부 세력이 프리디가 공화주의 반

부패 스캔들로 압력을 받고 사임을 발표한 직후 지지자에 둘러싸인 탁신 전 총리

란을 꾀하려 했다는 이유를 들어 쿠데타를 일으켰다. 이들 군부 세력의 쿠
데타 명분 중 하나가 공산주의 세력에 대한 진압이었고 프리디는 공산주
의자로 몰렸다. 프리디는 망명길에 올라야 했다.

쿠데타 이후 왕당파에 의해 창당된 민주당이 내각을 장악하고 군 장성들
은 막후 실력자로 남았다.[15] 군부는 와치라웃 국왕의 존왕주의적 국가주의
독트린을 부활시키듯 '국가 · 종교 · 국왕'에 충성하는 정부를 구성할 것
이라고 선언했다. 또한 1935년 프라차티뽁 국왕 퇴위 이후 재무부에서 관
리하던 왕실 재산 운영권을 국왕에게 돌려주었다. 1951년 민주당은 국왕
이 상원을 임명하고, 군을 직접 통솔하고, 입법을 거부하고, 장관을 해임
하고, 법령을 발동할 수 있다는 내용을 담은 신헌법을 추진했다. 1957년
쿠데타를 이끈 사릿은 불교를 믿고 국왕을 타이 사회의 구심점으로 여기

미얀마와 타이 청년들의 세 손가락 혁명

는 국민을 만들어내고자 했다. 이때를 계기로 국왕은 암맛 위계 구조의 정점에 있으면서 타이 공동체 사회의 중심으로서 절대적인 권위를 누렸다. 왕당파들의 영향력도 확대되었다.[16] 타이 역사학자에게 국왕은 물론이고 왕가에 대한 부정적인 묘사가 용납되지 않는다. 1932년 입헌혁명 이전으로의 회귀라고 해도 과언이 아니었다.

그러나 붉은셔츠는 1957년 쿠데타보다는 왕당파 쿠데타가 처음으로 성공한 1947년 쿠데타에 더 주목했다. 1947년은 군부-왕실-민주당이라는 전통과 근대가 공존하는 새로운 형태의 암맛, 즉 혼종적 암맛이 정초된 시기로 볼 수 있기 때문이다. 붉은셔츠를 타깃으로 삼고 있는 민주당이 이 당시 왕실과 긴밀한 관계를 맺고 있는 왕당파에 의해 창당되었고 프리디에 적대적이었음을 고려하면 이는 붉은셔츠의 예리한 역사 인식이었다.

붉은셔츠와 노란셔츠 간의 대립은 정치 이념의 차이에서 비롯된 것으로, 붉은셔츠는 구제도로서 신민의 지위를 거부하고 근대 민주주의 제도로서 시민권을 요구했다. 탁신 체제에서 붉은셔츠는 의회민주주의와 선거 정치를 통해 자신들의 삶의 질을 바꿀 수 있음을 자각했다. 이는 탁신 체제가 남겨 놓은 중요한 정치적 유산 중 하나였다.[17] 인민들로부터 호응을 받은 탁신의 재분배 정책과 포퓰리즘은 왕실 헤게모니에 위협이 되었다.

붉은셔츠의 조직: 다중심적 수평구조

▼

붉은셔츠가 본격적으로 조직화되기 시작한 계기는 2006년 9월 19일 군부 쿠데타였다. 쿠데타에 대한 대응은 시민사회 쪽과 정당 쪽에서 있었다. 우선 시민사회 쪽에서 조직된 주요 그룹으로는 콘완사오(반독재토요회), 십까오깐야(9월 19일), 피랍가오(비둘기) 등이었다. 특히 십까오깐야는 연구자, 학자들 중심의 조직이었고, 피랍가오는 노동운동가들이 중심이 되었다. 이후 이들 조직들은 반쿠데타연대위원회, 즉 너뻐꺼로 통합되었고, 이 연대 조직은 반독재민주주의연합전선인 너뻐처로 발전했다. 그러나 너뻐처로부터 수라차이가 이끄는 댕샤얌, 솜욧이 이끄는 이십시미투나(6월 24일), 리야오싸이(좌선회), 카나니티랏(민중법모임), 커뻐떠(민주주의네트워크) 등이 분화되어 나왔다.

이들 중에서도 댕샤얌, 이십시미투나, 리야오싸이 등은 너뻐처에 비해 급진적인 그룹으로 분류되었다. 너뻐처가 공식적으로 군주제를 토대로 하는 헌정 민주주의를 추구했다면, 이들 분화된 그룹들은 묵시적으로 반군주제-공화주의 정서를 공유했다.[18] 이런 배경에서 댕샤얌의 지도자인 수라차이, 이십시미투나의 지도자 솜욧 등이 국왕모독죄로 수감되었고, 리야오싸이의 지도자 자이 웅파콘은 영국에, 댕샤얌 지도자 차크라폽은 캄보디아에 각각 망명했다.

이들 붉은셔츠 조직들은 서로 간에 공식적이고 정기적인 회합이나 소통 채널은 없으나 인터넷이나 개인적인 친소 관계를 매개로 소통했다. 특히 너쁘처를 제외한 소규모 조직들은 무정형적이었다. 이런 점에서 붉은셔츠는 과거 공식적인 조직체계를 갖추고 있었던 타이공산당과 분명한 차이가 있었다. 이들은 인맥이나 인터넷 공간, 대안 라디오를 통해 소통하고 사안별로 연대했다. 붉은셔츠 최대 조직인 너쁘처는 위성TV 방송국 〈아시아 업데이트〉를 운영했다. 최첨단 정보통신 기술을 익히고 활용하는 '근대화된 프라이'의 면모를 보여주는 대목이었다. 여기에서 주목할 것은 붉은셔츠가 극빈층만으로 구성되었다기보다는 어느 정도 경제적인 여유를 가진 신흥 중산층이나 도시화된 농민까지 주력부대로 삼았다는 점이다.

친탁신계 정당 쪽에서는 대안 언론인 PTV를 중심으로 활동하다가 이것이 군정에 의해 폐쇄되자 Truth Today라는 프로그램을 운영했다. 이후 친탁신계 정당은 팔랑프라차촌당(PPP), 프어타이당으로 당명을 바꿔가면서 선거에서 제1당의 지위를 양보하지 않았다. 물론 붉은셔츠의 최대 조직이자 정보통신 기술을 최대한 활용하고 있는 너쁘처는 친탁신계 프어타이 정당을 내부 연대 조직으로 간주했다.

아울러 너쁘처는 〈2010년 4·5월 강제진압 피해자 정보센터〉, 〈카나니 띠랏〉 등 시민단체 성향의 여러 조직과도 연대했다. 너쁘처는 전국적으로 방대한 조직을 운영했다. 특히 지역위원회의 경우 조직이 탄탄한 북부 지역과 이산(동북부) 지역은 다른 지역보다 위원회를 하나씩 더 가동했다.

최대 조직인 너뻐처를 비롯한 다양한 조직으로 구성된 붉은셔츠의 내부는 다분히 다중심적이며 유연성을 특징으로 했다. 붉은셔츠는 정당과 연관을 갖고 있으면서 정치혁명을 추구했다는 점에서 근대 사회운동 조직으로 특성을 갖고 있지만, 중앙집권적 위계 구조가 아닌 다중심적 수평구조를 지녔다는 점에서 탈근대적 사회운동 조직의 특성 또한 동시에 갖고 있었다.[19]

미얀마와 타이 청년들의 세 손가락 혁명

붉은셔츠의 행동: 시민혁명 혹은 정치혁명

▼

다양한 조직으로 구성된 붉은셔츠의 공동행동 목표는 실제로는 귀족정 혹은 관료정이라고 할 수 있는 타이 정치체제의 개혁이다. 이를 보여주는 대표적인 예는 붉은셔츠에 대한 차별적 법 적용, 이중잣대의 문제였다. 붉은셔츠는 특히 법의 불공정한 적용을 사법부가 주도하고 있다고 보았다. 타이에서의 '정치의 사법화'는 법의 이중잣대와 연관되어 있었다. 일부 붉은셔츠는 암맛이 자신들의 기득권을 유지하기 위해 국왕을 전면에 내세워 이용하고 또 진흙탕 정치에 국왕을 끌어들이고 있다고 보았다. 이런 맥락에서 일부 붉은셔츠는 국왕에 대한 불경은 오히려 노란셔츠가 저지르고 있다고 반박했다.

붉은셔츠는 엘리트 집단의 특권 문화에 대한 도전 세력으로서의 프라이를 자처했다. 이때 엘리트란 더 많은 교육을 받고 예의범절을 숙지하고 교양 있는, 즉 좋은 사람이란 의미의 '푸디', 즉 방콕 중산층을 지칭한다. 반면 푸디의 반대 개념인 프라이는 교육을 제대로 받지 못하고 예의범절을 모르는 계급이다. 하지만 프라이를 자처한 붉은셔츠는 북부 지역, 이산 지역 등 지방 고유문화에 자부심을 갖고, 그들의 지방어를 사용하면서 연대감을 만들어냈다. 또 이들은 난삽한 표현 대신에 직설적인 표현을 선호했다. 이는 방콕 엘리트들에게는 교양이 없고 거칠게 들렸다.

붉은셔츠는 자신들의 문화가 방콕 엘리트들의 문화와 대등함을 보여주고자 했다. 이런 맥락에서 붉은셔츠와 대립한 노란셔츠가 효율성, 투명성을 강조하는 '탐마피반', 즉 좋은 지배구조라는 개념을 선호한 반면 붉은셔츠는 평등의 관점에서 정의, 민주주의를 강조했다. 또한 이들은 반탁신 성향의 지식인들이 탁신의 포퓰리즘 정책을 후원-수혜 체제로 보는 것에도 반대했다. 이들이 보기에 탁신의 포퓰리즘은 오히려 진보적인 케인지안 정책에 근접했다.

붉은셔츠가 상정한 암맛 네트워크의 중심에는 왕실 자문기구인 추밀원이 있었다. 추밀원은 의회주의를 통한 지배 방식과 비의회주의를 통한 지배 방식 모두를 행사한다. 민주당은 전자의 주요한 수단이 되고, 군부는 후자의 주요한 수단이 된다. 이들의 시각을 빌리자면 민주화는 추밀원으로 하여금 민주당의 역할과 기능을 큰 기대를 걸었으나 탁신의 타이락타이당의 등장과 함께 민주당의 정치 기반이 크게 약화되자 추밀원은 비의회주의를 통한 지배 방식을 고려했다. 2006년 군부 쿠데타와 이후의 정치의 사법화도 이런 맥락에 있게 된다. 이외에도 포스트-탁신 시기에 반탁신-친왕실 성향의 엘리트들이 장악하고 있는 국가 독립기구들, NGO, 불교 단체들의 법적·도덕적 지지도 비의회주의적 지배에 기여한 것으로 간주되었다.

시민혁명은 봉건사회의 신분적 예속과 억압적이고 자의적인 지배를 타파하고 개인의 자유롭고 평등한 정치적 권리에 입각한 근대적 정치제도를 형성해가는 정치혁명이었다. 이런 맥락에서 귀족정 혹은 관료정 해체를 목표로 삼고 있는 붉은셔츠 행동은 정치혁명이자 시민혁명이었다.

이중잣대 철폐 및 정치범 석방 운동

붉은셔츠는 이중잣대를 통한 차별에 저항했다. 사법부는 정부종합청사와 수완나품 국제공항을 점거한 노란셔츠에 대해서는 법집행을 지연하거나 보석 신청을 받아들이는 등 관대한 태도를 취하면서도 붉은셔츠에 대해서는 대부분 보석 신청을 불허하고 법집행을 신속하게 하는 등 차별적·이중적 태도를 취했다. 붉은셔츠는 이런 이중잣대의 법집행에 반대하면서 그 희생양이 된 붉은셔츠 정치범들에 대한 석방운동을 벌였다. 그리고 이런 이중잣대에 대한 반감은 타이 사회 내에 구조화되어 있는 부, 권력, 기회의 불평등에 대한 문제의식으로 발전했다.

헌법개정 운동

붉은셔츠는 타이를 법치국가로 여기지 않았다. 2006년 9월 19일 쿠데타로 국민헌법으로까지 칭송되었던 1997년 헌법은 폐기되었고, 심지어 쿠데타를 정당화해준 사법부가 2007년 12월 총선에서 승리한 친탁신계 팔랑프라차촌당을 해산시켰기 때문이다. 이들에게 군정 밑에서 인민의 동의를 충분히 반영하지 않고 통과된 2007년 신헌법은 폐기 내지는 개정 대상이었다. 선출직이었던 상원의 절반을 임명직으로 돌린 것도 헌법이 개악된 예였다. 이런 맥락에서 붉은셔츠 입장에서 2007년 헌법은 암맛에 유리한 정치적 게임을 정당화한 제도였다.

붉은셔츠는 암맛 네트워크가 헌법 위에 군림하기 때문에 타이의 정체는 명실상부한 입헌군주제가 아니라고 보았다. 2006년 9월 19일 쿠데타를 일으킨 세력들의 쿠데타 명분이 '국왕 보호'에 있었고, 탁신에게 군주제 전복 혐의를 씌운 사례야말로 암맛 네트워크가 법치를 무시하는 단적인 예였다. 이들에게 탁신은 군주제 수호를 명분으로 일어난 1947년 쿠데타의 희생자가 된 프리디를 연상하게 했다. 붉은셔츠는 2006년 쿠데타와 2007년 헌법의 부당성을 명확히 해두지 않을 경우 군주제 수호라는 이름으로 헌법을 폐기하는 쿠데타가 얼마든지 일어날 수 있다고 보았다.

집권 프어타이당은 의회 차원에서 개헌을 추진하려다가 헌법재판소로부터 개헌 추진 중단 요구를 받고 헌법개정에 앞서 국민투표를 행하라는 헌법재판소의 의견을 수용할지 말지를 고려해야 했다. 반면 붉은셔츠의 최대 조직인 너쁘처는 프어타이당 주도로 의회에서 헌법개정이 이루어지길 기대했고 국민투표에는 반대했다. 탁신은 국민투표 수용을 피력했다.[20]

국왕모독죄 개정 혹은 폐지 운동

2006년 쿠데타의 명분은 탁신 정부의 부패와 왕실에 대한 불경이었다. 국왕이 이 쿠데타를 승인함에 따라 국왕모독죄 위반 사례가 늘어나기 시작

2020년 군주제 개혁을 요구하고 있는 세 손가락 경례 시위

했다. 또한 인터넷 공간을 통한 의견 교환이 활발해짐에 따라 타인을 근거 없이 공격하는 사례를 차단하기 위해서라는 명분을 들어 컴퓨터범죄법이 신설되었지만 실제는 인터넷 공간에서 군주제에 대한 비난을 통제하기 위해서라는 의혹이 제기되었다.

붉은셔츠는 국왕모독죄야말로 암맛이 민주주의를 훼손시키고 자신들의 기득권을 지키기 위한 도구로 간주했다. 국왕모독죄로 수감되어 옥사한 아꽁 사건도 국왕모독죄 폐단의 대표적 사례로 간주했다. 원래 국왕모독 죄는 형법상 최고 7년형이었는데, 1976년 군부-왕실 동맹에 의한 쿠데타 직후 최고 15년형으로 강화되었다. 국왕모독죄로 인한 인권침해 문제에 대해 소규모의 붉은셔츠 조직들은 붉은셔츠 최대 조직인 너삐처가 소극적으로 대처하고 있다고 비판했다.

일부 지식인들과 인권단체들은 국왕모독죄인 형법 제112조로 인해 명망 있는 지식인들과 활동가들이 구속되는 현실을 비판했다.[21] 대표적인 인물이 당시 수감 중이던 노동운동가이자 사회운동가 솜욧이었다. 그는 형법 제112조 철폐를 요구하는 1만 명 서명 운동에 돌입한 지 5일 만에 체포되었다. 공식적인 혐의는 그가 편집 책임을 맡고 있던 잡지에 국왕모독죄에 해당하는 기고문이 게재되었다는 것이다.[22] 이를 비롯해 탐마삿대학교 역사학과 솜삭 교수가 형법 제112조를 위반한 혐의로 경찰에 출두하면서 학문의 자유가 침해되는 현실을 우려하는 목소리가 나왔다. 결국 그는 형법 제112조를 피해 망명길에 올랐다. 탐마삿대학교 법대 교수 7명을 중심으로 국왕모독죄의 형량을 대폭 줄이고 악용 가능성을 예방하기 위한 형법 제112조 개정 운동이 벌어지기도 했다.

헌법재판소는 국왕모독죄인 형법 제112조가 국민의 자유권을 규정한 헌법에 위반되는 것은 아니라는 판결을 냈다. 솜욧 등의 변호인단이 제출한 헌법소원에 대해 헌법재판소는 형법 제112조는 국왕의 안위를 규정한 헌법 제8조를 구체적으로 명시한 조항으로 타이 국민은 이 헌법 조항이 규정하는 범위 안에서 자유를 누릴 수 있다고 판결했다.

라차프라송 유혈 사태 진상규명 운동

붉은셔츠는 현 잉락 정부가 추진하는 '국민 화해'에 대해서도 진상규명 없는 화해는 무의미하다고 주장했다. 2010년 유혈진압 사태 희생자 쪽에서는 진상조사→사법 절차→보상→사면이라는 4단계가 국민 화해에 이르는 조건이라고 주장했다. 한편 2010년 4월과 5월에 있었던 라차프라송 거

미안마와 타이 청년들의 세 손가락 혁명

리 유혈진압 이후 아피씻 정부가 제안한 국민 화해에 대해 프어타이당의 플럿 프라솝은 국민 화해의 전제조건으로 양자 간 사죄, 양자 간 폭력 사용 중단 선언, 군주제에 대한 충성 선언 등을 거론했다. 마지막에 군주제에 대한 충성을 선언하는 까닭은 아피씻 정부가 붉은셔츠를 군주제를 거부하는 폭도로 규정한 것을 고려했기 때문이다. '2010년 4·5월 강제진압 피해자 정보센터'는 2012년에 시민사회 차원에서 진상규명을 목표로 《정의를 위한 진실》이라는 보고서를 발간했다.

피탁샤얌 반대 및 잉락 정부 사수 운동

'타이를 사수하자'라는 의미를 담은 피탁샤얌의 지도자이자 전 장성 출신인 분러는 "지금이야말로 나라를 강탈하고 있는 꼭두각시 정부를 전복해야 할 쿠데타가 일어날 시점"이라고 선동하면서 잉락 정부 퇴진을 촉구하는 대규모 집회를 열었다. 피탁샤얌의 잉락 정부 타도 운동의 명분은 세 가지다. 현 정부가 군주제를 무시한다는 점, 탁신의 꼭두각시 정부라는 점, 부패한 정부라는 점이다. 이에 대항해 최대 붉은셔츠 조직인 너쀄처는 반(反)피탁샤얌-잉락 정부 사수 운동을 지역 조직 기반이 탄탄한 이산 지역으로부터 시작해 전국적인 운동으로 확대해나갔다.

정치교육 운동

모든 붉은셔츠 조직은 붉은셔츠촌(무반쓰어댕) 구축, 강연 조직, 가두집
회, 회보 발행, 대안 언론 운동, 그리고 웹사이트 운영 등을 통해 정치교육
을 행했다. 최대 조직 너뼈처의 경우 민주주의 교육을 목표로 위성TV 방
송국을 직접 운영했다. 너뼈처가 목표로 하는 정치교육의 내용은 2007년
헌법 폐기의 정당성과 쿠데타의 부당성을 알리고 암맛의 비리를 폭로하는
것이었다.[24]

결론

▼

포스트–탁신 시대의 붉은셔츠의 대항 헤게모니의 형성과 성장은 타이 역사 속에서 자유주의 세력의 시행착오를 토대로 한 것이라는 점을 유의할 필요가 있다. 타이에서는 2006년까지 네 번에 걸친 왕당파 쿠데타가 있었다. 1933년, 1947년, 1976년, 2006년이 이에 해당한다. 1933년 왕당파 쿠데타만이 실패했고 나머지 세 번의 쿠데타는 성공했다. 여기에서 성공은 붉은셔츠에게는 암맛 이익의 유지 혹은 확대였다. 이는 역으로 이른바 프라이 계급의 이해를 대변하는 엘리트들이 대항 헤게모니 조직화에 실패했음을 의미한다. 이때의 엘리트들은 프리디와 그의 뒤를 이는 자유주의 세력을 의미한다. 다시 말해 대항 엘리트들이 암맛의 세계관에 대응할 만한 개념과 전략이 취약했던 것이다.

그러나 2006년 9월 쿠데타 이후 등장한 붉은셔츠의 이념, 조직, 행동은 달랐다. 2006년 쿠데타는 탁신 시기에 붉은셔츠가 자처하는 프라이의 정치적 이익이 확대되고 있는 상황 속에서 벌어진 암맛의 대응이었다. 암맛 네트워크에서 배제된 탁신은 정치적 이해관계 속에서 자유주의 세력의 이념을 대변하는 '10월세대'와 적극적으로 연대했다.

붉은셔츠의 이념을 정치적 자유주의로 볼 수 있다. 이것은 쿠데타를 반대하고 헌정 체제와 다수의 의사가 정치권력을 구성하는 선거 민주주의를 원하기 때문이었다. 붉은셔츠 가운데 공화주의를 기대하는 세력은 극히 일부였으며 대다수는 명실상부한 입헌군주제를 원했다. 그러기에 이들 붉은셔츠는 1932년 카나랏사돈의 입헌혁명과 1933년과 1947년에 있었던 반(反)프리디 왕당파의 쿠데타에 주목했다. 군부-왕실 동맹, 즉 혼종적 암맛의 대표적인 희생자였던 프리디와 1976년 10월 6일 이른바 혹뚤라 사태의 희생자였던 '10월세대'의 이념이 자유주의와 사회주의 사이를 오갔다면, 붉은셔츠의 이념과 행동은 정치적 자유주의를 명확하게 보여주었다.

두 번째로 붉은셔츠는 수직적으로는 탄탄한 대중조직을 토대로 지역조직과 중앙 지도부 양자 간의 원활한 의사소통을 추구했고, 수평적으로는 최대 붉은셔츠 조직인 너뻐처를 비롯해 다양한 붉은셔츠 조직들이 네트워크를 만들어가며 사안별로 연대했다. 이를테면 국왕모독죄로 20년형을 선고받았다가 지병으로 옥사한 아꽁 추도식을 다양한 붉은셔츠 조직들의 연대 속에서 치렀다.

세 번째로 붉은셔츠는 행동 상에서 쿠데타 반대, 법치 실현, 민선 정부 사수, 국왕모독죄 개정 등과 같은 캠페인을 벌였다. 사실상 이들의 투쟁은 암맛의 이중잣대, 문화 차별에 대한 문화-이데올로기 투쟁의 성격을 갖는 시민혁명이었다. 또 이들이 프라이 계급을 자처하고 나선 것은 암맛의 온정주의를 넘어서려는 권리 의식에서 비롯된 것이기에 정치혁명이기도 했

미얀마와 타이 청년들의 세 손가락 혁명

붉은셔츠 지도부의 일원인 짜뚜폰 프롬판(2014년)

다. 탁신이 그의 의도 여부와는 무관하게 대중들에게 높은 정치의식을 부여한 셈이었다. 1970년대의 타이공산당이 정치의식을 위로부터 주입시키려고 했다면 붉은셔츠의 경우 자율성을 갖고 있는 여러 기초 대중조직들이 스스로 권리의식과 정치의식을 축적하면서 정치적 자유주의의 문화적 토대를 축적했다. 붉은셔츠는 암맛의 온정주의에 기대는 전통적 프라이가 아닌 인정투쟁을 벌이면서 시민혁명 혹은 정치혁명 차원에서 대항 헤게모니를 조직한 근대화된 프라이였다.

다시 말해 2010년 4월과 5월의 붉은셔츠의 대대적인 저항은 힘의 균형추가 암맛의 이익 쪽으로 밀리고 있다고 판단한 프라이의 방어적 대응이었다. 2010년 4월과 5월 투쟁은 혼종적 암맛이 근대화된 프라이의 축적된 비판적 정치의식을 인정하지 않고 시대착오적인 상식과 윤리 패러다임

을 고수할 경우 폭력적인 양상의 시민혁명 혹은 정치혁명으로 발전할 수
도 있음을 시사했다. 그것은 곧 암맛 헤게모니 균열의 전면화에 따른 국면
적 위기가 유기적 위기로 발전할 가능성을 배제할 수 없음을 의미하는 것
이었다.

타이 전 총리 짜투론 차이생과의 인터뷰

(2012년 8월 28일, 타이 방콕 소재 민주주의연구소)

짜투론 차이생 전 부총리는 한국 사회에는 잘 알려지지 않았지만 타이 사회에서는 신망이 높은 정치인이자 지적인 정치인으로 인식된 바 있다. 그는 2006년 쿠데타 직후인 2007년에 동료 100여 명과 함께 5년간 정치활동 금지 조처를 받았다. 2009년에 그는 《위기의 타이민주주의: 27가지의 진실》이라는 정치평론집을 냈고 민주주의연구소를 열었다. 이 연구소는 한국의 민주화운동기념사업회에서 발간한 《한국민주화운동사》를 타이어로 번역해 출간했고 민주주의 담론 연구와 그 확산에 전념한 바 있다.

짜투론은 탁신정부 때 이른바 '10월세대'를 대표하는 운동권 출신 정치인으로 탁신 정치 캠프에 참여해 최고 지위까지 올라간 인물이다. 탁신이 2006년 군부 쿠데타로 추방된 직후에는 탁신의 타이락타이당 총재대행을 맡기도 했다. 이 때문에 탁신의 주변에서 정치활동을 다시 시작한 그에게 거는 기대가 남달랐다. 짜투론 차이생은 2023년 5월 총선에서 프어타이당의 비례대표 13번의 순위를 받아 국회의원이 되었다. 10년만에 정치에 복귀한 것이다.

쫄라롱껀대학교 정치학부의 카노크랏 러처수사꾼 교수는 박사학위 논문 〈10

짜투론 차이생 전 부총리의 집필서

월세대의 부상〉(The Rise of the Octoberists)에서 짜투론 차이생을 다음과 같이 묘사하고 있다.

'10월세대'의 핵심 인사인 짜투론 차이생은 탁신의 타이락타이당에 강력한 재정적 후원을 한 것도 아니고, 많은 국회의원들을 그의 사람으로 두고 있지 않았음에도 불구하고 진보적이고 능력 있는 정치인이라는 신임 때문에 타이락타이 정부 하에서 여러 각료직에 임명되었다. 어떤 자리에 있더라도 그는 항상 진보적인 정책을 추진하려 했고 옛 동료들에 대한 배려를 아끼지 않았다. 그러다 보니 그의 행동은 정부 당국, 기업인들과 충돌하는 경우가 많았다. 이 때문에 여러 차례 탁신 총리가 개입하는 일이 있었고, 탁신이 그와 거리를 두는 일까지 생겼다. 언론들은 탁신이 짜투론이 자신의 경쟁자로 부상하는 것을 두려워한다는 논평까지 했다.

좀 더 구체적으로 보면 '10월세대'를 대표하는 짜뚜론 차이생은 탁신의 타이락타이당 정부 초기에 정치적 분권화 과정, 관료제 개혁, 에너지 정책에 대한 책임을 지는 총리실 장관직을 제안받았다. 지방 세입 징수의 분권화와 지자체 직선제를 추진하면서 그는 내무부 내의 보수 세력과 갈등을 빚었다. 에너지 정책과 관련해 그는 사회운동 진영과 시민단체들의 몇 개 발전소, 댐 건설 취소 요구를 반영하는 정책들뿐만 아니라 소비자 중심의 전기요금 산정을 추진하는 과정에서 전력공사(EGAT)와 충돌했다. 대립이 심각해지자 결국 그는 법무부 장관직으로 자리를 옮겼다. 법무부에서 짜뚜론은 사법부, 검찰, 경찰의 힘을 견제하는 특별수사국을 설치했다. 이 정책은 여론의 지지를 받았지만 관료들의 반격에 직면했다. 이 갈등을 종식시키기 위해 탁신은 다시 그를 법무장관 자리에서 물러나게 하고, 2002년 10월, 사회문제를 책임지는 부총리 자리에 앉혔다. 그는 알코올 소비 줄이기 운동, 온라인 컴퓨터 게임 통제 등을 홍보하는 등 비정치적인 업무를 담당해야 했다. 그는 TV 황금시간대에 주류 광고 금지하는 법안을 추진했다. 당연히 주류 회사들이 반발했다. 폭력 사태에 휩싸인 남부 지역 문제를 풀기 위해 그 지역 지도자들, 주민들과의 대화와 협의 내용을 반영해 화해와 휴전안을 제안했고, 무슬림 분리주의자들에 대한 사면, 경찰 수 축소, 계엄령 해제 등을 추진했다. 그러나 그의 제안은 탁신과 그의 측근들에 의해 즉시 거절당했다. 그의 평화 구상이 실패로 돌아가자 그는 다시 교육부 장관으로 자리를 옮겼다. 그는 다시 교육기금을 포함한 여러 혁신적인 정책을 추진하려고 노력했지만 또 다시 부처 내 보수 세력과 갈등과 충돌했다. 짜뚜론 차이생은 2014년 5월 쿠데타 직후 군의 소환에 불응했다는 이유로 체포되었다가 정치활동을 않겠다는 조건으로 풀려났다. 그는 '10월세대'의 대표주자였지만 쿠데타를 암묵적으로 지지한 반탁신 성향의 '10월세대' 동료들과 마주해야 했다.

    짜뚜론 차이생 전 부총리와의 인터뷰에서 주목하고자 한 것은 다음 몇 가지였다. 탁신 정부 시기 요직에 있었던 그가 탁신 정부 시기의 어두운 측면을 어떻게

짜뚜론 차이생 전 부총리(왼쪽)와 필자의 대담 장면.

생각하는지, 당시 타이 정치를 어떻게 평가하고 있는지, 2010년 대대적인 시위를 주도한 붉은셔츠를 어떻게 바라보는지, 마지막으로 타이정치의 미래를 어떻게 보는지 등이었다.

우선 첫 번째 문제와 관련해서 많은 이들이 탁신 정부 시기 타이 남부 무슬림 지역에서 일어난 유혈사태와 마약사범 단속 과정에서 일어난 인권유린을 거론했다. 짜투론은 타이 남부 문제는 100년이 넘는 오랜 시간에 걸쳐 일어난 사태이기에 탁신 정부의 책임 문제로 돌릴 수만은 없다고 말했다. 2006년 쿠데타 이후 아피씻 민주당 정부 안에서도 타이 남부의 소요 문제가 계속해서 진행된 것만 봐도 이를 알 수 있다는 것이다. 타이 남부의 문제는 매우 독특하고 문제의 진상에 대한 충분한 지식이 없는 것이 현실이라는 것이다. 반면 2천여 명에 이르는 비사법적 살해가 이루어진 마약 소탕 작전은 과연 인권침해가 있었지에 대한 중립적이면서 효과적인 조사가 필요하다면서, 만일 문제가 있다면 인정해야 할 것이라고 말했다.

중요한 점은 민주주의가 부패하거나 인권유린을 범하고 있다고 해서 이것이 쿠

짜투론 차이생 전 부총리

미얀마와 타이 청년들의 세 손가락 혁명

데타에 빌미가 될 수는 없다는 것이다. 다시 말해 부패한 민주주의, 인권유린을 청산하지 못한 민주주의라도 국민의 심판과 견제와 균형이라는 민주주의 원리로부터 자유로울 수 없지만, 쿠데타는 이런 민주주의의 기본원리와 국민의 기본권을 무시한다는 점을 유념해야 한다는 것이다. 이는 2006년 9월 쿠데타를 탁신이라는 악마를 추방하기 위해 불가피했던 '좋은 쿠데타'로 규정한 일부 지식인들에 대한 우회적인 비판이었다.

두 번째 문제와 관련해서 그는 인터뷰 시점의 타이는 민주주의 체제가 아니라고 말했다. 당시 헌법이 사실상 2006년 9월 쿠데타 이후 군정에 의해 만들어진 것이기에 정당성을 갖는 민주적 헌법으로 볼 수 없기 때문이다. 물론 이 헌법에 따라 선거가 실시되고 정부가 구성되었지만, 그래서 이런 절차가 없는 것보다는 낫지만, 현재의 헌법이 인민의 의사를 충분히 지속적으로 반영할 수 있는 헌법이 아니기에 타이 정치체제는 민주주의라고 할 수 없다는 것이다.

그는 또한 타이의 헌법은 군부 쿠데타에 의해 일거에 폐기될 수 있는 헌법이기에 다른 선진국에서 볼 수 있는 진정한 의미의 헌법이 아니라고 보았다. 특히 2007년 헌법 문제는 정당과 정치인의 역할을 과소평가하고 인민의 의사를 무시하고 지나칠 정도로 결정권을 사법부에 부여했다고 비판했다. 그동안 있었던 심대한 정치적 갈등과 혼란, 폭력 사태의 원인은 선출되지 않은 권력인 사법부와 여타 독립적인 헌법 기구에 지나친 권력이 주어졌고 이들이 합당한 이유 없이 선출된 권력을 제거한 데서 비롯된 것으로 보았다.

세 번째로 그는 노란셔츠의 대항 세력인 붉은셔츠의 역량에 긍정적인 평가를 내렸다. 붉은셔츠의 모태는 2006년 쿠데타를 반대하는 운동이었는데, 2007년 출범한 친탁신계 정부가 엘리트 집단과 노란셔츠의 위협을 좌시할 수 없어서 시작된 것이 붉은셔츠라는 것이다. 짜투론에 따르면 붉은셔츠의 이념 형성 배경은 간단하다. 당시 쿠데타가 무엇을 의미하는지를 알고 있었고, 또 사법부의 부당한 판결이 반복되는 상황에서 정의에 대한 개념을 습득했기 때문이다.

붉은셔츠 내부는 다소 차이가 있기는 하지만 반(反)쿠데타, 비민주적 헌법 반대, 반엘리트, 군부의 지지를 받는 아피싯 민주당 정부 반대 등과 같은 공통된 입장을 갖고 있다. 특히 붉은셔츠 지도자들은 〈Truth Today〉와 같은 비판적인 성향의 TV 프로그램을 통해 영향력을 확보했다. 이들이 추구하는 가치는 민주주의, 정의, 공정성이라는 점에서 타이 사회에 긴요한 것들이었다. 이들 지도자 중 일부는 총선에 출마하기도 했다. 정당과 거리의 정치운동이 하나가 되어 평화적인 방식으로 의회주의를 통해 정치 변화를 추구하는 현상을 목격할 수 있었다. 짜투론은 이를 매우 독특한 정치 현상으로 보았다.

마지막으로 타이 정치의 미래와 관련해 짜투론 전 부총리는 민주화의 전제조건으로 진정한 의미의 헌정 체제 회복을 들었다. 그것은 헌법개정을 의미한다. 그는 만일 국민의 뜻에 부합하는 방향으로 헌법개정이 이루어지지 않을 경우 타이 사회는 다시 심각한 혼란에 휩싸일 수 있음을 경고했다. 또 그는 민주화의 걸림돌로 비민주적인 정치문화를 들었다. 이때의 비민주적인 정치구조란 일반 국민들의 정치적 의사와 선거 결과를 무시하는 엘리트들, 즉 '암맛'의 정치적·문화적 지배를 지칭한다. 이들은 2006년 군부 쿠데타를 주도하거나 지지한 군부 엘리

붉은셔츠 지도자 짜란 딧타피차이의 연설 장면

미안마와 타이 청년들의 세 손가락 혁명

트, 관료, 학자, 언론 등을 가리킨다. 이들은 다양한 방식으로 정치 개입과 엘리트 지배를 정당화했다. 특히 사법부는 군부 쿠데타를 보장해주었다.

전반적으로 짜투론 전 부총리의 관점과 해석은 붉은셔츠에 대한 우호적인 평가에서 알 수 있듯이 붉은셔츠를 대표하는 너뼈쳐(반독재민주주의연합전선)의 그것과 크게 다르지 않았다. 뚜렷하게 부각되는 공통점을 든다면, 첫째로, 2006년 쿠데타의 제도적 산물인 2007년 헌법이 존재하고 있다는 점에서 타이 사회에서 민주주의 원리가 극히 제한적인 수준에서 작동하고 있다고 보았다. 민주주의가 아닌 귀족정 혹은 관료정이라는 것이다. 두 번째로, 민주화의 전제조건으로 헌법 개정을 들었다. 세 번째로 정당과 거리의 정치운동 간의 노동 분업을 높이 평가했다.

2006년 쿠데타 이후 적지 않은 타이의 지식인들이 양비론 입장을 취했다. 탁신도 문제이고 쿠데타도 문제라는 것이다. 그러나 탁신 정권이 문제가 있었다고 해도 쿠데타와 비교 대상이 될 수 없다는 것이 탁신 정부에 참여한 '10월세대'의 대표주자 짜투론 전 부총리가 주장하는 핵심이었다.

1. 대표적인 예로 쭐라롱껀대학교 역사학과의 수타차이 교수와 노동운동가 솜욧이 비상사태 포고령 위반 혐의로 체포되었다.
2. 2011년 7월 총선에서 프어타이당은 500개 의석 중 264석(약 53%)을 차지하는 압승을 거두었다. 아 피씻 총리가 이끄는 민주당은 160석을 얻는 데 그쳤다.
3. 2008년 12월 2일 타이 헌법재판소는 노란셔츠가 수완나품 국제공항을 점거하고 있던 와중에 당시 집권당인 팔랑프라차촌당을 선거법 위반을 이유로 들어 해산명령을 내렸다. 이때 팔랑프라차촌당 의 네윈 그룹이 민주당으로 당적을 옮기면서 과반을 확보하게 된 민주당이 집권했다. 이때부터 붉 은셔츠는 아피씻 정부를 군부, 노란셔츠, 사법부, 민주당의 음모로 이루어진 정당성 없는 정부라고 비난하기 시작했다.
4. 2010년 4월 10일 당시 아피씻 총리의 명령으로 시위대 진압이 시작되면서 시위대원 19명, 군인 6 명, 일본인 기자 1명이 사망하는 유혈사태가 벌어졌다. 이 무렵부터 붉은셔츠를 이끈 지도자가 체 포되면서 시위가 종결되는 2010년 5월 19일까지 2개월 사이에 92명이 사망한 것으로 파악되었다. 유혈사태의 후유증을 진정시키기 위해 설치된 진실규명과화해위원회는 2010년 7월 17일부터 2012 년 7월 16일까지 2년을 활동 기간으로 한 국가-시민사회 협력기구로 6명의 자문위원을 두었다.
5. '근대화된 프라이'라는 개념은 붉은셔츠는 곧 빈민층이라는 시각을 비판적으로 보면서 (신)중 간 계층이 참여한 붉은셔츠 혹은 구조적 변화를 경험한 '포스트-농업사회' 등과 같은 문제의식 을 제기한 Walker(2010), Naruemon and McCargo(2010), Somchai(2011), Montesano et al.(2012) 등에 서 착안한 것이다. 하지만 솜차이 교수는 이들 시각들이 민주화의 전제조건으로 중간 계층의 형성 을 내세우는 근대화론에 경도되는 것에 유의해야 함을 강조하면서 타이 이산(동북부) 지역의 붉은 셔츠는 사회경제적으로 상류층, 중간층, 빈곤층이 중층적으로 구성되어 있다고 주장했다(면담일 2012.11.16).
6. 1990년부터 2005년까지 국왕모독죄 위반 사례는 연 4, 5회에 불과했는데 2006년 1월부터 2010년 5 월까지 국왕모독죄 위반 사례가 400건에 이른 것도 대항 헤게모니 형성의 초기적 징후로 볼 수 있 다.
7. 타이에 체류하고 있던 미국인 역사학자 데이비드 스트렉퍼스와의 면담(2012.9.2).
8. 1973년 10월 14일을 전후 국왕은 정치적 대화를 촉구하는 TV 특별성명, 세니 총리 임명, 3폭군 타 넘-프라팟-나롱에 대한 용퇴 촉구, 과도의회 의원 임명 등 위기 국면의 안정화 과정에 깊이 관여 했다.
9. 극우 세력이 동원된 '흑뚤라' 사태에는 국왕뿐만 아니라 왕세자, 왕비도 개입되어 있었다. 국왕은 이때의 쿠데타를 국민들이 원한 것이라며 정당성을 부여해주었고 자신이 신임하던 대법관 출신의 타닌을 총리에 임명했다. 타닌은 강경한 반공주의자로서 군부와 왕실 간 교량 역할을 하는 인물이 었다.
10. 프렘 정부가 타이공산당에 행한 정치공세 전략에 해당하는 결정적인 훈령으로는 투항자의 전력

을 불문에 부친 66/2523(1980)이 있었다.

11. 민간개발협의회(NGO-COD)는 2006년 쿠데타 이후 친탁신계 정부가 들어섰을 때 반정부시위를 벌이던 노란셔츠는 옹호했지만 민주당 정부에 반대하는 붉은셔츠에 대해서는 폭력 시위 자제를 요구하는 이중적인 태도를 취했다.

12. 쭐라롱껀대학교 역사학과 수타차이 교수와의 면담에서도 이를 확인할 수 있었다(면담일 2013.1.10).

13. 탁신을 제2의 프리디로 생각하는 붉은셔츠의 시각은 탁신을 과대평가하는 측면이 있었다. 프리디와 탁신의 단적인 차이를 보여주는 예로 타이 남부 문제에 대한 양자의 접근 방식의 차이를 들 수 있다. 프리디의 경우 남부 무슬림을 연방주의 관점에서 포용하려 했다면, 탁신은 이들을 억제하는 방식으로 접근함으로써 문제를 더 증폭시켰다.

14. 붉은셔츠의 이데올로그 역할을 하고 있던 탐마삿대학교 경제학부 피칫 교수의 역사관이다(면담일 2012.9.7).

15. 보수 세력을 대표하는 민주당은 1946년 4월 6일 왕족들의 지지를 받아 창당되었다. 쿠앙 아파이웡이 당수를, 세니가 부당수, 큭릿이 사무총장을 맡았다. 이들은 프리디와 반대 노선을 취했다. 민주당은 보수-왕당파의 정당이었다. 1946년에 민주당은 어린 국왕 아난 마히돈의 죽음에 자신들의 정적인 프리디 파놈용이 연루되어 있다는 음모설을 제기했다.

16. 쭐라롱껀대학교 역사학과 수타차이 교수와의 면담(면담일 2013.1.10).

17. 파숙 전 쭐라롱껀대학교 경제학부 교수는 탁신 체제가 남긴 중요한 유산으로 높은 정치의식을 갖는 대중들로 구성된 정치사회와 기초의료보장제도의 도입과 같은 복지제도를 들었다. 그러나 보다 근원적으로 보면 정치사회 형성의 계기는 1997년 신헌법 제정 이후 진행된 지방분권화였다고 언급했다(면담일 2012.9.10). 지방분권화 효과는 위앙락 쭐라롱껀대학교 정치학부 교수도 강조했다(면담일 2013.1.7).

18. 왕당파의 사전적 의미는 군주제의 유지나 군주에 의한 통치를 주장하는 정파다. 반대어는 공화파다. 영국 시민혁명 과정에서 왕당파와 공화파의 대립은 왕과 의회의 대립으로 표현되었다(고원 2007: 190).

19. 마하사라캄대학교 솜차이 교수와의 인터뷰(면담일 2012.11.16).

20. 완아띳시댕을 이끌고 있던 솜밧은 국민투표를 통해 헌법개정이 가능하려면 유권자의 50% 이상이 투표해야 하고 투표자의 50% 이상이 찬성해야 하는데, 이는 현실적으로도 승산이 없다는 것으로 국민투표를 지지하는 탁신을 이해할 수 없다며 국민투표를 반대하고 의회를 통한 헌법개정을 주장하는 너뻐처의 입장을 지지한다고 말했다(면담일 2013.1.11).

21. 당시 국왕모독죄로 수감되어 있던 사람은 총 6명이었다. ① 다라니-언론인으로 15년형을 선고받음. ② 솜욧-노동운동가, 사회운동가, 잡지 편집인. 11년형을 선고받음. ③ 수라차이-역사학자, 저술가. ④ 탄타웃-붉은셔츠의 웹 마스터. ⑤ 완차이-평범한 시민으로 수년 전 유인물 배포 혐의로 구속됨. ⑥ 유타품-뒤늦게 구속됨.

22. 문제가 된 기고문의 필자는 댕사얌의 지도자로 당시 캄보디아에 피신해 있던 차크라폽으로 알려

졌다. 솜욧은 2010년 4월과 5월에 방콕 랏차프라송 거리에서 있었던 붉은셔츠의 대규모 시위에 대한 아피싯 정부의 유혈진압이 있은 직후 정부가 제창한 국민 화해(쁘렁딩)의 전제조건으로 정치범에 대한 전면 석방을 요구한 바 있다.

23. 너뻐처가 운영하는 정치학교에 대한 지방 주민들의 높은 관심은 필자가 2012년 11월 15일 나콘파놈주 시리송크람에 있는 한 무반스어댕(붉은셔츠촌)을 방문했을 때 확인할 수 있었다.

7장

근대적 절대군주제와 국왕모독죄

서론

▼

2014년 5월 쿠데타를 주도한 국가평화질서회의는 쿠데타를 일으킨 직후 253명에게 소환령을 내렸다고 밝힌 바 있다. 방면된 이들 대부분은 정치 활동을 하지 않겠다고 약속했다. 국왕으로부터 쿠데타를 승인받은 군부는 정치·사회에 대한 통제 강화를 '국가 행복 회복' 캠페인과 함께 진행했다. 2016년 8월 군부 주도로 만들어진 신헌법이 국민투표를 거쳤다. 이 신헌법은 상원 구성을 전면적으로 임명제로 바꿔 군부가 상원을 장악할 수 있는 제도적 장치를 마련했다.

1932년 민과 군이 연대해 절대군주제를 입헌군주제로 바꾼 입헌혁명 직후만 해도 군과 왕실 관계는 좋지 않았다. 그러나 1932년 입헌혁명 때 민간 세력을 대표했던 프리디 파놈용을 제거하는 과정에서 소장파 군 엘리트들과 왕당파가 협력하며 관계 회복의 물꼬를 텄다. 이후 1958년 왕당파 사릿 타나랏의 군부 쿠데타가 성공하고, 이들이 왕실 성역화 사업을 본격 추진함에 따라 왕실 지위가 복원되기 시작했다.

왕실과 군부의 밀월이 보다 안정적으로 제도화된 시기는 1981년 출범한 프렘 틴나술라논 군부 정권하에서였다. 쁘레모크라시(Premocracy)라고도 명명되던 프렘 띤술라논 통치 시기의 타이는 정치뿐 아니라 경제도 안정되어 동남아신흥국 반열에 올랐다. 정치적 안정은 게릴라 투쟁을 벌이던 공산주의자들과 학생들에 대한 특별사면을 내용으로 하는 화해 정책이 정치적 안정을 만들어낸 덕분이었다.

반면 프렘 정권에 도전한 두 차례의 쿠데타를 방어해준 푸미폰 국왕은 1987년 60세 생일에 프렘 정권으로부터 '대왕' 칭호를 받았다.[1] 푸미폰 국왕은 1973년에 이어 1992년에도 극단적으로 대립하고 있던 군사정부 측과 반군부 측의 수장인 수친다와 잠렁을 불러 적대적 세력 간의 자비로운 중재자이자 '국민통합의 제도적 안전판'으로서의 위상을 보여주었다.

탁신 친나왓 전 총리는 민주화로 군부 역할이 줄고 고령이 된 국왕의 공식 활동도 뜸하던 시점에 부상한 정보통신 재벌 출신 정치인이었다. 1997년 타이 경제위기 직후 타이락타이를 창당한 그는 2001년 1월 총선에서 서민을 위한 기초의료보장제도와 농촌 개발 지원 사업 등을 공약하고 이를 이행했다. 이른바 탁시노믹스(Thaksinomics)는 성장 정책에서도 성과를 거둬 기업인 수천 명을 회생시켰다. 그러나 지지도가 상승곡선을 그리던 시점에서 탁신 일가가 자산을 해외에 매각하는 과정에서 세금을 한 푼도 내지 않았다는 사실이 공개되자 탁신 퇴진 운동이 일파만파로 번졌다.

반탁신 시위대를 일컫는 이른바 노란셔츠는 군주제에 대한 충성을 다한다는 의미로 왕실의 색깔인 노란색을 채택했으며, 탁신이 공화주의로 체제 전환을 꾀하고 그 자신이 초대 대통령이 되고자 한다고 주장하면서 그를 '타이다움'에 해당하는 '국가 · 종교 · 국왕'의 적으로 몰아세웠다. 탁

1992년 5월항쟁 당시 라마9세를 알현하는 수친다 총리(뒷줄 가운데)

신의 정책자문단에 밀림 투쟁에 가담했으나 1980년대에 특별사면을 받은 바 있는 인사들이 포함되어 있는 것 또한 시비거리가 되었다.[2]

탁신의 실각과 망명, 타이락타이 해산이라는 결과를 가져온 2006년 쿠데타는 친탁신-반탁신 세력 간의 대결 국면에서 발발했다. 방콕 중산층이 주를 이룬 반탁신계 노란셔츠 진영은 내심 군부 쿠데타를 반겼다. 그러나 상대적으로 소득수준이 낮은 북부와 동북부 지역의 주민들로 구성된 친탁신계 붉은셔츠는 탁신이 실각한 후 처음 실시된 2007년 12월 총선에서 탁신을 지지하는 정치인들이 중심이 된 피플파워 당에 승리를 안겨주었다. 그러자 노란셔츠는 곧장 탁신 체제 종식 투쟁에 나섰고 2008년 11월 말에는 수완나품 국제공항을 점거하는 등 고강도의 정권 퇴진 투쟁을 벌였다. 결국 타이 헌법재판소는 선거법 위반을 이유로 집권당인 팔랑프라차촌 당

미얀마와 타이 청년들의 세 손가락 혁명

에 해산명령을 내렸다. 이때 일부 친탁신계 의원들이 민주당으로 이적함에 따라 다수당이 된 민주당이 집권당이 되었다. 그러나 붉은셔츠는 2009년부터 선거 없이 출범한 아피싯 민주당 정권의 정통성을 부정하며 반정부 투쟁을 벌였고, 2010년 4월과 5월에는 아피싯 민주당 정권에 저항하다가 유혈진압을 당했다. 마침내 붉은셔츠는 2011년 총선에서 다시 승리하며 탁신의 여동생인 잉락 친나왓을 수반으로 하는 프어타이당 내각을 출범시켰다.

그러나 2013년 프어타이당이 탁신의 정치적 사면을 노리는 법 개정을 시도하자 2010년 붉은셔츠 유혈 진압 당시 실질적인 책임자였던 수텝 전 부총리가 이끄는 국민민주개혁위원회(PDRC)가 잉락 정권 퇴진 투쟁 운동에 나섰다. 방콕 중산층을 기반으로 하는 국민민주개혁위원회는 마침내 2014년에 7개월간의 반정부 시위 및 점거 투쟁을 하던 끝에 군부 힘을 빌려 잉락 정권을 무너뜨렸다. '탁신 포비아'로부터 헤어나지 못한 방콕의 중산층은 쿠데타를 지지했다.

푸미폰 국왕이 2014년 5월 쿠데타를 승인한 마당에 쿠데타 반대 운동은 국왕 모독 행위로 간주될 소지가 커졌다. 군부는 자신을 친탁신－반탁신 세력 간 정치적 화해를 돕는 중립적 중재자라고 내세웠지만 군부가 국왕모독죄를 수단으로 반쿠데타 세력의 입을 막는 상황에서 '중립'은 의미 없는 정치적 수사일 뿐이었다.

2006년 쿠데타는 타이 정치체제가 관료적 정체에서 반(半)민주주의 시기를 거쳐 민주주의로 진입했다가 공고화에 실패한 전형적인 '제3의 민주화 역물결'로 볼 수 있다.[3]

타이에서 관료적 정체로 회귀는 다음 몇 가지 점에서 기존 다른 나라의 역물결과 차이가 있다. 첫째, 가장 오랜 역사를 자랑하는 민주당이 쿠데타 환경을 적극적으로 조성하고 나섰다는 점, 둘째, 역시 1973년과 1992년에 반군부 민주항쟁을 주도했던 시민단체, 불교 단체, 학생운동, 노동운동, 농민운동 등 시민사회 조직 대다수가 쿠데타를 우회적으로 지지하고 나서거나 묵인했다는 점, 셋째, 이런 민주당과 시민운동 조직의 지지 기반이 중산층이라는 점에서, 요컨대 쿠데타를 통한 민주주의 회복이란 슬로건을 지지한 '탱크 리버럴'이었다는 점에서 1973년과 1992년에 각각 있었던 민주화를 두고 제기되었던 '중산층 주도설'이 더 이상 설득력을 갖기 힘들어졌다는 점, 마지막으로 쿠데타를 전후로 그 어느 때보다 국왕모독죄 적용 사례가 커짐으로써 관료적 정체로의 회귀와 국왕모독죄 간의 상관성이 높아졌다는 점 등이다.

이 글은 2014년 쿠데타 이후 타이 정치체제의 변화를 관료적 정체 혹은 반(半)민주주의로 보는 시각이 헌법 위의 국왕과 왕실의 존재, 그리고 왕실 자문기관인 추밀원을 매개로 한 왕실의 정치 개입을 제대로 드러내지 못했다고 본다. 이런 맥락에서 이른바 국왕모독죄에 해당하는 형법 제112조가 대폭 강화된 1976년 이후 타이의 정치체제는 관료적 정체, 반(半)민주주의, 민주주의를 포괄하는 독특한 유형의 '근대적 절대군주제'를 확립하기 시작했으며, 2014년 이후부터 2019년 총선 전까지 타이 정치체제는 동의 혹은 포용 수준이 가장 낮은 근대적 절대군주제의 하위 유형임을 보여줄 것이다.

타이 정치체제로서의 관료적 정체

▼

1960년대에 타이 군부가 고안한 타이식 민주주의는 정당정치와 선거가 입법부에 능력과 책임성, 정직한 인물의 선출을 보장해줄 수 없어 자유선거와 의회 권력에 기반한 민주주의가 언제나 진정한 민주주의일 수는 없다는 주장을 전제로 한다. 요컨대 국가 안보 및 군사 행정과 정치, 민간 행정 간의 구분을 없애고 군부의 정치 개입을 정당화하기 위한 개념이었다.

　이때 타이 정치체제를 지칭했던 프레드 릭스의 관료적 정체는 전통적 체제도 근대적 체제도 아니다. 즉 광범위한 영역에 걸쳐 분화된 관료적 구조를 가지고 있다는 점에서 전통적인 체제와 다르며, 관료 체제를 비판할 수 있는 비관료적 제도가 부재한다는 점에서 근대 체제와도 다르다. 또한 전체주의 체제와 같이 공식적인 유일 당이 있는 것도 아니지만, 관료 체제에 효과적인 통제를 가할 수 있는 근대적 다두정도 아니다. 특히 기업가 집단은 정부에 대한 영향력이 거의 없으며 자립성이 약하다.

　수에히로 아키라는 관료적 정체로서의 타이 정치체제를 관직 자체가 권력, 위신, 부의 원천이라는 점, 군, 경찰, 관료 기구의 권력이 막강해 이에 대항하는 의회, 정당, 기업가 집단, 노동자 단체, 시민단체 등 관료 체제 외부 세력이 발전하지 못해 취약하다는 점, 이로 인해 정치 변동은 관료 내부 엘리트 간 투쟁의 형태를 띠고, 정책 결정도 관료 체제 외부 세력에 의해 좌우되는 경우가 적다는 점, 사회관계는 군, 관료 지도자를 정점으로 후견인–피후견인 관계로 엮여 있다는 점, 경제활동은 정치권력에 종속되어 정치권력과 결탁된 피후견인 자본가와 이권을 추구하는 관료 자본가가 우세를 점하고 있다는 점 등으로 요약하고 있다.

아넥 라오탐마탓도 유사한 맥락에서 관료적 정체 안에서 사회 집단과 계층들은 수동적인 존재로 남고 정책 결정 권한은 소수 관료 엘리트에게만 주어지며, 따라서 비관료적 집단들의 조직적이고 자율적인 정치활동은 비공식적이면서 특수한 통로를 통해, 혹은 피후견인의 위치에서 미약하게나마 영향력을 행사할 수 있을 뿐이라고 보았다.

하지만 1980년대에 들어와 관료적 정체론의 설명력이 쟁점이 된다. 차이아난은 1973년 10월 이후 타이에서의 사회변동을 인정하면서도 프렘 정부 이후의 정치체제로 반민주주의를 거론하기도 하지만 관료적 정체가 새로운 사회·경제 상황에 자신을 적응시켜 가는 것에 불과하다고 주장한다. 차이아난은 1978년 헌법 체제를 타넘–프라팟 권위주의 체제와도 다르면서 완전한 자유민주주의 체제도 아닌 그 중간에 위치하는 반(半)민주주의 혹은 민주주의 없는 자유화 조치라고 일컫는다.[4]

차이아난이 보다 중요하게 지적하고 있는 점은 사회경제적 변동의 산물로 은행인협회, 산업인협회, 상업인회의소 등과 같은 신특권 집단들이 경제 현안에 관한 정책 결정 과정에 참여할 수 있는 여건이 주어졌지만, 이

미얀마와 타이 청년들의 세 손가락 혁명

들의 참여는 군부 관료의 대등한 동반자가 아닌 자문역에 그치고 있다는 사실이다. 이와 함께 차이아난은 타이 권위주의 체제의 억압성은 완화되었지만 여전히 군부는 정치권력이 교체되는 하나의 방식으로 쿠데타를 상정하고 있으며, 국가권력에 대항하는 반대 세력과 정당정치는 존재하고 있지만 다원적 민주주의 수준에까지는 이르지 못하고 있음을 지적한다.

1950년대부터 1970년대 초까지 자본가 활동의 특징을 경제 관계에서의 후견인-피후견인 관계에서 찾은 바 있는 수에히로도 재벌의 새로운 움직임에 주목하고 있지만 차이아난과 마찬가지로 군의 권력 지배라는 본질에는 변함이 없음을 강조한다. 즉 1980년대에 들어와 자본가 집단, 경제 테크노크라트들의 역할과 정책 결정 과정에서 영향력이 확대되었지만 타이 정치체제는 바뀌지 않았다는 것이다.

수에히로는 타이 정치체제의 변화를 다음과 같이 정리하고 있다. 첫째로 군부 스스로가 정치에 경제를 종속시키기 어렵다는 것을 깨달았다. 은행인, 상업인, 독점기업을 배제하고 군부가 직접 경제개발에 개입하려 했지만, 프렘 정부 이후부터 테크노크라트와 기업가 집단의 역할을 중시하는 경향이 짙어졌다. 두 번째로 수에히로는 정치 지향형 자본가와 타이 경제의 확대와 신흥 공업 경제화를 주도해온 재벌, 중견제조업 등 정치권력 의지가 없는 경영 중시형 자본가 이 두 유형의 자본가 집단이 있다. 전자의 경우 정당정치가 본격적으로 도입된 1970년대 후반부터 뚜렷한 성장을 보였고 찻차이 민선 정부 시기의 각료들도 대개 이런 유형의 자본가들이었다. 반면 후자의 경우 내부적으로 알력이 계속되는 정당정치와 군부의 강권 지배 양자 모두를 원하지 않고 오직 안정적인 경제정책의 실시를 중시하는 집단이다.

반면 1970년대 이후의 정치적 변화와 자본가의 성장, 그리고 그들의 정치권력으로부터의 일정한 자립화를 중시하는 아넥은 관료 체제 외부 세력이 군부 관료에 필적할 정도로 성장하고 있음을 강조한다. 예컨대 아넥은 프렘 시대의 정책 결정 과정을 검토하면서 당시 경제정책은 이미 군과 전통 관료뿐만 아니라 자본가 집단 내의 관–민 협력 기관으로부터도 영향을 받고 있었음에 주목하면서 타이 정치체제가 관료적 정체로부터 자유주의적 코포라티즘으로 전환해가고 있다고 주장한다.

　아넥은 자유주의적 코포라티즘을 주장하는 근거로 기업인 결사체가 조직적이고 집단적으로 정치와 정책 결정 과정에 영향력을 행사하고 있는 현상을 들고 있다. 점증하고 있는 자본가들의 사회적 위신, 이들이 갖고 있는 채용 및 투자 결정권, 내각 및 국회, 정당으로의 진입 등으로 인해 오늘날 비관료적 집단으로서의 자본가 집단에 실질적인 정치적 권력이 주어졌다는 것이다. 즉 경쟁적 정당, 선출직 국회의원, 그리고 자유선거 등의 제도가 실시되고 있다는 점에서 관료적 정체와 다를 뿐만 아니라 정치권력의 배분 측면에서도 다르다는 것이다. 아넥은 이런 점에서 관료적 정체가 권위주의적 코포라티즘이라면 반(半)민주주의는 자유주의적 코포라티즘이라고 주장한다.

　기존 타이 정치체제론의 핵심적인 개념은 관료적 정체와 반민주주의로서, 전자는 군부 관료가 국가기구를 장악하는 체제이고, 후자는 여전히 군부 관료가 국가기구를 장악하고 있으나 국가기구 외의 정치사회 세력을 제한적 수준에서 용인해주거나 자본가가 군부 관료와 대등하게 정책 결정 과정에 참여하는 체제다. 이는 여전히 한계는 있지만 부르주아 정체로의 확장 과정을 의미한다.

타이식 민주주의의 귀환과 근대적 절대군주제

▼

1946년 아난 국왕이 의문사하자 제2차 세계대전의 종전과 함께 급부상한 1932년 혁명 세력 내 급진파의 지도자 프리디 파놈용을 축출하려는 쿠데타가 1947년 11월 8일 왕당파의 지지를 받으며 일어났다. 이들의 일차적 목표는 프리디 지지 세력 척결이었다.[5] 그러나 1948년 1월 선거에서 가까스로 제1당이 된 민주당의 쿠엉 과도총리를 밀어내고 다시 피분이 총리직에 오르면서 이후 10년 가량은 왕당파를 지지하는 소장파 군부 엘리트들과 이들을 견제하고 하는 피분 송크람의 암투가 지속되었다.

특히 피분이 주도한 1951년 쿠데타는 왕위를 이어받고도 6년 동안 해외에 체류하던 라마 9세 푸미폰 국왕이 귀국하기 직전에 일어났는데, 1947년에 제정된 존왕주의적 헌법을 폐기함에 따라 푸미폰 국왕은 1932년 수정헌법에 따라 정치 위에 존재해야 했다. 그러나 1950년대 중반 피분 총리가 보수 세력으로부터 지지를 잃자 푸미폰 국왕의 정치적 영향력이 시험대 위에 올랐다.

결국 피분은 1957년 왕실의 지지를 받는 군 실세인 사릿 타나랏이 이끈 쿠데타로 실각했다. 사릿이 주도한 존왕주의 쿠데타 이후 푸미폰은 사릿의 타이식 민주주의의 보호를 받으면서 자유롭게 국가적 사안에 관여할 수 있는 기회를 얻었다. 1963년 사릿이 죽자 존왕주의가 더욱 득세했다. 특히 군부 정권이 대중들로부터 신임을 잃자 1973년에 국왕은 자유주의적 성향의 학생운동을 지지했다.

이를 계기로 왕당파는 민주주의 담론까지 가로챌 수 있었고, 의도했든 의도하지 않았든 푸미폰은 불교의 계율을 몸소 실행하는 반인반신(半人半神)으로 간주되었다. 여기에 기부금과 엄청난 자산을 갖고 있는 왕실이 주도하는 자선 프로젝트가 추진되자, 국왕모독죄의 견제를 받는 충성스러운

2013년 국왕모독죄로 기소된 솜욧 프룩사카셈숙은 6년형을 선고받았다.

미얀마와 타이 청년들의 세 손가락 혁명

언론매체까지 동원되어 푸미폰 국왕은 민주주의를 통해 권력을 얻는 정치인들보다 더 나은 통치자로 묘사되었다. 이로써 푸미폰은 진리의 상징이자 자유와 참여의 가치를 담은 타이 민주주의 발전의 중심으로 여겨졌다.

이때부터 푸미폰 국왕하의 타이 입헌군주제는 정치 위에 있는 듯하지만 실제로는 정치 안에 있는, 또 헌법이 규정한 한도 내에서 권력을 행사하는 듯하면서도 그 한계를 넘어서는, 입헌군주이나 전통적인 절대군주처럼 보여졌다.

특히 '흑뚤라'[6]로 지칭되는 유혈 사태는 일반 대중들에게는 특별한 덕망을 갖추고 있는 국왕의 유연한 관여(flexible kingship) 정도로 비쳤을지도 몰라도 1960년대와 1970년대에 일구었던 진보적 요소를 일거에 폐기하고 과거로 회귀시킨 반동적 행위였다. 이후 왕실의 묵인 하에 이루어진 '흑뚤라'에 대한 어떤 진실규명도 이루어지지 않았다. 이것이 전근대성과 근대성이 모순적으로 공존하는 타이식 군주제의 실체다.[7]

무엇보다 근대성이라고 한다면 근대화 이후의 정치적·사회적 행위자로서 군부, 사법 관료, 행정 관료, 교수와 언론인 등의 지식인, 민주당을 위시한 일부 정당, 일부 시민사회 단체, 노동자, 농민, 학생 그룹 등을 포괄하는 폭넓은 군주 네트워크와 관련이 깊다. 1992년 반군부 민주화 시위를 지지한 민주당의 지도자 추언 릭파이도 왕실과 국왕 수호를 명분으로 했던 2006년 쿠데타의 불가피성을 인정한 바 있다. 친탁신계 잉락 정부 하에서 왕실 자문기관인 추밀원의 영향력을 믿고 반정부 대중시위와 선거 보이콧을 수단으로 쿠데타 국면을 조성했던 민주당 지도부의 존왕주의적 행동은 민주적 절차를 통해 탄생한 권력을 부정한 대표적인 행위였다.

결과적으로 선거 불패를 자랑하는 친탁신계 정치세력을 향한 민주당의 질투의 정치학은 '자비로운 가부장주의'를 상징하는 왕실과 이 왕실을 후견인으로 하는 군부의 품에 안기는 결단을 내리도록 했다. 특히 2010년 방콕 도심지에서 있었던 붉은셔츠 시위대에 대한 유혈진압은 1976년 왕실이 관여한 쿠데타로서의 '혹뚤라'를 연상하게 하는 것으로, 타이 왕실에서 근대적이고 입헌주의적 측면보다는 권위주의적이고 신비주의적 면을 포착한 로저 커셔의 관점이 여전히 설득력이 있음을 보여준다.

카시안 테차피라의 탁신의 부패 정치 대 반탁신의 청렴 정치 시각에서 보면 탁신 체제는 선거제도를 수단으로 등장한 부패한 자본주의 국가권력이다. 또한 농촌 주민들은 도시 중산층, 특히 방콕 시민들 덕분에 민주주의를 경험할 수 있었음에도 불구하고 수적 우위를 갖고 다수의 횡포를 행사하는 세력이다. 카시안에 따르면 농촌 주민들은 타이의 불균등 개발 과정에서 희생되었지만 선거 민주주의 도입과 함께 표와 이권을 거래할 수 있다는 것을 익혔다. 카시안은 농촌 주민들의 참정권 행사를 시민권의 관점에서 보는 것이 아니라 부패한 후원주의(corrupt clientelism)의 맥락에서 바라본다.

쭐라롱껀대학교 정치학부 교수였던 티라윗 기얀은 쿠데타 자체를 좋다 나쁘다고 말할 수 없지만, 타이 사회가 만인에 대한 만인의 투쟁과 같은 토머스 홉스의 자연상태에 놓일 경우 평화와 질서 회복을 위해 군의 정치 개입이 불가피할 수 있다고 쿠데타를 우회적으로 지지했다. 그가 보기에 쿠데타는 탁신 친나왓과 그와 가까운 정치세력들이 망가뜨려 놓은 민주주의를 회복시켜 진정한 민주주의를 세우는 길이기도 하다.

푸미폰 국왕의 신성화와 '좋은 쿠데타', '타이식 민주주의' 등과 같은 발상은 타이 근대민족주의 이론의 초석을 깔은 와치라웃 라마 6세의 절대군주제에 대한 정당화 논리와 일맥상통한다. 헌정 체제의 도입이 유럽에서는 득이 될 수 있어도 타이 사회에는 악이 될 수 있다는 것이 그의 논리였다.

주목할 것은 라마 6세 와치라웃이 이론화한 타이 국가의 정체성으로서의 '국가 · 종교 · 국왕' 삼위일체론이 현재까지도 이어지고 있다는 점이다. 이는 국왕에 대한 불충은 국가와 종교에 대한 배반이라는 가혹한 국왕모독죄의 정당화 논리이기도 하다. 1976년 학생시위를 유혈 진압한 군부와 극우주의자들의 논리도 이것이었다. 결국 국왕이 원하는 정치체제는 지나치게 강력한 대중적 지지 기반을 갖지 않는 정치체제, 즉 '제한적 민주주의'를 원하고 있다는 윌리엄 오버홀트의 관점은 유효하다. 이때의 제한적 민주주의란 '국왕을 국가원수로 하는 민주주의', 곧 타이식 민주주의다.

스페인 입헌군주제와 비교해볼 때 타이의 군주제는 심각하게 불신을 받은 적이 없다. 그런데 붉은셔츠 내부에서 차크리 왕조 라마 1세에 의해 왕위에서 축출된 딱신 왕을 탁신 친나왓에 비유하는 등 국왕에 대한 불신이 커졌다. 이들 사이에서는 프라이, 암맛 등과 같은 1932년 이전 삭디나 신분제 용어로 회자되었다.

덩컨 맥카고에 따르면 1980년부터 2001년까지 타이 군주 네트워크의 특징은 다음과 같다. 우선 군주가 위기 시 정치적 결정의 최종 중재자가 된다. 두 번째로, 국가의 정당성은 일차적으로 군주로부터 나온다. 국왕은 국가적 사안을 설정하는 계도자 역할을 하는데, 특히 그의 생일 연설이 중요한 의미를 갖는다. 군주는 그의 대행 기관인 추밀원이나 신임을 받는 군부를 통해 적극적으로 정치 영역에 개입한다. 특히 전직 장성이자 전직 총리인 프렘 틴나술라논 추밀원 원장은 연정 구성에 도움을 주기도 하고, 군과 여타 기관에서의 승진 과정을 주시한다. 중요한 지위에 적합한 인물을 등용하는 것도 프렘 틴나술라논의 중요한 책무다. 제도나 절차보다는 '좋은 사람'의 지도력에 의지하는 것을 중요시하기 때문이다. 법치나 인민 주권과 같은 민주적 원리는 이들에게 중요하지 않다. 타이의 입헌군주제는 민주주의 원리를 통해 엄격한 통제를 받는 전형적인 입헌군주제와는 거리가 멀다. 오히려 가부장적 전제정치에 가깝다.

베네딕트 앤더슨은 이런 네트워크를 요상한 골동품(curiously antique)이라고 표현했지만, 이것이 근대적 형태를 취하면서 재생산구조를 갖추고 있다는 것이 중요하다. 그리고 이런 군주 네트워크의 기저에는 1932년 입헌혁명 이전 시기에 대한 향수가 깔려 있다. 신화를 만들어내는 이들은 라마 9세 푸미폰 국왕을 라마 5세 쭐라롱껀 국왕과 동격으로 놓는다. 푸미폰 국왕과 왕실의 성역화가 성공을 거둔 셈이다. 여기에 프라옛 와시, 아난 판야라춘과 같이 개인적으로 덕망을 갖춘 자유주의 성향의 지식인들이 군주 네크워크 내에서 유기적 지식인 역할을 해냈다.

그런데 2001년과 2005년에 대중의 강력한 지지로 연거푸 총리직에 오른 탁신 친나왓이 군주 네트워크에 도전하려 한 것이다. 이는 '혹뚤라' 이후 짜끄리 왕조에 도전한 첫 사례다. 그의 도전은 베링턴 무어의 테제 "부르주아 없이 민주주의 없다"를 연상하게 한다. 탁신 체제는 군주 네트워크를 위협한 부르주아 정체라고 할 수 있는 것이다. 그리고 이런 정치적 성향의 부르주아의 등장은 타이에서 산업화와 민주화, 경제자유화와 정치자유화, 다시 말해 근대화의 성과라고 할 수 있다. 실제로 타이의 자본 진영을 대표하는 상업인회의소, 산업인협회, 은행인협회 등은 1992년 5월 군부에 의한 유혈진압이 있은 직후 당시 군 출신 총리였던 수친다 크라프라윤의 퇴진을, 1997년 7월 외환위기 직후에는 당시 총리였던 차왈릿 용차이웃의 퇴진을 요구하고 나선 바 있다.

반면 붉은셔츠는 탁신 친나왓이 제도화한 부르주아 정체와 연대한 세력이라고 할 수 있다. 탁신 친나왓의 포퓰리즘은 군주 네트워크 입장에서 보면 특정 정치세력이 과도하게 대중적 지지 기반을 확보하려는 정책적 시도이자 왕실 주도의 자선 프로젝트와 군주 네트워크를 향한 오만한 도전이었다. 또한 이것은 절대군주제를 근대적인 어법으로 정당화한 라마 6세 와치라웃이 정초한 '국가 · 종교 · 국왕' 삼위일체에 대한 불충을 의미하는 것이었다.

국왕이 헌법 아래에 있는 것이 아니라 초헌법적 존재라는 것을 보여준 정치적 사건이 1976년 10월 유혈 쿠데타였다면, 타이식 절대군주제의 근대적인 면모를 확고히 보여준 정치적 사건은 대다수의 중산층과 지식인, 노동운동, 농민운동, 시민단체, 왕당파 정당이라고 할 수 있는 민주당을 비롯한 일부 정당 등의 지지 속에서 탁신 친나왓을 총리직에서 몰아낸 2006년 9월 19일 군부 쿠데타였다. 특히 1992년 5월 반군부 민주항쟁을 이끈 진리의힘 당수 잠렁 스리므엉, 공기업연맹 의장 솜삭 코사이숙 등과 같은 사회 지도층 인사들이 2006년 쿠데타 환경을 조성하는 데 앞장섰다. 시민사회의 저명인사인 사네 차마릭, 프라웻 와시 등도 2006년 쿠데타를 타이식 국내 문제 해결 방식이라고 옹호했다. 이들은 쿠데타를 '필요악', '극약처방' 등으로 표현했다. 2006년과 2014년 두 번의 쿠데타는 시민사회가 시민적이지 않음을 보여주었다.

이런 맥락에서 붉은셔츠는 1970년대 학생들이 주도한 민주화 투쟁,

1992년 5월의 중산층이 주도한 민주화 투쟁보다는 실종된 1932년 입헌혁명 정신과 혁명을 주도했던 프리디 파놈용의 정치적 이상에 더 큰 관심을 가졌다. 붉은셔츠 내에서 절대군주제 시기의 용어인 귀족을 지칭하는 암맛, 중하층민을 지칭하는 프라이 등이 회자된 이유도 여기에 있었다.

타이에서의 근대화, 민주화 모두 왕실이 허용한 한도 내에서 이루어져 왔다. 타이의 군주제가 용인하는 정치적 경계(political boundary)가 존재하며, 포용 정도가 높은 민주주의 체제라고 해도 허용한 경계를 침범하면 법적 · 문화적 단죄가 이루어진다. 단죄의 근거가 형법 제112조, 이른바 국왕모독죄라고 한다면, 법적 단죄의 정당성을 지원하는 문화적 단죄의 근거는 국가정체성에 해당하는 '타이다움'의 준수 여부다. 2006년 왕당파 군부의 쿠데타는 의회를 장악한 탁신 주도의 부르주아 정체가 이 정치적 경계를 넘었다고 판단한 군주 네트워크의 응징이었다.

국왕모독죄와 군주제

▼

타이 군주제의 특수성을 옹호하는 이들은 흔히 타이의 전통, 즉 관습, 문화 및 역사를 통해 타이 군주제를 이해해야 한다고 주장한다. 그러나 타이는 1932년 입헌혁명 이래 공식적으로 입헌군주제이고 국왕은 헌법 아래에 있으며 '정치 위'에 있다. 이런 맥락에서 탁신 추방 운동이 절정에 이르렀을 때 반탁신 세력이 푸미폰 국왕에게 공개적으로 탁신을 대신할 수 있는 총리를 임명해달라고 요구했지만 국왕은 이것이 민주적이지도 않고 법에서 보장한 국왕의 권한을 위배하는 것이라고 했다.

아피싯 민주당 집권 당시 법무부 장관을 맡고 있던 피라판 사리랏위팍은 국왕모독죄와 관련해 로이터통신과 인터뷰에서 최고의 국가기관인 왕실에 대한 모독은 국가안보와 직결된 사안이기 때문에 엄중하게 다스릴 것이라고 경고했다. 그는 타이에서의 표현의 자유는 국가안보를 위협하지 않는 한도 내에서만 보장된다며, 이는 외국인이 미국에 입국할 때 미국의 안보 차원에서 신발을 벗고 벨트를 풀어야 하는 것과 마찬가지라고 주장했다.

타이에서는 1958년 사릿 타나랏 군사정부가 출범한 이래 왕실로부터의 정치적 영향력이 있었다. 헌법에 따르면 타이 군주의 권력은 분명 제한적인데 그 한계를 훨씬 뛰어넘어 심지어 전통적인 절대군주와 같은 영향력을 발휘했으며 이런 현상은 이상할 정도로 자연스럽게 받아들여졌다. 이런 배경에서 국왕모독죄에 해당하는 형법 제112조에 따라 국왕, 왕비, 왕세자를 비방하거나 위해를 가한 자에게는 최대 15년의 실형이 선고될 수 있다.[8] 반면 국왕모독죄의 폐해를 바로잡자고 요구하는 세력에게는 군주 네트워크의 보복이 도사리고 있다. 국왕모독죄 철폐를 요구하는 1만 명 서명 운동을 벌이던 중 갑작스럽게 구속된 솜욧 프룩사카셈숙에게 타이 형사법원은 2013년 1월에 10년형을 선고했다.[9] 그가 편집장으로 있었던 잡지 《보이스 오브 탁신》이 국왕을 모독하는 기고문을 실었다는 이유였다. 이때 타이기자협회는 법원의 판단을 옹호하고 나섰다.

또 2015년 8월 7일 타이 북부 지역 치앙라이 군사법정은 일반인 여성 2명에게 페이스북 상에서 왕실을 모독하는 메시지를 전송했다는 이유로 각각 60년과 56년형이라는 사상 초유의 최고형을 선고했다. 심지어 한 남성이 푸미폰 국왕의 반려견을 비꼬는 글을 인터넷에 올린 것이 국왕을 모독한 것이라고 해서 기소되었다. 2015년에는 〈늑대 신부〉라는 학내 연극에 참여한 학생들이 국왕모독죄로 형을 받거나 이를 피해 해외로 망명했다.

유럽의 경우 국왕모독죄가 있는 국가로 노르웨이, 네덜란드, 스페인, 벨기에 등을 들 수 있는데, 이 법이 국가안보와 연관되어 존재하고 있지만 그 처벌 수위는 벌금이나 2년 내지 5년 형에 그치고 있다. 국왕모독죄 법 규정이 있는 스웨덴이나 덴마크의 경우도 가벼운 벌금이나 최대 4개월형

미얀마와 타이 청년들의 세 손가락 혁명

을 받는다. 물론 심각하게 위법행위를 했을 경우 2년형을 받는다. 중요한 것은 유럽의 입헌군주제 국가에서 국왕을 모독했다는 이유로 처벌된 예가 거의 없다는 점이다. 덴마크의 경우 1934년 이후 이 법이 적용된 사례가 없고, 네덜란드와 스페인의 경우 적용 사례가 있었지만 벌금이나 최단기 징역형 정도였다. 영국이나 일본에도 군주제를 보호하는 법적 조항이 없거나 있다고 해도 거의 무용지물이 되었다. 그런데 타이의 국왕모독죄는 세계에서 가장 가혹한 처벌을 가능하게 한다.

타이에서 처음으로 근대 법률 제도상 국왕모독죄와 유사한 법이 제정된 것은 1900년이고, 1908년에는 형법상 최고 징역 3년, 벌금 2천 바트에 벌하도록 했다. 라마 7세 통치 시기인 1927년에는 징역 최고 10년, 벌금 최고 5천 바트로 대폭 강화되었다. 1932년 입헌혁명 이후에는 국왕모독죄는 폐지되지 않았지만 변화된 정치환경을 반영해 징역 최고 7년, 벌금 최고 2천 바트로 그 처벌 수준을 다소 완화했다. 그렇지만 이와 동시에 군주제에 대한 표현의 자유의 확대 차원에서 양심과 공익, 그리고 헌법 정신의 테두리 내에서 군주제를 비판하는 것은 위법행위가 아님을 명시했다. 하지만 이후 사실상 입헌군주제 이외의 공화주의와 같은 다른 대안적 정치체제나 국왕의 역할 제한 등과 같은 의견 제시 자체가 허용되지 않았다.

왕당파 군부 엘리트인 사릿이 집권한 이후, 특히 1976년 이후 왕실 성역화가 급진전되었다. 왕실에 대한 언급 자체가 금기시되었다. 모든 헌법은 국왕을 가장 높이 숭배해야 할 대상이자 어떤 경우에도 비난받아서는 안 되는 존재로 명시했다. 군주제가 있는 나라들의 경우 민주화와 함께 왕실에 대한 보호는 줄어들고 기본권 보호 수준은 높아지는 추세를 보였는데, 타이의 경우는 정반대로 민주주의의 수준과 무관하게 국왕모독죄에 대한 처벌은 더욱 가혹해졌고 확대되었다. 권력의 균형추가 민주적 정당 제도가 아닌 국왕으로 이동했다.

푸미폰 아둔야뎃 국왕은 1960년대 후반 학생들을 중심으로 군사정부에 대한 불만이 커지자 군부와 거리를 두며 민간 정권 출범을 지원하기도 했다. 그러나 당시 베트남, 라오스, 캄보디아 등 인도차이나 국가들의 공산화에 고무된 학생들의 움직임이 과격한 양상을 보이자 이들에 대한 군과 경찰 그리고 우익 민병대의 유혈진압을 묵인했다. 이때 신왕(神王)으로서의 카리스마를 구축해가고 있던 푸미폰 국왕은 민주화가 제도로서의 왕실의 이익을 침해하려 할 경우 군부, 극우 세력과의 제휴를 마다하지 않는다는 보수적 태도를 분명히 했다. 이런 배경 속에서 국왕모독죄가 7년에서 15년으로 늘어났다. 이는 1932년 이전 절대군주제 하에서의 형량보다 많다.

국민헌법으로도 일컫는 1997년 헌법은 1992년 반군부 민주항쟁의 성과였다. 1992년 당시 민주화를 이끌어낸 시민사회 세력은 쿠데타→신헌법 제정→새로운 정당 출현→총선거 실시→새로운 의회정치 개막→평화의 시기→정치적 위기→쿠데타라는 타이 고유의 정치적 악순환의 고리를 끊기 위한 방도로 민의를 제대로 반영할 수 있는 새로운 헌법을 구상하기 시작했다. 1993년 하원은 근본적인 개혁을 목표로 한 헌법개혁위원회라는 특별위원회를 만들었다. 추언 릭파이 민주당 정부에 이어 반한 실라파아차 정부가 들어서자 헌법 개혁 자체가 무산될 것이라는 소문이 나돌았다.

방콕 중심의 정계, 학계에서는 이를 우려했는데, 그럼에도 불구하고 헌법개혁위원회의 로드맵에 따라 프라웻 와시를 수장으로 하는 민주주의발전위원회가 구성되었다. 그리고 민주주의발전위원회는 헌법기초위원회로 발전했다. 이 위원회는 99명으로 구성되었는데, 76개도에서 1인씩 선발되었고 나머지 23명은 정치학자와 행정가 8명, 법률 전공자 8명, 헌법 초안 작성 유경험자 7명으로 구성되었다. 헌법기초위원회는 학계와 시민사회에서 덕망과 명성을 얻고 있던 프라웹 와시, 우타이 핀차이촌, 아난 판야라춘 등이 이끌었다. 이렇듯 국민 참여 방식으로 추진된 신헌법은 1997년 9월 12일 열린 상하 양원 합동의회에서 찬성 518표, 반대 16표, 기권 17표로 통과되었다.

그러나 이때도 1976년 '혹뚤라' 이후 형량이 대폭 강화된 형법 제112조 개정은 없었다. 헌법 개혁을 주도한 프라웹 와시, 아난 판야라춘 등이 존왕주의자인 데서 알 수 있듯이 군주 네트워크가 허용하는 범위 안에서의 헌법 개혁이었던 것이다. 중요한 것은 이 '국민헌법'으로부터 탄생한 권력이 빈민층과 소외된 북부, 동북부 지역으로부터 강력한 지지를 얻자 왕당파의 눈에는 이것이 절대군주제를 이론적으로 정당화한 라마 6세의 국가정체성 틀에 대한 도전으로 비쳐졌다. 결국 탁신을 몰아낸 2006년 쿠데타를 계기로 국왕모독죄 기소 사례가 급격히 늘어났다.

이미 언급했듯이 1976년 쿠데타 이후 군부는 국왕모독죄 형량을 늘리고 국왕의 역할을 확대했다.[10] 2010년 4월과 5월 아피싯 민주당 정권 하에서 군부가 반(反)기득권 저항 세력인 붉은셔츠를 탄압하면서 100명 가까운 사람들을 죽였는데, 이를 계기로 다시 국왕모독죄 사례, 특히 온라인 범죄가 극적으로 증가했다. 잉락 민선 정부 시기인 2011~2013년 기간에도 국왕모독죄 사례는 계속해서 발생했다. 2011년 선거를 통해 탄생한 잉락 정부조차 왕실 자문기관인 추밀원과 긴밀하게 소통하는 것으로 추정되는 군부와 보수 기득권층을 제대로 통제하지 못한 결과였다.

반면 탁신 포비아 혹은 탁신 귀신이라는 의미의 '피 탁신' 프레임으로부터 헤어나지 못하는 중산층 대부분은 군에 대한 민간 정부의 통제가 실행되지 못하거나 국왕모독죄라는 가혹한 자유권 구속에 그다지 관심을 보이지 않았다.

2014년 5월 22일 군부 쿠데타의 지도자인 프라윳 찬오차 장군은 공식적으로 국왕에 대한 모독을 쿠데타의 명분으로 들지 않았으나 추후에 여러 이유 가운데 하나로 이를 거론했다. 인터넷을 활용한 인권 옹호 단체인 아이러(iLaw)에 따르면 2014년 쿠데타 이후 시기에 타이 역사상 가장 많은 국왕모독죄 범죄자가 양산되었다.

아이러[11]와 프라차타이[12]는 국왕모독죄 용의자, 피고, 기결수 사례를 수집했다. 프라차타이 영문판에서 공개한 구체적인 사례들은 국왕모독죄에 해당하는 형법 제112조가 2006년 쿠데타 이후 얼마나 자의적으로 또 과도하게 적용되었는지를 보여주었다. 타이에서의 국왕모독죄는 형식상으로는 입헌군주제 안의 형법 조항이지만 국민의 주권과 자유권을 상당한 정도로 제한하고 있다는 점에서 타이식 입헌군주제, 즉 근대적 절대군주제의 상징적인 법적 장치라고 할 수 있다.[13]

2014년 쿠데타 직후 국왕모독죄 관련 기소자 사례를 보면 다음과 같다.

1. 탐마삿대학교를 졸업한 아피찻 학생은 2014년 5월 23일 쿠데타 반대 시위에 동참했다가 체포되었다. 그는 2014 쿠데타 이후 처음으로 국왕모독죄 혐의를 받았다. 경찰로부터 제112조의 혐의 인정을 강요받기까지 7일 동안 억류되었고, 경찰의 구속영장 발부를 법원이 거부함에 따라 석방되기 전까지 방콕특별형무소에 26일 동안 구금되었다.

2. 전 프어타이당 국회의원 쁘라싯 차이쓰리사는 2014년 5월 7일 국왕모
독죄 위반 사례로 추정되는 대중 연설을 한 혐의로 고발당했다. 법원이
그의 보석신청을 거부함에 따라 방콕특별형무소에 구금되었다.

3. 붉은셔츠 활동가인 솜밧 분응암아농(일명 눈링)은 군사평의회인 국가
평화질서회의로부터 출두명령을 받았다. 솜밧은 군정의 출두명령을 거
부했다. 그는 도피하던 중에 2014년 6월 5일 체포되었으며 병영에 7일
간 억류되었다. 나중에 동북부 지역에서 온 경찰들이 그를 페이스북 상
에 국왕모독죄로에 해당하는 사진 게재를 했다는 이유로 고발하고 구속
했다. 그는 보석으로 풀려났다.

4. 정치적 팟캐스트 프로그램을 운영한 카타웃은 국가평화질서회의로부
터 출두명령을 받았다. 그는 2014년 6월 3일 진술서를 썼고 7일 동안
구금되었으며, 그가 운영하는 프로그램과 관련해 국왕모독죄 혐의로 기
소되었다. 법원은 그의 보석을 기각했다. 그는 방콕특별형무소에 수감
되었다.

5. 재단사인 찰리야오 역시 국가평회질서회의로부터 출두명령을 받았다.
그는 2014년 6월 3일에 진술서를 작성했고 7일 동안 구금되었다. 그는
음성 파일을 재업로드했다는 것과 유튜브에 4개, 웹사이트에 1개의 파
일을 공유했다는 이유로 국왕모독죄 혐의를 받고 기소되었다. 법원은
그의 보석 신청을 기각했다. 그는 방콕특별형무소에 수감되었다. 그해
9월 1일 법원은 찰리야오에게 형법 제112조와 컴퓨터범죄법 제14조를
적용해 징역 3년형을 내렸다. 피고가 유죄를 자백했기 때문에 형량은
반으로 줄었고 집행유예 2년을 선고받았다.

6. 사이버공간에서 '룽 실라' 라는 필명의 작가이자 시인인 시라폽도 2014

년 6월 25일에 동북부 카라신 지역에서 체포되었다. 이후 7일 동안 구금되었으며, 인터넷상에서 국왕모독죄로 추정되는 메시지를 포스팅했다는 이유로 기소되었다. 그는 보석을 신청하지 않았으며 방콕특별형무소에 수감되었다.

7. 동북부에 위치한 컨깬대학의 학생 활동가 파타왓은 왕실을 소재로 한 정치극 〈늑대 신부〉를 만드는 데 참여했다는 이유로 국왕모독죄 혐의를 받고 기소되었다.

8. 연극인이자 예술가 단체인 쁘라까이파이깐라콘 퍼포먼스 대표 폰팁도 경찰에 의해 국왕모독죄에 해당하는 정치극 〈늑대 신부〉를 제작하는 데 관여했다는 이유로 고발당했다.

9. 택시운전사 유타삭은 국왕을 모독했다는 이유로 한 승객에 의해 고발되었다. 그 승객은 경찰에 2014년 1월 경찰에 대화 내용 녹음본을 제출했다. 그는 2014년 6월 2일 택시 차고에서 체포당했다. 법원은 그의 보석 신청을 기각했다. 그는 방콕특별형무소에 구금되었다.

차투팟 분파타라락사(오른쪽)과 그의 아버지

미얀마와 타이 청년들의 세 손가락 혁명

10. 마하나컨기술대학 학부생인 아카라뎃은 2014년 초 페이스북상에 국왕모독으로 보이는 메시지를 게재했다는 이유로 고발되었다. 아카라뎃의 페이스북 친구가 그의 페이스북상에 국왕을 모독하는 문구가 있다고 경찰에 신고하자 2014년 6월 수티산 지역 경찰들이 그의 집에서 그를 체포했다. 그는 2년간 수감생활을 했고 2016년 6월 23일 보석으로 풀려났다.[14]

11. 북부 지역 치앙라이 원주민인 사막은 왕의 그림을 파손시켰다는 이유로 고발당했다. 그 그림은 치앙라이 트엥 지역의 한 마을에 설치되어 있었다. 그는 2014년 7월 9일에 체포되었다.

12. 국민 가수에서 붉은셔츠 활동가로 전환한 타낫(일명 텀 단디)는 2014년 붉은셔츠 집회에서 국왕모독죄로 간주되는 대중 연설을 했다는 이유로 고발당했다. 그는 국가평화질서회의의 진술서 작성 명령을 따르지 않았다는 이유로 기소되었다.

13. 익명의 한 남자는 2010년 북부 치앙마이 지역 내 강에 라마 9세를 상징하는 노란색 기를 버렸다는 이유로 국왕모독죄 혐의를 받아 기소되었다.

14. 2016년 12월 차투팟 분파타라락사, 일명 '파이'는 와치라롱껀 왕세자가 왕위를 계승한 이후 국왕모독죄 혐의를 받고 기소된 첫 사례였다. 그는 타이 동북부 소재 컨깬대학 법학과 학생이자 다오 딘이라는 단체와 새로운 민주주의운동(NDM)의 활동가로, 새로운 국왕의 즉위식이 있는 다음날인 12월 2일 본인 페이스북에 와치라롱껀 국왕에 관한 BBC타이 기사를 게재했다는 이유로 다음날인 12월 3일 아침 체포되었다. 그에게는 2007년에 제정된 컴퓨터범죄법 위반도 추가되었다.

결론

▼

타이의 근대적 절대군주제는 근대적 속성과 전근대적 속성을 동시에 갖고 있다는 점에서 관료적 정체와 매우 유사하다. 그러나 관료적 정체가, 취약한 시민사회와 정치사회를 기반으로 군과 관료가 의사결정을 독점한다면, 근대적 절대군주제에서는 산업화와 민주화의 역사 경험을 통해 성장한 시민사회와 정치사회가 선출된 권력이 군주 네크워크의 이익과 권위를 침해할 경우 왕권 수호를 기치로 한 군사 쿠데타를 직접적 혹은 간접적으로 지지한다는 점에서 일반적인 민주화 이론에서 상정하는 민주화의 주역으로서의 시민사회, 정치사회와 다르다.

특히 군주 네트워크 일원으로서 선거 결과 불복을 반복하는 민주당이 있는 한 민주주의가 타이에서 뿌리내리기란 쉽지 않다는 판단을 하게 한다. 상원과 비상대권을 군이 장악하도록 한 2016년 신헌법 체제가 지속되는 한, 그리고 민주당과 타이의 중산층이 '탁신 포비아'에서 벗어나지 않는 한, 그리고 가장 중요하게는 군부의 반헌정적 행위에 대해 국왕의 승인이 정당성을 확보하는 한 타이의 정치체제는 1932년 입헌혁명 이전 절대군주제의 근대적 변형에 불과하다. 따라서 기존 타이 정치체제를 두고 명명되었던 '관료적 정체', '반(半)민주주의', '자유주의적 코포라티즘' 등과 같은 개념은 모두 근대적 절대군주제의 하위 유형이다.

무엇보다 타이 정치체제의 변화는 군주제의 불변성이라는 정치적 일관성 맥락에서 파악해야 한다. 1932년 절대군주제의 종식에 따라 최악의 상황에 놓여 있었던 차크리 왕조를 라마 5세 쭐라롱껀 시기와 버금갈 정도로 그 위세를 회복시킨 당사자가 라마 9세 푸미폰 아둔야뎃 국왕이다. 그러나 근대적 절대군주제가 정착되는 중대 국면을 2006년 쿠데타, 더 멀게는 1976년 쿠데타로 상정해볼 수 있으나 왕당파가 군부와 민주당의 힘을 배경으로 다소 그 위세를 회복한 계기는 1947년 쿠데타라고 할 수 있다. 그 해 11월 일단의 군부 세력이 라마 8세 아난다 마히돈 국왕의 사인 규명과 1932년 입헌혁명 이전 와치라웃 국왕이 내건 '국가·종교·국왕' 수호를 앞세워 쿠데타를 일으켰으며, 이듬해에 민주당은 선거에서 승리를 거두고 나서 국왕이 상원을 임명하고, 군을 직접 통솔하고, 입법을 거부할 수 있고, 장관을 해임할 뿐만 아니라 법령을 발동할 수 있다는 헌법개정을 추진했다. 이런 측면에서 라마 8세의 의문사는 차크리 왕조로 보면 회생의 토대를 마련했지만 사릿 통치 시기 이전까지 국왕의 정치적 역할은 거의 없었다.

이후 라마 9세 푸미폰 국왕은 그의 독특한 카리스마와 1957년 쿠데타를 일으킨 왕당파 사릿 타나랏 장군의 전적인 지원과 또 다른 왕당파 프렘 틴나술라논 통치 시기인 1980년대의 프레모크라시(Premocracy)에 힘입어 정점을 찍을 수 있었다. 하지만 1960년대 이후 지속적인 근대화를 배경으로 성장한 자본가 집단을 대표하는 탁신 친나왓에 의해 완성된 부르주아 정체의 위력은 푸미폰 국왕을 더 이상 정치적 갈등의 최종 중재자이자 마지막 희망으로 여기지 않게 만들었다. 2006년과 2014년의 쿠데타는 이런 도전에 따른 군주 네트워크의 위기의식에서 비롯된 것으로, 국왕모독금지 위반 사례의 급증은 동의와 강제를 결합한 세련된 헤게모니적 지배가 아닌 폭력적 방식으로 군주제를 유지하고자 하는 근대적 절대군주제의 의지를 분명하게 보여주었다.

즉 민주적 절차에 의해 선출된 권력으로서의 부르주아 정체가 군주 네트워크에 의해 붕괴된 이후 타이 정치체제의 행동반경을 한정하는 정치적 경계로서의 국왕모독죄의 위력은 지속적으로 부각되었다. 이는 1932년 입헌혁명 이후에도 기복은 있었지만 사실상 '국가 · 종교 · 국왕'에 대한 절대 충성을 강제하는 절대군주제 시기의 국가정체성이 지속되는 근대적 절대군주제로서의 타이 정치체제를 확인하게 한다.

1. "프렘은 상처를 입으면, 왕실을 방문해 주사를 맞은 후 원기를 회복하곤 했다. 그가 칫뜨라다 왕궁(국왕의 거처)에서 나오면 그의 적들은 바로 뒤로 물러섰다"고 할 정도로 수많은 여러 위기를 겪은 프렘 정부가 8년간이나 유지될 수 있었던 것은 국왕의 절대적인 지지가 있었기 때문이었다.

2. 타이공산당(CPT) 활동 전력이 있으면서 타이락타이에 가담한 대표적인 '10월세대'로 피닛 자루솜바트와 프롬민 레쑤리뎃을 들 수 있다. 피닛은 1973년 10월 14일 학생혁명 때 람캄행대학교의 학생 지도자였고 무장투쟁을 벌이던 타이공산당에 합류했다. 프롬민은 마히돈 의과대학 출신의 활동가였다. 4년 동안 타이공산당 활동을 했다.

3. 흥미롭게도 래리 다이아몬드는 '역물결'의 시점을 타이에서 쿠데타가 일어난 2006년으로 잡았다.

4. 래리 다이아몬드 등이 정의하는 반(半)민주주의는 경쟁적 선거가 있으나 대중의 요구를 제대로 반영하지 못하고, 시민의 정치적 자유가 제약되어 있어서 정치·사회 집단들이 자유롭게 결성될 수도, 자신들의 이해를 자유롭게 표출할 수도 없는 정치체제다. 이들은 반민주주의에 포괄되는 국가들로 타이를 비롯해 세네갈, 짐바브웨, 말레이시아 등을 들었다.

5. 제2차 세계대전 이후에 1932년 입헌혁명 당시 패배한 왕당파는 의회 제도를 약화시키기 위한 노력을 기울였다. 이를테면 혁명을 이끈 민간 지도자 프리디 파놈용을 몰아내기 위해 악의적인 소문 유포하기, 반란 꾀하기, 화교들의 폭동 선동, 군부 내 불만의 씨 뿌리기 등등을 행했다.

6. 타이어로 10월 6일이라는 의미다. 현재까지 '흑뚤라' 당시 유혈진압 사태에 대한 진상규명은 이루어지지 않고 있고 공개적인 언급 자체가 금기시되고 있다.

7. 타이 헌법에서는 내각이 국정의 최고의사 결정기관이라는 명시적인 규정이 없으며, 일본의 내각이 갖고 있는 권한을 타이에서는 내각보다는 국왕이 행사한다. 타이의 국왕은 영국, 일본의 국왕과 비교가 되지 않을 정도로 많은 권한을 갖는다.

8. 국왕모독금지법을 남용한 대표적인 사례가 '아꽁'이라는 별칭을 가진 암폰 땅나파꾼의 죽음이다. 그는 2010년 5월 친탁신 계열 붉은셔츠의 대규모 반정부 시위 당시 총리 아피싯의 비서에게 국왕을 모독하는 휴대전화 문자메시지를 보낸 혐의로 2011년 8월에 체포되었다. 그는 재판에서 문자 발신 방법조차 모른다고 진술했지만 법정은 그에게 국왕모독죄 최고형에 컴퓨터범죄 최고형 5년을 더해 20년형을 선고했다. 아꽁은 수감 후 얼마 뒤 옥중에서 숨졌다. 인권단체들과 붉은셔츠 진영은 아꽁의 장례식을 이틀간 치렀다.

9. 솜얏 심문 과정에서 15번의 보석을 신청했지만 모두 기각되었다.

10. 1976년 쿠데타로 성립한 국가행정개혁위원회(NARC)는 29개 조의 새로운 헌법조항을 만들었는데, 그 내용 중 절반 이상이 국왕의 지위에 관련된 것이었으며, 제19조에서는 국왕이 직접 이 법안을 의회에 제출하도록 하는 조항이 있어 국왕의 권력을 증대시켰다.

11. 단체명 iLaw는 Internet Law Reform Dialogue의 줄임말이다.

12. "자유로운 국민"이라는 뜻의 프라차타이는 인권, 사회운동 관련 기사를 다루는 비영리 온라인 언론매체다.

13. 1912년 절대군주제 전복 음모를 꾀한 소장파 장교들이 분류했던 세 유형의 정부 형태는 절대군주제, 제한군주제, 공화제였다.

14. 아커라뎃의 페이스 북상의 포스팅 제목은 '돔 아저씨도 국왕을 사랑하는데요' 였다.

8장

지역 연구를 위한 민주화 분석모형

타이의 1973년 10월과 1992년 5월의 비교

서론

▼

타이가 민주주의에 준하는 정치제도를 도입한 계기는 군부와 관료가 동맹을 이룬 가운데 일으킨 1932년의 '쿠데타'였다. 이때부터 실행된 정치제도가 정치적 다원주의와 완전히 부합되지 않는 측면을 그간 타이 군부가 고안한 타이식 민주주의라는 개념에서 엿볼 수 있다.

1960년대에 타이 군부가 라디오방송을 통해 국민들에게 알리고, 프라섯 삽순턴 공산게릴라 소탕 작전사령부 고문이 체계화시킨 개념인 '타이식 민주주의'는 정당정치와 선거가 입법부에 능력과 책임성, 그리고 '좋은 사람' 선출을 보장해줄 수 없기 때문에 자유선거와 의회 권력에 기반한 민주주의가 언제나 진정한 민주주의일 수 없다는 주장에 근거한다. 군부는 이런 명분으로 국가안보, 군사행정과 정치, 민간 행정 간의 구분을 없애고 군부의 정치 개입을 정당화했다. 결국 타이식 민주주의는 1932년 절대왕정이 입헌왕정으로 대체된 이래 1991년 쿠데타가 있기까지 13개의 헌법, 15번의 총선, 17번의 쿠데타, 44개의 내각과 18명의 총리를 거쳤다.

이 과정에서 단지 4개 의회만이 자신의 임기를 채웠고 나머지는 쿠데타로 인해 단명했다. 또한 1946년부터 1981년까지 143개 정당이 있었으나 소수의 정당만 3년 이상을 버텼다.

타이의 정치 변동은 다음과 같이 전개되는 전형을 보인다. 쿠데타를 일으킨 군부는 헌법, 국회, 정당을 해산하고 권력을 장악한 이후에 신헌법 제정을 위한 과도 의회를 구성한다. 이때 과도 의회와 과도 내각은 군부의 지배하에 놓이고 과도 헌법이 법적 근거가 된다. 이어 신헌법이 공포되면 이에 준해 총선이 실시되고 의회와 정당정치가 부활한다. 그러나 정당정치가 활성화되는 단계에 이르면 군부는 부패한 정당정치라는 이유를 들어 재차 쿠데타를 단행한다. 이와 같이 쿠데타로부터 쿠데타로 이어지는 타이 정치의 특징을 "타이 정치의 악순환"이라고 명명한다.

1991년 2월의 쿠데타 역시 타이 정치의 악순환이라는 맥락에서 바라볼 수 있었다. 하지만 쿠데타가 있기 전까지만 해도 일반적으로 타이에서는 더 이상 쿠데타가 없을 것이며 있다 해도 성공하기 어려울 것이라는 견해가 지배적이었다. 1977년에 있었던 쿠데타를 마지막으로, 1980년대에 들어와 1981년 4월과 1985년 9월 두 번에 걸쳐 쿠데타 시도가 있었지만 모두 실패로 끝났기 때문이었다. 또한 타이는 연 10%를 넘는 지속적인 높은 경제성장율과 함께 정당정치의 제도화가 점진적으로 이루어져 왔다고 평가된 데다가 인도차이나의 평화 정착에 따른 외부적인 위협도 사라졌기 때문이다. 물론 타이 군부는 미얀마 군부 땃마도처럼 자신들이 민간 정치인들을 감시해야 할 의무를 지니고 있다고 믿고 있었다. 반면 경제적 이권을 갖고 있던 일부 군 장성들은 군부의 개입이 외국인투자자들이 희망하는 정치적 안정을 보장해주지 못할 뿐더러 오히려 이를 해칠 것이라고 보았다. 실제로 1988년에 육군참모총장 차왈릿 용차이웃은 더 이상의 쿠데타는 없을 것이라고 선언했다. 하지만 1991년 2월의 쿠데타는 성공을 거두었고, 이전 쿠데타 주도 세력들처럼 그들 쿠데타 세력이 합헌적 권력이 되기 위한 시도를 취했으나 1992년 5월 민주항쟁 끝에 일단 정치 전면에서 퇴장했다.

이 글의 문제의식은 '중산층 반란'이라고 불리는 1992년 5월의 민주화와 급속한 사회경제적 발전으로 성장한 대학생의 반군부 의식에서 비롯되었다고 해서 '학생 주도의 대중 봉기'라고 불리는 1973년 10월의 민주화의 차별성을 부각시키는 데 있다.

이 글은 이와 같은 분석모형을 전제로 1973~1976년의 민주화를 제1차 민주화이자 '협약 없는 민주화', 그리고 1992년 이후 현재에 이르는 민주화를 제2차 민주화이자 '협약에 의한 민주화'로 각각 정의한 가운데 양 시기의 민주화를 비교분석한다. 비교 대상은 제1, 2차 민주화의 배경이 되는 지역 정치체제, 자유화 과정, 그리고 이들 양 시기의 행위자를 중심으로 한 민주화 과정, 행위자를 포괄하는 국가-정치사회-시민사회 등이다. 다만 제1, 2차 민주화가 공히 '성공의 위기'(crisis of success)에 의한 민주화인 동시에 산업화 수준이 민주화의 충분조건이 아닌 필요조건일 뿐이기에 각 시기의 산업화 수준은 비교 대상에서 제외했다.

제1차 민주화: 1973~1976년

지역 정치체제: 분쟁적 구조

인도차이나전쟁(1965~1975)이 진행되는 가운데 타이는 미국의 중요한 군사적·정치적 전진기지 역할을 했다. 타이는 미국이 주도해 결성한 반공군사동맹 기구인 동남아시아조약기구(SEATO)의 지도적 위치를 자임했다. 1968년의 경우 타이 주둔 미군은 4만8천 명에 이르렀다. 또한 미국은 타이 공산 반군 진압 프로그램을 위해 엄청난 군사적·기술적 지원을 했다. 1951년부터 1971년까지 타이에 대한 미국의 군사원조 및 투자 총액은 20억 달러에 이르렀다. 그 대가로 타이는 미국에 공군기지, 병참기지, 통신시설, 정보활동 등 군사기지 역할을 했다. 이렇듯 인도차이나전쟁으로 타이는 미국의 원조 특혜국이자 군사기지가 되면서 경제적으로 부흥한 측면도 있었지만 매춘, 알코올중독, 마약 사용 등의 사회문제뿐만 아니라 군과 경찰의 부패가 심화되었다.

미군의 타이 주둔과 왕실에 대해 비판적인 급진세력으로 발전한 '10월세대'

　미국은 이미 1940년대에 동남아에서의 반식민지 투쟁과 중국 혁명이 성공하면서 동남아에 대한 장기적인 계획을 세웠다. 1950년대에 들어와 타이는 미국의 경제적 원조에 의해 반공 임무를 띤 지역경찰 역할을 맡았다. 국내적으로 미국의 원조는 민간인들에 대한 군부의 통제력을 강화시키는 등 정치적 세력 균형 측면에서 군부에 유리하게 작용했다. 1970년대에도 미국은 군비와 군사훈련을 지원하는 주된 지원자였다. 미국의 대(對) 타이 원조의 대다수는 군사지원 프로그램(Military Assistance Program) 형태로, 부가적으로는 군수물자 해외 수출(Foreign Military Sales) 형태로 취해졌다. 타이 군부는 미국의 원조에 의해 성장했다고도 볼 수 있다.

　결국 미-소 냉전체제의 집약적 표현인 인도차이나전쟁을 인접하고 있던 타이는 미국의 동맹 세력으로서 친미 일변도의 군사·외교 정책을 펼치는 가운데 국내에서도 이데올로기적 균열이 심화되었다. 군사정부와 공산주의 세력 간의 물리적인 대결이 그 단적인 예다. 타이 군사정부를 옹호하는 미국의 대 타이 외교 전략은 노동자, 농민, 학생, 소상인, 화이트칼라 등 타이의 대다수 인민의 이익에는 반한다는 것이 타이공산당(CPT)을 포함한 타이 좌파 진영의 대미 인식이었다.

자유화 철회와 협약 없는 민주화

1963년에 개발독재를 행하던 사릿 타나랏 장군의 뒤를 이어 타넘 키티카촌 육군대장이 총리에 지명되었다. 당시 타이에는 영구헌법도 의회도 없었기 때문에 총리 지명은 국왕과 과도 의회 의장의 동의를 얻어 이루어졌다. 타넘 주도하에 이루어진 내각 구성에서 그는 국방장관까지 겸직했다. 한편 사릿의 또 다른 측근이었던 프라팟 차루사티엔 육군대장은 부총리와 내무장관을 겸직했다. 즉 권력이 타넘－프라팟 양자에 의해 분점되었으며, 타넘이 정치력을 구비했던 데 비해 프라팟은 군부를 장악했다.

　1968년 상대적으로 자유주의적 성향의 측근을 두고 있던 타넘의 주도로 신헌법이 공포되었다. 신헌법은 인도차이나전쟁과 반군의 활동[1], 신헌법 제정을 요구하는 학생들의 요구를 의식한 타넘 정부가 지지층 확장의 일환으로 제정된 것으로, 1957년 쿠데타 이래 10년 만에 공포된 것이었다. 물론 신헌법은 민선의원의 총리직 및 각료직 취임을 인정하지 않고 군부와 관료의 입각만 허용해 정치사회와 시민사회에 의한 국가 통제를 차단했다. 또한 상원은 대부분이 군부 출신들로 구성되었다. 민선하원은 지명제 상원의 권한에도 포함되는 정부해산권만 가지고 있었다. 이렇듯 정부로서의 군부는 제도를 통해 정치사회를 여전히 제약하고 있었지만, 정치적 반대세력 존재에 최소한의 인내를 취하기 시작했다는 점에서 정치적 개방 조치이자 자유화의 시작이었다고 볼 수 있다.

자유화의 일환으로 실시된 1969년 총선에서 타넘 정부의 정치적 기반이었던 타이인민연합당은 35%의 의석을 획득하고 연립정부를 구성했다. 이는 정부로서의 군부가 일단 정치사회에 뿌리를 내림으로써 정당화 작업에 성공한 것이다. 즉 현상유지 독재에서 확장된 독재로의 이행이 이루어진 것이다.

일반적으로 자유화가 시작되면 시민사회 내 '모범적 개인들'[2]은 군사정부의 인내의 한계에 도전하려는 움직임을 보인다. 1968년 신헌법이 공포된 다음날인 6월 20일 전직 정치인들이 사남루엉 광장에서 집회를 갖자 타넘 정부는 이들을 계엄법 위반 혐의로 체포했다. 그러자 학생들을 비롯해 시민 2천 명이 버스요금 및 쌀값 인하, 지명제 상원 폐지, 타이군 베트남 파병 중단 등의 요구를 내걸고 정부청사 앞에서 시위를 벌였다. 타넘 정부는 다음해 총선을 의식해 전직 정치인들을 석방하고 버스 요금을 인하하는 등 학생들의 요구를 부분적으로 수용했다. 사남루엉 광장 사건에 대한 학생들의 대응은 비록 비조직적이었지만 학생들이 정치적 활동을 개시한 계기가 되었다. 이어 같은 해 12월에는 1969년 2월 총선을 감시하기 위한 '선거감시를 위한 학생 자원단체'가 발족되면서 대학생들의 보다 조직적인 개입이 이루어졌다. 1970년대 초에 와서 학생운동은 부패 혐의를 받고 있는 보직교수 추방 운동 등 교내 문제를 중심으로 사회비판적 활동을 확장해나갔다.

이렇듯 전위의 역할을 해낸 학생들은 역설적이게도 미국의 지원을 받아 수행된 개발독재의 부산물이었다. 타이의 공교육, 특히 대학교육 수준은 10년이 채 되지 못했음에도 불구하고 5배로 성장했다. 이처럼 급격한 산업화가 시민사회의 지형을 변화시키는 가운데 학생 집단으로 대표되는 시민사회가 국가에 대한 대항 권력으로서 지위를 굳히고 있었던 것이다. 물론 농촌에 타이공산당이 포진해 있었지만 그 영향력은 매우 미미한 수준이었다.

1971년에 군사정부는 공산주의 세력의 위협에 대처함과 동시에 헌법을 남용하는 일부 정당인들이 야기한 정치적 혼란을 진정시키기 위해서라는 이유를 들어 친위 쿠데타를 일으켰다. 그러나 진정한 이유는 반대세력의 압력은 고조되고 있는 반면 타넘-프라팟 자신들의 정년퇴임이 임박해지자 자신들의 후계자로 타넘의 아들이자 프라팟의 사위인 나롱 키티카촌 대령을 지목하기 위해서였다. 타넘의 동의하에 군부를 장악하고 있던 보수파 프라팟이 쿠데타를 주도했다.

이로써 1968년 헌법이 또다시 폐기되고, 계엄령 선포, 정당 활동 및 50인 이상의 집회 금지 등의 조치가 잇달았다. 그리고 통치기구로서 국가행정위원회(NEC)를 설치하고 타넘이 그 수반이 되었다. 시민사회의 활성화 조짐과 권력 계승 문제를 해결하기 위해 확장된 독재를 보다 억압적인 독재로 퇴행시킨 것이다. 자유화는 언제나 민주화로 이어지는 것이 아니라 때때로 유산되거나 새로운 억압 체제가 등장한다는 논의가 이 시기 타이에도 적용될 수 있다.

자유화가 실패한 이후 학생 집단은 단기간에 그친 자유화 시기와는 달리 권위주의체제에 대한 도전을 자제하는 양상을 보였다. 그러나 1972년 12

월의 탐마삿대학교와 쭐라롱껀 대학생들을 중심으로 한 악법 반대 시위는 보다 억압적인 독재로 선회한 군사정부와의 첫 충돌을 의미했다. 이 사건은 1972년 12월 12일 국가집행위원회가 포고령 299호를 공포하면서 시작되었다. 포고령 299호는 사법 체제 내의 최고 지위인 대법원장[3]의 권한을 총리가 지명하는 법무장관에게 이전시킴으로써 군사정부의 억압성을 보다 노골화한 조치였다. 이에 포고령 299호의 정치적 의미를 파악한 탐마삿대학교 법과대 학생들을 비롯해 여타 대학생들이 포고령 299호의 철회를 요구하는 시위를 벌인 끝에 군사정부를 굴복시키는 대 성공을 거두었다.

1973년 중반경에 접어들면서 권력 블록과 반대세력 간의 상호작용이 그 어느 때보다 활발하게 진행되었다. 이 해 6월에 발행한 람캄행대학교 신문 사설에서 타넘과 프라팟이 야수로 표현되자 이에 분노한 타넘 정부가 학장에게 관련 학생 9명의 퇴학처분을 명령했다. 그러자 타이 전국대학생연합회(NSCT)와 각 대학 자치회는 이들의 구제를 요구하는 데 그치지 않고 영구헌법 제정, 부패 종식, 쌀값 인상과 침체한 경제에 대한 대처 등을 요구하는 시위에 나섰다. 퇴학 조치 철회와 영구헌법 제정 요구는 순식간에 학생과 대학교수들은 물론 시민들로부터도 지지를 얻어냈다. 계엄령 안에서 행해진 학생 집단 주도의 반정부운동이 다시 한번 군사정부의 양보를 얻어내는 데 성공했다.

반대세력이 권력 블록으로부터 부분적이지만 일단 양보를 얻어내면, 권위집단에 속한 개인들은 군사정부의 인내력의 한계를 보다 적극적으로 시험한다. 10월 6일 학생, 정치인 등 반대세력의 지도급 인물들이 영구헌법의 즉각적인 선포를 요구하는 유인물을 배포한 것이 이것에 해당하는 바,

정부는 정치적 목적으로 5인 이상의 집회를 금지한 국가행정위원회 포고령을 위반했다는 이유로 이들 11명(이후 13명)을 체포했다. 이날부터 15일까지 10일간이 군사정부의 붕괴와 민주화의 성패 여부를 가름하는 결정적인 국면이었다.

하지만 역설적으로 포고령 위반 혐의로 학생들을 체포한 행위는 군사정부의 억압성을 폭로하는 계기가 되었다. 다음날 7일, 정부는 영구헌법 제정을 요구한 주동자를 체포하자 전국대학생연합회는 보복을 선언하고 나섰다. 8일, 프라팟은 체포된 인물들이 공산주의자들과 연루되어 있다고 발언했다. 프라팟의 타이공산당 개입설은 학생들을 자극했다. 9일, 학생들은 체포된 학생들을 석방하지 않을 경우 폭력투쟁을 불사할 것임을 군사정부에 경고했다. 10일, 학생들의 시위 규모가 확대되는 가운데 군사정부는 "평화와 질서 회복"을 명분으로 설치된 특별기구의 책임자로 프라팟 부총리를 임명했다고 발표했다. 11일, 프라팟은 학생 대표들과 면담에 응한 자리에서 13명의 정치범에 대한 석방 요구는 응할 수 없지만 20개월 내로 헌법을 제정하겠다고 약속했다.

프라팟의 협상 자세에 불만족스러운 학생들의 시위가 계속되자 타넘과 프라팟은 국왕의 자문을 구한 직후 학생들만의 석방 가능성을 언급했다. 이에 학생들은 13인 정치범에 대한 무조건적인 석방을 요구했다. 학생들은 만일 자신들의 요구가 관철되지 않을 경우 24시간 안에 '결정적인 행동'을 취할 것임을 다시 경고했다. 12일, 정부는 13명의 정치범을 보석으로 처리하겠다고 발표했다. 이에 다시 학생 측에서는 무조건적인 석방을 들고 나왔다. 이제 정부는 양보와 억압이라는 둘 중 하나를 선택해야 하는 상황에 직면했다.

13일, 정부는 학생들이 집회를 열고 있던 탐마삿대학교를 봉쇄했다. 학생 측은 정부가 13인을 무조건 석방하지 않을 경우 국회의사당까지 시위를 벌이겠다고 공언했다. 40만 명에 이르는 시위대가 행동을 재개할 즈음 정부는 13인에 대한 무조건적인 석방과 1974년 10월까지 영구헌법을 선포할 것임을 약속했다. 14일, 이에 만족하지 않은 일단의 강경파 시위대가 국왕으로부터 자문을 구하고 귀가하는 도중 경찰들과 빚어진 물리적 충돌이 총격으로 이어지면서 상황이 돌변했다. 군사정부는 대중매체를 통해 시위대는 학생들이 아니라 공산주의자들이며 이들은 기관총을 소지하고 있으면서 많은 군인들을 죽였다는 흑색선전을 퍼부었다.

이렇듯 군사력은 물론 대중매체를 동원한 군사정부의 억압에도 불구하고 시위대의 규모가 오히려 50만 명으로 늘어났다. 여기다가 육군사령관직을 인수한 크릿 시와라 육군대장이 시위대를 진압하기 위한 육군 정예부대의 투입을 거부했다. 15일, 마침내 타넘과 프라팟이 국왕의 권유를 받아들여 해외로 망명함으로써 정치군인의 퇴장과 함께 권위주의체제가 종식되었다.

민주화의 문턱이 되었던 1973년 10월 민주항쟁의 특징은 세 가지로 정리될 수 있다. 첫째, 반대세력의 주역은 학생들이었다. 체포된 정치범에 대한 석방 요구로부터 시작된 이들의 전략적인 목표는 영구헌법의 제정으로, 어디까지나 절차적 민주주의를 확보하는 것이었다. 애초부터 이들은 사회주의혁명이나 정부 전복에 대한 의도는 없었다. 결정적인 국면이었던 10일 동안 타이공산당과 같은 시민사회 내 급진파의 영향력은 거의 없었던 것이다. 즉 10월 14일 군사정부의 붕괴는 반군 진영 내 개혁파가 주도한 성과였다. 둘째, 민주화의 문턱을 앞두고 권력 블록 내에서 강경파가 주도권을 장악하고 있었던 것과 마찬가지로 반대세력 내에서도 강경파의 주도권이 지속되었으나 국왕과 크릿 시와라 장군 등이 온건파로 전환하자 대치 국면이 반대세력에 유리하게 전환되었다. 셋째, 특히 권력 블록 내의 상징적 권력인 국왕의 중개자 역할이 돋보였다. 민주화의 문턱을 전후로 푸민폰 아둔야뎃 국왕은 강경파 군부에 대한 망명 지시, 산야 탐마삿 과도 총리 임명, 과도 의회 의원 임명 등 일련의 중대 업무를 수행해냈다. 민주 반대세력은 타넘-프라팟 군사정부에 대한 반대운동을 전개하는 와중에도 국왕을 자신의 편으로 끌어들이는 모습을 보였다.

유산된 민주주의

민주정부를 출범시킨 제1차 민주화는 국가로부터 정치사회, 시민사회의 분화와 이들의 폭발적인 분출을 수반했다. 헤게모니적 지위를 확보하지 못한 민주정부의 지위와 인도차이나 공산화라는 분쟁적 지역 정치체제가 맞물리면서 정치사회와 시민사회의 이데올로기적 균열이 심화됨에 따라 민주주의 공고화 가능성이 불확실해졌다. 특히 민주정부는 시민사회 내 급진적 분파의 요구를 적잖이 수용해, 국내에서 민주정부와 군부 보수파 간의 갈등이 심화되었다.

　시민사회 내에서는 노동운동, 농민운동 등 급진적 민중 부문의 활동이 상승곡선을 그리자 보수파의 테러 행위가 격화되었다. 여기에 자본 도피 현상까지 발생하면서 10월 14일 항쟁에 동조했던 중간계층이 급진적 성향을 지니는 정당과 사회운동으로부터 이반했다. 동시에 급진파 및 민중 부문도 쇠퇴하기 시작했다. 여기에다 국왕이 급진적 민중 부문을 적대시하기 시작했다. 민주주의의 공고화가 상징적 권력을 소유하고 있던 국왕의 동의를 얻은 군부에 의해 차단된 시점이 이때다.

제2차 민주화: 1992~현재

▼

지역 정치체제: 평화적 구조

미국이 인도차이나전쟁에서 패배했지만, 동남아 지역에서 미국의 지위는
여전히 중대했다. 1976년 이후 타이가 미국의 주요 원조 수혜국의 명단
에서 빠지기도 했지만, 1979년 베트남이 캄보디아를 침공하자 카터 미국
대통령은 타이에 400만 달러에 달하는 무기와 군사물자를 공급함으로써
미-타이 군사동맹 관계를 유지했다.

하지만 1980년대에 들어와 냉전질서가 퇴장하자 미-타이 관계도 변화
했다. 우선 미국은 타이가 차지하는 안보의 중요성이 감소하자 미국의 대
타이 군사지원을 삭감했다. 반면 동남아 지역에서 일본의 역할이 급격히
부상했다. 동남아시아국가연합, 즉 이세안은 미국과 유럽공동체(EC)에
이어 일본의 세 번째 교역 상대가 되었다. 일본 역시 아세안 6개국의 제1
혹은 제2의 교역 상대국이 되었다. 직접투자와 교역을 위해 일본은 이 지

역에 전 세계 원조 예산의 3분의 2를 투여했다. 1980년대 중반을 접어들면서 일본이 미국의 역할의 일부, 특히 경제적 역할을 떠맡은 것이다.

타이 역시 이런 변화에 부응해, 이미 1970년대 말부터 반공 외교노선에서 탈피하기 시작했다. 예컨대 크리앙삭 군사정부가 미국 헤게모니와 조화를 이루는 가운데 중국과 외교관계를 정상화했는가 하면, 1980년대 말에 와서 찻차이 춘하완 정부는 "인도차이나를 전장에서 시장으로!"라는 기치 아래 베트남, 라오스 및 캄보디아 등 주변 공산국가와의 관계를 정상화했다. 또 1992년도 해외 원조 예산액을 1억7,500만 바트로 대폭 증액하기로 결정하기도 했다. 즉 1960~1970년대 냉전 속에서 타이와 주변 국가들의 관계가 분쟁 관계였다면, 1980년대에 들어오면서 본격화된 타이의 실용주의적 외교 노선은 1980년대 중반 지역적 수준에서의 평화 정착을 보다 가속화시켰다.

자유화의 성공

1976년 유혈 쿠데타는 타이를 '보다 억압적인 독재'로 회귀시켰다. 쿠데타로 등장한 국가행정개혁위원회의 통제하의 타닌 크라비치엔 정부는 계엄령 제21조에 따라 수천 명의 학생, 노동자, 농민지도자들을 체포, 구금했다.[4] 이어 군부는 국가의 적이 민족과 국왕, 국가경제의 안정을 침해하려고 한다는 이유를 들어 헌법 폐지, 의회 해산, 정당 결성 금지 등의 관례적인 조치를 취했다. 또한 학생활동을 금지하고, 파업을 불법화였으며, 언론 검열을 엄격하게 실시했고, 국가를 위해한다거나 혹은 공산주의자

1978년 훈련 중인 타이공산당의 모습

라는 이유로 많은 이들을 체포했다. 특히 타닌 정부에 의해 입안된 1976년 헌법은 보다 억압적인 독재 성격을 노골화하고 있었다. 예컨대 동 헌법은 "의무감과 책임감이 없는 정치문화를 가지고 있는 타이에서 완전한 민주주의란 아직 이르다"고 전제하면서, 초기 4년간은 지명제 의회로, 다음 4년간은 지명제 의원과 민선의원이 동등한 권한을 갖도록 하고, 다음 4년간은 민선의원이 지명제의원보다 강력한 권한을 갖도록 한다는 내용의 '민주화 12년 계획'을 명기했다.

이렇듯 타닌 정부에 의해 제도화된 극단적 억압 정책은 적지 않은 사람들로 하여금 권위주의체제를 대체할 수 있는 것은 급진적 혁명뿐이라는 생각을 갖게 했다. 이런 이유로 자유주의적이거나 좌익적 성향의 학생들이 대거 타이공산당에 합류했고, 많은 노동운동 지도자들이 지하로 잠적했다. 텃푼 차이디 등과 같은 노동운동 지도자들은 타이공산당이 새롭게 구축한 전선 조직 애국민주세력협력위원회에 가담했다. 결국 모든 반정부 세력에 대한 타닌 정부의 억압 정책은 공산주의 운동의 성장만 가져왔다. 즉 민주화의 유산과 보다 억압적인 독재로의 회귀는 극단적인 급진파의 규모 확대를 수반했다.

결국 타닌 정부는 출범한 지 1년도 안 되는 1977년 10월에 상앗 찰러유 장군과 크리앙삭 초마난 장군이 주도한 쿠데타로 붕괴되었다. 자신들의 꼭두각시인 타닌이 권좌에 계속 있을 경우 공산 반군의 규모가 확대일로 양상을 보일 것이라는 군부의 판단에 따른 것이었다.

1978년 타닌에 이어 집권한 크리앙삭 장군은 1968년과 유사한 정치적 개방 조치를 취했다. 신군부는 신헌법에 따라 민선 하원과 지명제 상원으로 구성된 양원제를 도입했고, 검열제도, 언론 및 집회의 자유를 제약했던 많은 법적 조항을 철폐했다. 또한 타이공산당에 가담한 이들뿐만 아니라 1976년 쿠데타 때 체포된 이들에 대한 대사면을 실시했다.[5]

크리앙삭 정부가 취한 자유화는 프렘 틴나술라논 정부에서도 안정적으로 계속되었다. 군부 내 개혁파 그룹인 청년장교 그룹(Young Turks)과 군 민주주의 그룹의 지지를 받아 총리직에 오른 프렘은 공산주의 세력을 군사적 수단보다 정치력으로 제압해야 한다는 이른바 '정치적 공세 전략'을 강조하는 훈령 66/2523(1980)과 65/2525(1982)를 잇달아 공포했다. 특히 투항하는 공산주의자의 전력을 불문에 부친 훈령 66/2523은 1980년 말부터 1982년까지 대량의 공산 반군이 타이공산당을 이탈하도록 했다. 1983년 말 프렘은 대내외에 공산주의자 세력에 대한 승리를 선언했다.

또한 타이 정치의 특수성을 강조하는 왕당파의 헤게모니 하에서 푸미폰 국왕의 공개적인 지지 덕분에 프렘은 1980년 4월 이래 다섯 번에 걸쳐 연립정부를 구성하고, 1981년 4월과 1985년 9월에 있었던 쿠데타를 무위로 돌릴 수 있었다. 이렇듯 프렘 정부의 자유화 조치가 국왕의 지지에 힘입어 안정적으로 진행되는 동안 정부에 대한 정당과 기업가 집단의 영향력이 급증했다. 적어도 정부로서의 군부는 경쟁적 선거를 통해 지지 기반이 확인된 사회행동당, 민주당, 타이국민당 등 주요 정당과 연립하에 내각을 구성했으며, 이때 적잖은 기업인들이 정부 내에 진입했다. 이외에도 프렘 정부는 경제 테크노크라트, 지식인 등의 역할을 고려해 경제 현안을 다루는 국가경제사회개발청[6]과 투자위원회의 권한을 확대했다.

그러나 정부로서의 군부에 대한 정당과 기업인의 영향력이 커졌다고 해서 제도로서의 군부의 영향력이 축소되었던 것은 물론 아니다. 1976년부터 1982년까지 총 정부 지출액 가운데 20%가 국방비로 사용되었으며, 군부는 정보활동 및 국내 안보, 정치적 목적을 위한 비자금을 엄청나게 누렸다. 이 비자금은 다양한 시민운동 프로그램, 정치 교육 프로젝트, 우익 운동에 지원되었다. 특히 군부는 라디오, TV 등 대중매체를 자신들의 정치적 영향력을 강화하기 위한 수단으로 삼았다. 이런 양상은 훈령 66/2523과 65/2525의 이중적 성격과도 관련 있다. 즉 타이공산당에 대한 정치적 공세 전략을 강조한 이들 훈령은 반대세력에 대한 군사적 대응보다는 정치적 대응을 강조하고 있다는 점에서 정치적 개방 혹은 자유화의 맥락에 있었지만, 민주적 발전과 군부의 역할을 불가분의 관계로 정당화하려 했다는 점에서 권위주의적 성격을 그대로 유지하고 있었다. 프렘 정부는 군부의 이익을 염두에 두면서 정치적 개방 조치를 취해 온 전형적인 개혁 성향의 정치군인이었다.

우선 정부로서의 군부가 지명하는 상원의 존재는 군부의 정치 개입을 위한 가교가 되었다.[7] 그리고 1981년 정당법과 1978년 헌법은 정당의 자격 조건으로 전국 4개 지역 내에서 최소한 5개 도에 걸쳐 거주하는 5천 명의 당원에 대한 확보, 총선 시 하원 총의석의 최소한 반 이상의 후보자 등록, 무소속 입후보자의 출마를 금지한 당후보자 등록제(party slate system) 등을 요구함에 따라 거대 보수 정당 위주의 정당 제도를 마련했다.[8] 그 결과 타이국민당과 대부분의 보수 우익 정당들은 군부의 예산 및 군 출신 엘리트들의 여러 기업체의 이사직을 보장해주는 대가로 군부의 후원을 받거나 기업가 집단의 이익을 대변했다. 반면 급진적인 정당들이 정당 영역 내로 진입할 수 있는 문턱은 높아졌다.

한편 1980년대에 들어와 교육 기회 확대, 방콕을 중심으로 한 중간계층 증가, 언론 기능 확대, 제조업으로의 노동인구 이동, 도시 부문의 조직화와 분화, 문자해득율·교육·커뮤니케이션의 개선 등을 통한 국가에 대한 시민사회의 상대적 자율성 증가 등과 같은 현상이 진행되었다. 우선 도시 중간계층의 급속한 팽창은 많은 타이 연구자들이 공통적으로 지적한 현상이었다. 도시 중간계층이 타이에서 구체적으로 어느 계층을 지칭하고 있는지가 불분명했지만, 방콕에 국한해서 1960년에 17만8천 명에 불과하던 중간계층이 1970년에는 28만4천 명, 그리고 1986년에는 도시 인구의 31%인 180만 명으로 늘어났다. 1980년대 말에 오면 중간계층은 전 피고용 인구의 약 7%를 차지한다. 상대적으로 이질적인 구성을 보이는 것이 이들 중간계층이었지만, 이들은 대부분 젊고(25~35세), 양질의 교육을 받았으며(학사 내지 학사급 이상), 또한 근대적인 서구 문화에 노출되어 있었다. 이들은 대개 관리직, 경영직, 행정직, 기술직에 종사했다.

또한 국왕이나 왕가에 대한 언급을 제외하고 공개적으로 토론할 수 없는 주제가 거의 없었다. 정부가 여전히 라디오와 TV를 통제했지만, 프로그램을 선택하고 만드는 것뿐만 아니라 뉴스 프로그램에 대한 재량권도 커졌다. 이런 높은 수준의 지적 활동과 언론 매체의 자유화야말로 선진적으로 산업화된 민주주의 체제와의 접촉 기회를 넓히고 자율적으로 자신들의 이익을 추구하기 위한 조직적 능력과 자원을 향상시켰고, 타이에서의 정치적 자유화를 갈구하는 저변층을 확대했다. 하지만 반공법 위반자나 국왕을 비판한 자에 대한 군사재판, 언론 통제 등의 존속은 시민사회 내 자율적 집단의 활동을 여전히 제약했다. 또 노동자, 농민 등 민중 부문의 활성화가 점차적으로 이루어지기는 했지만 미약한 수준을 벗어나지 못했다. 정부—민간 협력기구인 관민합동자문위원회에 기업 집단은 참여할 수 있었지만 노동, 농민 부문은 배제되었다. 1976년 이후 타이 노동운동은 미약한 수준에서 지도적인 조직까지 부재한 상태였다. 농민운동 역시 타이 공산당의 소멸과 함께 완전히 압살된 상태였다.

청년 세대가 새롭게 지향한 것은 크리앙삭의 자유화 조치와 더불어 탄생한 비정부기구(이하 NGO)[9] 활동이었다. "주민참여형 민주주의와 지속적인 성장"을 슬로건으로 내세운 NGO는 주로 도시 슬럼가의 아동교육 및 생활 개선 문제, 외국인 성매매 문제, 에이즈 문제, 식수 문제, 삼림자원·환경보호 문제 등을 다루었다. 이들 NGO 활동가들 중에는 제1차 민주화 시기의 주역이기도 했으며 1976년 쿠데타 이후 타이공산당의 근거지였던 밀림투쟁까지 경험한 '10월세대'가 중심을 이루었다. 이들은 급진적인 체제 변혁보다는 작지만 지속적인 사회변혁을 중시하는 쪽으로 노선을 바꾸었다.

자유화의 전복과 협약에 의한 민주화

1988년에 있었던 총선에서 타이국민당이 제1당이 됨으로써 찻차이 춘하완 민선의원을 총리로 하는 연립정부가 출범했지만, 조각 당시부터 언론으로부터 "금권 보스에 의해 지지되는 정부"라는 비난을 받았다. 또한 정당이 정책 중심 조직이 아니라 각료직을 할당받아 이권을 챙기는 수단으로 전락했다는 비판이 일기 시작했다. 그러나 타이에서의 부패 문제는 권위주의체제의 역사와 궤를 같이했다. 단지 민주적 이행이 시작되면서 은폐되어 있던 부패 구조가 자유화 속에서 공개되었을 뿐이다. 하지만 공개된 정치계급의 부패 구조는 군부가 민선 정부를 전복시키는 데 주요한 빌미가 되었다. 즉 1991년 2월 일단의 군부가 부정부패 척결 등을 이유로 쿠데타를 일으켰듯이 민선 정부 하에서의 부패 문제가 쿠데타의 유인이 되고 있다는 지적이 나왔다.

정부로서의 군부일 뿐 아니라 군사평의회에 해당하는 국가평화유지위원회(NPKC)는 군부 자신들에게 유리한 신헌법안을 마련함으로써 더 억압적인 독재의 제도화를 서둘렀다. 예컨대 신헌법안은 국회의장직에 군부가 지명하는 상원의 의장이 자동 취임한다든지 상원에 내각불신임권을 부여하는 등 군부가 지명하는 상원(270명)의 권한을 대폭 확대하는 내용을 담고 있었다. 국가평화유지위원회의 신헌법안은 찻차이 정부의 수립을 통해 그 어느 때보다 파고가 높던 자유화로부터 민주화로 전환 가능성을 차단하는 조치였다.

반(反)군부 정당 등을 포함한 민주반대세력의 군부 주도 헌법 제정에 반대하는 운동이 있었음에도 1991년 12월 신헌법안이 통과되었다. 이로써

미얀마와 타이 청년들의 세 손가락 혁명

보다 억압적인 독재가 제도적으로 완성되었다. 1992년 3월 22일 총선이 있었고, 선거 결과 어느 단일 정당도 다수를 확보하지 못함에 따라 친군부 5개 정당 간에 연립정부가 구성되었다.

4월 초 친군부 5개 연립 여당으로부터 지명되었고 국왕으로부터 승인을 얻은 1991년 2월 쿠데타의 주역이자 국가평화유지위원회 부의장이었던 수친다 크라프라윤 장군이 총리에 취임했다. 이어 국가평화유지위원회 성원 대다수가 각료로 임명되거나 정부 내 중요한 직책을 맡았다. 이는 권력 블록이 더 억압적인 독재로 회귀하는 수순 그 자체였다. 그러나 억압적인 독재 하에서 권력 블록의 자기 정당화 과정은 역설적이게도 반대세력의 정당성을 제고시키는 빌미를 제공한다. 또한 민주적 행동주의자들의 담론과 행동이 시민사회 내 고립되어 있던 집단 혹은 개인들에게 가능한 정치적 선택지로 비쳐지기 시작하면서 군부권력과 반대세력 간의 상호작용이 보다 활발했다.

쿠데타 직후 총리에 취임할 의도가 전혀 없다던 애초의 발언을 뒤엎고 총리직에 취임하기까지 한 수친다가 이끄는 국가평화유지위원회가 찻차이 정부 시기의 부정축재자로 지목했던 인물들까지 입각을 시키자 수친다를 반대하는 사회적 압력은 더욱 고조되었다. 시민연대기구인 민중민주주의운동은 국회의원들에게 국회 회기가 시작되는 4월 16일에 수친다 총리 반대와 민주주의의 죽음을 상징하는 검은색 옷을 착용할 것을 촉구했다. 4월 20일 5만~7만 명에 이르는 대중이 수친다 총리의 사임과 민선 총리를 요구하는 시위를 벌였다. 반군부 4개 정당은 친군부 5개 정당에 수친다에 대한 지지를 철회할 것을 종용했다. 그러나 군부는 반정부 시위가 소요로 발전할 경우 적당한 조치를 취하겠다고 위협했다. 민주화와 보다 억압적인 독재의 제도화라는 양 갈래 길을 두고 군부권력과 반대세력 간의 이행 게임이 격렬해지기 시작했다. 5월 5일, 잠렁이 단식투쟁에 들어서자 반(反) 수친다 집회 인원이 8만 명으로 확대되었다. 이날부터 5월 24일까지가 민주화의 성패를 가름하는 결정적인 국면이었다.

수친다가 자신의 정치적 정당성을 주장하면서 강경한 자세로 일관하는 가운데 민주적 반대세력의 일부는 국왕 끌어들이기 시도를 했다. 5월 7일, 민주주의의 수호위원회, 15개 대학·기관 연구자 모임, 시민·NGO협의회 대표 300명이 문제 해결을 국왕에게 직접 호소했다. 반대세력의 대안의 조직화가 성공적인 양상을 보이자 5월 8일 마침내 군부권력 내의 강-온파 간의 분열이 표출되었다. 온건 노선으로 선회한 친군부 5개 정당이 민선의원에서 총리 선출, 상원 권한 축소, 민선의원 출신 국회의장 선출 등을 골자로 하는 타협안을 반군부 4개 정당에 제시하고 나섰다. 마침내 친군부 5개 정당과 반군부 4개 정당 간에 헌법개정에 관한 협상이 시작되었고, 강경노선을 고수하던 수친다조차 헌법개정 문제 검토에 동의했다. 이때 수친다는 총리를 민선으로 하는 데는 합의하지만 향후 4년간의 특별 경과규정을 둘 것을 주장했다. 물론 4년간 수친다가 재임한다는 것이 특별 경과규정의 내용이었다.

협상이 시작되자 반대세력 역시 강-온파로 분열되었다. 강경파를 대표하는 잠렁은 1개월 이내 헌법개정과 조속한 발효, 특별 경과규정 배제, 수친다의 조속한 사임 등을 주장하고 나섬으로써 수친다의 제안을 수용하려는 여타 반군부 세력과 이견을 보였다. 또한 교수, 지식인 단체, NGO, '10월세대'의 일부, 신희망당, 민주당, 연대당 등이 집회의 일시 중지와 해산을 제안했지만 잠렁 등 진리의힘 당 쪽은 집회 속행을 주장했다. 결국

1992년 5월 17일, 사남루앙에 모여 수친다 군사정부에 반대하는 시위자들

잠렁이 이끄는 강경파는 집회를 계속했다. 하지만 친군부 정당들이 협상에 소극적인 자세를 보이는 등 군부세력 내에서도 강경파의 주도권이 계속되자 반대세력 내 온건파 역시 강경파 잠렁 주도의 반대시위에 다시 합류하면서 5월 14일 다양한 계층을 포괄하는 공동투쟁 조직인 민주주의연맹이 결성되었다. 이들 반대세력의 요구는 수친다 총리 퇴진, 평화적 시위 및 언론의 자유 보장 등 어디까지나 절차적 수준의 민주주의였다.

5월 15일 군사정부는 관제 시위 '전국 수친다 총리 지지 5백만인 집회'를 시도했으나 실패로 끝났다. 반면 5월 17일에 와서 반군부 반대세력의 규모는 50만 명으로 급격히 늘어났다. 군부권력과 반대세력 내 강경파가 계속 주도권을 유지하고 있는 가운데 5월 18일부터 마침내 물리적인 충돌이 벌어졌다. 군과 경찰의 발포가 시작되고 시위대 중 다수가 체포되었다. 5월 21일, 군부권력과 민주적 반대세력 간의 대립 국면이 협상 국면으로 전격적인 전환이 이루어졌다. 국왕이 협상의 중개자로 나섬으로써 군부

권력을 대표하는 수친다와 반대세력을 대표하는 잠렁 간에 타협적 협약이 성립된 것이다. 협약 내용은 ① 헌법개정·민선 총리제 제도화·잠렁 석방, ③ 3천 명에 이르는 체포자 즉시 석방, ④ 유혈사태에 대한 책임 불문 등이었다. 이에 따라 5월 23일 수친다는 군부권력과 반대세력 양쪽 진영에 대한 정치적 사면을 선포하고 다음날 24일 총리직을 사임했다. 5월 23일 사면령은 정부로서의 군부의 평화적인 퇴장을 합의한 협약이었다.

협약에 의한 민주화로서의 제2차 민주화의 특징을 살펴보면 다음과 같다. 첫째, 민주반대세력의 주역은 반군부 정당들을 포함해 다양한 계급과 계층의 이해를 대변하는 시민사회 내 자율적 결사체였다. 특히 제1차 민주화 시기에 비해 학생운동의 역할이 적었던 대신 잠렁이 이끄는 진리의 힘 당 등 반군부 정당들의 영향력이 컸다. 민주화의 주역으로서 정치사회 내 반대세력의 역할이 컸다는 의미다. 둘째, 민주화의 문턱을 앞두고 군부권력과 반대세력 내에서 강─온파의 분열이 있었다. 그러나 군부권력 내에서 협상을 추구했던 온건파 친군부 정당들이 강경파 수친다 세력으로부터 자율성을 확보하지 못하자 반대세력 내에서도 민주당 등 여타 반군부 정당으로 대표되는 온건파들이 강경파 잠렁 세력의 주도권에 휩쓸려 갔다. 이렇듯 강경파가 주도하는 군부권력과 반대세력 간의 치열한 대치가 계속되었지만 군부권력 내 또 다른 온건파인 국왕의 협상 중재로 전격적인 타협적 협약이 성립될 수 있었고 군부의 평화적인 퇴장이 보장되었다.[10] 셋째, 교육 수준과 경제적 지위가 급속히 높아진 중간계층이 반(反)수친다 시위에 대거 참여했다. 유혈사태가 일어나기 직전인 5월 17일 초저녁에 사남루엉 광장에 모인 수십만의 시위대 중 2천명에 대한 인터뷰를 행한 결과 응답자의 70% 이상이 20, 30대였으며, 거의 60%가 대졸 학력자였다. 또한 50% 가량이 민간 부문에서 일하는 이들이거나 월 1만 바트 이상의 수입원을 가지고 있었다.

신생 민주 체제의 공고화 가능성

5월 24일 수친다의 총리직 사임은 타협적 협약에 의한 정부로서의 군부의 평화적 퇴장을 의미했다. 이어 6월 4일 민선의원만이 총리직에 오를 수 있다는 조항 등 4개 조항에 대한 헌법개정안이 국회에서 통과됨으로써 타협의 제도화가 조기에 실현되었다. 수친다 퇴진 이후 아난 과도정부 2기의 등장 역시 타협의 연장선상에 있었다. 과도정부의 구성 문제를 둘러싸고 친군부 5개 정당은 자신들이 다수파이기에 정부를 구성할 수 있는 권한이 자신들에게 있다고 주장하고 나선 반면 반군부 정당들은 이미 친군부 정당들은 국민으로부터 신뢰를 상실했기 때문에 반군부 정당 진영 쪽에서 총리가 선출되어야 한다고 주장했다. 과도정부 구성을 둘러싸고 대립한 옛 군부권력 내 온건파와 민주반대세력은 결국 비민선의원이지만 국왕대리인 자격으로 프렘 전 총리가 지명한 아난 판야라춘 전 과도총리를 다시 임명하는 것에 합의했다.

아난 과도정부 2기의 출범이 타협의 주체들, 즉 정치사회 내 엘리트들 간의 합의에 의한 산물이었다면, 이른바 '정초선거'[11]라 할 수 있는 1992년 9월 총선에서 민주당의 선거 승리와 잠렁의 진리의힘 당 및 친군부 정당들의 세 약화는 타협적 협약에 의한 민주화에 대한 시민사회의 추인이었다고 볼 수 있다. 구체적으로 보면 진리의힘 당은 방콕에서 의석수가 32

석에서 23석으로 대폭 줄어든 대신 민주당은 3월 총선 때보다 35석을 더 얻어 제1당이 되었다. 물론 이와 같은 투표 결과는 전국적 수준의 정당 지지 기반과도 관련 있겠지만, 외양상으로 5월 민주항쟁 과정에서 강경파 역할을 했던 잠령 세력에 대한 부분적인 지지 철회와 오랜 역사를 갖는 정당으로서 민주항쟁 과정에서 온건파의 중심적인 역할을 했던 민주당에 대한 지지라는, 즉 군부의 재반격을 의식한 유권자들의 전술적 투표(tactical voting)였다.[12]

타협적 협약에 의한 민주화가 탄생시킨 신생 민주 체제의 공고화 여부를 좌우하는 일차적 요인은 정부로서의 군부가 아닌 제도로서의 군부의 안정화 문제다. 이 중 민주화 이후 군부가 저지른 추악한 과거를 처리하는 문제는 군부가 병영으로 퇴각하는 문제와 관련성이 높다.

민주화 이후의 타이도 예외가 아니었다. 민주반대세력들이 수친다가 공포한 사면령의 위헌성을 제기하자 6월 3일 헌법재판소는 사면령의 합헌성을 확인했다.[13] 그러자 민주주의연맹은 헌법재판소의 판결을 부정하면서 무력진압을 명령한 책임자에 대한 처벌을 요구하고 나섰다. 8월 1일, 아난 총리는 5월 유혈사태에 대한 군 지휘를 맡은 카셋 국군최고사령관 겸 공군사령관과 이사라퐁 육군사령관(당시 수도치안유지사령부대장으로 발포의 직접적인 책임자), 차이나롱 제1관구 사령관(이사라퐁의 친척) 3인을 좌천시키는 방식으로 군의 책임을 물었다. 이는 도덕적 권위를 지니는 시민사회로부터의 유혈사태 책임자에 대한 법적 처리 요구가 군부권력에 의해 타협의 테두리 안에서 부분적으로 관철된 것임을 의미했다.

귈레르모 오도넬이 권력 자원을 통제하는 권위주의적 행위자들이 건재한 가운데 권위주의체제로의 회귀를 막고 민주주의의 공고화를 추진해야

미얀마와 타이 청년들의 세 손가락 혁명

하는 신생 민주정부의 이중 과제를 언급했듯이 타이 역시 민주주의를 제한적 수준에 머물게 하는 정치적·사회적 요인이 존속했다. 다음은 1992년 제2차 민주화 이후 시점에서 타이 정치를 제한적 민주주의 수준에 묶어둔 요인들이다.

첫 번째, 지명제 상원의 존속에 따른 정치사회의 자율성이 제한받은 것을 들 수 있다. 당시 헌법에 따르면 상원은 270명으로 구성되며 국왕이 지명한다. 이는 하원 360명이 민선으로 구성된 것과 대비되며 정치사회 내에서의 완전 경쟁이 군부가 만든 헌법에 제약되고 있었음을 보여준다.

두 번째로, 제거되지 못한 군부의 정치적·경제적 영향력을 들 수 있다. 아난 과도정부의 문책성 인사조치 역시 최고위급에 한정되었기 때문에 수친다를 지지하는 세력들이 여전히 연대급, 대대급에 포진해 있었다. 병영 밖이 아닌 병영 안에서의 군의 전문성이 강조되었지만 군의 정치적 역할 옹호론과 이를 지지하는 군부세력의 물리적인 힘이 여전히 남아 있었다. 특히 중요한 것은 군부의 엄청난 경제적 토대였다. 당시 타이 군부는 적어도 150억 달러에 달하는 주요 기업들을 장악하고 있었다. 전신전화국, 타이국제항공사, 항만청, 철도청, 타이 군부은행 등이 이에 해당했다. 또 군은 뉴스 내용을 통제할 수 있을 정도로 TV 채널 4개와 200개의 라디오 방송국을 소유하고 있었다. 공식적인 군부의 자산 규모는 27억 달러였지만 이보다 훨씬 많은 은닉자금과 미등록 자산이 있는 것으로 추정되었다. 이처럼 경제 영역조차 군사화되어 있던 현실은 민주주의 공고화를 위한 탈군사화의 긴요함을 의미했다.

세 번째, 타이 정치계급의 심각한 부패 현상을 들 수 있다. 정치 계급의 부패는 시민사회 내 지배적 분파와의 유착에 따른 결과다. 또 정치 계급의 존재는 국가와 정치사회가 시민사회 내에 포진해 있는 각종 자율적 집단, 혹은 계급·계층의 이익을 균형 있게 반영하지 못하고 있음을 보여주는 증좌이자 국가와 정치사회의 시민사회에 대한 책임성의 취약을 의미했다.

네 번째, 타협적 협약에 의한 민주화는 민주화 과정에 적극적인 참여가 없었던 타이 국민의 80%에 이르는 민중 부문에는 별반 혜택을 가져다주지 못할 것으로 보였다. 민중 부문은 민주화가 부유한 중간 계층에 의해 주도되었으며, 따라서 이후의 민주주의는 민중 부문, 특히 빈농들의 이익을 고려하지 않고 기업 중심의 자유경제를 동반할 뿐인 체제로 바라보는 경향이 있었다.

이런 민주주의의 공고화의 장애물과 관련해 시민사회 세력들이 제기한 주장은 5월 민주항쟁 시의 실종자 처리 문제를 비롯해 임명제 상원 문제, 집중된 권력의 문제, 탈군사화, 사회복지 강화 등이었다. 이런 시민사회의 요구는 점진적 변혁 전략과 관련이 깊은 것으로, 제1차 민주화 시기 민주 반대세력들의 체제 변혁적 급진 성향과는 다분히 대조적이었다. 컬레르모 오도넬과 필립 슈미터의 민주화 이행 이론을 빌려 논의한다면, 기업가 집단의 이익을 위협하지 않고 진행된 타이 민주화 과정에는 민주주의의 공고화를 가로막는 권위주의체제의 잔재가 체제 전반에 누적되어 있음에도 제1차 민주화 때보다 공고화 가능성이 훨씬 높은 것으로 비쳤다.

미얀마와 타이 청년들의 세 손가락 혁명

결론

▼

타이에서 1973년의 제1차 민주화와 1992년의 제2차 민주화는 수준은 다르지만 공히 성공적인 산업화와 중간계층의 성장을 그 배경으로 하고 있었다. 또한 민주화를 앞두고 억압적인 독재가 자유화를 추진한 확장된 독재를 대체한 상태였다. 그렇다면 1973년의 경우 타협 없는 민주화, 1992년 경우 타협적 협약에 의한 민주화라는 각기 다른 이행 양식을 보인 요인은 무엇이었을까? 민주화의 문턱을 앞둔 미시적·결정적 국면에서의 각 행위자들 간의 전략적 선택의 상호작용이 직접적인 요인이 되었겠지만, 자유화 기간의 길고 짧음과 그 성패에 따른 국가−시민사회의 완충지대로서 정치사회의 유무 역시 주요한 배경 조건이 되었다.

예컨대 1973년 민주화의 경우 강경파의 주도하에 있던 군부권력이 민주화의 문턱을 앞두고 강경파−온건파로 분열되었지만 타협의 대안을 조직화할 만한 군부권력 내 온건파의 부재는 결국 타협 없는 민주화를 초래했다. 물론 이때 군부권력 내 강경파의 현상유지 전략에 최후의 타격을 가했던 것으로 군사력과 상징적 권력을 각각 장악하고 있었던 군 지도부와 국왕이 온건파에 가담한 것이 주효했다.

반면 1992년 민주화의 경우 군부권력과 반대세력이 공히 강-온파로 분리되면서 민주화의 문턱을 앞두고 온건파 간의 협상이 진행되었다는 점이 중요한 의미를 갖는다. 특히 1973년의 경우 정치사회 내 반대세력의 영향력이 부재한 가운데 시민사회 내 학생 집단 주도하에 민주화가 이루어진 반면 1992년의 경우 정치사회 내에서 반대세력이 민주화의 문턱을 앞두고 비록 강경파에 의해 각각 주도되었지만 타협을 위한 대안의 조직화를 시도하는 온건파가 형성되었다는 점에 주목할 필요가 있다. 즉 자유화 성공의 산물인 정치사회의 존재가 타협의 성립에 보다 유리한 조건을 창출했던 셈이다. 물론 군부권력 내 온건파이자 상징적 권력으로서의 국왕의 중재 역시 중요했다.

그렇다면 1992년 이후 타이 민주화의 공고화 가능성은 어느 정도였는가? 이에 대한 논의를 위해서는 무엇보다 유산된 민주주의로 귀결된 제1차 민주화(1973~1976)에 대한 검토가 필요하다. 무엇보다 제1차 민주화가 유산된 원인으로서는 체제 내 보수파와 (극단적) 급진파들 간의 영합게임(zero-sum)의 상황을 들 수 있다. 즉 정부로서의 군부를 고수하려는 군부권력 분파와 시민사회 내 타이공산당 및 그 지지 세력 간의 격돌이 인도차이나의 공산화와 맞물리면서 최고조에 이르렀으며, 결국 민주화를 지지했던 중간계층과 국왕이 우익 군부에 대한 지지로 돌아서자 제1차 민주화는 유산되었다.

반면 1992년 이후 제2차 민주화는 상대적으로 안정적인 모습을 보였다. 이는 협약에 의한 민주화에 따른 정부로서의 군부의 평화로운 퇴장과 체제 전반에 걸쳐 군부권력 내 보수파의 기본적인 이익이 침해받고 있지 않은 현실과 관련이 깊었다. 또한 인도차이나 지역 분쟁의 종식, 타이공산당의 영향력 실종, 그리고 이와 관련 깊은 급진파 이데올로기의 위기가 수반한 시민사회 내 반대세력의 점진적 변혁 노선 등은 제1차 민주화 시기의 양상과 대비되었다. 하지만 민중 부문이 활성화되었고 이들의 이익을 대변하고자 한 정당들뿐만 아니라 왕실의 권위에 도전하는 새로운 사회운동 문화가 조성되었던 1973~1976년과는 다른 양상으로 왕실이 쌓아 놓은 권위의 벽을 탁신 친나왓 포퓰리즘 정권이 넘보자 왕실-군부 동맹에 의해 2차 민주화도 실패로 끝났다.

민주화 연구를 위한

분석모형

기존 민주화 연구의 이론적 자원을 기반으로 연구하기 위한 분석모형을 구축해보자. 기존 민주화 연구는 크게 거시 분석, 미시 분석, 그리고 절충적 분석으로 분류될 수 있다.

거시 분석

거시 분석은 경제발전 혹은 산업화와 민주주의의 상관성을 경험적 수준에서 논한다. 거시 분석의 대표적인 논자인 세무어 마틴 립셋의 경우 경제발전의 정도를 부, 산업화, 교육, 도시화의 지표로 표시했다. 그에 따르면 경제발전의 파생 효과인 도시화, 교육과 문자해득률 증가, 매스컴 보급, 개인과 집단 간의 자발적인 조직화 등은 민주적인 정치의식과 정치참여를 확대시킨다. 이와 함께 그는 민주주의 체제의 중심 세력은 중간계층이라고 본다. 즉 부의 증가가 계층구조 형성과 변동에 영향을 미치는데, 특히 성장한 중간계층이 온건하고 민주적인 정당들에는 상을 주고 극단주의적인 집단들에는 벌을 주기 때문에 갈등을 조절하는 완충 역할을 한다는 것이다. 즉 민주화의 하부구조로서의 사회적 · 경제적 발전이 민주주의의 안정화를 추동하는 중간계층을 부상시킨다는 것이다.

그러나 립셋의 논의는 덩쿼트 러스터우로부터 경제발전과 민주주의의 상호 관련성과 인과관계의 차이를 명확히 하지 않음으로써 민주화의 전제조건과 결과를 애매모호하게 처리했다는 비판을 받는다. 또한 거시 분석은 민주화의 문턱에 이르는 미시적·결정적 국면에 대한 설명력이 없으며, '실패의 위기'[14]를 통로로 한 민주화를 설명하지 못한다는 비판에 직면한다.

미시 분석

미시 분석은 경제발전과 민주화가 개연적인 관계를 맺고 있을 뿐이라고 전제하면서 행위자 수준에서 민주화의 인과성을 밝히려는 의도에서 출발했다. 미시 분석은 "모든 사회적·경제적 요인과 정치적 요인이 언제나 인과적 관계를 맺는 것은 아니다"라는 문제의식을 갖는다. 미시 분석에서 구조는 행위자들의 전략적 선택을 제약할 뿐 그것을 결정하는 요인은 아니다.

민주화와 관련해서 미시분석론자들은 타협(compromise) 혹은 타협적 협약(negotiatiating pacts)에 의한 민주화를 중시한다. 타협이란 "길고 끝이 없는 정치투쟁"을 경험한 정치지도자들이 정치공동체 내의 다양한 존재 방식을 받아들이고 민주적 절차들의 제도화에 합의하는 것이다. 타협적 협약이란 상호간 조직적 자율성이나 생사가 걸린 이익에 대한 침해를 유예하겠다는 보장에 합의하는 것이다. 또한 불안한 결과를 피하고 갈등 해소를 위한 보다 항구적인 합의를 예비할 수 있는 잠정적인 해결책이다. 결국 타협과 타협적 협약은 동일 개념이라고 할 수 있다.

미시적 분석론자들은 공히 타협 혹은 협약에 의한 민주화(pacted democratization)의 안정성을 강조한다. 이들에 따르면 협약 없는 민주화(democratization without pacts)는 대개 군사정부의 재등장으로 붕괴되었으며, 따라서 권위주의 체제 내의 권력 블록과 반대세력 간의 비영합(non-zero sum) 게임이 민주화에 기여했으며 또한 그럴 수 있다고 본다. 협약은 권력 블록과 반대세력 각각의 전략적 이익의 최적 지점이다. 이와 관련해 이들은 권력 블록 내부의 강경파(보수파)와 온건파(개혁파)의 분열, 반대세력 내부에서의 온건파와 강경파(급진파)의 분열을 중시하고, 민주화의 문턱을 앞둔 미시적·결정적 국면에서 권력 블록 내의 온건파와 반대세력 내의 온건파 간의 타협적 협약의 가능성과 그 경로를 제시한다.

우선 협약에 의한 민주화에 이르기 위한 전제로 자유화가 있다. 자유화는 권력 블록 내 온건파(개혁파)가 주도하는 통제된 정치적 개방으로부터 시작된다. 달리 표현하면 권위주의체제(현상유지 독재)에서 자유화된 권위주의체제(확장된 독재)로의 이행이다. 그러나 자유화가 반드시 민주화로 이어지는 것이 아니라 역전될 수도 있다. 즉 자유화된 권위주의체제(확장된 독재)가 권위주의체제(보다 억압적인 독재)로 회귀할 수 있다.[15] 민주화의 유산(流産)을 예방하기 위해서는 군부의 권력으로부터의 평화로운 퇴장이 보장되어야 한다.

이들 미시분석론자들이 공히 제안하고 있는 협약에 의한 민주화는 로버트 카우프만의 용어를 빌리면 중도우파 대안론(center-right alternatives)이다. 다시 말해 권력 블록과 반대세력 간의 상호작용 속에서 협약에 의한 민주화는 중도우파 정부를 수반하며, 이때의 중도우파 정부가 비록 대중의 이익을 배제할 가능성이 높으나 민주화의 성공 가능성은 어느 민주화 양식보다 높다는 것이다.

미시 분석은 이행 양식과 신생민주체제[16] 공고화 간의 상관성에 타당성 있는 함의를 제기하고 있다. 하지만 방법론상 다음과 같은 문제점을 갖고 있다. 먼저 미시 분석은 구조적인 요인을 고려하면서 거시분석이 도외시하고 있는 미시적·결정적 국면에서의 행위자들의 선호와 행위까지 설명하겠다는 의도로 출발했으나 행위자들에게 놓여 있는 선택구조에 영향을 미치는 거시적·구조적 요인에 대한 설명이 취약하다. 이는 다분히 형식적이고 비역사적인 게임이론에 근거한 추상적인 분석과 관련되며, 스스로를 완벽한 이론 체계로까지 비약시키고 있는 것도 동일한 맥락에서 기인한 것이다. 따라서 미시 분석은 보다 많은 역사적 경험을 근거로 강화되거나 수정되어야 할 것이다.

또한 권력 블록과 반대세력 내에서의 강경파(보수파)-온건파(개혁파), 온건파-강경파(급진파) 등의 유형화가 전략적 수준에 해당하는 이데올로기의 차이에 따른 것인지, 단순히 미시 국면에서 전술적인 수준에 해당하는 선택의 양식에 따른 것인지가 불분명하다는 점을 지적할 수 있다. 이와 관련해 이들 논의의 핵심인 타협적 협약 개념이 문제가 된다. 게임이론상에서 타협적 협약은 개인적으로는 차선(second best)이지만 집단적으로는 최적의 해결(optimal solution)을 가리킨다. 그런데 민주화 과정을 게임으로 볼 때 여기에는 다수의 행위자들이 참여하며, 이들을 선택 양식의 차이에 따라 강-온파로 구분하면 다양한 행위자들의 전략적 이익의 통일성을 확보되지 못함으로써 협약 개념의 엄격한 적용이 어려워진다.

그리고 권력 블록 내 온건파와 반대세력 내 온건파 간의 협약 성립이 불확실한 상황에서 오도넬과 슈미터가 주장하듯이 권력 블록과 반대세력 내의 강경파의 존재가 협상을 방해할 수도 있지만, 강경파가 이들의 의도와는 상관없이 온건파 간의 협상을 강요하는 행위자가 되거나 온건파의 협상력을 높여줄 수 있음을 지적할 수 있다. 또한 불확실성과 비결정성으로 특징되는 이행 과정에서 협약 성립을 게임이론의 맥락에서 살펴볼 때, 일회적 죄수의 딜레마(one shot prisoner's dilemma)로부터 협상 게임(bargaining game)으로 나아갈 수 있으나 역학관계가 복잡하게 응축되어 있는 정치적 영역의 특성 때문에 반복적인 죄수의 딜레마(iterated prisoner's dilemma)로부터 협상 게임으로 나아갈 확률이 더 많을 수 있다. 따라서 게임이론상 협약의 성립을 정치학적 방법론으로 수용할 경우 불가피하게 거시적·역사적 맥락에서 행위자들의 역사적 학습(historical learning)을 공히 고려할 수밖에 없음을 지적할 수 있다. 이외에도 주요 개념의 내포와 외연에 대해 미시분석론자들 간의 일치가 이루어지지 못하고 있는 점도 또다른 약점이 될 수 있다.

절충적 분석

절충적 분석은 거시 분석과 미시 분석의 결합을 시도한 이론을 가리키는데, 사무엘 헌팅턴과 알프레드 스테판의 논의를 들 수 있다.

우선 사무엘 헌팅턴은 중간 수준의 경제발전을 이룬 나라들이 민주주의로 이행지대를 형성하고 있음을 경험적으로 발견해낸다. 이때 이행지대는 소득지대로 환원된다.[17] 이행지대는 셀리그손의 "민주주의에 필요한 경제적 문턱"(economic threshold for democracy)에 대한 헌팅턴의 대안적 개념이라고 할 수 있다. 이외에도 헌팅턴은 1974년부터 현재에 이르고 있는 제3의 민주화 물결의 일반적 원인으로 민주적 발전을 지지해주는 유럽공동체(EC), 미국, 소련 등의 외교 정책, 민주화를 주도하는 국가의 등장과 이에 따른 눈덩이 효과를 들고 있다. 헌팅턴은 그러나 이런 일반적인 요인들이 민주화에 유리한 조건을 창출할 뿐 민주화를 필연적인 것으로 만들지는 못한다고 본다. 즉 민주주의는 원인에 의해서가 아니라 원인을 만드는 행위자에 의해 만들어진다는 것이다. 헌팅턴이 거시 분석과 미시 분석을 절충하는 지점이 여기다. 헌팅턴은 민주주의를 만드는 행위자들의 동태를 중심으로 민주화를 위로부터의 민주화, 아래로부터의 민주화, 타협적 협약에 의한 민주화로 유형화한다.

헌팅턴의 논의는 민주화의 문턱이 형성되는 과정에서 경제 · 사회 발전 및 국제적 조건 등의 거시적 구조 요인과 정부 진영과 반정부 진영, 개혁파와 보수파, 극단적 급진와 민주적 온건파 간의 상호작용이라는 미시적 행위자 요인을 동시에 고려했다는 점에서 진일보한 분석모형이라고 할 수 있다. 하지만 그도 인정하고 있듯 위로부터의 민주화와 타협적 협약에 의한 민주화의 경계선이 애매모호하다는 점을 문제점으로 지적할 수 있다. 또한 그의 국제적 조건에 대한 언급에서 팍스 아메리카나, 즉 미국을 절대선으로 전제하는 평가의 문제를 지적할 수 있다. 마지막으로 민주화의 거시 요인과 미시 영역의 행위자의 전략적 선택을 매개하는 중간 수준의 정치적 영역에 대한 분석 개념이 부재하다는 점을 지적할 수 있다.

한편 알프레드 스테판의 방법론은 정체(polity)의 구성요소이자 구조 및 행위의 복합 영역으로서의 국가, 정치사회, 시민사회를 발견해냈다는 점에서 절충적이다. 스테판에게 국가란 정부 이상의 그 무엇으로, 지속성 있는 행정, 관료, 억압 체계다. 정치사회는 정당 간의 정치적 경쟁이 이루어지는 영역이다. 시민사회는 다양한 사회운동과 모든 계층으로부터 나온 시민조직들(변호사 단체, 언론인 단체, 노조, 기업가 단체)이 그들의 이익을 내세울 수 있는 영역이다.

이와 관련해 스테판의 민주화 개념에서 정치사회가 핵심적이다. 즉 그는 완전한 민주화란 정치사회가 포함되어야 하고, 민주주의의 구성과 공고화는 민주적인 정치사회의 핵심적인 제도들, 예컨대 정당, 선거, 선거법, 정치지도자, 당내 동맹 관계, 입법 등에 관한 진지한 사고와 행동을 수반해야 한다고 본다. 안토니오 그람시가 정치사회를 국가의 시민사회에 대한 지배의 통로로 바라본 반면 그는 정치사회를 시민사회의 국가에 대한 견제와 요구를 관철할 수 있는 민주주의의 핵심적인 영역으로 보았다.

이외에도 스테판은 경험적 수준에서 이행의 하위 과정으로서 자유화와 민주화에 대한 정의를 내리고 있다. 우선 그는 자유화를 사회적 변화의 혼합을 수반하는 것으로 본다. 가령 언론 검열 완화, 자율적인 근로 계층 활동 조직 기회의 증대, 개인에 대한 인신보호 영장과 같은 법적 장치의 재도입, 정치범 석방, 정치 망명자들의 귀국, 소득재분배 조치, 그리고 가장 중요하게는 정치적 반대에 대한 인내를 꼽고 있다. 반면 민주화란 자유화를 내포하지만 그보다는 폭넓고 보다 구체적인 정치적 개념이다. 민주화는 정부를 장악할 권리에 대한 존중과, 이와 같은 맥락에서 개방된 경쟁이 보장되며, 이는 또다시 누가 정부의 주인이 되는가를 둘러싼 경쟁의 결과를 중시하는 자유선거를 요구한다. 즉 스테판에 따르면 자유화가 자율적 결사체의 활동을 일정하게 보장하는 등의 시민사회 영역의 문제라면, 이보다 진전된 민주화는 정당들의 정상적 활동 보장 등 정치사회 영역의 문제다.

스테판의 국가, 정치사회, 시민사회 개념은 구조와 행위를 매개하는 정치적 영역을 분석하는 데 유효한 발견적 도구로서 가치를 지닌다. 하지만 스테판의 국가－정치사회－시민사회 분석모형은 다음과 같은 한계를 지닌다. 우선 경제발전(산업화), 혹은 국제적 조건이 구조 및 행위의 복합 영역인 국가－정치사회－시민사회의 관계, 혹은 각각의 지형(terrain) 변화에 미친 영향을 고려하지 못하고 있다. 또한 역사 경험으로 볼 때 자유화는 제한적인 수준이지만 정치사회의 복원까지 포함한다는 점이다.

민주화 이론을 둘러싼 미시 분석과 거시 분석에 대한 비판적인 검토를 통해 양 이론의 차별성을 부각시키고 절충적 분석의 성과와 한계를 살펴보았다. 이제 이들 각 이론들간의 동일성을 검토해보자.

각 이론들 간의 동일성과 분석모형 구축

우선 이들 각 이론이 명시적으로 합의한 민주주의란 정치시장 내에서의 자유경쟁을 보장하고 국가에 대한 시민사회의 견제가 보장되는 체제다. 이런 민주주의에 대한 정의를 최소주의적 정의 혹은 민주주의에 대한 결과 지향적 개념화와 차별화된 절차론적 정의라고 한다.[18]

다음으로 이들 각 이론이 논의 과정에서 보이는 동일한 함의를 들 수 있다. 이들은 공히 민주주의로의 점진적 접근의 현실성을 주장하되, 거시 분석은 그 추진력을 중간계층의 성장에서, 미시 분석은 권력 블록과 반대세력 간의 타협 혹은 협약에서 찾고 있다. 또한 절충적 분석을 시도하는 스테판의 경우에는 정치사회에서 찾고 있다. 이들은 중간계층, 협약, 정치사회라는 완충지대를 매개로 한 점진적 이행의 성공 가능성을 논한다.

지금까지 검토한 민주화 연구의 이론적 자원을 바탕으로 주요 개념에 대한 정의와 분석모형의 구축을 시도하고자 한다. 먼저 민주주의는 정치시장에 대한 보장이 이루어지고 정치사회를 주된 통로로 시민사회가 국가에 대한 견제와 요구를 취할 수 있는 체제다. 이때 국가, 정치사회, 시민사회 개념은 앞서 기술한 알프레드 스테판의 정의를 따르되, 정치체제와 국가, 그리고 정부를 구분한다. 먼저 체제란 국가와 정부보다 상위의 개념으로 국가권력과 그 권력의 행사가 특정방식으로 조직되는 규범적·제도적 틀을 가리킨다. 반면 정부란 주어진 체제의 규범적·제도적 틀 안에서 국가권력을 실질적으로 관장하고 행사하는 일군의 관리집단, 즉 구체적으로 통치력을 행사하는 행위자의 성격을 갖는 것으로 국가의 하위개념이다.

이행(transition)은 하나의 정치체제와 다른 정치체제 사이의 막간이다. 즉 미시 분석의 용어에 따르면 자유화 혹은 정치적 개방이 시작되는 시점으로부터 신생 민주체제가 공고화(consolidation)되는 시점까지를 의미한다. 권위주의체제의 붕괴를 계기로 자유화가 종료됨과 동시에 민주화가 시작되는 것으로 본다. 즉 이행은 자유화와 민주화를 포괄하며, 민주화는 정부로서의 군부 퇴장→민주정부 수립→민주정부의 안정된 재생산 단계를 의미한다.

거시 분석과 미시 분석, 그리고 절충적 분석을 동시에 고려하면서, 민주화 연구를 위해 다음과 같이 주요 분석적 개념을 구축하고자 한다. 즉 국제 체제와 관련을 맺고 있는 장기 지속적 요인인 거시경제 부문의 발전은 국가를 견제하는 시민사회, 정치사회의 성장을 수반한다. 이는 다시 미시 국면에서 전략적 이익을 둘러싼 행위자들 간의 동태적 상호작용을 통한 자유화, 민주화의 가능 조건을 마련한다. 즉 구조적 변수로서 경제발전 혹은 산업화와 국제 체제적 조건은 구조 및 행위의 복합적 영역인 시민사회와 정치사회 영역이 성장하는 충분조건은 아니더라도 필요조건이라는 점을, 그리고 행위자의 전략적 선택과 권력 블록─반대세력

등 사이의 역학관계에 국가-정치사회-시민사회의 관계와 각개 지형의 특수성이 변수로 작용한다는 것을 의미한다. 이때 국가와 정치사회, 시민사회는 선택의 양식(appearance of choice)에 따라 강경파와 온건파로 구분되는 개별 행위자 및 집단을 포함하고 있다.

또한 이데올로기적 차이에 따라 권력 블록 내의 행위자를 보수파-개혁파, 반대세력 내의 행위자를 개혁파-급진파로, 선택 양식을 협상에 대한 태도로 한정하면서 협상에 대한 찬성파와 반대파를 온건파와 강경파로 각각 정의할 수 있다.

이때 협상에 대한 태도와 이데올로기적 성향은 인과적 관계를 갖기보다는 선택적 친화력을 갖는 것으로 볼 수 있다. 보수파와 급진파의 온건화 가능성을 열어두면서, 권력 블록과 반대세력 내의 개혁파는 온건파로, 권력 블록 내의 보수파와 반대세력 내의 급진파는 강경파로 각각 전화될 가능성이 높음을 의미한다. 이런 행위자들 간의 상호작용 속에서 권위주의체제는 현상유지 독재로부터 확장된 독재로 자유화의 경로를 취하거나 혹은 확장된 독재로부터 보다 억압적인 독재로 퇴행하는 등의 전진과 지체, 혹은 역전 과정을 거치면서 보다 억압적인 독재혹은 확장된 독재에서 제한적 민주주의로 이행한다. 이때 협약에 의한 민주화란권력 블록과 반대세력이 거리에서의 폭력적 대결이 아닌 정치사회 내에서의 경쟁을 통해 갈등을 해결할 것에 합의함으로써 이루어지는 민주화를 가리킨다. 한편 봉기에 의한 이행은 협약 없는 민주화가 된다.

1. 반군은 다름아닌 타이공산당(CPT) 세력으로서 마오이즘을 추종하면서 타이를 '미제국주의의 반봉건적 식민지'로 규정하고 정부의 전복과 인민정부의 수립을 겨냥했다.
2. 군사정부가 취한 자유화의 한계를 시험해보려는 인권운동가, 지식인, 예술인 등의 행위자들을 가리킨다.
3. 1952년 사법령(Juctice Act of 1952)에 따라 대법원장은 국내의 모든 재판을 통할했다.
4. 타닌 끄라비치엔은 대법관 출신으로서 국왕에 의해 임명된 극우 반공주의자였다.
5. '1978년 헌법'은 민선하원의 길을 열었지만 1991년 쿠데타에 의해 폐기되기 전까지 총리 및 각료가 민선의원이 되어야 한다는 규정은 없었다.
6. 국가경제사회개발청의 전신은 1961년 사릿 총리가 세계은행의 권고를 받아 설립한 국가경제개발청(NEDB)이며, '5개년 계획'을 입안·실시했다.
7. '1978년 헌법' 이후 지명제 상원 의석의 약 80%를 군부 출신이 점했다. Derek Tonkin., 1990. "The Art of Politics in Thailand", Journal of the Royal Society for Asian Affairs, October, p.287.
8. 타이는 북부, 중부, 북동부, 남서부 등 4개 지역과 76개 도로 구성되어 있다.
9. 타이어로는 비정부기구가 아닌 '민간개발단체'라고 일컫는다. 이들은 군부의 활동과 정부 주도의 개발정책에 비판적이면서 '자신의 힘에 의한 개발'을 주장한다. ibd., p.15.
10. 국왕은 '협약'의 성공을 가져오기 전까지 3, 4회에 걸쳐 권력 블록과 반대세력 양쪽에 타협안을 제시한 것으로 알려졌다. 즉 수친다 쪽에는 헌법의 조기 개정을 주문하고 잠렁 쪽에는 국회 해산→총선→민선 총리 재선출 가능성을 타진했다. NEWSLETTER: Thai Development, no.21, 1992, p.210.
11. '정초선거'란 민주화 과정에서의 권력 블록 내 온건파와 반대세력 내 온건파 간의 민주적 협상에 따른 정치적 결과물로서 권위주의체제 이후 새시대를 여는 선거다.
12. 7월 2일 민주당은 자신들을 비롯한 반군부 정당들은 5월 8일 잠렁이 시위대를 왕궁 앞 광장으로 이동시키려는 것에 반대했다는 성명을 냄으로써 진리의힘 당의 강경파적 이미지와 대비해서 자신들의 온건한 이미지를 부각시켰다.
13. 헌법재판소는 비상시에 정부가 절차를 밟지 않고 국왕의 인준을 받아 긴급명령을 발효할 수 있다는 1991년 헌법 제172조에 근거해서 수친다가 공포한 사면령의 적법성을 주장했다.
14. 산업화의 실패가 민주화를 가져오는 경우를 지칭하는 것으로서 장기적 관점에서 볼 때 산업화의 성공이 민주주의를 수반한다는 '성공의 위기'의 반대 개념이다. 임혁백, 〈민주화 비교 연구 서설〉, 서울대 한국정치연구소, 《한국정치연구》 제3호, 1991.
15. 아담 쉐볼스키에 따르면 '현상유지 독재'란 자유화의 담당자가 권력 블록 내에서 만족하고 있는 경우, '확장된 독재'란 시민사회가 체제 내로 포섭된 경우, '보다 억압적인 독재'란 시민사회의 활성화가 계속되면서 강경파의 억압 정책에 권력 블록 내 자유화 담당자가 동의할 경우를 각각 가리킨다. '봉기'는 강경파의 억압정책이 실패할 경우, 민주주의로 '이행'은 '자유화

의 담당자'가 개혁파로 변신할 경우에 각각 이루어진다. Przeworski, Adam., 1991. Democracy and the market—Political and economic reforms in Eastern Europe and Latin America,uud, Cambridge: Cambridge University Press, pp.61-63. '봉기'를 통한 이행은 1973년 타이에서 있었던 제1차 민주화가 이에 해당한다.

16. 신생민주체제에는 불가피하게 과거 주요한 권위주의적 유산들이 혼합되어 있다. Weffort Francisco C., 1992. New Democracies, Which Democracies?, Latin American Program, Working Papers, p.2.

17. 헌팅턴은 1974년부터 시작되는 제3의 민주화 물결에서의 '이행지대'가 1인당 GNP 1천~3천 달러였음을 언급했다. Huntington, Samuel P., The Third Wave, London: Univ. of Oklahoma, p.62.

18. 메인웨어링은 1980년대에 와서 민주주의에 대한 절차론적 정의가 지배적으로 되었다고 하면서, 이는 1960~1970년대 '부르주아 민주주의'와 같은 결과 지향적 정의를 대체한 것으로서 조셉 슘페터와 로버트 달의 민주주의(폴리아키)에 대한 정의의 연장으로 본다. Mainwaring Scott., 1992. "Transitions to Democracy and Democratic Consolidation: Theoritical and Comparative Issues", Scott Mainwaring et al.,eds. Issues in Democratic Consolidation: The New South American Democracies in Comparative, pp.296-297.

맺는말

불균등 속도의 아시아

탈식민화에 성공한 아시아는 분명히 그 변화의 속도를 달리하는 불균등 속도의 아시아(multi-speed Asia)다. 1980년대 들어와 이런 속도의 차이에도 불구하고 많은 아시아 지역에서 국가민족주의가 시민사회의 도전을 받는다. 한편으로 국가로부터의 자율성과 독립성을 추구하는 시민사회의 도전이 하나의 보편적 현상이 되었지만, 다른 한편으로 냉전 시기 대립하던 양 진영의 이면에 공통적으로 놓여 있던 국가민족주의가 전면에 부각되는 역설적인 양상이 나타났다.

국가민족주의의 문화상대주의는 역사, 문화, 종교의 차이를 들어 상대주의적 인권관과 민주주의론을 주장하고, 인권과 민주주의에 대한 보편적인 접근을 제국주의적 시각으로 낙인찍는다. 이 책이 다룬 경험적 사례들은 이에 대한 반박이기도 하다. 마이클 프리먼에 따르면, 민주화를 강제된 질서(imposed oeder)로부터 갈등의 조절(regulated conflict)로의 이행으로 정의할 수 있는데, 민주주의 전통이 없거나 취약할수록, 경제적 어려움이 클수록, 그리고 갈등의 골이 심한 다민족 사회일수록 민주주의를 통한 갈등 조절에 실패할 가능성이 높다. 이때의 민주주의는 공존을 전제로 하는 공화적 민주주의다. 그런 점에서 정치적 부족주의를 부추기는 포퓰리즘은 공화적 민주주의와 거리가 멀다. 타이에서의 탁신 포퓰리즘은 타이 남부 무슬림 지역 차별 문제를 악화시켰고, 미얀마에서의 수지 포퓰리즘은 로힝야 인권 문제를 국제적 사안으로 만들었던 것이다. 두 나라에서 공히 포퓰리즘이 정치적 불안 요인이 되었지만, 민족 간 불신 문제가 더 심각했던 미얀마에서 민주주의의 미래는 더 불확실해졌다.

　　　　　　　　　　　　　미얀마와 타이 청년들의 세 손가락 혁명

〔표-1〕 미얀마와 타이의 정치 군부와 시민사회 간 상호관계

그러나 이런 구조의 제약을 극복하는 힘은 개별적 · 집단적 의지에서 나온다. 〔표-1〕은 국경을 마주하고 있는 미얀마와 타이가 국가와 시민사회 수준에서 긍정과 부정의 영향을 서로 주고받았음을 보여주고 있다. 한 나라의 군부 쿠데타가 다른 나라의 쿠데타에 영향을 주었고, 한 나라의 불복종운동은 다른 나라에서 불복종운동이 일어나는 계기가 되었다. 포퓰리즘 정치도 마찬가지다. 물론 이는 견고한 사실이라기보다는 어느 정도는 상상력에 기초한 추론에 바탕을 둔 것이지만, 이웃효과(neighbor effects)의 원리를 고려할 때 현실의 역동적 측면을 포착할 수 있다.

이 책은, 특히 포퓰리즘의 본질인 정치적 부족주의에 의존한 민주주의의 한계와 이 한계를 넘어 명실상부한 민주주의를 만들어가는 두 나라 청년들의 불복종운동의 역사적 배경을 드러내고자 했다. 명실상부한 민주주의는 자유주의와 공화주의를 전제로 한다. 이들 두 나라의 기득권 세력에게 자유주의 혹은 공화주의는 불온한 용어다. 반면 포퓰리즘은 비자유주의적

국가민족주의와 친화력이 높다. 정치 지도자들은 겉으로는 포퓰리즘을 비난하면서도 스스로는 강고한 지지층을 갖는 포퓰리스트가 되고자 한다. 그리하여 포퓰리즘은 탈식민화 과정에서, 새로운 민족국가를 만들어가는 과정에서 유효한 정치적 이념이자 기제로 자리잡았다.

〔표-2〕 아시아에서의 국가민족주의의 정치체제 유형

	미얀마 군부(네윈/탄쉐)	타이 군부(사릿/프라윳)	한국 군부(박정희)
공통점	· 버마식 사회주의/규율민주주의(비자유민주주의) · 국가안보 · 국가질서의 수호자 자처 · 국민의 부모를 자처	· 타이식 민주주의(비자유민주주의) · 국가안보 · 국가질서의 수호자 자처 · 국민의 부모를 자처하는 왕실 호위	· 민족적 민주주의/한국적 민주주의(비자유민주주의) · 국가안보 · 국가질서의 수호자 자처 · 충과 효 강조
차이점	폐쇄경제/고립외교	개방경제/준(準)개방외교	준(準)개방경제/진영외교

탈식민화 과정에서 동아시아 지역에서는 위로부터 국가에 의해 강제된 질서(imposed order)가 부과되었다. 이 질서는 〔표-2〕가 보여주듯 비자유주의적 질서였다. 물론 비자유주의적 질서라도 도덕적 권위의 양에 비례해 동의 구조가 형성될 수 있다. 이 지역에서 포퓰리즘 정권은 기본적으로 강제된 질서에 대한 복종을 이끌어낼 정도의 도덕적 권위를 갖추고 있었다. 이른바 헤게모니적 지배다. 그러나 포퓰리즘은 배타적인만큼 저항을 불러일으킨다. 강제된 질서에 대한 자발적 복종이 있는 만큼 불복종의 정치 역시 존재하게 된다. 대항 헤게모니의 조직화가 시작되는 지점이다.

타이의 국왕-군부 동맹 체제의 도덕적 권위의 양은 미얀마의 네윈 군부 체제에 비해 우위에 있었다. 타이에서는 국왕의 도덕적 권위와 군부의 강제력이 동맹을 맺고 헤게모니적 지배를 구축했다. 반면 '버마식 사회

미얀마와 타이 청년들의 세 손가락 혁명

주의'를 내걸었던 네윈 군부 세력은 집권 초기부터 도덕적 권위를 상실했다. 강제력은 극대화되었고 도덕적 권위는 극소화되었다. 타이 군부가 살아 있는 국왕의 도덕적 권위에 의지해 군림했다면, 미얀마 군부는 신식민주의 담론을 활용했다. 그리고 과거 강력한 왕국을 건설했고 불교를 수호했던 국왕들을 소환해 마치 자신도 그들과 같은 왕처럼 행세해 도덕적 권위를 얻고자 했다. 그럼에도 불구하고 네윈을 비롯한 군부 지도자들은 도덕적 권위를 확보하지 못했고 자발적 복종을 이끌어낼 수 있는 포퓰리스트가 되는 데 실패했다.

이들은 청년들이 주축이 된 시민사회의 도전을 받아야 했고, 그때마다 보다 억압적인 체제로 나아갔다. 도덕적 권위를 상실한 비자유주의적 권력은 언젠가는 붕괴될 수밖에 없다. 1988년, 26년간 집권했던 네윈 군부 체제가 무너진 것이 이를 뒷받침한다. 그러나 다른 정치군인들이 등장해 도덕적 권위가 없는 비자유주의적 체제를 2010년까지 유지했다. 2011년 3월에 출범한 테인세인 유사 민간정부는 전격적인 정치적·경제적 개방과 함께 도덕적 권위를 쌓기 시작했다. 국제사회도 지지를 보냈다. 그러나 2015년 총선에서 테인세인을 내세웠던 군부는 참패했다. 반세기 동안 지속되었던 군부의 헤게모니 없는 지배의 그림자는 테인세인 유사 민간정권의 성과를 압도하고도 남을 정도로 길게 드리워져 있음이 입증되었다. 아웅산 수지의 도덕적 권위에 맥을 못 추었다.

NLD 집권 기간 동안 로힝야 문제로 인해 수지 포퓰리즘의 배타성이 부각되었음에도 불구하고 군부 세력은 2020년 총선에서도 지지를 이끌어내지 못했다. 군부는 수지 포퓰리즘이 그들의 목을 죄어 온다고 느꼈다. 민아웅 흘라잉이 이끄는 군부는 위기 탈출의 방식으로 2020년 11월 총선이 부정선거였다는 설득력 없는 핑계를 대고 2021년 2월 1일 쿠데타를 일으켰다. 설사 총선 자체와 총선 이후 과정에서 NLD의 비타협적 태도에 문제가 있었더라도, NLD가 승리한 1990년 5월 총선 결과를 무시했으며 2015년에는 친군부 세력만으로 총선을 치른 군부가 할 말은 아니었다. 2021년 2월 22일, 도덕적 권위를 모두 상실한 군부의 폭거에 미얀마 전 국민은 불복종운동에 나섰다. 8888민주혁명에 이은 2222항쟁이었다. 미얀마 청년들이 세 손가락 경례 퍼포먼스를 보이며 앞장섰다.

　타이 청년들의 불복종운동이 대중적 지지를 받기 시작한 시점도 도덕적 권위가 취약한 와치라롱껀이 왕위에 오르면서부터다. 왕실 권위에 의지하던 타이 군부로서도 타격이었다. 이런 맥락에서 2020년에 군사정부는 금기였던 왕실 개혁을 외친 청년들에 대한 전면적인 탄압을 자제했다. 2023년 총선에서는 청년들의 전폭적인 지지를 받는 까오끌라이당이 한때 '88세대'의 지지를 받았던 친탁신계 프어타이당을 누르고 제1당이 되었다. 무엇보다도 반탁신 성향의 방콕 유권자들 대부분이 까오끌라이당을 지지했다. 1992년 수친다 군부에 반대하는 대규모 시위에 방콕 시민들이 대거 참여한 이래 30년 만에 반군부 정치 성향을 보여준 것이다. 친군부 정당들은 총선에서 볼품없는 성적을 내며 왜소해졌다. 타이의 정치군인들은 미얀마 정치군인들과는 달리 점진적인 퇴각을 선택했다. 까오끌라이당은 선거 과정에서 독점 개혁, 군 개혁, 지방분권 개혁과 함께 국왕모독죄에 해당하는 형법 112조의 개혁을 전면에 내세웠다. 지방분권화 의제와 관련해서는 타이 남부 무슬림 지역을 포용할 수 있는 탈중앙집권적 행정 개혁이 기대되었다. 타이 남부 지역 무슬림들을 무시하는 차별 발언을 한 당사자가 포퓰리스트 정치인 탁신 친나왓이었다.

　　　　　　　　미얀마와 타이 청년들의 세 손가락 혁명

포퓰리즘, 국가민족주의, '아시아적 가치'

포퓰리즘은 강성 지지층을 동원해내는 만큼 포퓰리스트를 혐오하는 세력도 양산한다. 포퓰리즘은 한 사회를 극단의 정치로 몰아간다. 사회가 포퓰리스트에 대한 지지와 반대로 나뉘면서 정치적으로 양극화된다. 이때 포퓰리즘에 동원되는 이데올로기가 민족주의 혹은 애국주의다. 민족주의와 국가주의가 양립하면서 국가민족주의가 생산되고, 포퓰리즘의 한 양태로 자리잡는다. 수지 포퓰리즘을 전복한 군부 쿠데타의 배경에 로힝야 무슬림 소수민족 문제가 있었고, 탁신 포퓰리즘을 전복한 군부 쿠데타의 배경에는 타이 남부 무슬림 소수민족 문제가 있었다.

미얀마와 타이 청년들이 주도한 불복종운동은 배타적 국가민족주의를 옹호하는 '아시아적 가치'에 대한 도전이기도 하다. 국가민족주의로서의 관주도 민족주의를 깊이 들여다본 저명한 동남아시아 연구자 베네딕트 앤더슨은 대표적인 관주도 민족주의로 타이의 라마 6세 와치라웃 국왕 통치 시기를 들었다. 와치라웃은 서구 민주주의의 유입을 부정적으로 보면서 타이 사회에는 뇌수와 같은 국왕의 존재가 불가피함을 주장했다. 서구문화와 체제를 부정하는 문화적 상대주의의 입장을 일찌감치 띄운 것이다.

리콴유는 싱가포르가 경제 강국으로의 비상에 성공하자 이를 배경으로 문화 상대주의의 전형인 아시아적 가치 담론을 띄웠다. 아시아적 가치는 탈식민화 과정에서 좌·우파 국가를 막론하고 공통적으로 포착되는 국가민족주의의 한 유형이다. 서구를 적대시하면서 비서구에 대한 서구의 왜곡된 시선을 의미하는 오리엔탈리즘을 비난하지만, 역으로 서구에 대한 왜곡된 시선에 갇히는 모습을 보인다. 여기서 자유민주주의는 서구에나

적합한 민주주의로 간주되고 아시아의 역사·문화 특수성에 맞는 '아시아식 민주주의', '우리식 민주주의'가 옹호된다. 수호자주의, 충·효와 같은 전통적 개념이 소환된다. 미얀마와 타이 군부가 각각 만들어낸 버마식 사회주의, 규율민주주의와 타이식 민주주의가 이에 해당한다. 남한 박정희 군정 시기의 민족적 민주주의·한국적 민주주의, 인도네시아의 수카르노 집권 시기의 교도민주주의도 같은 맥락에 있다.

진영을 넘어 국가민족주의의 대유행

1961년 5월 16일 군부 쿠데타 이후 박정희 군부 세력이 띄운 정치담론이 민족적 민주주의였다. 이들은 윤보선을 지도자로 한 민정당이 내세운 자유민주주의는 남한 상황을 고려하지 않고 무분별하게 수입한 외국의 정치

1964년 민족적 민주주의 장례식

미얀마와 타이 청년들의 세 손가락 혁명

이념일 뿐이라며 비판했고, 그 대안으로 민족적 민주주의를 내세웠다. 학생들은 한일회담 반대 시위 때 박정희 정부에 반대하는 의미로 민족적 민주주의 장례식까지 치렀다.

1950년대 이후 《사상계》는 한국 사회의 사상과 관련한 좌담회를 1952년, 1962년 두 번에 걸쳐 개최했다. 첫 번째 좌담회에 참석한 김기석[1]은 공산주의와 민주주의가 모두 서구 사상으로서, 공리주의적 원리를 따른다는 점에서 본질적으로 큰 차이가 없으며, 제1·2차 세계대전은 공리주의적 사상이 만들어낸 인류의 대참화이기에 공리주의적 사상은 대체되어야 할 대상이라고 주장했다. 그는 이를 대신하는 새로운 시대 이념으로 동양적 순수 이념을 제시하면서 한국 민족의 지도 이념이자 고유한 전통인 협동체 정신과 가족체 정신을 들었다.

반면 김기석의 관점에서 5·16은 여러 병폐에 찌든 병든 민족성을 경유해, '인간성 혁명'과 '민족성 혁명'을 달성하는 적극적인 계기로 평가된다. 그가 볼 때 민족성의 후진성을 탈피하고, 국민성을 향상시켜야 한다는 공표는 그 자체로 국가 통치술의 당위가 된다. 식민 지배로부터 정치적으로 독립, 해방되기 위한 '주권회복내셔널리즘'이 일차적 해방의 수단이라면, '빈곤탈피내셔널리즘'은 경제적 자립과 생활수준의 향상이라는 이차적 해방의 수단이 된다.[2] 이승만 정권 시기부터 "뭉치면 살고 흩어지면 죽는다"는 국민의식을 고취시키는, 이른바 위로부터의 국민 계몽운동이 추진된 바, 박정희 군정 시기에는 이것이 개발주의의 동의 구조를 만드는 데 적극적으로 활용되었다. 이런 빈곤탈피내셔널리즘은 개발도상국의 경우 산업화와 민주화라는 두 마리의 토끼를 동시에 잡을 수 없기에 빵의 문제를 해결하기 위해 민주화는 과도기적으로 유예할 수밖에 없다는 개발독재

이데올로기 혹은 서구형 자유민주주의와 차별화된 '우리식 민주주의' 논리 구조와 맞닿는다.

자유민주주의는 서구의 민주주의이므로 이를 대체할 우리식 민주주의가 필요하다는 논리는, 박정희 군부 세력에 앞서 네덜란드 식민주의 치하 독립운동의 주역으로서 인도네시아 건국의 아버지이자 반서구·반미 운동을 주도했고 공산주의자들과 우호적이었던 수카르노에 의해 개진되었다. 수카르노는 자유민주주의를 대신해 교도민주주의를 구현하고자 했다.

자유민주주의 대체재로 간주되었던 교도민주주의는 분열을 넘어 국민 통합을 위해서는 교도(教導)라는 국민 계몽을 책임질 강력한 지도자가 필요하다는 논리 구조를 가졌다. 인도네시아 국민은 절대적 지도자로 추앙된 수카르노의 계몽 대상이었다. 그는 의회를 해산하고 최고 입법기관인 임시국민자문회의를 설치하고 종신 대통령이 되었다. 남한의 이승만 체제와 별반 다를 바 없었다. 반제국주의 민족운동의 동지였던 하타도 수카르노에 실망해 등을 돌렸다. 수카르노는 북한의 김일성과도 돈독한 관계를 가졌다. 둘은 국가민족주의자로 상통했다. 흥미로운 것은 박정희 군부 세력이 수카르노의 교도민주주의에 호의를 보이면서 민족적 민주주의 슬로건을 내걸었다는 점이다. 1955년 4월 18일 아시아·아프리카 지역의 29개국 대표들을 초청한 반둥회의를 계기로 비서구 지역 내에서 반서구·반미 정서를 조직해내고 있던 제3세계 지도자 수카르노의 국가민족주의를 남한의 반공체제와 북한의 공산체제가 공유했던 것이다. 수카르노 체제와 박정희 체제가 자유주의를 적대시했다는 점에서 공통적이었다면, 수카르노 체제와 김일성 체제는 민족주의와 사회주의의 결합이라는 공통분모가 있었다.

버마에서는 민족주의와 사회주의의 융합 실험이 1962년 네윈 군부 세력이 주도하는 '버마식 사회주의' 라는 슬로건으로 시작되었다. 1962년 3월 2일 쿠데타를 일으켜 집권한 네윈은 수카르노와 마찬가지로 청년 시절에 영국 식민주의 세력과 무장투쟁을 벌인 민족주의자였다. 그는 제국주의 영국에 대한 불신만큼 자유민주주의와 자유시장경제에 대해서도 큰 불신을 갖고 있었다. 1962년 쿠데타를 일으킨 후 그 역시 박정희처럼 혁명위원회를 설치했다. 수카르노처럼 또 박정희처럼 그들은 자유민주주의를 정치적 불안의 원인으로 보았다. 때문에 이들 '혁명 세력' 은 의회정치, 정당정치, 언론의 자유를 일거에 제거해나갔다.

버마식 사회주의를 앞세운 네윈 치하의 버마는 빠른 속도로 획일적 사회(monolithic society)로 돌변했다. 그들이 내건 버마식 사회주의는 사실상 버마화(Burmanization)를 주도한 버마족 제일주의였다. 경제적으로는 세계자본주의 체제와의 철저한 단절을, 대외적으로는 고립외교를 추구했다. 쿠데타 직후 랭군 수도를 뒤덮은 구호는 '인민' 이었다. 사회주의 혁명에 성공한 국가들에서 볼 수 있는 흔한 장면이었다. 그러나 네윈 군부 체제 하에서 주인으로서의 인민은 구호였을 뿐 정작 인민은 주인이 아닌 종 취급을 받았다. 소수민족은 더 가혹한 차별을 받았다. 서구의 퇴폐적 물질문명이 버마인의 정서를 훼손시키지 못하도록 한다는 명분하에 고립의 벽이 높이 세워졌다. 미인대회나 경마 등이 향락업으로 규정되어 금지되었고 외국인의 관광 입국도 극도로 제한되었다. 버마의 고립주의는 1979년에 비동맹운동 탈퇴로까지 이어졌다.

1950년대, 1960년대에 수카르노와 네윈이 좌파 국가민족주의를 구현했다면 타이의 사릿 타나랏은 우파 국가민족주의를 대표했다. 박정희보다 4

년 먼저 군부 쿠데타를 일으켜 집권한 사릿 타나랏은 계엄 통치하에서 반공과 개발을 전면에 내세우고, 동시에 노동 부문을 비롯한 시민사회에 대한 탄압을 본격화했다. 반정부운동은 용공으로 간주되었고 용공분자에 대해서는 재판 없이 사형 집행이 가능했다.

사릿 타나랏은 1932년 쿠데타 주도 세력과 달리 서구에 대한 직접적 경험이 없었던 만큼 왕실에 대한 충성심, 근왕주의적 사고가 강했다. 그래서 쿠데타 직후 그 사실을 제일 먼저 국왕에게 알렸고 국왕은 친서로 그를 신임했다. 또 그는 다양한 방법으로 국왕의 도덕적 권위를 1932년 입헌혁명 이전 수준으로 끌어올렸다. 군은 국민의 군대가 아닌 국왕의 군대가 되었다. 왕실-군부 동맹이 빠른 속도로 다져졌다. 국왕은 국가를 상징했고, 심지어 살아 있는 부처로 추앙되었다. 급기야 국왕의 도덕적 권위는 19세기 말 위로부터의 근대화를 주도한 쭐라롱껀 대왕에 버금갈 정도가 되었다. 한편 쿠데타 세력은 포퓰리즘 차원에서 전기료, 전화료, 철도 요금, 수업료 등의 인하를 단행하고, 길거리 정화 캠페인을 벌이는가 하면 폭력배 소탕에 나서면서 국민들의 마음을 사고자 했다. 이런 행태는 네윈 장군이 이른바 '합법적 쿠데타'에 의해 1958년 과도정부의 수반이 되었을 때, 그리고 박정희 군부 세력이 1962년 쿠데타 직후 취했던 사회정화사업과 비슷했다.

반면 1973년 10월 14일 대규모 반군사정부 시위를 주도한 학생 지도부는 점점 급진적인 성향을 띄었다. 1976년 10월 6일 군부-국왕 동맹에 의해 '10월세대'의 급진 노선은 유혈 진압되었다. 이들은 수카르노 치하의 인도네시아, 네윈 치하의 미얀마, 폴포트 치하의 캄보디아, 공산화된 베트남처럼 민족주의와 사회주의의 융합을 대안으로 생각하고 있었다. 비

미얀마와 타이 청년들의 세 손가락 혁명

자유주의적 국가민족주의가 '10월세대' 지도자들의 대안 체제였다. 반면 군부-국왕 동맹은 네윈 군부 체제와 달리 개방경제와 개방외교를 지향했다. 경제정책에서는 박정희 체제에 가까우면서도 외교적으로는 아세안(ASEAN)의 중심 국가로서 박정희 체제의 진영 외교보다 더 나아간 중립외교를 지향했다.

1975년 베트남과 함께 공산화된 타이 접경국, 캄보디아에서는 혁명을 주도했던 폴포트 세력에 의해 왕정이 부정되고 반혁명분자에 대한 학살이 진행되었다. 이른바 '킬링필드'였다. 이 과정에서 인구 700만 명 중 200만 명이 불순분자로 지목되어 살해되었을 것으로 추정된다. 극단적 국가민족주의가 빚어낸 제노사이드였다. 이렇듯 대중적 민족주의 혹은 저항적 민족주의에서 진화한 국가민족주의는 좌파의 전유물도 우파의 전유물도 아니었다.

그럼에도 불구하고 분명한 차이가 있었다. 타이 군부는 박정희 체제와 유사하게 개방적인 자유시장경제를 지향함으로써 발전국가의 양상을 보였으나 네윈 군부 체제는 신식민주의 혹은 종속이론에 의지한 계획이데올로기 국가를 구축하면서 실패국가로 추락했다. 발전국가나 실패국가 모두 국가민족주의의 두 얼굴이라는 점, 결국은 불복종운동의 도전을 받게 된다는 점에서도 공통적이다. 다만 한 나라의 경제발전이 지속가능한 민주주의 구축에 유리하다는 점에서 남한 정도는 아니더라도 발전국가 시기를 경험한 타이에서 민주주의의 안착 가능성은 더 높았다. 미얀마의 국내 사황은 여전히 빈곤탈피내셔널리즘을 불가피하게 요청하고 있다. 하지만 민주주의를 만들어내는 것은 결국 경제구조가 아니라 행위자임을 주장하는 정치이론의 관점에서 볼 경우, 포용적인 공화적 민주주의의 미래가 아예 비관적이지만은 않다.

NLD 집권 시기 로힝야 사태에서도 볼 수 있듯이 미얀마에서는 소수민족문제에 대한 공화적 사고가 약했다. 공화주의는 연방민주주의의 토대다. 그러나 공화주의는 자유주의의 도움을 받아야 한다. 자유 없는 공화주의는 개인 주권을 무시하는 배타적 국가민족주의로 흐를 수 있다. 자유주의는 자기결정권을 옹호한다. 그렇기에 비자유주의적 국가민족주의로는 공화주의로서의 연방민주주의를 구축할 수 없다.

세 손가락 혁명, 제2의 반식민주의 운동

시민방위군(PDF)의 중심 역할을 하는 미얀마 청년들은 쿠데타 이전 10년에 걸친 정치개방 시기에 자유주의를 경험했다. 이들은 국가민족주의, 포퓰리즘으로부터 자유롭지 못했던 아웅산, 우누, 네윈으로 대표되는 독립운동의 주역인 '타킨세대', 아웅산 수지, 민꼬 나잉으로 대표되는 민주화의 주역인 '88세대'와 다르다. 2021년 2월 1일 쿠데타를 계기로 이들이 소수민족무장단체(EAOs)가 있는 여러 지역으로 들어가 군사훈련을 받으면서 이들 청년은 오랜 기간 무장투쟁을 할 수밖에 없었던 소수민족의 역사와 문화를 학습할 수 있었다. 물론 소수민족에 내재하는 다른 양상의 국가민족주의를 발견할 수 있다. 반면 소수민족 지도자들은 여성주의, 성소수자 등 기존 관념을 깨는 새로운 청년문화, 자유주의의 가치를 접하는 계기가 되었다. 연방민주주의는 아래로부터 구축되는 공화주의의 한 형태다. 임시정부인 민족통합정부(NUG)의 국방부가 소수민족 무장단체가 장악하고 있는 지역에 본부를 두고 있는 것 역시 소수민족과 민족통합정부 사이의 돈독한 신뢰 관계를 기대하게 한다. 민족 간, 계급 간, 종교 간, 이해관계를 달리하는 정치집단 간 신뢰 없이는 연방민주주의는 불가능하다. 특히 '새로운 미얀마'의 청사진인 연방민주주의에서는 각 민족 구성원의 숫자와 무관하게 모든 민족은 동등한 목소리를 낼 수 있어야 하고 동등한 지분을 갖는다. 연방민주주의는 다중심 권력체제다.

타이 청년들 역시 1932년 입헌혁명의 정신을 뛰어넘어 새로운 타이, 새로운 민주주의 가치를 만들어나가야 한다. 그렇기에 타이 청년들의 절대적 지지를 받는 까오끌라이당의 과제도 만만치 않다. 소외된 계급과 차별을 받아온 타이 남부 무슬림 지역을 끌어안는 법과 정책을 주도해야 한다. 이것이 국가민족주의와 포퓰리즘으로부터 자유롭지 못했던 '10월세대'의 한계를 넘어, '탁신포비아'를 넘어 명실상부한 입헌민주주의를 향해 나아가는 길이다.

미얀마와 타이 두 나라 청년들의 불복종운동은 국가민족주의가 외부식민주의(external colonialism)에 저항하던 과정에서 생산된 또 다른 식민주의, 즉 내부식민주의(internal colonialism)라는 문제의식을 가졌다. 이런 맥락에서 미얀마와 타이 두 나라의 청년들의 불복종운동은 제2의 반(反)식민주의운동이다. 전자는 땃마도 식민주의에 대항해서, 후자는 군주제 식민주의에 저항한다. 특히 현재 시민방위군(PDF)에 참여하고 있는 미얀마 청년들은 항영운동을 위해 빈틈없이 준비하고, 훈련하고, 무장해야 한다고 결의한 영국 식민지 시기 타킨(주인)그룹의 투쟁정신을 계승하고 있다. 여기서 주목해야 할 것은, 과거 타킨의 의미가 개인 주권보다는 국가 주권에 가까웠다면 현재 제2의 타킨그룹이라고 할 수 있는 시민불복종

"다름을 받아들이고 힘을 합치자"라는 구호가 쓰인 현수막을 들고 시민불복종운동에 나선 성소수자들

운동(CDM)과 시민방위군(PDF)의 주역인 미얀마 청년들에게 '타킨'의 의미는 개인주권에 보다 가깝다는 점이다.

2020년 대규모 반군부–왕실 개혁 운동을 주도한 타이 청년들도 1932년 입헌혁명을 소환하면서 군주제 식민주의에 대한 저항의 일환으로 왕조사 중심의 역사 교과서에 대한 개편을 요구하고 있다. 국가에 의해 주입되는 역사의식을 거부한 행동에서 이들 청년들의 국가민족주의에 대한 날카로운 문제의식을 알 수 있다. 특히 중·고등 학생들이 주축이 된 자칭 '나쁜 학생' 그룹은 학내의 모든 권위주의 제도와 문화에 대한 청산, 즉 전면적인 학교 개혁을 요구하고 나섰다. 여기에는 성소수자 학생들에 대한 차별 철폐 요구가 포함되었다. 2021년 미얀마에서도 시민불복종운동을 주도한 청년들 가운데 여성들과 성소수자들의 역할이 돋보이면서 여성주의와 성소수자 인권에 대한 문제의식이 공론화되는 계기가 되었다. 두 나라 청년들의 비자유주의적 정치·사회 문화와 제도에 대한 담대한 도전에서 다양성을 존중하는 자유주의적 가치를 지향하는 모습을 발견할 수 있다.

〔표-3〕 국가민족주의와 불복종 정치의 제로섬형 순환 주기

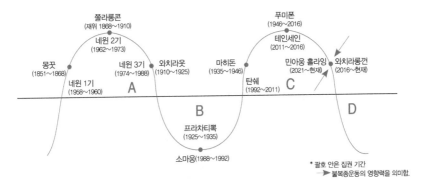

〔표-3〕 국가민족주의와 불복종 정치의 제로섬형 순환 주기

〔표-3〕은 다소 무리가 따르지만 타이의 국가민족주의의 순환 주기와 미얀마의 국가민족주의의 순환주기를 일대일 대응시켜 본 것이다. 이 표에서 주목해야 할 것은 2·1쿠데타를 이끈 미얀마의 민아웅 흘라잉 군부 체제, 그리고 군부와 동맹 관계를 맺고 있는 타이의 라마10세 와치라롱껀 국왕 체제, 이들 양 체제가 D 국면으로 진입하면서 쇠락의 길을 걷고 있다는 점이다. 그 직접적 요인은 두 나라 청년들이 주도한 불복종운동이다. 미얀마 군부 땃마도와 타이의 왕실-군부 동맹은 표피적·국면적 위기를 넘어 심층적·유기적 위기 상황에 놓였다. 이는 다분히 미얀마와 타이 두 나라에서 새로운 불복종 정치의 역사를 쓰기 시작한 청년주도 저항운동, '세 손가락 혁명'의 성과다.

주석

1. 김기석은 1951년 문교부 산하 국민사상지도원의 중심 멤버로 활동했고, 5·16 직후에는 국가재건 최고회의 고문으로 활약했다.
2. 공임순. "4·19와 5·16, 빈곤의 정치학과 리더십의 재의미화" 《서강인문논총》 38집.

| 1장 |

문헌

김형종. 2022. 〈미얀마 사태와 아세안 규범의 지속과 변화〉. 《동남아시아연구》 32(1):407438.

문기홍. 2021. 〈미얀마 군부정권의 대중동원 메커니즘〉. 《동남아시아연구》 31(4):215251.

박은홍. 2016. 〈미얀마, '질서 있는 이행' 모델: '체제 내 변화'에서 '체제 변화'로의 진화〉. 《동남아시아연구》 26(1):183223.

박은홍. 2019. 〈미얀마 2018: '로힝야 위기'와 민주주의 공고화의 갈림길〉. 《동남아시아연구》 29(2):89126.

박은홍. 2021. 〈미얀마 '봄의 혁명': 땃마도 수호자주의의 파국적 선택에 이르는 서사〉. 《기억과 전망》.

장준영. 2017. 《하프와 공작새: 미얀마 현대정치 70년사》. 눌민.

필립스 쉬블리. 2019. 《정치학 개론: 권력과 선택》. 명인문화사.

根本敬. 2016. "ミャンマー(ビルマ)民主化と國民和解". アジア法研究.

長田紀之. 2022. "軍クーデタの發生と複合危機の進行: 2021年のミャンマー" アジア經濟研究所. アジア動向年報.

深澤淳一. 2022. "不完全國家－ミャンマーの眞實". 文眞堂.

Chan Bik Ce., 2022, "Myanmar Peace Process and Nation Building: The Current Situation and the Way Forward", Master Degree Thesis. Korea: Inchon National University.

Caillaud, Romain., 2022, "Myanmar's Economy in 2021: The Unravelling of a Decade of Reforms", Daljit Singh and Hoang Thi Ha (eds.), Southeast Asian Affairs 2022. ISEAS.

HKun Htun Oo., 2012, "Union or All of Us", Journal of Democracy 23(4).

Pedersen, Morten B., 2022, "Myanmar in 2021: A State Torn Apart", Southeast Asian Affairs 2022.

Rustow, Dankwart A., 1970, "Transtions to Democracy", Comparative Politics 2(3).

인터뷰

재한 미얀마인 유학생과의 전자우편 인터뷰(2022.7.20).

재미얀마 활동가와의 화상 인터뷰(2022.7.22.).

미얀마와 타이 청년들의 세 손가락 혁명

2장

문헌

김기현 외. 2012. 《중남미 엘리트집단 특성에 관한 연구》. 대외경제정책연구원(KIEP). 전략지역심층연구 12-15.

김성원. 2001. 《미얀마 왕조사》, PUFS.

박은홍. 2012. 〈포퓰리즘의 아시아적 변형: 탁시노크라시에 대한 라틴아메리카모델의 적용〉. 《경제와 사회》.

박은홍. 2015. 〈탈식민 체제로서의 '우리식 사회주의'의 식민성: 수카르노와 네윈 시기의 혁명 노선을 중심으로〉. 《민주사회와정책연구》 하반기(통권 28호).

슈타인버그 · 데이비드. 2011. 장준영 역. 《버마/미얀마: 모두가 알아야 할 사실들》, 높이깊이.

스테판 · 알프레드. 1989. 이수훈 · 김기석 공역. 《군부정치: 국가와 시민사회》, 열음사.

아시아 · 아프리카 · 라틴아메리카연구원. 1989. 《버마현대사: 버마식 사회주의와 버마 민중항쟁》. 소나무.

아웅모저. 2007. 〈버마, 민주주의로의 이행에서 사회운동의 중요성〉. 조희연 · 박은홍 편. 《동아시아와 한국: 민주화와 민주주의의 위기를 넘어》. 민주화운동기념사업회.

장용운. 2013. 《미얀마 군부 '땃마도'》. 양서각.

장준영. 2016. 〈미얀마 민간정부에서 쿠데타 가능성과 그 조건〉. 《글로벌정치연구》 제9권 1호.

홍문숙. 2021. "미얀마 2020: 미얀마 총선 승리의 시사점과 평화-민주주의-발전의 위기". 《동남아시아연구》 제31권 1호.

長田紀之. 2021. "感染症流行 · 紛争擴大下の總選で國民民主聯盟がふたたび壓勝". アジア動向年報. アジア經濟研究所.

Amnesty International., 2020, Military Ltd.: The Company Financing Human Rights Abuses in Myanmar. London: Amnesty International Ltd.

Aung Zaw 외, 20201, "Challenges to Democratization in Burma: Perspectives on Multilateral and Bilateral Responses", International IDEA.

Berger, Mark T., 2004, "Decolonizing Southeast Asia: Nationalism, Revolution and the Cold War", Prof. Dr. Mark Beeson., ed. Contemporary Southeast Asia. N.Y.: Palgrave.

Marco, Bnte., 2011, "Burma's Transition to Disciplined Democracy: Abdication or institutionalization of Military Rule", GIGA WP 177/2011.

Marco, Bnte., 2014, "Burma's Transition to Qusi-Military Rule: From Rulers to Guardians", Armed Forces&Society(October).

Camroux, David Frederic., 2019, "Southeast Asia's Leaders: Populists, Demagogues or Something Else?".

Croissant, Aurel., and Dr. David Kuehn., 2010, "Civilian Control of the Military and Democracy:

Conceptual and Theoretical Perspectives", Paul Chambers and Aurel Croissant eds. Democracy under Stress. Friedrich Ebert Stiftung.

Dayley, Robert and Neher, Clark D., 2013, Southeast Asia in the New International Era. Boulder: Wesview Press.

Djiwandono J. Soedjati and Yong Mun Cheong., 1990. Soldiers and Stability in Southeast Asia. Singapore: ISEAS.

Ebbighausen Rodion., 2021. "Myanmar' s Military: A State within a State", https://www.dw.com/en/myannmar-military-state/a-56545673.

Huntington, S.P., 1968, Political Order in Changing Societies. New Heaven: Yale University Press.

Kin Zaw Win., 2018. "How Populism directed against Minorities is used to prop up Myanmar' s Democratic Revival?". https://www.opendemocracy.net/en/how-populism-directed-against-minorities-is-used-to-prop-up-myanmar-s-democratic-reviva.

Kraus, Johannes., 2020, "EARLY WARNING SIGNALS OF MILITARY COUPS", Obrana a Strategie no.1.

Kyaw Yin Hlaing., 2004, "Burma: Civil Society Skirting Regime Rules", Muthiah Alagappa ed. Civil Society and Political Change in Asia. California: Stanford University Press.

Lee Ronan., 2014, "A Politician, Not an Icon: Aung San Suu Kyi' s Silence on Muslim Rohyingya", Islam and Christian-Muslism Relations, vol. 25. no.3.

Miliband, Ralph., 1995, Socialism for a Sceptical Age. verso.

Muthiah, Alagappa, "Introduction", Civil Society and Political Change in Asia. California: Stanford University Press, 2004.

Marston, Hunter., 2013, "Myanmar' s Electoral System: Reviewing the 2010 and 2012 elections and Looking ahead to the 2015 Election", Asian Journal of Political Science. vol.21, no.3.

Montesano, Michael J, Terence Chong, Prajak Kongkirati, eds., 2020. Praetorians, Profiteers or Professionals? Studies on the Militaries of Myanmar and Thailand.

Mya Maung., 1992, Totalitarianism in Burma. New York: Paragon House. 3.

Nan Yan Oo.. 2020, "A New Tatmadaw with Old Characteristics", Montesano, Michael J, Terence Chong, Prajak Kongkirati, eds. Praetorians. Profiteers or Professionals? : Studies on the Militaries of Myanmar and Thailand. Singapore: ISEAS-Yusof Ishak Institute.

Ray, Emily and Giannini, Tyler., 2021, "Beyond the Coup in Myanmar: Echoes of the Past, Crises of the Moment, Visions of the Future" Just Security. April 26.

Soe Thane., 2017, Myanmar' s Transformation and U Thein Sein: An Insider' s Account. Yangon: Myanmar Times Press,.

Strangio, Sebastian., 2020, "Myanmar Election Will Fail to Meet Proper Standards: UN", The Diplomat(September 24).

미얀마와 타이 청년들의 세 손가락 혁명

Tanvir, Muhammad Yad and Shahbaz, Arif., 2014, "Praetorianism in a case of Exploding Mangoes: A Critical Analysis", Research on Humanities and Social Sciences. vol.4 no.19.

Tham, Davina., 2021, "100 days of the Myanmar coup: Why the military seized control and what happens next." CNA(5.11).

Wai Moe., 2010, "Junta Media warns of Neo-Colonialist Dangers", Irrawaddy(12.30).

Win Min., 2010, "Under an Iron Heel: Civil-Military Relations in Burma/Myanmar", Paul Chambers and Aurel Croissant eds. Democracy under Stress. Bangkok: Friedrich Ebert Stiftung.

Wolf Siegfried O. and Seth Kane., 2010, "Democratic Ambitions under Praetorian Stress: Civil-Military Relations in Pakistan", Paul Chambers and Aurel Croissant eds. Democracy under Stress. Bangkok: Friedrich Ebert Stiftung.

인터뷰

마웅저 따비에(미얀마 양곤 소재) 대표(2021.7.8; 2021.9.8).

얀나이툰 민족통합정부 한국대표부 특사(2021.9.8; 2021.9.14).

소모뚜 민족통합정부 한국대표부 사무처장(2021.9.15).

묘헤인 미얀마독재타도위원회(대한민국 소재) 회원(2021.4.13; 2021.5.4; 2021.5.12; 2021.5.29; 2021.6.21).

웨노에 행동하는 미얀마 청년연대(대한민국 소재) 회원(2021.4.21.; 2021.6.17.).

| 3장 |

문헌

박은홍, 2015. 〈탈식민 체제로서의 '우리식 사회주의'의 식민성〉. 《민주사회와 정책 연구》 28.

박은홍. 2016. 〈미얀마, '질서 있는 이행모델': '체제 내 변화'에서 '체제 변화'로의 진화〉. 《동남아시아연구》 26(1).

《아시아타임즈》. 〈기대에 못 미친 아웅산 수치의 개혁-미얀마 외면하는 외국인 자본〉. 2019.4.2.

장준영. 2017. 〈미얀마 2016: 새로운 시대의 시작, 불안한 미래〉. 《동남아시아연구》 27(2).

장준영. 2019. 〈미얀마 민간 정부는 실패하는가?〉. 《다양성+Asia》 4.

정재완·김미림. 2018. 〈미얀마 수지 정부의 경제개혁 2년 평가와 전망〉. 《KIEP》 2018(16).

조대현. 2016. 〈미얀마의 신경제 정책과 한국 기업 시사점〉. 《POSRI 이슈 리포트》.

주미얀마 대한민국 대사관. 2014. 《미얀마 개황》.

Aka Kyaw Min Maw., "Stability and Expectations: Economic Reform and the NLD Government", Southeast Asian Affairs 2018, Singapore: ISEAS.

Arat, Zehra F. Kabaskal Arat, 2003, Democracy and Human Rights in Developing Countries, Boulder &

London: Lynne Rienner Publishers.

Beeson, Mark., & Hung Hung Phan., 2012, "Developmentalism with Vietnamese Characteristics", Journal of Contemporary Asia 42(4).

Bo Kyi., 2019, "Gov't Losing Its Way on National Reconciliation", The Irrawaddy March 7.

Callahan, Mary P., 2018, "Myanmar in 2017: Crises of Ethnic Pluralism Set Transitions Back", Southeast Asian Affairs 2018, Singapore: ISEAS.

Huntington S. P., 1991, The Third Wave: Democratization in the Late Twentieth Century, Norman: University of Oklahoma Press.

Joe Kumbun, 2019, "Can the NLD overcome the military's last line of defense?" The Irrawaddy March 18.

Kim, Steven & Miemie Winn Byrd, 2014, "Why North Korea Won't Follow Myanmar's Path to Reform", Global Asia 9(4).

Kyaw Zwa Moe., 2019, "With Only One Side Listening, Dialogue on Charter Was Never an Option", The Irrawaddy March 11.

Lee, Ronan., 2014, "A Politician, Not an Icon: Aung San Suu Kyi's Silence on Myanmar's Muslim Rohingya", Islam and Christian—Muslim Relations 25(3).

Marston, Hunter., 2013, "Myanmar's Electoral System: Reviewing the 2010 and 2012", Science 21(3).

Moe Thuzar and Darren Cheong, 2019, "Ethnicity, Citizenship and Identity in Post—2016 Myanmar", Southeast Asian Affairs 2019, Singapore: ISEAS.

Pedersen, Morten B., 2019, "Myanmar in 2018: New Democracy Hangs in the Balance", Southeast Asian Affairs 2019.

Pinnington, Matthew., 2018, "Lawmakers call for pressure on Myanmar over Pyongyang ties", AP News March 26.

Sifton, John., 2018, "US Senate Committee Takes Aim at Burma for Atrocities Against Rohingya", Human Rights Watch February 8.

Tan Er—Win, Geetha Govindasamy and Chang Kyoo Park., 2015, "The Potential Role of South—East Asia in North Korea' Economic Reforms: The Cases of ASEAN, Vietnam and Singapore", Journal of Asian and African Studies 52(2).

Thompson, Neil., 2018, "Myanmar's Unhappy Rebels", The Diplomat January 8.

United Nations Security Council, S/2019.1.17; 2018.3.5.

일간지 및 주간지

Asean Today, "Constitutional reform in Myanmar: A move towards peace?", 2019.2.7.

Bangkokpost, "Myanmar army fakes Rohingya Photos in True News book", 2018.8.31.

Bangkokpost, "Myanmar Army Chief Defiant after UN Genocide Probe", 2018.9.24.

미얀마와 타이 청년들의 세 손가락 혁명

Myanmar Times, "How to Revive Myanmar's Peace Process", 2018.11.30.

Myanmar Times, "Singapore Tops List of Foreign Direct Investors", 2019.9.28.

Myanmar Times, "President Xi Assures Senior General of China's Support", 2019.4.12.

Reuters, "Thailand Decorates Myanmar's Army Chief amid Rohingya Crisis", 2018.2.16.

The Irrawaddy, "As China Pushes, Opposition to Myitsone Dam Builds", 2019.3.29.

The Irrawaddy, "Myitsone Dam Is Now a Sovereignty Issue", 2019.4.1.

The Nation, "ADB Upbeat on Myanmar's Economic Path", 2019.4.4.

인터뷰

민꼬 나잉, '88세대' 대표, 2019.2.19.

박범식, 미얀마 현지 한국인 기업 컨설턴트, 2019.1.3.

| 4장 |

문헌

박은홍. 2006. 〈'아세안 방식'과 동남아시아 신흥공업국의 역할 변화〉. 《동남아시아연구》 16(1).

박은홍. 2008. 《동아시아의 전환: 발전국가를 넘어》. 아르케.

박은홍. 2011. 〈제3세계, '자유의 왕국'을 향한 영구혁명〉. 《문학과 사회》 24(2).

박은홍. 2014. 〈민족혁명과 시민혁명: 타이와 미얀마〉. 《동남아시아연구》 24(22).

장준영. 2007. 〈미얀마의 신헌법 제정과 정치질서의 미래〉. 《동남아연구》 16(2).

장준영. 2013. 《미얀마의 정치경제와 개혁개방》. 지식과교양.

장준영. 2016. 〈미얀마 신정부의 개혁개방 평가〉. 《동남아연구》 25(3).

Anek Laothamatas., 1997, Democratization in Southeast and East Asia, Chiang Mai: Silkworm Books.

Brandon, John J., 2014, "ASEAN Chairmanship Offers Opportunity for Myanmar", January 8.

Callahan, Mary P., 2005, Making Enemies: War and State Building in Burma, New York: Cornell University Press.

Cheong Yong Mun., 1990, "Perspectives on the Military and Development in Indonesia", J, Soedhati Djiwandono and Yong Mun Cheong (eds.), Soldiers and Stability in Southeast Asia, Singapore: ISEAS.

Clapp, Priscilla., 2015, Myanmar: Anatomy of a Political Transition, United States Institute of Peace Special Report 369.

Croissant, Aurel and Jil Kamerling., 2013, "Why Do Military Regimes Institutionalize? Constitution-Making and Elections as Political Survival Strategy in Myanmar", Asian Journal of Political Science 21(2).

Dittmer, Lowell., 2002, "Globalization and the Twilight of Asian Exceptionalism", Catarina Kinnvall and Kristina Jönsson (eds.), Globalization and Democratization in Asia, London: Routledge.

Dudley, Sandra., 2003, "'External' Aspects of Self Determination Movements in Burma", QEH Working Paper Series 94.

Evans, Peter., 1995, Embedded Autonomy: States and Industrial Transformation, Princeton: Princeton University Press.

Fujita Koichi, Fumibaru Mieno and Ikuko Okamoto., 2009, "Myanmar's Economic Transformation after 1988", Fujita, Koichi, Fumibaru Mieno and Ikuko Okamoto (eds.), The Economic Transition in Myanmar After 1988: Market Economy vs State Control, Singapore: NUS Press.

Jenkins, David., 1984, Suharto and His Generals: Indonesian Military Politics, 1975–1983, Ithaca: Cornell University Southeast Asia Program Publications.

Johnson, Chalmers., 1982, MITI and Japanese Miracle, Standford: Standford University.

Johnson, Chalmers., 1999, "The Developmental State: Odyssey of a Concept", Meredith Woo-Cummings (ed.), The Developmental State, Ithaca and London: Cornell University Press.

Kim, Steven and Miemie Winn Byrd., 2014, "Why North Korea Won't Follow Myanmar's Path to Reform", Global Asia 9(4).

Mulqueeny, Kala., 2013, "Myanmar's Future: Posied for Real Democratic Transition", World Policy BLOG July 11.

Mya Maung., 1970, "The Burmese Way to Socialism beyond the Welfare State", Asian Survey 10(6).

Mya Maung., 1992, Totalitarianism in Burma: Prospects for Economic Development, New York: Paragon House.

Guillermo A. O'Donnell and Philippe C. Schmitter., 1986, Transitions from Authoritarian Rule: Tentative Conclusions about Uncertain Democracies, Baltimore and London: The Johns Hopkins University Press.

Pavin Chachavalpongpun., 2011, "Dawei Port: Thailand's Megaproject in Burma", Global Asia 6(4).

Roberts, Christopher., 2010, ASEAN's Myanmar Crisis, Singapore: ISEAS.

Sachs, Jeffrey., 2004, "Myanmar: Sanctions Won't Work", The Financial Times July 27.

Sai Khaing Myo Tun., 2011a, State-Building in Myanmar (1988–2010) and Suharto's Indonesia: A Study of Building Developmental State in Myanmar, Saarbrücken: Lambert Academic Publishing.

Sai Khaing Myo Tun., 2011b, "A Comparative Study of State-Led Development in Myanmar (1988–2010) and Suharto's Indonesia: An Approach from the Developmental State Theory", Journal of Current Southeast Asian Affairs 3(1).

Shin Doh Chull., 1994, "On The Third Wave of Democratization", World Politics, 47(1).

Steinberg, David I., 2010, Burma/Myanmar: What Everyone Needs to Know, Oxford: Oxford University Press.

Sundhaussen, Ulf, 1995, "Indonesia's New Order: A Model for Myanmar?" Asian Survey 35(8).

Susanne Prager Nyein., 2011, "The Armed Forces of Burma", Marcus Mietzner (ed.), The Political Resurgence of the Military in Southeast Asia, New York: Routledge.

미얀마와 타이 청년들의 세 손가락 혁명

Tin Maung Maung Than., 1997, "Myanmar Democratization: Punctuated Equilibrium or Retrograde Motion?" Anek Laothamatas (ed.), Democratization in Southeast and East Asia, Chiang Mai: Silkworm Books.

Tin Maung Maung Than., 2001, "Burma: 'New Professionalism' of the Tatmadaw", Muthiah Alagappa (ed.), Military Professionalism in Asia, Hawaii: East–West Center.

Tin Maung Maung Than., 2004, "Myanmar: Sanction Won't Work", The Financial Times July 27.

Tin Maung Maung Than., 2007, State Dominance in Myanmar: The Political Economy of Industrialization, Singapore: ISEAS.

Wiant Jon A and Steinberg David I., 1990, "Burma: The Military and National Development", J. Soedhati Djiwandono and Yong Mun Cheong (eds.), Soldiers and Stability in Southeast Asia, Singapore: ISEAS.

|5장|

문헌

김홍구. 2017. 〈군부가 장악한 '유사 민주주의' 태국의 앞날〉. 프레시안.

박은홍. 2003. 〈타이 민주주의 어디까지 왔나: '퍼쿤 모델'에서 '탐마랏 모델'로〉. 《기억과전망》 통권 5호.

박은홍. 2014. 〈민족혁명과 시민혁명: 타이와 미얀마〉. 《동남아시아연구》 24(2).

박은홍. 2017. 〈근대적 절대군주제와 국왕모독죄: 타이 정치체제 재검토〉. 《동남아시아연구》, 27(1).

박은홍. 2018. 〈태국 국왕모독죄 쟁점분석〉. 《EMERiCs 이슈분석》.

박은홍. 2021. 〈아꽁의 죽음과 태국의 형법 제112조〉. 《EMERiCs 이슈분석》.

일본 무역진흥기구 아시아경제연구소. 2017. 《아시아 동향 연보 2017년판》.

Conners, Michael K and Kevin Hewison., 2008, "Introduction: Thailand and the 'good coup'", Journal of Contemporary Asia 38(1).

Farrelly, Nicholasy., 2016, "Being Thai: A Narrow Identity in a Wide World", Southeast Asian Affairs 2016.

Hewison, Kevin., 19992, "Poltical Space in Southeast Asia: 'Asian–Style' and other democracies", Democratzation, 6(1).

OECD, 2018, Economic Outlook for Southeast Asia, China and India(prelimiary version).

Pattana Kitiarsa., 2006, "In Defense of the Thai–Style Democracy", unpublished paper, Asia Research Institute, National University of Singapore, October 12.

Singh, Daljit and Malcolm Cook., 2015, Southeast Asian Affairs 2015.

Singh, Daljit and Malcolm Cook., 2016, Southeast Asian Affairs 2016.

Singh, Daljit and Malcolm Cook., 2017, Southeast Asian Affairs 2017.

Zakaria, Fareed., 1997, "The Rise of Illiberal Democracy", Foreign Affairs 76(6).

| 6장 |

문헌

고원. 2007. 〈시민혁명과 근대 민주주의의 탄생〉. 민주화운동기념사업회 편. 《민주주의 강의 I: 역사》. 민주화운동기념사업회.

김홍구. 2010. 〈푸미폰 국왕의 정치개입 요인 분석〉. 《동남아연구》19(2).

박은홍. 2001. 〈태국의 민주주의와 인권〉. 《민주주의와 인권》 1(2).

박은홍. 2007. 〈다시 '초대된' 타이의 군부 쿠데타, 그리고 프렘〉. 《동아시아 브리프》2(2).

박은홍. 2012. 〈포퓰리즘의 아시아적 변형: 탁시노크라시에 대한 라틴아메리카 모델의 적용〉. 《경제와사회》제93호.

이내영. 1986. 〈안토니오 그람시의 헤게모니 이론〉. 김학노 외. 《국가 계급 사회운동》. 한울.

이병도. 2000. 〈태국 정당정치의 변동과 제도화 수준에 관한 연구〉. 한국외대 박사학위논문.

이현미. 1986. 〈지식인과 헤게모니〉. 김학노 외. 《국가 계급 사회운동》. 한울.

조흥국. 2007. 《태국: 불교와 국왕의 나라》. 소나무.

조희연. 2010. 《동원된 근대화》. 후마니타스.

차상호. 1995. 《태국 현대정치의 이해》. 한국외대출판부.

최장집. 1989. 〈그람시의 헤게모니 이론〉. 《한국 현대정치의 구조와 변화》. 까치.

Alagappa, Muthiah., 2004, "Civil Society and Political Change: An Analytical Framework", Muthiah Alagappa(ed.) Civil Society and Political Change in Asia, Stanford: Stanford University Press.

Askew, Marc., 2012, "The Ineffable Rightness of Conspiracy", Michael J. Montesano et al.(eds.), Bangkok May 2010: Perspectives on a Divided Thailand, Chiang Mai: Sikworm Books.

Benbourenane Ornanong Noiwong., 2012, Political Integration Policies of the Thai Government Toward the Ethnic Malay-Muslims of Southernmost Thailand(1973-2000), Bangkok: Institute of Asian Studies Chulalongkorn University.

Ishii Yoneo., 1986, Sangha, State and Society: Thai Buddhism in History, Honolulu: University of Hawaii Press.

Ji, Ungpakorn., 2007, A Coup for the Rich: Thailand's Political Crisis, Bangkok: Workers Democracy Publishing.

Ji, Ungpakorn., 2010, Thailand's Crisis and the Fight for Democracy, Bangkok: WDPress.

Kanokrat Lertchoosakul., 2012, "The Rise of the Octobrists", Ph. D. Dissertation, London School of Economics and Political Science.

Kobkua Suwannatbat., 2003, Kings, Country and Constitutions, London and New York: Routledge.

미안마와 타이 청년들의 세 손가락 혁명

Montesano, Michael J., Pavin Chachavalpongpun and Aekapol Chongvilaivan(eds.) 2012, Bangkok May 2010: Perspectives on a Divided Thailand, Singapore: ISEAS.

Naruemon, Thabchmpon., and Duncan, McCargo., 2011, "Urbanized Villagers in the 2010 Thai Redshirt Protests: Not Just Poor Farmers?", Asian Survey 51(6).

Nostitz, Nick., 2011, "The Red Shirts: From Anti-Coup Protesters to Social Mass Movement", unpublished paper.

Pasuk Phongpaichit and Chris Baker., 1995, Thailand: Economy and Politics, Oxford: Oxford University Press.

Pasuk Phongpaichit and Chris Baker., 2009, A History of Thailand(second edition), Cambridge: Cambridge University Press.

Pasuk Phongpaichit and Chris Baker., 2012, "Thailand in Trouble", Michael J. Montesano et al.(eds.) Pavin Chachavalpongpun, and Aekapol Chongvilaivan eds. Bangkok May 2010: Perspectives on a Divided Thailand, Singapore: ISEAS.

Pravit Rojanaphruk and Jiranan Hanthamrongwit., 2010, "Distorted Mirror and Lamp: The Politicization of the Thai Media in the Post-Thaksin Era", Marc Askew(ed.) Legitimacy Crisis in Thailand, Chaing Mai: Silkworm Books.

Ramasamy P., 2004, "Civil Society in Malaysia", Lee Hock Guan(ed.) Civil Society in Southreast Asia, Singapore: ISEAS.

Schmidt, Johannes Dragsbaek., 2011, "The Red Shirt Rebellion in Thailand", Hee-Yeon Cho and Eunhong Park et al, State Violence and Human Rights in Asia, Gwangju: The May 18 Memorial Foundation.

Somchai Phatharathananunth., 2011, "The Politics of Postpeasant Society: The Emergence of the Rural Red Shirts in Northeast Thailand", a paper presented at the Political Studies Association Conference 2011(19-21 April 2011).

Stent, James., 2012, "Thoughts on Thailand's Turmoil", Michael J. Montesano et al.(eds.) Bangkok May 2010: Perspectives on a Divided Thailand, Singapore: ISEAS.

Streckfuss, David., 2012, "The Strategy of the UDD on Double Standards", Michael J. Montesano et al.(eds.) Bangkok May 2010: Perspectives on a Divided Thailand, Singapore: ISEAS.

Terwiel B. J., 2005, Thailand's Political History, Bangkok: Riverbooks.

Thawatt Mokarapong., 1972, History of the Thai Revolution: A Study in Political Behaviour, Bangkok: Thai Watana Panich Co. Ltd.

Walker, Andrew., 2010, Thailand's Political Peasants: Power in the Modern Rural Economy, Madison: University of Wisconsin Press.

면담

나루몬(쫄라롱껀대학교 정치학부 교수), 2012년 8월 27일.

누알라너이(쫄라롱껀대학교 경제학부 교수), 2012년 8월 24일.

닉 노스티츠(《레드 VS 옐로》 저자, 독일인 자유기고가), 2012년 8월 30일.

데이비드 스트렉퍼스(미국인 타이 역사학자), 2012년 9월 2일.

솜밧(시민운동 지도자), 2013년 1월 11일.

솜차이(마하사라캄대학교 교수), 2012년 11월 16일.

수다(쫄라롱껀대학교 언어학부 교수), 2012년 8월 30일.

수타차이(쫄라롱껀대학교 역사학과 교수), 2012년 1월 10일.

수타차이(쫄라롱껀대학교 역사학과 교수), 2012년 8월 29일.

완(전직 법조인, 현 콘캔 지역사회 라디오 진행자), 2012년 11월 17일.

우크릿(쫄라롱껀대학교 아시아연구소 연구원), 2012년 8월 31일.

워라쳇(탐마삿대학교 법과대 교수, 카나니띠랏 회원), 2012년 9월 14일.

웽(프어타이당 국회의원, 너쁘처 운영위원), 2012년 9월 13일.

위앙락(쫄라롱껀대학교 정치학부 교수), 2013년 1월 7일.

익명의 댕샤얌 활동가, 2012년 9월 12일.

익명의 마하사라캄 지역사회 라디오 진행자, 2012년 11월 17일.

익명의 붉은셔츠촌 지도자, 2012년 11월 15일.

익명의 사뭇프라칸 지역사회 라디오 진행자, 2012년 9월 16일.

익명의 사뭇프라칸 지역활동가, 2012년 9월 13일.

익명의 쫄라롱껀대학교 '민중을 생각하는 쫄라공동체' 재학생 활동가, 2012년 9월 13일.

짜투론(전 부총리, 전 타이락타이당 총재대행), 2012년 9월 3일.

잘란(전 너쁘처 운영위원), 2012년 8월 31일.

잘란(전 너쁘처 운영위원, 현 내무차관 자문위원), 2013년 1월 8일.

줍(국왕모독죄 수감자 가족모임 회원), 2013년 1월 5일.

캄(전직교수, 이산 지역 활동가), 2012년 11월 15일.

티다(너쁘처 대표), 2012년 9월 11일.

파숙(전 쫄라롱껀대학교 경제학부 교수), 2012년 9월 10일.

폰(민주주의연구소 연구원), 2012년 9월 10일.

프라윗(더 네이션 기자), 2012년 9월 10일.

프라팟(쫄라롱껀대학교 정치학부 교수), 2012년 9월 12일.

피칫(탐마삿대학교 경제학부 교수), 2012년 9월 7일.

|7장|

문헌

김홍구. 2006. 〈태국의 1997년 개정 헌법과 정치개혁〉. 《비교법학》 17.

김홍구. 2010. 〈푸미폰 국왕의 정치 개입 요인 분석〉. 《동남아연구》 19(2).

박은홍. 1994. 〈타일랜드 민주화 연구—1973~1976년과 1992~현재를 중심으로 한 비교 분석〉. 《동남아시아연구》 3.

박은홍. 2012. 〈아콩의 죽음과 태국의 형법 제112조〉. Emerics 10월 29일.

박은홍. 2015. 〈포스트 탁신 시대의 '붉은셔츠': 이념, 조직, 행동〉. 《동남아시아연구》 23(1).

변해철. 2005. 〈태국의 민주화와 1997년 헌법개정〉. 《외대논집》 18(2).

조흥국. 2015. 〈1885년 1932년 태국에서의 의회주의 논의〉. 《동남아연구》 25(2).

末廣 昭. 1993. 〈タイの軍部と民主化運動〉. 《社會科學研究》 44(5).

末廣 昭. 1933. 《タイ開發と民主主義》. 岩波新書.

玉田芳史. 2003. 《民主化の虛像と實像—タイ現代政治變動のメカニズム》. 京都大學學術出版會 地域研究叢書.

Anderson, Benedict,. 1977. "Withdrawal Symptoms: Social and Cultural Aspects of the October 6 Coup", Bulletin of Concerned Asian Scholars 9(3).

Anderson, Benedict,. 1990. "Murder and Progress in Modern Siam", New Left Review 181.

Anek Laothamatas,. 1988. "Business and Politics in Thailand: New Patterns of Influence", Asian Survey 28(4).

Anderson, Benedict,. 1992, Business Associations and the New Political Economy of Thailand: From Bureaucratic Polity to Liberal Corporatism, Oxford: Westview Press.

Chai-Anan Samudavanija,. 1982, The Thai Young Turks, Singapore: Institute of Southeast Asian Studies.

Chai-Anan Samudavanija,. 1989a, "Thailand: A Stable Semi- Democracy", Larry Diamond, Juan Linz, and Seymour Martin Lipset (eds.), Democracy in Developing Countries: Asia, Boulder: Lynne Rienner Publishers.

Chai-Anan Samudavanija,. 1989b, "Political Institutionalization in Thailand: Continuity and Change", Robert Scalapino et al. (eds.), Asian Political Institutionalization, Berkely: Institute of East Asian Studies, Univ. of California.

Connors, Michael K.,. 2003, Democracy and National Identity in Thailand, London: Routledge.

Morell, David and Chai-Anan, Samudavanija, 1981, Political Conflict in Thailand: Reform, Reaction, Revolution, Cambridge: Oelgeschlager.

Diamond, Larry,. 1989, "Introduction: Persistence, Erosion, Breakdown, and Renewal", Larry Diamond, Juan Jos Linz, Seymour Martin Lipset (eds.), Democracy in Developing Countries: Asia, Berkely: Institute of East Asian Studies, University of California.

Elliot, David L., 1978, Thailand: Origins of Military Rule, London: Zed.

Ji Ungpakorn, Giles., 2007, A Coup for the Rich: Thailand's Political Crisis, Bangkok: Workers Democracy Publishing.

Ji Ungpakorn, Giles., 2010, Thailand's Crisis and the Fight for Democracy, Bangkok: WDPress.

Kasian Tejapira., 2006, "Toppling Thaksin", New Left Review 38(1).

Kershaw, Roger., 2001, Monarchy in South-East Asia: The Faces in Transition, London and New York: Routeldge.

Kobkua Suwannathat-Pian., 2002, "The Monarchy and Constitutional Change since 1972", Duncan McCargo (ed.), Reforming Thai Politics, Copenhagen: NIAS Press.

Kobkua Suwannathat-Pian., 2004, Kings, Country and Constitutions: Thailand Political Development 1932-2000, Routeledge Curon: London and New York.

McCargo, Duncan., 2005, "Network Monarchy and Legitimacy Crises in Thailand", Pacific Review 18(4).

Morell, David and Chai-anan, Samudavanija., 1981, Political Conflict in Thailand: Reform, Reaction, Revolution, Cambridge: Oelgeschlager.

Overholt, William H., 1988, "Thailand: A Moving Equilibrium", Ramsay Ansil and Wiwat Mungkandi (eds.), Thailand-U.S, Relations: Changing Political, Strategic, and Economic Factors, Berkeley: Institute of East Asian Studies.

Pasuk Phongpaichit and Chris Baker., 1995, Thailand: Economy and Politics, Oxford: Oxford University Press.

Pasuk Phongpaichit and Chris Baker., 2009, A History of Thailand, Cambridge: Cambridge University Press.

Pattana Kitiarsa., 2006, "In Defence of the Thai-Style Democracy", Unpublished Paper.

Porphant Ouyyanont., 2014, Thailand: A New Polity in the Making? Singapore: ISEAS Perpective 59, ISEAS.

Ramsay, Ansil., 1988, "Contemporary Thai Political Evolution", Ramsay Ansil and Wiwat Mungkandi (eds.), Thailand-U.S, Relations: Changing Political, Strategic, and Economic Factors, Berkeley: Institute of East Asian Studies.

Riggs, Fred W., 1966, Thailand, Honolulu: East-West Center Press.

Somboon Suksamaran., 2000, "Political Buddhism in Thailand after Year 2000s", Unpublished Paper.

Somchai, Preechailpakul and Streckfuss, David., 2008, "Ramiication and Re-Sacralization of the Lese Majeste Law in Thailand", Unpublished Paper.

Somchai Phatharathananunth., 2011, "The Politics of Postpeasant Society: The Emergence of the Rural Red Shirts in Northeast Thailand", Paper Presented at the Political Studies Association Conference, April 19-21.

Streckfuss, David., 1995, "Kings in the Age of Nations: The Paradox of Lese-Majeste as Political Crime in Thailand", Comparative Studies in History and Society 37(3).

Streckfuss, David., 2012, "An 'Ethnic' Reading of 'Thai' History in the Twilight of the Century—Old Official 'Thai' National Model", South East Asia Research 20(3).

Suehiro Akira., 1989, Capital Accumulation in Thailand, 1855–1985, Tokyo: Centre for East Asian Cultural Studies.

Sukhumbhand Paribatra., 1993, "State and Society in Thailand: How Fragile the Democracy?", Asian Survey 33(9).

Supalak Ganjanakhundee., 2014, "Junta Signals the Return of 'Bureaucratic Polity' ", The Nation August 6.

Surakiart Sathirathai., 2008, "Monarchy: An Open Letter in Reply to the Economist", Prachatai December 12.

Suthachai Yimprasert., 2001, "The Coming of the 6th October 1976 Supression in Thailand", Paper Presented at the 2nd International Conference of May 18 Institute of Chonnam National University, Kwangju, May 15–17.

Thak Chaloemtiarana., 2007, Thailand: The Politics of Despotic Paternalism, Cornell Southeast Asia Program Publications.

Thitinan Pongsudhirak., 2008, "Thailand since the Coup", Journal of Democracy 19(4).

Tongchai Winichakul., 2008a, "Toward the End of King Bhumibol' s Era: The Historical Suicide of Royalist Democracy", Paper Presented at CDDRL Workshop on Monarchies in Transition, Stanford University, June 5–6.

Tongchai Winichakul., 2008b, "Toppling Democracy", Journal of Contemporary Asia 38(1).

Unaldi, Serhat., 2012, "Modern Monarchs and Demoracy", Journal of Current Southeast Asian Affairs 31(2).

Yos Santasombat., 1989, "The End of Premocracy in Thailand", Southeast Asian Affair 1989.

Yoshinori Nishizaki., 2014, "Peasants and the Redshirt Movement in Thailand: Some Dissenting Voices", The Journal of Peasant Studies 41(1).

인터뷰
2017년 1월 12일부터 2017년 1월 18일까지 타이 현지에서 익명의 대학교수 및 활동가들과 수차례 면담 진행.

| 8장 |

문헌
성경륭. 1993. 〈한국 정치민주화의 사회적 기원: 사회운동론적 접근〉. 경남대극동문제연구소 편. 《한국 정치·사회의 새흐름》, 나남.

신윤환. 1991. 〈인도네시아의 민주화 전망: 안정된 권위주의체제의 민주화 가능성에 관한 연구를 위한 시론〉. 한국정치학회. 제2차 한국정치세계학술대회 발표문.

윤진표. 1993. 〈태국의 정치변동과 민주화의 과제〉. 김성주 외. 《동남아의 정치변동》. 21세기한국연구재단.

윤진표. 1994. 〈태국의 정치변동과 민주화의 과제〉. 김성주 외. 《동남아의 정치변동》. 21세기한국연구재단.

임혁백. 1991. 〈민주화 비교 연구 서설〉. 서울대 한국정치연구소. 《한국정치연구》 제3호.

클라크 D. 네어. 1991. 동남아지역연구회 역. 《현대 동남아의 이해》. 서울프레스.

アジア經濟硏究所. 1992. 《アジア動向年報》.

末廣 昭. 1993. 《タイ 開發と民主主義》. 岩波新書.

Alfred, Stepan., Rethinking Military Politics: Brasil and the Sothern Cone, Princeton: Princeton Univ. Press, 1987.

Anderson, Benedict., "Radicalism after Communism in Thailand and Indonesia", New Left Review, no.202, November-December.

Chai-anan Samudananija., 1982, The Thai Young Turks, Singapore: Institute of Southeast Asian Studies.

Charles, F. Keyes, Thailand: Buddhist Kingdom as Modern Nation-State, Central Avenue: Westview Press, 1987.

Dankwart Rustow., "Transition to Democracy", Comparative Politics, vol.2, no.3., 1970.

Dankwart Rustow., "Transition to Democracy", Comparative Politics, vol.2, no.3., 1970.

David Morell and Chai-anan Samudavanija., Political Conflict in Thailand: Reform, Reaction, Revolution, Cambridge: Oelgeschlager, 1981.

Hewison, Kevin, Richard Robison, Garry Rodan., 1993, Southeast Asia in the 1990s: Authoritarianism, democracy and capitalism, Singapore: Allen & Unwin Pty Ltd.

Huntington, Samuel P., 1992. 신윤환 역. 〈권위주의체제의 유형과 민주화의 경로〉. 신윤환 외 편역. 《비교정치론 강의 2》. 한울.

Johannes, D. Schmidt., "Theory and Reality of Democracy and Thai Democratization", KASARINLAN, vol.8, no.3,(1st Quarter), 1993.

John L. S.. Girling, Thailand: Society and Politics, Ithaca and London: Cornell University Press, 1981.

Kaufman Robert R., "Liberalization and Democratization in South America: Perspectives from the 1970s", Guillermo O'Donnell, Philippe C.Schmitter, and Laurence Whitehead, eds. Transition from Authoritarian Rule: Comparative Perspectives, Baltimore and London: The Johns Hopkins Univ. Press, 1986.

Kaufman Robert R., 1986, "Liberalization and Democratization in South America: Perspectives from the 1970S", Guillermo O'Donnell, Philippe C. Schmitter, and Laurence Whitehead, eds. Transition from Authoritarian Rule: Comparative Perspectives, Baltimore and London:The Johns Hopkins Univ. Press.

Linz, Juan J., 1978, The Breakdown of Democratic Regimes: Crisis, Breakdown & Reequiliberation,

미얀마와 타이 청년들의 세 손가락 혁명

Baltimore and London: The Johns Hopkins Univ. Press.

Mainwaring, Scott., 1992, "Transitions to Democracy and Democratic Consolidation: Theoritical and Comparative Issues", Scott Mainwaring et al.,eds.Issues in Democratic Consolidation: The New South American Democracies in Comparative Perspective, Notre Dame: Univ. of Notre Dame Press.

Martins Luciano., 1986, "The Liberalization of Authoritarian Rule in Brazil", Guillermo O' Donnell, P. C. Schmitter, L. Whitehead, eds.

Nai Yep Kradat, "A Country in Transition", Voices, vol.16, no2, June 1992.

NEWSLETTER: Thai Development, no.21, 1992.

O' Donnell and Schmitter, Transitions from Authoritarian Rule: Tentative Conclusions about Uncertain Democracies, Baltimore and London: The Johns Hopkins Univ. Press., 1986.

O' Donnell, Guillermo and P. C. Schmitter., 1986, Transitions from Authoritarian Rule: Tentative Conclusions about Uncertain Democracies, Baltimore and London: The Johns Hopkins Univ. Press.

O' Donnell, Guillermo., 1992, "Delegative Democracy?", Working Paper #172, January.

Przeworski, Adam., 1991, Democracy and the market–Political and economic reforms in Eastern Europe and Latin America, Cambridge: Cambridge University Press.

Przeworski, Adam., 1993, "Political Regimes and Economic Growth", Journal of Economic Perspective, vol.7, no.3, Summer.

Ross, Prizzia., Thailand in Transition: The Role of Oppositional Forces, Univ. of Hawaii Press.

Rustow, Dankwart, 1970, "Transition to Democracy", Comparative Politics, vol.2, no.3.

Seligson, Mitchell A., 1987, "Democratizaton in Latin America: The Current Cycle", James M. Malloy and Mitchell A. Seligson, eds. Authoritarians and Democrats, London: Univ. of Pittsburgh Press.

Seymour Martin Lipset, 〈민주주의의 사회적 제 조건: 경제발전과 정치적 정통성〉, 신정현 편역, 《제3 세계론: 자유주의 대 급진주의》, 일신사, 1992.

Stepan, Alfred., 1987, Rethinking Military Politics: Brasil and the Sothern Cone, Princeton: Princeton Univ. Press.

Suchit Bunbongkarn, The Military in Thai Politics 1981–1986, ISEAS, 1987.

Sukhumbhand Paribatra, "State and Societyin Thailand: How Fragile the Democracy?", Asian Suevey, vol.xxxiii, no.9, (September 1993).

Weffort, Francisco C., 1992, New Democracies, Which Democracies?, Latin American Program, Working Papers.

김기석 387, 395, 397

꼬꼬지 49, 166, 174, 175, 200

네윈 ii, 11, 25, 26, 77, 78, 96, 97, 98, 99, 109, 119, 160, 161, 162, 163, 164, 166, 168, 169, 172, 178, 183, 184, 185, 189, 190, 194, 207, 209, 211, 300, 382, 383, 389, 390, 391, 392, 395, 397

네윈(시민운동가) 160

린테 아웅 74

마웅에 68, 104

민꼬 나잉 ii, iii, vi, vii, 152, 166, 172, 174, 175, 392

민스웨 133

민아웅 흘라잉 ii, vii, 24, 26, 28, 30, 33, 34, 38, 42, 44, 45, 48, 50, 51, 52, 54, 68, 69, 70, 71, 77, 78, 79, 81, 84, 110, 113, 120, 126, 128, 134, 150, 201, 202, 383, 395

박정희 382, 386, 387, 388, 388, 389, 390

버워라뎃공 275

사네(차마릭) 244, 319

사릿(타나랏) 16, 220, 221, 228, 231, 238, 239, 243, 244, 259, 260, 261, 269, 270, 276, 304, 314, 322, 323, 331, 341, 377, 383, 389, 390

사막(순타라웻) 329

소마웅 100, 119, 395

솜삭(치얌티라사쿤) 254, 286

솜삭(코사이숙) 223, 319

솜욧(프룩사카셈숙) 253, 279, 286, 300, 301, 314, 322, 333

수라차이 278, 302

수친다(크라프라윤) 218, 230, 239, 305, 319, 324, 344, 346, 357, 358, 359, 360, 361, 362, 363, 377, 384

수카르노 183, 386, 388, 389, 390, 397

수텝(트억수반) 238, 259, 307

쉐만 147, 200, 201, 203, 211

아난(마히돈) 275, 301, 313, 331

아난(판야라춘) 318, 325, 361

아웅 묘민 54

아웅산 수지 vi, 15, 22, 23, 24, 25, 27, 28, 29, 31, 32, 33, 38, 40, 41, 44, 45, 46, 47, 50, 51, 52, 70, 72, 73, 76, 77, 78, 79, 81, 83, 84, 89, 90, 94, 101, 102, 103, 105, 106, 107, 109, 110, 112, 113, 114, 115, 116, 117, 118, 121, 122, 123, 124, 126, 127, 128, 129, 131, 132, 133, 134, 135, 136, 137, 138, 139, 140, 141, 143, 148, 149, 150, 151, 153, 154, 155, 156, 157, 164, 165, 166, 168, 170, 171, 172, 173, 174, 175, 176, 182, 186, 193, 198, 199, 200, 203, 204, 205, 210, 380, 381, 383, 385, 392, 399

아피싯 웨차치와 238, 259

암폰(탕나파쿤) 255, 333

와치라롱껀 229, 329, 395

와치라웃 227, 395

우누 96, 160, 167, 172, 173, 184, 185, 189, 211, 392

우슈마 161, 162

운나 마웅 르윈 68, 69

위라투 137

윈민 24, 42, 43, 50, 51, 123, 137, 151

잉락(친나왓) 204

자이(웅파콘) 222, 225, 279

잠렁 259, 319

조모툰 65, 66

짜투론(차이생) 16, 293, 406

짜뚜론 프롬판 291

쪼꼬꼬 170

쫄라롱껀 225, 250, 256, 293, 300, 301, 316, 318, 331, 344, 390, 406

차녹난(루엄쌉) 252, 253

차왈릿(용차이욧) 223, 319, 338

차크라폽 279, 301

차투판(프롬판) 238

차투팟(분팟타라락사) iv, vi, 252, 253, 328, 329

추언(릭파이) 259, 315, 324

카노크랏(러처수사꾼) 293

코 지미 vii

쿤퉁우 109

크리앙삭(초마난) 350, 352, 254

킨윤 104, 105, 195, 204

타나톤 쫑룽르앙낏 v

타님(키티카촌) 239, 250, 300, 310, 341, 342, 343, 344, 345, 346, 347

타닌(끄라비치엔) 350, 351, 352, 377

탁신(친나왓) iii, iv, vi, 16, 217, 218, 219, 220, 221, 222, 223, 224, 225, 226, 228, 230, 234, 238, 239, 240, 241, 244, 248, 250, 259, 263, 264, 265, 266, 268, 269, 271, 272, 274, 276, 277, 279, 282, 283, 284, 287, 289, 290, 291, 293, 294, 295, 296, 297, 299, 305, 306, 307, 315, 316, 317, 318, 319, 320, 321, 322, 323, 325, 326, 328, 330, 332, 333, 364, 367, 380, 382, 384, 385, 393, 407, 413

탄쉐 ii, 43, 44, 45, 77, 78, 102, 103, 104, 105, 107, 119, 160, 161, 162, 165, 166, 176, 194, 195, 198, 199, 211, 382, 395

테인세인 22, 24, 27, 28, 30, 32, 41, 46, 62, 73, 84, 85, 88, 91, 94, 109, 110, 117, 119, 127, 128, 129, 145, 146, 149, 156, 157, 160, 161, 162, 164, 168, 170, 173, 175, 176, 182, 183, 184, 185, 197, 198, 199, 200, 201, 203, 204, 207, 210, 211, 383, 395

푸미폰(아둔야뎃) ii, 228, 232, 235, 254, 255, 256, 257, 258, 259, 261, 269, 270, 305, 317, 313, 314, 315, 316, 317, 318, 319, 320, 321, 322, 324, 331, 332, 332, 395, 404, 407

프라섯(삽순턴) 336

프라웻 와시 244, 318, 324, 325

프라웻 프라파누꾼 254

프라윗(와시) 244, 318, 319

프라윗(웡수원) 236, 406

프라욧(찬오차) iv, v, vii, 10, 12, 140, 226, 232, 233, 234, 235, 236, 237, 238, 239, 240, 241, 242, 244, 248, 249, 252, 258, 259, 260, 261, 326, 382

프라차티뽁 276, 395

프렘(틴술라논) vii, 217, 228, 266, 270, 300, 305, 310, 311, 318, 331, 333, 352, 353, 361, 404

프리디(파놈용) 218, 267, 268, 269, 270, 273, 274, 275, 276, 277, 284, 289, 290, 301, 304, 313, 314, 333

피분송크람 237, 267, 268, 269, 274, 313, 314

피타 람짜른랏 v, viii

1장. 박은홍. 〈미얀마 2021: 예견된 쿠데타, 예견치 못한 내전과 이중정부 시대〉. 2022. 《동남아시아연구》 제32권 3호.

2장. 박은홍. 〈미얀마 '봄의 혁명' : 땃마도 수호자주의의 파국적 선택에 이르는 서사〉. 2021. 《기억과 전망》 통권 제45호.

3장. 박은홍. 〈미얀마 2018: '로힝자 위기'와 민주주의 공고화의 갈림길〉. 2019. 《동남아시아연구》 제29권 2호.

4장. 박은홍. 〈미얀마, '질서 있는 이행' 모델: '체제 내 변화'에서 '체제 변화'로의 진화〉. 2016. 《동남아시아연구》 제26권 1호.

5장. 박은홍. 〈2017년 타이: '싸릿모델'의 부활과 타이식 민주주의〉. 2018. 《동남아시아연구》 제28권 2호.

6장. 박은홍. 〈포스트-탁신시대의 '붉은셔츠' : 이념 · 조직 · 행동〉. 2013. 《동남아시아연구》 제23권 1호.

7장. 박은홍. 〈근대적 절대군주제와 국왕모독죄: 타이 정치체제 재검토〉. 2017. 《동남아시아연구》 제27권 1호.

8장. 박은홍. 〈타일랜드 민주화 연구: 1973-1976년과 1992년 현재를 중심으로 한 비교분석〉. 1994. 《동남아시아연구》 제3권.